汉译世界学术名著丛书

自身意识与自身规定

——语言分析的解释

〔德〕恩斯特·图根特哈特 著

张任之 谢裕伟 译

商务印书馆
创于1897
The Commercial Press

Ernst Tugendhat
SELBSTBEWUẞTSEIN UND SELBSTBESTIMMUNG
Sprachanalytische Interpretationen
本书据德国苏尔坎普出版社 1979 年版译出

汉译世界学术名著丛书
出 版 说 明

我馆历来重视移译世界各国学术名著。从20世纪50年代起，更致力于翻译出版马克思主义诞生以前的古典学术著作，同时适当介绍当代具有定评的各派代表作品。我们确信只有用人类创造的全部知识财富来丰富自己的头脑，才能够建成现代化的社会主义社会。这些书籍所蕴藏的思想财富和学术价值，为学人所熟悉，无须赘述。这些译本过去以单行本印行，难见系统，汇编为丛书，才能相得益彰，蔚为大观，既便于研读查考，又利于文化积累。为此，我们从1981年着手分辑刊行，至2024年已先后分二十二辑印行名著1000种。现继续编印第二十三辑，到2025年出版至1050种。今后在积累单本著作的基础上仍将陆续以名著版印行。希望海内外读书界、著译界给我们批评、建议，帮助我们把这套丛书出得更好。

商务印书馆编辑部

2024年12月

目　录

前言 ……………………………………………………………………1

第一讲　引言Ⅰ：初步地预先澄清 ……………………………3
第二讲　引言Ⅱ：阐述问题和课程计划 ……………………26
第三讲　僵局中的传统自身意识理论 ……………………54
第四讲　从我降格到“我” ……………………………………76
第五讲　维特根斯坦Ⅰ：私人语言的不可能性 …………103
第六讲　维特根斯坦Ⅱ：飞出蝇瓶的方法 ………………130
第七讲　向自身规定问题的过渡：弗洛伊德、黑格尔、
　　　　克尔凯郭尔 ……………………………………………158
第八讲　海德格尔论自身对自身之行事Ⅰ：径路…………189
第九讲　海德格尔论自身对自身之行事Ⅱ：展开…………223
第十讲　海德格尔论自身对自身之行事Ⅲ：自身选择………261
第十一讲　米德Ⅰ：符号的互相作用 ………………………285
第十二讲　米德Ⅱ：自身 ……………………………………308
第十三讲　以黑格尔结束Ⅰ …………………………………344
第十四讲　以黑格尔结束Ⅱ …………………………………377

参考文献……423
人名索引……428
术语索引……431

译后记……437

前　言

在我的《语言分析哲学导引讲座》（1976年）[*]一书中，讲 7
座形式［的使用］[**]实际上只是一种文学的虚构。相反，在1974年和1975年冬季学期，我确实在海德堡做了眼下这个讲座，每次两小时，共14次。当然，文本被大幅修订，一些部分（尤其是第七至十二讲）全部被重写了。

《语言分析哲学导引讲座》体现了这样一种尝试，即在形式的基础学科意义上勾画哲学的语言分析概念的尝试。其论点在于，诸如存在论这样一门基础学科的传统观念只是首次在形式语义学的观念中才成其自身。然而，这样一种对哲学之理解的边界不能被忽视[1]。我将"语言分析哲学的方法论概念"与这个语言分析的基础学科的系统方案区别开来[2]，这个方法论概念仅仅意味着：诸概念只能通过指明相应语词的使用规则而被澄清。这个语言分析的方法论概念提出一个要求，它超出形式语义学

---

* 本书所涉文献具体的出版信息可参看书后所附的"参考文献"，读者可根据外文人名及文献名后括注的年份进行查找。——译者

** 本书中中括号括注的内容为译者为使行文更加通顺所补充的内容。——译者

① 参见图根特哈特（Tugendhat）:《语言分析哲学导引讲座》，第103—104，127—128页。

② 同上书，第127页。

的受限的方案，而涉及所有那些如惯常那样被定义的哲学方案，只是它假定了，哲学必须要去处理概念的澄清。语言分析的方法就此而言是唯一真正的哲学方法，这一理解也包含着这个论点：这个方法也是解释迄今所有哲学的唯一适恰的方法。在眼前这本书中，以传统哲学的一个问题域——它似乎远离语言分析——为示例，这个论点将接受检验。我希望（当然只是一个希望）我可以成功地表明，建设性的语言分析的批评的意义和可能性是如此地有说服力，以使读者将解释的不足归咎于作者，而不是方法本身。

恩斯特·图根特哈特

于施塔恩贝格

1979年2月

第一讲　引言Ⅰ：初步地预先澄清

你们准想要问，为什么要开一个关于自身意识主题的讲座 9
课程。这个语词对我们而言不再有特殊的声望。但早先并不是这样，所以我们必须问自己：这个语词对我们而言丧失了它之前的意义，这究竟是合理的还是不合理的，以及它对我们来说还能有什么相关性，或者也许是必须有什么相关性。

自笛卡尔到黑格尔的近代哲学相信，在自身意识概念中它不仅已经发现了决定性的哲学方法论原则，而且为已得到启蒙的、自律的实存找到了基础。黑格尔在他的《哲学史》（*Geschichte der Philosophie*）中，在转向对笛卡尔的论述时写道："我们现在才真正讲到了新世界的哲学，这种哲学是从笛卡尔开始的。与笛卡尔一起，我们才真正踏进了一种独立的哲学。这种哲学明白：它自己是独立地从理性而来的……在这里，我们可以说到自己的家园，可以像一个在惊涛骇浪中经历了长期漂泊之后的船夫一样，高呼'陆地'。……在这个新的时期，思维，从自身出发的思维是其原则……现在，普遍的原则是坚持内在性本身，抛弃僵死的外在性和权威，将其视为不恰当的。”[1]

在对一切权威以及一切传统前见的拒绝中，笛卡尔相信通过自身意识——通过关于自己自身的知识（Wissen）——他已经发现了被奠基的知识的确然根基。费希特将自身对自身之行事（Sichzusichverhalten）同时理解为自身规定，由此他使自身意识不仅成为理论哲学而且成为实践哲学的原则。自身意识成为了理性的实践的原则。黑格尔采纳了这个原则，但也扬弃了它。他指出，与自身的关系只存在于对另一个自身意识的承认和被另一个自身意识所承认之中。在黑格尔的表述中，自身意识的“真理”就是“精神”。于是，恰恰是经由黑格尔对自身意识概念的深入挖掘，这个概念丧失了其作为至高实践原则的位置。自黑格尔以降直到今天，自身意识问题重又被降为理论的专门问题，正如它一直以来在英国经验主义中被对待的那样：问题仍仅仅在于，关于自己自身的知识如何能从结构上被思维。这一萎缩了的传统中最先进的立场如今由海德堡这里的亨利希（Dieter Henrich）和他的学生珀塔斯特（Ulrich Pothast）、克拉默（Konrad Cramer）所代表。人们可以在自身意识理论中谈及一个“海德堡学派”[2]。其代表们业已试图表明，之前所有想弄

---

① 《黑格尔全集》（Glöckner版），第19卷，第328页。（此处译文参考黑格尔：《哲学史讲演录》，第四卷，贺麟、王太庆译，商务印书馆，1978年，第59页。译文略有改动。——译者）

② 在我们做这个讲座的时候，珀塔斯特已经不在海德堡，但是他的相关著作是作为海德堡的博士论文出版的。[这里所提到的“相关著作”是指《论自身关系的几个问题》（*Über einige Fragen der Selbstbeziehung*, Frankfurt a. M. 1971），该著作是他在1968年向海德堡大学提交的博士论文。——译者]

清楚关于自身的知识之结构的尝试都导致了悖论。

我们应该如何看待这个问题在黑格尔之后的衰落？也许这一衰落是正当的。很可能如今我们已不能再将理性的实践的方案奠基于自身意识概念之上，也不能奠基在其被黑格尔深化的版本之上。但如果真是这样，那么我们必须得有另一个选择。假定我们终究对出于理性的实践有所关切（Interesse），那么这个问题对我们就不可能不重要。你们可能会建议说，理性概念正好可以提供这样一个选择。然而成问题的是，如果理性的概念没有和自身对自身之行事这一概念一同被思考，那么理性的概念是否可以被理解为实践-相关的。在黑格尔那里，理性概念甚至构成了自身意识概念与精神概念间的桥梁。但也很可能是这样，当黑格尔正确地把费希特的自身意识概念回溯到其社会-交互作用的结构时，他是在某种理性的概念的主导思想中完成了这一回溯，而这一概念却堵住了理性的自身对自身之行事的现象并将整个问题引入僵局。无论如何，随着黑格尔，一个标准似乎被确立了起来，它在某些情况下被证明为不再具有决定性，但人们也不该回退到这个标准之前。如果它「的确」不再具有决定性，那么这也必须被证明。然而，立刻直接从对黑格尔的批判讨论开始，这样也是行不通的。因为为了达成这样一个批评讨论，我们首先需要一些观察视角（Gesichtspunkt）；否则，我们仍然将陷入内在解释中，就像在有关黑格尔的文献中所惯常出现的那样。但我们在哪里能找到相关的观察视角呢？

直接回到黑格尔或费希特根本行不通的第二个理由在于：我们不能直接跳过海德堡学派的论点——所有想弄清楚自身意 11

识结构的尝试都导致了悖论。恰恰是在费希特那里,亨利希明确地指明了这些悖论。因此,在我们可以考虑真正的相关性的问题维度之前,必须首先深入分析这一结构的问题。海德堡学派本身并没有揭示任何走出这些悖论的道路。因此,我们必须尝试去质疑一种概念框架(Begrifflichkeit),在整个近代传统中自身意识现象都在这个概念框架内被描述,而且海德堡学派也像理所当然的那样接受了这个概念框架。因为不存在自相矛盾的现象。[所以,]当在描述一个现象中出现悖论时,我们必定认为,该描述是以不适当的前提为出发点的,它使用了不适恰的范畴工具。问题再次出现:我们如何能获得一个观察视角,借此我们能够质疑这一传统的前提?人们自然会推想,这种观察视角可以在那些探讨同一问题维度但又脱离这一传统的新近哲学家们之中被找到。正因为此,我将在这些讲座的主要部分讨论维特根斯坦、海德格尔和米德(G. H. Mead)。诚然,在维特根斯坦和海德格尔的著作中,"自身意识"这个术语根本没有出现。但我们将看到,这只是他们以新的范畴工具来论题化这个现象的结果。如果我们这里首先试着提供一个对以"自身意识"和"自身对自身之行事"这样的说法所标示的现象或诸现象的初步的预先澄清,那么我为什么希望从这些特定作者那里获得[处理这个问题的]新入口这一问题也就自然会清楚了。

现在我可以导入这个讲座的主题了。特别地,有四个问题要被回答:(1)"自身意识"和"自身对自身之行事"的表达标示了哪个或哪些现象,这些现象引出的问题又是怎样的?(2)我们有何种方法论工具来处理引出了的问题?传统的哪些存在

论和认识论模式可供人们使用？只有在回答第二个问题的基础上（3）我才能够澄清为什么我希望从我已提到的哲学家们那 12
里获得待处理问题的新入口，在这个背景下，我也可以提供这些讲座进程的前瞻。最后，（4）我必须回到相关性问题。至此［这个主题具有实践］相关性这个推测仅仅基于历史的回顾。这个推测是否合理，这只能通过现在要开始展开的对现象的定位来回答。今天我由回答第一个问题开始，而在下一讲才处理其他三个问题。

“自身意识”和“自身对自身之行事”究竟意味着什么？我们一定期望这两个说法并非标示同一个现象。让我们从“自身意识”这个词开始！这里首先引人注意的是，在自然语言使用中并不能找到这个词作为哲学术语使用时的对等词，即标示某人拥有的关于他自身的意识。在口语中，selbstbewusst（自信的）、self-conscious（忸怩的/不自然的）以及诸如此类的表达具有有限得多的含义，而此含义在各种现代欧洲语言中甚至也不尽相同。在德语中，如果某人具有正面的自身价值感，并据此而表现出有把握的举止，我们就说某人是selbstbewusst。而在德语中并没有英文self-conscious的确切的对等词。［在英语用法中，］当某人在他将自己与他人相关联中反省自己的行为举止，以致受拘束，并在行动上犹豫不决，我们就说他是self-conscious。因此在这两种语言中，恰恰涉及两种相对立的在自己与他人相关联中的“自身对自身之行事”的形式。一开始，我想把selbstbewusst这个语词在自然语言中的意义放在一边。它是自身对自身之行事的样式，而恰恰不是关于自身的单纯意识的方式。

因此,“关于自身的意识”意义上的“自身意识”是一个哲学的人工表达。我们还是要追问,为什么这个词在口语中没有对等词。selbstbewusst、self-conscious这类语词在日常语言中的含义只能从它们的使用模式中被推出,而哲学意义上的“自身意识”的含义则似乎得自于其组成部分的含义:关于自己自身的意识。

13 那么,我们显然首先必须问:“意识”(Bewusstsein)、“有意识的”(bewusst)[这些表达]意味着什么。在弗洛伊德的《精神分析引论讲座新编》(*Neuen Folge der Vorlesungen zur Einführung in die Psychoanalyse*)中,我们发现了令人惊骇的语句:“我们不必探究‘有意识的’意味着什么,那毫无疑问是明白的。”① 他在下一句话中说:“我们把这样的精神过程称为**无意识的**(unbewusst):我们必须假定其实存,是因为我们是由其产生的影响而将之推断出来的,尽管我们对其一无所知。”如果我们不去深究这个无意识精神过程的概念,我们还是能够从弗洛伊德这里所说的东西中反推出,他什么时候会将一种过程或者状态称作有意识的。

弗洛伊德表达自己的思想不够严密:他说我们没有关于无意识精神过程的知识,但我们可以推出这一过程。然而人们也可以知道一些他所推出的事情;弗洛伊德的意思并不是我们不能

① 弗洛伊德:《著作集》(1940),第15卷,第76—77页。(此处译文参考弗洛伊德:《精神分析引论新编》,高觉敷译,商务印书馆,1987年,第54—55页。——译者)

拥有关于无意识过程的知识，而只是我们不能拥有关于它的直指的（direkt）、直接的（unmittelbar）*知识。这反过来意味着，某个精神状态在如下情况下是有意识的，即拥有这种精神状态的那个人对此状态有一种直接的知识。这确实是一个有力的论点，我们也可以把弗洛伊德的声明——“有意识的”所意谓的含义，毫无疑问是明白的——搁在一边。但是有关“有意识的”之意谓的论点并不仅仅是从弗洛伊德对无意识的精神之物的说明而反向得出的，［而且］它显然符合一个通行的理解。例如，胡塞尔就在他的第五《逻辑研究》的一开始区分了两个不同的意识概念，但大致符合我们这里所论及的概念是他最先提及的那个：作为体验统一的意识。**胡塞尔所谓的体验对应弗洛伊德所称的有意识的精神过程。对胡塞尔而言，“体验”也是根据它们是一种可能的直接知识的对象这一点而被定义的；胡塞尔把这种知识理解为内感知，这引起另外一个目前我不打算考虑的问题。如果我们回到我在弗洛伊德那里外推出的定义，我们无疑可以在有意识的维度（Bewussten）中消除那样一种［只］在谈及无意识的精神维度时［才］必需的指引——即必须涉及精神维

* 一般而言，direkt和unmittelbar都可译为“直接的”，图根特哈特在这里连续使用这两个限定词的主要目的在于强调，因此我们将前一个词勉强译为“直指的”，以示区分。在本书第六讲，“直指的”知识与“直接的”知识之间的区分将具有更重要的意义（参见第134页及以下）。——译者

** 实际上，胡塞尔在第五《逻辑研究》的开始提出了三个不同的意识概念，可以参看胡塞尔：《逻辑研究》，第二卷第一部分（修订本），倪梁康译，上海译文出版社，2006年，A325/$B_1$346（页码为边码）。图根特哈特这里指的是第一个意识概念。——译者

度；于是便得出以下定义：我们说一个存在者（Wesen）那些状态是有意识的，如果这个存在者拥有关于这些状态的直接知识。14 当然这个说明不是毫无问题的。但是在目前的引导性思虑阶段我满足于这暂时的可信性。

现在请允许我将注意力转回去：我检验我们用“有意识的”这个说法来指什么，这是为了能够将结果应用于这个情况，后者涉及的是，某人自己对他自身有意识并因此拥有对自身的意识。现在出乎意料的是，得出了一些完全不同的东西：一方面，不进一步推进就不清楚我们如何能够将目前所获得的意识概念应用于对关于自身的意识的谈论上，因为到目前为止所获得的意识概念还没有包括涉及**关于某物的**（von etwas）意识的结构；但另一方面，我们可以发现某种自身意识概念被包含在刚刚提出的意识概念中。这个意识概念是，某个状态在以下情况下是有意识的，即拥有该状态的存在者拥有或者能够拥有对这个状态的直接知识。因此，现在我们可以问，这种我们拥有的关于我们自身状态的直接知识不就是我们以自身意识所指称的东西吗，或者让我更谨慎地表达，是语词“自身意识”能够具有的含义之一吗？因此在这个意义上的自身意识将不只是关于自身的任意某种意识，而是一种知识（Wissen）。也许，你会反对说，某人拥有的关于他的状态的知识还不是关于自己**自身**的意识。

稍后我会回到这个异议，而首先我要继续刚刚被提及的另一个困难。这个困难就是，到目前为止［所阐述的］意识概念并不足以容纳自身意识概念，因为不管我们是否必须把自身意识理解为（就像已经提出的那样）关于某物的**知识**，无论如何它仍是**关于某物的**意识。相应地，接下来的步骤似乎已被指明。相对于前面的意识概念，我们需要一个更窄的意识概念，它在本质上包含关于某物的意识这一理解。这样通过在“关于某物的意识”的表达中用**自己自身**代替可变项的**某物**，我们就有了一个获取自身意识概念的基础。

让我们看看这个策略是否有效。起先一切看起来相当简单。因为在哲学文献中早已存在这一被期许的区分，即在已经获得的较宽意识概念之内区分出这类被探寻的较窄意识概念。它已经由胡塞尔在刚才提到的第五《逻辑研究》一开始的地方非常清楚地解决了。在体验一般的属中——或者我们也可以说，在目前为止所定义的意义上的有意识状态的属中——胡塞尔区分出一类他标示为意向体验的体验。追随布伦塔诺，他将这类体验的特征描述为：朝向对象。感知、认知、爱、欲求、希望以及意图的体验，这些都是其例子。当我们感知时，我们感知某物；当我们欲求时，我们欲求某物；当我们意图时，我们意图某物；当我们认知时，我们认知这个或那个。但是这些提示——这里都涉及及物动词，它们在一个句子中要通过一个句子宾语来补足——只表示这些体验是关系性的。对某一对象的意识所应该包含的这种关系如何与两个对象间的任意其他的关系区分开来呢？

胡塞尔谈到朝向对象的状态，但这个朝向状态的说法显然是一个隐喻，如果人们更仔细地查看一下它，它没有提供任何东西。即便近代更老的哲学传统在这里也没有提供更多帮助。在这个视域中，有一个拉丁文的术语repraesentatio，它在德语中被译为“表象”（Vorstellung）。意识，或者毋宁说有意识的存在者应该表象对象。但这意味着什么呢？朴素的理解是：对象的代表者或代现者（Repräsentant）存在于意识中；意识在一种与大脑的类比中被表象为一个容器，在其中一些小图像会出现，这些图像之后将被主体理解为对象的代现者，而主体则根据暗箱（camera obscura）后壁的类比而被理解。尽管这类方案一直延伸到我们这个世纪的通俗哲学（Trivialphilosophie）中，但至少在自康德以来的真正的哲学传统中，已经被承认的是，有意识
16 的存在者在它的意识中不是通过代表者，而是直接地与所意指的对象相联系。但这个联系该如何被理解？尽管有对代表者理论的批评，表象的说法还是被保留，但它却失去了一切可理解的意义。一种特别是在德国观念论中流行的而被偏爱的说法是主-客体关系的说法；它同样是完全空洞的，因为问题仍然是，这个关系究竟在于什么呢？稍后我们将看到，它不仅仅是空洞的而且是误导的，而且它恰恰对自身意识现象的理解具有毁坏性后果。在德国观念论中，也有过这种通过一种对普遍存在论概念的流变化（Verflüssigung）来把握意识关系的独特之处的尝试。就此而言，差别与同一的概念被赋予了特殊的角色。人们认为，因为主体应该以某种方式被理解为行动着的，那么人们就可以通过一种可以说是将主-客体关系动态化的做法来对待它。主体不仅是与客体相区别的，而且它也将其自身区别于客体，它把对象设定为某种区别于它的东西。稍后我将检验这些观点并表明它们毫无意义，或者无论如何它们不具有它们声称具有的意义。无需多少反思就已经很清楚的是，人们不能通过将诸如区分与同一的关系那样的对象之间的存在论关系提升到所谓的行动

（Tätigkeiten）上，来清楚地把握像意识关系这样的东西。

与这些试图从假概念中构造性地建构起关于某物的意识之状况（Tatbestand）的尝试相比，胡塞尔将这个关系素朴地、当然也是隐喻性地刻画为朝向状态还更好一些。也许你们会说，人们要满足于承认像表象这样的东西是某种最终的状况，人们不能试图对一切都寻根究底。人们当然不能对一切都试图寻根究底，但用维特根斯坦的话来说，我们真的已经到达折弯我们铲子的硬石的程度了吗？* 到底在何种程度上？你们会说，如果你反思自身，如果你在自身中看，那你自然就会看到你的意识是朝向某物的。但在这里我会回答说，首先，你们用我应该在我自身中看这一要求指的是什么？这也应该是一种自身意识吗？尽管 17
试着在自身中看吧。这不也是一个不恰当的隐喻吗，就仿佛我们会通过一个所谓的反思行为将我们朝向外部的一瞥也转向内部？就我来说，我在那里什么也看不见。而如果你们说——由此你们发现自己在哲学上有很好的伴了——你们并非认为人们应该用眼睛向内看进来，而是涉及一种准内在之眼（quasi inneres Auge）、一种内感官。是，那么"准内在之眼"之表达不是已经表明你们再一次地只在使用隐喻吗？我必须还得说，只要你们不能向我解释这个比喻，那么我就无从了解我应该如何遵从你们的要求。其次，你们说，人们仍然可以看到：以何种方式关于某物的意识是一种朝向状态。是这样吗？在朝向状态的哪种意

* 图根特哈特这里指的应该是维特根斯坦例如在《哲学研究》第217节的说法。——译者

义上？一根枪管或者一个指示牌可以朝向某物。或许如果我们考虑一下朝向某物的一瞥，我们就会更接近实事。这无疑具有积极的意义，而如果我瞥向某物我就拥有对它的意识。然而，我们这里是在视觉感知的情况下谈论朝向状态，这完全取决于这类感知的独特特征，即它是从一个立足点出发空间性地有所朝向的。如果我们除去这个朝向状态的空间性，那么在朝向状态中也就不剩下什么了。这个思考又一次显示出，我们依照看的模式隐喻式地理解“关于某物的意识”的说法的这种倾向强烈到何种程度，这是一个从巴门尼德到胡塞尔的整个欧洲哲学传统都向之臣服的倾向。

我不能希望通过这少量的评论来让你们确信，把关于……的意识（Bewußtsein-von）理解为准-看见的理解方式，进而连内观看的说法都是虚构的。我也并不想你们现在就接受我刚刚提出的无论什么观点，我只想你们大致理解了我并且现在准备好跟着我继续——带着所有必要的思想上的保留（reservatio mentalis）。

因此我认为，在提出意识关系在于什么的问题时，我们必须
18 彻底放弃遵循任何一种内感知的想法。如果我们现在认真地注意胡塞尔在他对意向体验的强调中事实上所遵循的东西，我们发现它是一种我们借以说及这些现象的方式。他说过：我们发现，当我们在意指或欲求（以及其他等）时，我们总是意指某物或欲求（以及其他等）某物；而如果我们现在考虑一下我们是如何发现这一点的，那么显然，这是基于我们说话的方式。引起胡塞尔注意的动词的特有特点至少乍看起来是一个语义学的特

点。这里我想插入一个一般性的评注，即这显然不只是在胡塞尔那里偶然出现的状况，毋宁说，诸如意识、关于某物的意识、自身意识、自我以及诸如此类的所有现象最初被给予我们的方式和方法恰好是一种语言的方式和方法，而这对所有哲学反思对象来说其实都是如此。像“意识”“自身意识”等词也只是语词，而［对其的］澄清只能从探究它们的含义开始，别无他法，最终这无非意味着平常琐事（Trivialität）。严肃的人都不能怀疑这是开始的唯一办法。道路最初开始分岔出现在人们认为我们通过以精神之眼观视某物从而领悟了语词的含义的地方。

让我们不去管这个问题，而试着继续把胡塞尔提示的语义-语法关联比他已经做的至少再往前推进一步。或许我们能够找到一直想找寻的借以区分意识关系与其他关系的标准。我们可以问：关于这些动词的语法客体，除了它是语法客体外，还能另外说出什么别的语义-结构方面的东西吗？至少在大多数情况下，是的。如果我们看看如希望、意谓、知道、打算和担心这样的意识关系，我们会发现它们的语法客体绝不是标示一个日常对象、一个时空对象的表达；毋宁说，它们的语法客体总是一个名词化的句子。人们不能希望、知道（或其他行为）时空对象；如果人们希望（或其他行为）什么，他总是希望什么是或者会是这个情况。“我知道”（ich weiß）这个表达并不是由诸如“椅子”“X先生”等这样的表达来补足的，而是只能说“我知道，今 19
天下雨”，或者“［我知道，］这把椅子是棕色的”，或者“［我知道，］这里有一把椅子”。如果我们说任何一个断言语句“p”，如“今天下雨”（heute regnet es），那么我们总是可以通过名词化的转换形式“[从句]daß p”而把这个句子所说的东西对象化，例如“[从句]今天下雨”(daß es heute regnet)。由“daß p”这种表达标示的对象不是时空对象。椅子现在确实摆在这里，但它现在摆在这里这个事态本身并不具有在时空中的一个确定位置。这些对象的存在论地位是有争议的，这里不是探讨它的场合。[留意到]大多数意向体验的对象都是这类对象，这就足够了。为了用术语来表示这类对象，不同的专业表达已经被采用：胡塞尔称之为事态(Sachverhalten)，而英语哲学则使用“命题”(Proposition)这个表达；因此，在英语哲学中其对象是命题的这些意向体验被称作“命题态度”(propositional attitudes)，即对命题或事态的态度。

现在，我的理解是，即便那些并非与命题有关而是与日常对象有关的意向体验也以与一个命题的有意识的关系——即一个命题意识(propositionales Bewußtsein)——为基础。我已经在之前的讲座课程中详尽地论证了这个论点，[①]因此在这里我只想概述一下这个论证。事情有一些复杂，因为有不同组的非命题动词，每种情况都有一点不同。不过，在所有情况中，实存(Existenz)概念都起着决定性作用。据此，我从布伦塔诺已经注意到的意向性的一种特征出发。他指出，在意向关系中，关系的第二个项不必须实存。现在我用符号“N”代表一个时空对象的任意名称。布伦塔诺的意思是，某人可以害怕、爱、欲求N，尽管N可能并不实存。相反，如果不是关系的两个项都实存，非

① 参见我的《语言分析哲学导引讲座》(1976)，第98—102页。

意向关系则是不可能的。如果N不实存，那么某人打N，或者吞食他，或站在他旁边，这些就是不可能的。

如何理解意向关系的这种独特性呢？我们是不是应该说， 20
在一个意向关系中，对象几乎可以说是在与之相关者的精神之中，因此即便对象在实在中不实存，这个关系也是可能的？但根据这个想法，一个对象或它的代表者处于意识中，我们将再一次陷于荒唐的代表理论。我们如何才能为以上所指的提供一个清楚的意义呢？其实，如果我们说，害怕、爱、钦佩（以及其他行为）N的人至少必须认为N实存，那么我们就能提供一个清楚的意义。即使魔鬼并不实存，我也可以害怕魔鬼，但我若不认为它是实存的，就不会害怕它。因此，布伦塔诺已经注意到的是，意向的意识方式的对象并不一定实存，而这一点首先是下面这一情况所导致的：人们可以仅仅以把这个对象视为实存的方式而有意识地与一个对象相联系。“一个对象实存”，这当然是一个命题；而“认为它实存”自然是一个命题意识。你们也许会说，对于一个对象，如果人们可以认为它实存，那么这已预设了人们对此对象的简单表象或意指，在此情况下我们会有一种不包含命题意识的意向意识。然而，这种观点——人们不认为（meinen）一个对象实存，或者甚至没有仅仅以想象的方式设想它实存，就可以意指（meinen）这个对象——是错误的；我在别处已经指出过这一点，现在再说它将使我们离题太远。①

因此，如果所有意向意识要么直接地是命题的，要么包含了

① 参见我的《语言分析哲学导引讲座》（1976），第103页注释10，第378页。

命题意识,那么我们就可以确立以下的普遍定理:所有意向意识一般(intentionales Bewußtsein überhaupt)都是命题的。"意向意识"所标示的这类关系通过以下方式区别于其他关系:这类关系是一个时空实体——一个人——与一个命题的关系,或者包含这种关系。

这是否意味着所有意向意识都必然是语言的?之所以会产生这个观点,是因为一个命题是一个不能在时空上被确认(identifizieren)的对象。假如我们问他担心、计划或认为的是
21 **什么**,那么我们是通过"daß p"("他担心、认为以及其他行为等,会下雨")这样的语言表达来确认这里所讨论的命题;而"daß p"则回指向简单表达"p",即回指向一个陈述句。不过,关于我们是否真的只**可以**通过语言来确认命题的这个问题仍然没被澄清。在此情况下,人们肯定会说,当我们谈及动物或还不会说话的孩子的担心、相信等时,这些说法非本真地被使用,或者无论如何,它们具有其他的含义;因此这些说法所指涉的就不能被理解为"命题态度"。我只是想提示一下这个如今还未被澄清的问题。目前的关键仅在于:所有意向意识都是命题的这一论点并不包括更广的论点——所有意向意识只可以在句子中表达。

在我们的语境中更重要的是,意向意识不仅不必然是语言的,而且显然,在之前阐明的意识概念的意义上,它也不必然是有意识的。正如我们从弗洛伊德那里所知,我们可以担心、认为或者计划什么,而不必具有对我们正身处于这一状态的直接知识。因此,正如胡塞尔所认为的,意向意识(作为关于某物的意识)所意指的东西和现在被定义为与命题的关系的东西,根本不

是在展现一个较窄的意识概念，而毋宁说，是两个意识概念相互交错：有非意向的体验，也有没有被体验的意向关系。

对自身意识来说这一切的意义何在？我建议我们首先应该弄清关于某物的意识的普遍结构；在此基础上我们要通过相应地替换可变项“某物”来获得［这一含义］：关于自己自身的意识所能意味的是什么。现在已经明白，尽管在关于某物的意识（Bewußtsein von etwas）的说法中“某物”（etwas）这个表达本身并没有错，但它还是导致了“这究竟涉及什么？”这样一种非充分确定性*，一种就像它在盛行的“主-客体”关系的论题中被表达出来的非充分确定性。如前所述，关于某物的意识是命题的。它并不是在客体这个语词的通常意义上与客体相关，而是与命题相关。它具有或隐含“意识到 daß p”（Bewußtsein daß p）这个结构。而因为在自身意识这里应该涉及知道（Wissen），所 22
以我们可以把较弱的可能性——一种“意识到 daß p”只是被隐含——放在一边。“知道”不仅仅暗含，而且具有“知道 daß p”（Wissen daß p）的结构。

如果我们把这个结果应用于自身意识，一个重要的结论随之而来。当我们依据弗洛伊德和胡塞尔就已明了有意识状态就是那些有或者能够有关于它们的直接知识的状态时，可能看起来似乎这种知识的对象恰恰是那些有意识状态或体验。但我们不能把这种有意识状态或体验加入到“知道daß p”的形式中去。

---

* 这里的“非充分确定性”译自Unterbestimmung，它含有一种不够确定的意思，但却不同于Unbestimmung（不确定性），故勉强译作“非充分确定性”。——译者

人们不能知道一个状态或经验；这将是一个不合语法的、无意义的表达。人们只能知道某物是在如此这般的状态中。在我刚刚表述的这个句子中补足了“知道”这个语词的这样一种表达具有着“daß p”的形式。在关于有意识状态的直接知识的情况下，这意味着这个句子必须具有“他知道，他处于如此这般的状态中”的形式。相关的人自身显然通过使用语词“我”来表达这一点。他对他的有意识状态的直接知识在具有“我知道，我……”这种形式的陈述中被表达，而紧随其后的任何谓述都表达了对意识状态的拥有。因此，例如[可以说]，“我知道，我很无聊”，“我知道，我不打算再参加这个讲座了”等等。

这个结果当然既非弗洛伊德也非胡塞尔的术语所导致的。弗洛伊德在我之前引用的段落中提及一种心理过程，而胡塞尔则提及一种体验。因此，在这两种情况下，状态都被转变为一个本己的对象。由此，弗洛伊德和胡塞尔就处在了英国经验论的坏的传统中，稍后我会涉及这个问题。我们现在所赢获的，不仅是对意向意识的概念分析的结果，它也与一种素朴的检验结论相一致，就如同我们关于自己所拥有的那种直接知识所显示出来的那样。它通过具有“我知道，我……”这类形式的句子表达出来。据此无疑的是，在经验论传统中假定一种关于被隔离开来的状态的知识是错误的，在同样程度上错误的还有自费希特以来
23 的观念论传统中所做的这样一种假定，即在关于一个被隔离开来的自身——或如人们动听的说法，关于一个自我——的知识这个意义上，存在着一种自身意识。在这里，这个统一的现象被依据另一个方面，即依据主体方面而分裂了。如果有人相信有

这样一种知识，我就要问问他，你在哪里发现这种知识的，它是如何被表达的？当然，我们所发现的并不是具有“[主格]我知道[宾格]我”（ich weiß mich）这类形式的句子，它重又是一个不合语法的、无意义的句子。

现在，你们可能会让步说，自身意识的确就是我们必须由之出发的东西；但[你们也会反对说]恰恰是在我们充分清晰地表述像“我知道，我处于如此这般的状态”这样的句子时，在对这个所涉及的命题的认识中就预设了，我以某种方式将自己与从句主语所标示的对象相联系，因而也就是，将自己与自己相联系，将自己与我的状态的主体相联系，而对此，人们也必须分析其中的问题所在。当然，现在我们必须分析其中的问题所在，而如果你们向我承认，自身意识，在某人拥有的关于他自身的直接知识的意义上，是一种通过业已给出的句子形式而表达出来的知识，[并且承认]这种知识恰恰是我们在处理这个首要意义上的自身意识问题时所必须阐明的东西，那么这就是我此刻想从你们那里得到的全部了。其实，我并不主张，我们所讨论的现象仅仅通过认识到它就是在业已给出的那些句子中被表达的那种现象就已被阐明了；相反，现在我们才能首次提出那些必须只在这里被提出的问题。

首先，意识状态的这个主体是谁？我马上可以引用两个我们在哲学文献中发现的回答。第一个较早的看法是，这里所涉及的东西仅仅是意识状态的主体，因此也只有主体自身才具有一个进入它的通道。在哲学中用来标示这个主体的那些术语，在日常语言中不会以这样的形式出现，而是来自于日常语言中的一些表达的名词化；于是，人们说意识（*das* Bewußtsein），特别是自我（*das* Ich），或者也说自身（*das* Selbst）。* 第二个可能的看法是由我们说话的方式引出的，在哲学中最初是由维特根斯坦引回它上面的。它在于这一主张：当我说“我悲伤”时，我用
24 这个句子中的语词“我”所指涉的人，与你们说“图根特哈特先生悲伤”时你们所意指的是同一个人。毫无疑问我们就是这样说话的，因此很清楚，这种谈论了一个自我或者这一类概念的看法导致了一次语言的重构。稍后我们必须要看看它是有合理的根据还是只有不尽如人意的根据。如果我用“我”这个词所指的与你们用“图根特哈特”这个词所指的是同一个人，这显然意味着我的意识状态的主体不**仅仅**是我的意识状态的主体，否则你们就不可能知道关于这个主体的任何事。因此它必须是一个肉身性的、在时空上交互主体间可确认的存在者。尽管如此，这里还有一个问题。为了在那些关于本己状态的直接知识在其中被表达的句子中使用“我”这个语词，我是否必须知道我的名字是“图根特哈特”？人们把我们用以指涉单个对象的表达称作单称词项。人们显然可以用不同的单称词项指涉同一个对象，通过这些不同的词项这个对象每一次都按照不同的标准被确认。例如，名字是恩斯特·图根特哈特的这个人也可以被确认为住在

---

* 图根特哈特这里强调的是，在日常语言中，我们使用的是诸如ich（人称代词：我）、selbst（指示代词：自身）等，在哲学语言中，人们将之名词化后当作名词来用，就成为了哲学的术语，比如das Ich（自我）、das Selbst（自身）等。因此，在原文中图根特哈特对三个名词前面的定冠词做了斜体强调，不过这一点无法在汉语表达中呈现出来。——译者

豪萨克尔路28号顶楼的人，而一些知道我住在那里的人并不需要知道我的名字。另外，这个人也可以用“我”这个语词来表示，尽管只能由我自己来用。现在，我显然可以在像“我知道我害怕”这样的句子中有意义地使用“我”这个语词，即使我忘记了我的名字和住址。这个情况并未使得对一个特殊非肉身性对象——它被称为“自我”（das Ich）——的假定变得合法；但它导致以下问题：如何区分由“我”这个语词所做的对这个人的特殊指涉与其他借助名字或特征标记所做的对这同一个人的指涉？因此也导致这样一个问题：在对“我”这个语词的使用中特殊的确认标准是什么？而这无非就是问：“我”这个语词的含义是什么？

第二个问题对关于本己状态的知识的阐明是必不可少的，它涉及这个知识的基础。之前我顺便反对过内感知或内观看的学说。但现在问题变得更紧迫：如果不是以这种方式，那么该如 25
何理解对我处于如此这般的状态的直接知道这样的说法？

与此相关，在第二个问题中出现了一个困难，我们按照我们对意向意识的阐释已经可以暂时地回答它。这个困难在于，自身意识似乎导致一种无限回退。因为如果对我处于如此这般的有意识状态的知道本身是一个有意识的状态，那么接下来似乎我也必须知道我知道我处在如此这般的有意识状态中等等。为了避免这种回退，目前为止我已经谨慎地陈述了：如果具有某个状态的人拥有**或能够**拥有关于他处于这个状态中的直接知识，那么这个状态是有意识的。意识仅仅包含自身意识的**可能性**，这样一个较弱的表述与胡塞尔的理解相符，但在他那里这种理解完全得自他的这个观点：这种知识在一种自身感知的本己行为中实现。从现象上来说，这种理解看起来是错误的。如果某人牙疼，他并不是只知道“他牙疼”这一可能性，而是他确实知道。于是，回退似乎出现了。然而，如果现在我们提醒自己意向关系不一定是有意识的，那么它就不会出现。显然，在深度精神分析学（tiefenpsychologisch）的意义上，人们不能够说自身意识是无意识（unbewußt）的；但用弗洛伊德的术语来说，它可以是“前意识”（vorbewußt）的。现在这里只涉及一种形式上确证：这个现象并不包含一种回退。只有通过回答这种直接知识究竟应该如何被理解的问题，我们才能澄清：这个事态应该如何更确切地被理解。

现在我们也可以理解为什么“自身意识”这个语词在口语中不具有这里的这个意义。口语中不需要这样一个语词有两个理由。首先，如已经指出的，自身意识在个别情况下是在具有“我知道，我……”形式的句子中被表达的。而如果关于某人，要在**一般的意义**上说“他有自身意识”，那么基于意识和自身意识的
26 关联，说“他具有有意识状态”或“他在有意识的情况下（sei ‘bei Bewußtsein’）”，这就足够了。在拉丁文中，conscientia一词很好地表达了这个关联。*

最后，我还想提一提以下的困难：正如我在这里在涉及弗洛

* 拉丁语的这个词既可以指“意识”，也可以指一种“一同意识到”，还可以指道德意义上的“良知”等。有关这个词的相关研究，可以参看倪梁康：《良知：在“自知”与“共知”之间——欧洲哲学中“良知”概念的结构内涵与历史发展》，载《中国学术》，第一辑，刘东主编，商务印书馆，2000年。——译者

伊德和胡塞尔时所介绍的，意识概念意味着，一切处在有意识的情况下的存在者，就此而言都具有自身意识。对动物和小孩子我们也可以这样宣称吗？看起来，当人们使用“我”这个语词或尤其是可以表述像“我知道，我……”这样的句子的时候，自身意识才被说及。但这将构成一个较窄的自身意识概念。既然自身意识可以是前意识的，它也就不需要语言上的表达。也许人们也可以说，和所有其他知识一样，自身意识只有当它在语言上被表达时才成为有意识状态。那么，在人们承认动物和小孩子的意识的相同意义上承认他们的自身意识——二者都不能在语言上被动物和小孩子表达——就不会有任何困难。这无疑只是一个否定的规定，而对于一个不**能**在语言上表达自身的存在者，我们一般还有什么标准来说它处在有意识的情况下，这仍然是个问题。这是其中一个我并**不**准备在这个讲座课程中回答的问题。

第二讲　引言Ⅱ：阐述问题和课程计划

27 我仍置身于四个引导问题（第11及下页*）中的第一个问题，即“自身意识”和“自身对自身之行事”意指着哪些现象？在第一讲中我们已经获得了一个暂时的“自身意识”概念：某人所拥有的关于自己的、关于其本己的有意识状态的直接知识。而且我们已经看到，人们必须把这两方面总括起来：我既不能知道我自己（或者“我的自我”），也不能知道我的就其自身被看待的状态，我只能知道我具有如此这般的状态。为了将这个现象与其他的非理论形式的自身对自身之行事区分开，人们可以将它称为认知的（epistemisch）自身意识（来自希腊文episteme，即“知道”），或者也可称之为理论的（theoretisch）自身意识，因为在这个现象中一个人仅仅是察觉性地（konstatierend）将他自身与自身相联系。

更确切地说，我们必须谈论**直接的**认知的自身意识，以区别于更广义的认知的自身意识概念——它包括所有在具有“我知道，我……”这种形式的句子中被表达的知识。因为，当然有一些这种形式的句子，其谓述不代表有意识状态，即这样一种状

* 这里给出的是原书页码，参看中译本的边码，下同，不再专门说明。——译者

态，相关的人具有关于它的直接知识。这种句子可能既可涉及我作为有形体的人——例如，“我知道，我生在柏林”“我知道，我一米八高”——也可涉及我的性格以及行为模式，例如，“我知道，我胆小”“我知道，我具有对如此这般类型的情境做出如此这般的反应的倾向”“我知道，我爱伊丽莎白”。对自身的非直接知识的所有这些形式具有以下特征：他人可以与我一样以原则上相同的方式获知这些知识，而且在某些情况下，他人比我更容易获知它。我的母亲比我更清楚地知道我是否生在柏林。我对我自己是否胆小没有任何直接知识，这只能在我的行动中展现出来。我直接地知道我是否爱上了（bin verliebt in）某人，但其他人同样可以清楚地知道，甚至比我自身更容易知道我是否爱着（liebe）某人，因为这同样只能在我的行为中被证明。当“我 28
爱你”的表达被理解为一种传达时，这里就会出现一种关于这个句子的滑稽（Komik），因为人们借此要求向另一个人传达某种某人自身可直接获知而他则只可间接获知的东西。这样，人们就会将行为方式与意识状态相混淆。

在近代哲学中作为论题的认知的自身意识只是直接的认知的自身意识。这种以意识为定向的认知的自身意识概念有多么狭窄，这例如在下面这一点上就可以看出来：在德尔菲神庙的箴言“认识你自己！”（gnothi seauton）中，直接的认知的自身意识恰恰没有被要求。这种直接的认知的自身意识根本不能被要求，因为当人们必须尽力去谋取在此箴言中所意指的自身认识（Selbsterkenntnis）的同时，人们就直接地拥有了它。不同于在直接的认知的自身意识那里，在这里谈及一种错误的或正确的自身意识是有意义的。在这里，自身意识不是严格意义上的知识，毋宁说它只是一种高度近似知识的意见。知识在这里只是一种调节性理念，即有关某人是谁（是怎样的人）的自身显见性（Sichdurchsichtigsein）的理念。

以下面的方式来为间接的认知的自身意识这个较特殊的概念划界看起来是有意义的：它是这样一种不被“认识你自己”这个箴言所**要求**（gefordert）而是被它所**涉及**（betroffen）的自身意识；因为我们这里需要一个统一的概念，它同时包括正确的和错误的自身意识、认识自己（Sichkennen）和不认识自己（Sichnichtkennen）。当然，并非所有的间接的认知的自身意识都与此相关。“认识你自己”这句箴言并不涉及我的形体方面的属性，而只是涉及我行动和意志的倾向（Disposition），以及我的生平——仅在它与这些倾向相关的范围内。与“认识你自己”这句箴言有关的认知的自身意识既不同于直接的认知的自身意识，也不同于其他的认知的自身意识的特色在于，它是在实践上相关的。但它并不是一种实践的自身对自身之行事，而仍然完全是理论的；尽管如此，它却是一种与实践的自身对自身之行事相关的“理论的自身对自身之行事”，因为它必须涉及本己的行动和意志的倾向。

现在，在自身对自身之行事这个说法中涉及何种现象？借
29 此，我来到了某种现象这里，它区别于认知的自身意识的不同形式，特别地也有别于直接的认知的自身意识现象；它不再是认知的或理论的。在对这个现象的初步报告中，我将满足于一些粗略的提示。在后面的讲座中，我们将通过海德格尔和米德的解释在

结构上适恰地掌握它。相反，有必要在引言中提供对直接的认知的自身意识的临时的结构澄清，因为我们需要用它来与海德堡学派展开争论，而我的解释将由此出发。

现在我可以从“自身意识”这个词在口语中的含义开始。我们已经看到在德语中这个词以下面的方式被使用：与某个有自卑感的人不同，如果某人具有肯定的自身价值感，我们就说他是个自信的人。如果我们想由自身意识在口语中的这个含义出发来获得一个哲学上相关的自身对自身之行事的概念，那么这个概念必须包含在为［口语中］自身对自身之行事的这种特殊形式奠定基础的那个更为普遍的结构中。如果我们想一下这个既可被自己也可被他人赞赏或轻视的自身是怎样的，那么并非显而易见的是：这里所涉及的人格（Person）与之前在诸状态之主体的意义上所谈论的人格具有同一个意义的人格。人格不单单是具有内部和外部状态的实体，就像在之前探讨过的认知的自身意识图式中看起来的那样，而是行动着的存在者。人格之行动的特点在于：首先，行动发生在交互主体的相互关系中；其次，在这些相互关系中行动具有自身规定（Selbstbestimmung）的可能性。作为行动者，我们就是我们所做的和所意欲的；在这个意义上，我们已经具有了一种自身关系（Selbstverhältnis），它不同于认知的自身关系。该如何来理解这种自身关系，这在一开始是完全不清楚的。

现在，在那种只要我们仅仅一般在做或意欲某事时就会具有的自身关系的基础上建立了某种自身关系，作为一个更高层级的自身关系，而我们正是在后面这种自身关系中谈及自身规

30 定的。我们有可能使我们自身脱离我们所做的和所意欲的，以及脱离我们在主体间所扮演的角色，并有可能问自己，在这一切中我是谁？当然也可能会问，我自身（ich selbst）意欲什么？在这里，“我”和“自身”这样的说法意味着什么呢？显然，这与行动者的自主性和自身规定有关，而这种自主性和自身规定既对立于周围的人的期待和既有的主体间的规范，也对立于本己的冲动，即那些直接的禁不住产生的愿望。你们可以看到，由此我正在论及在精神分析中被归在“自我之力”和“自我同一性”论题下的这一疑难问题。然而，自我心理学在其与这个现象的结构相关的概念性上却十分幼稚。人们在这里可以在何种意义上谈及一种自身关系，这一问题是完全未被澄清的。于是，自然就产生了这样一个问题：这个所谓的自我应当拥有哪些资源，以便他能够由自身而规定自身，以便他在多重意义上——相对于他偶然的角色和偶然的愿望——是自由的。

如果我们注意：我们有可能以这样一种方式对待我们周围的人的愿望和意见，即以我们对它们采取一种立场的方式，而且我们也有可能对我们自己的愿望和意见采取一种立场，那么在我所指的两个层次上，我们就可以获得对这个实践的自身对自身之行事的一个最初的、尚属临时的看法。表达一种立场之采取所用的基本语词是“不”和“是”。由此人们就很容易想到，根据行动者说不的能力来理解其自主性的原初构造，这里所涉及的不是对陈述而是对命令说是或不。作为有能力对命令说是或不的人，在一个形式的意义上将自身构造为自由的存在者。于是他同样学着对他自己的意向说是或不，正如他对别人的命令所做的那样。所有人类行动都是一个明确地或隐含地作出选择的行动。行动者由此在何种程度上将自身与*自身*相联系（sich zu sich verhalten），而且这一般可以意味着什么，显然还不明了；我们必须将它作为一个开放的问题记住。

在自由行动的这第一个层次上，立场之采取仍然缺失一个标准。当我们不是仅仅对愿望或意图，而是对意见采取立场时， 31
情况就不同了，因为意见提出了成为真实的要求，一个如果有人对之说“不”它就被质疑的要求。现在我们的行动和意图也由意见规定；人们如此这般地行动，是因为他认为情况是如此这般的而且如此这般是好的，无论对他自己还是一般而论。因此，人们可以通过既对关于事实的意见，也对行动所隐含的价值观念或规范的采取立场的这样一种方式，来对行动和意图采取立场。以此方式，人们就可以尤其对其自己的行动和意愿采取一个立场；显然，这个立场的采取在此不仅包括“不”的可能性，即质疑一个真实性的可能性，也包括提出问题的可能性。

如果人们以此方式在追问中将其自己的行动和意愿与自身相联系，那么人们就可以谈及一种*反思的自身关系*。“反思”这个语词在哲学传统中与“自身意识”这个主题有着密切联系，但在这个关联中它显然模棱两可。一方面，它在认知的自身意识的意义上被使用；另一方面，人们可以这样来理解它，它保证了（steht für）真实性问题，就这个问题与人们自己行动的前提有关而言。此时，我们自然会设想，实践的自身关系的第二种形式（它可以被称作自身规定），关联于或同一于这个反思的自身关系，那些在人们自己的行动中被设置的前提就在这个关系中被追问。此外也可以设想,这个反思的自身关系概念也关联于conscientia这个拉丁文语词所具有的除了“意识”/“自身意识”之外的第二个含义,即“良知”(Gewissen)。似乎显而易见的是,通过上文所描述的反思的自身关系概念,我们获得了一般被称为“自律的”(独立的,区别于“他律的”)良知的那种东西的结构。最后,显然我们已经触及了实践自身关系中的要点,在此,“认识你自己”这一箴言所要求的那种认知的自身意识变得相
32 关。如果将存在于反思的自身关系中的真实性问题与我真实地(in Wahrheit)是谁这个问题相同一,这无疑会是一个错误。“认识你自己”所要求的问题仅仅关涉人们自己行动和意志的倾向,但它也作为局部问题而进入有关被包含在人们的行动和意志中的意见之真实性的全局问题中。这个局部问题如何与全局问题相关联,即实践上相关的认知的自身意识如何嵌入反思的自身关系中?目前,我们只能再度将这个问题保持开放。

现在我们来总结第一个引导问题,即“自身意识”、“意识/良知”(conscientia)、“自身对自身之行事”以及“反思”这些语词所指涉的现象范围的问题。初步的界定尝试的重要结果在于这些术语并不指涉一个单一的现象。存在两个现象——认知的自身意识和实践的自身对自身之行事——而且它们并不属于一个单一的属。认知的自身意识通过“我知道,我……”这种形式的句子得到表达。关于自身对自身之行事,我还没有给出明确的句子形式;但在这里自然首先会想到表达意向的句子(“我将会做X”),其次会想到“我能够做X或Y”这种形式的句子。这两种句子形式是共属的(gehören zusammen)。只有在第二个

句子形式——在其中，自由的"能够"得以表达——是可能的时候，第一人称将来时的句子才是一个表达意向的句子。最后，与"能够"句相对应的是这样一种疑问句形式，即"我应该做X或Y吗？"（这里"我应该吗"与"这是可取的吗"所指的一样），在这种疑问句形式中，实践的审慎得到表达。与自身的关系如何在所有这些句子形式中得到表达，我必须再一次让这个问题悬而不决。

不仅认知的自身意识，而且实践的自身对自身之行事，都会产生进一步的划分：在认知的自身意识的情况中，我们区分直接的和间接的［认知的自身意识］。我将从直接的认知的自身意识开始进行解释，因为这几乎是传统哲学的自身意识问题的唯一主题。在间接的认知的自身意识中，我们将被"认识你自己"这一箴言所涉及的部分作为重要的核心领域而凸现出来，这一部分可以被描述为实践上相关的。在实践的自身对自身之行事这 33
里，不同的亚种没有出现，而是出现了不同的层次：直接的和反思的自身对自身之行事。目前为止，在认知的和实践的自身关系之间被揭示出来的唯一关联在于："认识你自己"所要求的间接的认知的自身意识对反思的自身对自身之行事而言是相关的，并作为一个成分进入后者之中。另一方面，在直接的自身意识与实践的自身对自身之行事之间存在着一个形式的对应：在这两种情况中都涉及某种仅仅出自相关者［自己］之视角而是其所是的东西，这意味着第一人称句与相应的第三人称句不对称。相反，间接的认知的自身意识是这样一种认识：它不必区别于出自第三人称视角的同类认识。间接的认知的关于自身的知识只是X那个人所知的关于Y这个人的知识的一种情况（即X=Y的情况）；因此，除了在如何进入反思的自身关系的方式上，它没有提出专门的自身意识难题。因此，这些讲座将被分为［两个主要部分］：前一部分将论述直接的认知的自身意识，而后一部分将在其两个层次上论述实践的自身对自身之行事。

现在让我们继续第一讲中提出的第二个引导问题（参看本书第11页）：哲学传统中的哪些方法论手段、哪些存在论的和认识论模式可以被我们用来将自身意识和自身关系当作一个论题？有三种模式首先要被提及，传统的自身意识理论遵循它们。

第一种模式是基质（Substanz）及其状态的存在论模式，这个模式规定了自亚里士多德以来的传统，而且也深深植根于我们言语的基本结构，即主-谓结构（Subjekt-Prädikat-Struktur）。第二种模式是所谓的主客体关系（Subjekt-Objekt-Beziehung）。这些［论点］被预设为自明的：意识就是对对象的"面对着它而拥有"（Vorsichhaben）*、对对象的"表象"；某人面对着某物而拥有之（man hat etwas vor sich），这存在于主体和一个客体
34 间的一种独特关系中。这也导致了自身意识以及一般而言的自身对自身之行事被理解为一种在主体和作为客体的他自身之间的关系：人们在面对着自身而拥有自身。第三种模式是一种认识论的预先设定：一切直接经验性知识必须建基于感知。这个预设导致了人们将对自身的知识以及尤其是自身对自身之行事

* 图根特哈特在《胡塞尔与海德格尔的真理概念》中就对这个概念有所论及，其在海德格尔自己那里也有使用。这无非意味着一种主体将客体视为主体自己的对立面，进而来把握客体的观点。——译者

理解为一种内在的感知拥有（Gewahrhaben）。

整个传统的自身意识理论（无论德国的或英国的）都在这三种模式的框架内发展。许多哲学家否定了这些模式中的这个或那个，但却没能提供其他代替性的肯定的观念。

在传统的自身意识理论中，第一种模式首先受到质疑，［尽管］实际上它是最无害的。它已经被休谟否弃。随后在休谟传统中的威廉·詹姆斯和胡塞尔的著作中，我们发现了意识流的观念，一种体验的内在关联代替了体验状态所从属的实体。不过，似乎非常有争议的是，对认知的自身意识而言，是否真的必须放弃这个模式；以及这个模式之所以被始于休谟的传统所否弃，是否只是因为［在这种模式中］主体被理解为内在的某物而不是物质性的人。

第二种模式，关于主客体关系的说法，至少在时至今日的德国传统中（而这意味着直到目前的海德堡学派）仍然是决定性的。

最后，第三种模式，"看"的认识论倾向，这种倾向可以溯源到古希腊哲学的开端，它已经被整个英国以及德国的自身意识理论所预设，除非人们对第二种模式感到满意并且对［主-客体］关系的样式不作确切规定。

如果现在我们回忆一下我们对这些现象的暂时阐明，那么一眼就能看清楚，为了理解实践的自身对自身之行事，这三种模式都无可救药地失败了。对直接的认知的自身意识而言情况还更有希望些。第一种模式在这里似乎是合适的，尽管对于澄清现象它不能做多大贡献。与之相反，我们已经看到——而我们还将 35

在与海德堡学派的论辩中深化这一认识——第二种模式是误导性的。对于阐明直接的自身意识而言,决定性的问题是,所谓的内在领域是如何被我们所通达的,而恰恰对于这个问题,第三种模式提供了回答。我已经表达了我对内感知思想的怀疑。这个模式会导向谬误,这无论如何并非初看起来就显而易见的。这将在稍后被表明。当然,只有当人们可以提供关于"所谓的内在领域是如何被我们所通达"的另一个解释时,人们才可以证明这个模式是误入歧途了。

这些对第二个引导问题的评论直接导向对第三个引导问题的回答,即我为什么偏巧希望通过对维特根斯坦、海德格尔和米德的解释来阐明自身意识现象。如果传统的自身意识理论所遵循的存在论和认识论模式被证明站不住脚,那么我们自然必须从努力突破这一传统的范畴机制(Apparat)——即关注于对对象的表象,关注于主客体的关系,以及关注于看和感知的机制——的新近的哲学家出发。这正是海德格尔和维特根斯坦以不同的方法已经尝试去做的。两位哲学家的努力所针对的东西,在否定的层面完全可以同一地被刻画:它是将理解(Verstehen)——或者用海德格尔的术语来说,展开性(Erschlossenheit)——看作某种与对象的关系的传统观念,以及将展开性视为一种观看(Sehen)和观察的传统的观念。当然,在他们肯定的观念上,两位哲学家的出发点和方法都完全不同,但正是因此,我们才必须对二者都加以利用。

维特根斯坦在论题层面上以传统为导向,但他是真正的、唯一的方法论革新者,而海德格尔在方法论上仍然幼稚。他在

多大程度上否弃将哲学的主题对象——如理解和展开性——定向于观看的做法，就在多大程度上在其哲学方法观念方面仍然 36
陷入胡塞尔的本质直观模式。如他所认为，人们必须以某种方式“观看”要描述的现象。当然，这是比喻上的意思；但这个比喻是对什么东西的一个比喻？维特根斯坦只想把传统的自身意识问题，即直接的认识的自身意识，作为一个主题，但他努力让这个现象挣脱其比喻的曲解。另一方面，海德格尔从一开始就忽视了这个现象，将它委让给那种陷于传统模式的概念方式（Begrifflichkeit），并马上将注意力集中在实践的自身关系。他是唯一以这种方式在结构上澄清这个关系的哲学家，这让我之前留下的未解决的问题，即这个关系在何种意义上涉及一种将自身与“自身”相联系（Sichverhalten zu “sich”），变得可理解。

两位哲学家的出发点也完全不同。与维特根斯坦截然不同，海德格尔直接从自身关系问题出发。这在海德格尔最早的著作中——例如，在他对雅斯贝尔斯的评论中*——还不从属于一般的存在问题，尽管甚至在这里海德格尔就已经把这个［自身关系］问题理解为一个存在论问题了。他问，“我是”如何区别于“它是”？[①]这在存在论历史上是个新鲜事；现在这不仅仅是一个区分存在/是的不同含义的问题，就像在亚里士多德传统中所做的将［我］是（bin）看作［它］是（ist）的语法变体；而是，在陈述“我是”中的“是/存在”与“它是”中的“是/存在”相比

* 这里指的是海德格尔写作于1919—1921年的《评卡尔·雅斯贝尔斯〈世界观的心理学〉》（1919/1921）一文，收录于论文集《路标》。——译者

① 《评卡尔·雅斯贝尔斯〈世界观的心理学〉》，第89及下页。

应该有另一个意义。虽然根据海德格尔，在陈述“我是”时，我并没有“以审美的方式”（ästhetisch），即以观察的方式与我的存在相联系。我没有将我的存在断言为现成在手（Vorhandenes）的东西，而是以“自身关切”（Selbstbekümmerung）的方式将我自身与之相联系；[1]这个存在因此也不具有现成在手的意义，而是我将我自身与作为——就像他之后在《存在与时间》中所说的——我必须“是”[2]（“zu sein” habe）的某物的我的存在相联系。海德格尔给予这个“去是/去存在”以“实存”之名。他以雅斯贝尔斯仍然只“以审美的方式”、以观察的方式把握实存为由指责他。[3]

海德格尔用这个“去是/去存在”所指的可以最简单地用哈姆雷特的问题来弄明白：“存在还是不存在——这是一个问题。”这个问题显然不是一个理论问题。提出这个问题的某人并不是在问某物是否可以被断言，即它（他自身）存在或不存在，或者
37 更明确地说，将存在或将不存在。相反，这个问题涉及提问者在一个实践意义上对在某个去存在的时刻中都在逼近他的那个存在究竟说“是”还是“不”的问题；而这意味着他或者想要准备终结这个存在，或者他愿意继续这个存在。根据海德格尔，我们是这样的存在者，即只有在这些存在者将自身与这个存在——这个在每一时刻都逼近着的生命实行（Lebensvollzug）——相联系时，他们才存在。这种某人将自身与这个存在相联系［的

① 《评卡尔·雅斯贝尔斯〈世界观的心理学〉》，第93页。

② 《存在与时间》（1927），第42页。

③ 《评卡尔·雅斯贝尔斯〈世界观的心理学〉》，第85、96页。

行为］不是一种表象，它也不能被理解为一种关于某物的意识；毋宁说，这个联系存在于此：我们能够对我们的“去存在”说是或不，或者，更准确地说，我们总是必须对它说是或不。人是一些不只于事实意义上实存，而且以他们对他们的实存持有一种隐含的肯定或否定态度的方式实存的存在者。在这个背景下，在一个比我对“自身对自身之行事”的第一个暂时解释中出现的层次更为根本的层次上，我们碰到是或不的立场之采取（Stellungnahme）。因为这个立场之采取不仅不是对信念的一种理论性的立场之采取，而是一种意志性的和实践性的立场之采取；而且它显然比对任何命令的意志性的立场之采取都更根本。但海德格尔现在可以因为以下理由将所有实践的是/否的立场之采取（这意味着将所有意向）合并到这种对人们自己的“去存在”的是/否的立场之采取中：在将我们自身与我们的“去存在”相联系时，我们也总是已经将我们自身以如此这般的方式与之相联系；即我们对之如此这般说“是”或“不”，而这意味着以如此这般的方式行动。[①]因此，海德格尔试图将人的各种行动和意向，而后还有他的现身情态（Befindlichkeiten）和情调（Stimmungen）都合并到他与他的“去存在”的联系之中。

对目前的初步论述来说，重要的只是要看到，海德格尔通过这个观念突破了前面提到的三种传统模式，尽管形式上他完全是由传统上所熟知的结构所指导的，即人们能够将某物——一个存在者——与其存在，即其实存相区别。当然，这个结构并

① 《存在与时间》，第42页。

非真正与实体模式相矛盾，尽管海德格尔自己也认为是这样；不过无论如何，他与实体-状态结构相对立地为实体-实存结构带入了一些不同的东西。很清楚，自身与自己的存在的关系（Sichverhalten zum eigenen Sein）与第三种模式是相矛盾的，因为，逼近的“去存在”是我们可以内向地感知或者以其他方
38 式近乎看见的东西的这样一个观点，从一开始就是荒谬的。但是，最重要的一点是主-客体模式在这里以一种比我在前面的讲座中所考虑的彻底得多的方式被突破；在那里，我只是［通过］指出所有意向意识都与命题的对象相关或者都隐含一种命题意识［来反对这个模式］。这个反对并不否认主体与客体相联系的主张，而只是指出，这些客体是特殊类型的东西，并且因此，自身意识也不能以某物简单地与它自身相联系，主体自身变成了对象这种方式来理解。相反，我们现在正在论述一种“自身与……的关系”（Sichverhalten-zu），它不是关于一个对象性之物（etwas Gegenständliches）的意识，而是自身与自己的“去存在”的关系。在德国观念论中，这一点被假定：自身对自身之行事必然具有某物与其自身之关系这样的结构，并因此必须表现为一种自身反映（Selbstspiegelung），而海德格尔则与之相反：人通过将自身与其实存——与其在每一时刻在逼近的生命实行——相联系，而将自身与自身相联系。由此便呈现出了对我在关于自身对自身之行事的暂时刻画中不得不悬而不解的问题的回答，即某人如何在他对实践性的是/否的立场之采取中——在他的“我可以……”中——将自身与自身相联系。他的回答如下：［主体将自身与自身相联系，］不是通过成为客体，而是通过将自身与他的实存相联系。

我们在维特根斯坦那里发现一个完全不同的出发点。后期维特根斯坦——我们将只涉及后期的他［的思想］——开始于一种对我们语言表达含义的本质的新思考，也就是对“理解一种语言表达”意味着什么的新思考。而维特根斯坦对第二和第三种模式的否定必须在这一点上来理解。除了名称或名词，语言表达并不代表对象。因此，理解语言表达时所涉及的那种展开性（Erschlossenheit）——用海德格尔的术语来说——不是关于对象的意识，不是意向意识；因此，主-客体模式又一次以彻底的方式被否定。首先，维特根斯坦不懈地反对那种认为语言表达的含义是精神图画——我们在一种精神性的观看中以某种方式在面前具有的精神图像——的观点。这个与理解语言表达的传统模 39 式的决裂，随后也使维特根斯坦有可能以一种不能在内在的观看中被寻得的方式来看待一个人关于其自己内在领域的知识。

与海德格尔相比，维特根斯坦在自身意识问题下所处理的论题的范围上还是相当传统的，尽管他在方法论上更彻底；他的方法提供了在海德格尔自己的观念中区分有意义的和荒谬的内容时将必不可少的工具。不过，这个方法上的彻底性存在于某些普通的东西中，即在这样的要求中：在哲学中，与在所有旨在获得一种理解的言说中一样，不允许我们用比喻，如果我们不能提供对它们含义的交互主体的说明。根据维特根斯坦，为一个语词含义提供交互主体的说明意味着指出这个语词如何被使用。维特根斯坦说，如果你想知道一个语词意味着什么，那么请不要引证你看到的东西——没有什么要被看到，即使那里有什么，它对你获得交互主体的理解也毫无用处——，而是展示这个词如何被使用。这个对使用方式的坚持当然不是所有哲学智慧的终点，而无疑是其开端。我不明白任何人如何能否认这一点，假定他想要以他人理解他而他也理解他人的方式来做哲学的话。

因此，问题在于消除哲学中比喻式的言谈，而首先是消除统治着所有传统思考的观看的比喻，因为这是人们在使用任何其他比喻时可以诉诸的基本比喻。[比如，] 某人使用一个语词，然后希望他人以某种方式看到他的意思。通过暗示，他或许会让他们相信他们看到了些什么。与此相对的就只剩下一种情况，即素朴地与对语词的哲学式使用相对立，也就是人们承认自己不能理解这些使用。根据苏格拉底，一切哲学追问的开端就在于这种对无知的承认。

许多人害怕这种维特根斯坦式的方法会导致哲学的萎缩
40 (Verkümmerung)，而情况恰好相反。根据维特根斯坦，传统思考本质上在于同化不同者、敉平差异；因此，人们将语言的所有其他语词同化为名称，将内在领域的知识同化为外部世界的知识，并将思考和理解同化为观看。我们可以为至今还未被理解的现象——因为人们将之同化为其他现象，或者以比喻的方式来谈论之——找到一个相应的概念框架，只要我们澄清谈论这些现象的方式。当然，人们总是听到以下的回应："但我们想达到事情本身，而不是还纠缠在语词里。" 如果有人这样回应我，我一定会问他："你是作为一个经验学者*还是作为哲学家说这个？

---

* Empiriker既可指哲学上的经验主义者，也可以指那些以经验为基础从事研究的人。从语境上说，这里指的应该是后者，因此译为"经验学者"。——译者

如果是作为一个经验学者，那么你完全正确，［因为］在这里语词的澄清只是初级阶段，接下来必须进行经验性的研究。不过，如果有人认为他可以在哲学中以同样方式行进下去，那么他一定想到某种对应物，它对应于经验在经验性科学中［所起的作用］。”人们因此指的是对某些本质特性（Wesenheiten）的准经验吗？这是胡塞尔所设想的方式。但在这里我们又处于精神观看［的模式］之中了。这种对精神观看的虚构世界的诉诸是对语言表达的使用进行分析的另一种选择，或者人们会像黑格尔的《逻辑学》中那样构造性地建立起一些据说是逻辑性的关联，这些逻辑关联只能在系统内部被证明，并在这个意义上它们与我们对语词的日常理解根本无关，但我们在任何情况下却都必须从这种日常理解出发。

我从维特根斯坦开始我的分析，接下来才转向海德格尔，这有两个理由：第一，维特根斯只涉及了直接认识的自身意识，而海德格尔则试着详述实践的自身对自身之行事的结构；第二，通过我们对维特根斯坦的解释，我们可以获得一个方法，这个方法对接下来的一切也都是根本的。如果我对维特根斯坦的方法的反思是正确的，那么我们是否在“语言分析”这个术语的广义上用语言分析来行进，就不随我们决定了。毋宁说，诉诸语词使用方式对所有哲学追问来说都是根本的；因此，我的一切解释，甚至对非分析哲学家的那些解释，都必然会采用一种语言分析形式。

米德没有对传统哲学进行与维特根斯坦和海德格尔一样根本的批判检验。在更大程度上，他的贡献具有启发的特点， 41

他——作为一个做哲学的社会人类学家——没有将这些启发用我们对一个哲学家所期待的概念明确性来表述。尽管如此,他的观念同样完全是革命性的,而只有在此基础上我们才可能理解我标示为反思的自身关系的那种自身关系的结构。根据米德,被称为自身并且也被他刻画为自身意识和反思的东西是在与自身说话(Sprechen mit sich selbst)时被构成的,而这种与自己说就其自身而言则是社会性地,即在对"与他人的说话"的内在化中被构成。这种与他人说话的内在化贯穿许多层次,其中有两个层次是本质性的;在第一个层次上,他人是具体群体那些他人,而在第二个层次上他们包括任何可以说话的人,因此包括所有理性的存在者。于是,自身关系的观念出现了,在这里人们用他与任何同伴说话的同样方式与自身说话。在米德那里不足够清楚的是,这种相互说话和与自身说话的结构是什么。尽管如此,它几乎只能是一种是或不的立场之采取的结构,而如果所涉及的是一种和与任何其他人交谈一样地与自身交谈,那么这个反思就只能具有真理问题的意义。显然,在米德的研究中,这种与自身的言谈在何种程度上是与自身的一种关系,仍然不清楚;人们只能通过将米德关于自身对自身之行事的明察与海德格尔的那些明察联系起来才能理解它。这两个哲学家互为补充。

只有通过米德我们才能达到黑格尔的自身意识概念和精神概念的层次,即一种实践的自身关系的观念——它在与他人的相互作用中被构成,同时借助与真理(与理性)的关系被理解。因此,在对海德格尔和米德的解释之后,我们将以如此的方式来准备好与黑格尔的观念进行争论,以致这种争论能够脱离仍然指导着黑格尔的那些传统模式，并从一种基础出发来进行——同样在这一基础上，自身意识与出于理性的实践这二者之间的相互关联居于中心地位。与米德一样，对黑格尔来说，真正的自身意识（黑格尔称为精神）在与普遍性的关系中被构成，但是对黑格尔而言，自身关系和与普遍性的关系之间的统一不是言 42
说性的立场之采取的那种统一。毋宁说，自身在将自身与他人相区分时作为一种自为存在（Fürsichsein）被构成，而由于它在这个自为存在中知道自身是同时与普遍性相同一的，它便获得其"真理"；"我就是我们，我们就是我"，如黑格尔在《精神现象学》中的某处所说，在这里他首次引入作为自身意识之真理的精神。*

我们这里的解释有两个任务。第一，我们将必须借助一种语言分析的解释，让黑格尔在此正面地所指的东西摆脱不充分的形式存在论的概念方式。在前一讲中我已经提到，德国观念论尝试通过提出区别与同一性和所谓的活动性（Tätigkeit）之间的诸种存在论"关系"来把握自身意识的结构；而黑格尔在阐述他的实践的-社会的自身意识概念和精神概念时的做法，与德国观念论在把握认识的自身意识时所做的是一样的。当然，我知道在你们海德堡的这些人当中，有许多人认为去谈论将自身与他人相区分以及将自身同一于他人，是完全没问题的。然而，我们还是要看看人们是否以及如何能澄清使用这些表达的方法。

---

* 即《精神现象学》第四章"意识自身的确定性与真理"引言部分。参见贺麟、王玖兴译本（商务印书馆，1979年）上卷第138页。——译者

因此，我们必须要问，当黑格尔谈到有区别之物的同一性，谈到从非同一性中重建统一性等时，他指的是什么。显然，他在指涉的是社会人类学的结构，而非存在论结构。但是，这些东西如何以结构上恰当的方式被把握，并不是一开始就清楚的。相对清楚的只是黑格尔由之出发的那种经验，这种经验正是他自己在他早期著作《费希特和谢林哲学体系的区别》的一开始被描述为时代经验的东西，即个体与他的自然和社会环境相分离或异化的经验。马克思接手了异化及其扬弃的问题，当然是进行了根本的修正。在这里，一个关于好的或真的生活的确定观念是其基础；按照这个观念，个体在将自身与他人相联系，特别是
43 与诸多他人相联系时找到他的自我实现（Selbsterfüllung）。但是，对于这所指的是什么，人们是不能通过抓住主-客体图式，并主张这里的问题是主-客体的统一或者差异中的同一性等类似的东西，来加以澄清的。

于是，这就是我们的解释的第一个任务，也就是要让这里所涉及的内容摆脱那些覆盖于此内容之上的、被歪曲的和不被理解的形式存在论概念。我们的第二个任务是要使留存下来的、从现在开始变得有意义的那些观念对立于米德的观念，或者，更好的说法是，对立于从对米德和海德格尔的解释中产生的观念。人们可能会以下面有些沉闷的方式刻画黑格尔的观念：好的或真的生活在于个体与其环境、其人类同伴等的肯定关系中，而个体也并不会因此而失去其独立性。借此，在反思的自身关系中提出的关于正确生活的问题，就获得了一个明确的、实质的回答。另一方面，米德的观念涉及一些完全不同的东西，即自身关系以及

交互主体性的结构，这个结构并不展现对关于正确生活的问题的明确**回答**，而就是这个**问题**的结构。在黑格尔那里，真理问题在某种意义上还在哲学中起作用，但是它却不再像这个哲学中所描述的那样是人之活动性的一个合乎本质的要素。在黑格尔那里，哲学在一定程度上让人或社会接受一个关于真的和好的生活的确切观念，而要求每个个体自己必须与所有其他人一同提出真理问题，这并不包含在这个真的和好的生活之中。相反，借助那个我们承接米德而达到的观念——一种交互主体性的观念，即那些依照真理来进行自我批判和相互批判的诸主体的交互主体性——在内容上并未获得任何别的东西，除了一个预设：如果一个社会成员自己不能自由地共同提出关于真正好的生活的问题，那么在这个社会就绝不可能有真正好的生活。这表示，在黑格尔这里我们发现了一个与真理的封闭关系，而我们承接米德而在自身关系中遇到的那种与真理的关系，则是一个开放的关系。于是，由于米德的观念被表明为优于黑格尔的观念，借 44
此，米德的观念就在黑格尔的观念这里得到了验证。

现在我就可以解释我想怎样组织这个讲座课程。在第一部分中，我会处理直接的认识的自身意识的结构；我会开始于借助海德堡学派来解构传统的问题提法，然后解释维特根斯坦的观点——它本身陷身于重大困难之中。在第二部分中，实践的自身关系成为课题，在这里，从目前为止所说的东西出发，我建议采取海德格尔、米德、黑格尔这一次序。因此，我会把维特根斯坦、海德格尔和米德这些革新者作为我解释的重点，并通过以下做法来支持这些解释，即我借助与相应的传统立场的争论而将这些革新者彻底地置入框架之中（einrahmen）。

现在我终于可以谈第四个引导问题了，有关自身意识问题的相关性。人们可以从两个立足点来判断一个哲学主题的相关性，其一是哲学内部的，其二是哲学之外的。近代早期，自身意识的主题被看成在这两方面都根本相关。但是从我已经提出的对现象的阐明看，我们不能再谈论一个统一的主题；费希特不恰当地合并了直接的认识的自身意识和实践的自身关系。

对笛卡尔和康德而言（尽管是以完全不同的方式），直接的认识的自身意识似乎是他们在理论哲学中想做的东西的基础。在笛卡尔那里，这涉及一种绝对确定的知识的基础，而在康德那里，它涉及的则是澄清客观经验的条件。在笛卡尔看来，关于自身的知识是最确定无疑的认识，并且作为这样的认识，它是所有可靠知识的范式和基础。而在康德看来，自身意识的统一是经验的客观统一的基础和保证。今天，几乎没有人还在用笛卡尔和
45 康德的做法来构想理论哲学的任务。在这里做出证明会让我们离题太远，因此我只能将以下主张作为一个论点加以刻画：如今人们应该假定理论哲学的任务是阐明我们的理解的隐含前提。[1]然而，理解始终已经是交互主体的。而一切知识和一切客观认知都预设了理解。于是，即使人们想和笛卡尔与康德一样狭窄地设置理论哲学的主题，人们也不能合理地认为可以通过片面地诉诸某种臆想的（vermeintlich）前交互主体的自身意识来为这个主题奠基。就笛卡尔而言，在阐明直接认识的自身意识时我们

① 参见我的《语言分析哲学导引讲座》（1976），第19、54页。

将看到，它在任何意义上都不能被理解为唯我论的。而康德自己已经看到，事实性的（“经验性的”）认识的自身意识的统一不要求任何相应的客观对应物，因此他为这个机能设定了一个专门的“先验的”自身意识[①]，后者的价值最终还是不清楚的。除此以外，这里自然会产生的疑问是：像客观性这样的东西是否可以被奠基于自身意识，而不是说其实只被奠基于交互主体的言语（Rede）中。

这个极为扼要的探讨——它是作为一个论点被提出而不是被证明的——的结果是，理论的自身意识不具有笛卡尔和康德归之于它的那种哲学相关性。那么，这是否意味着直接的认识的自身意识根本不具有哲学内部的相关性呢？我不这么认为。如果理论哲学的任务是阐明我们的理解的隐含前提，那么每个主题在哲学上都是相关的，只要这些主题对于超出其自身边界来撼动某些偏见来说是适宜的——这些偏见是我们在整体地处理意识和理解等现象时所使用的模式所具有的。如果基础性的传统模式被证明不足以理解自身意识，甚至是理论的自身意识，如果这个主题因此在某种程度上要求一个新的范畴性的概念方式、一种新模式，那么其哲学内部的相关性就因此被证明了。不 46
过也还有其他的哲学主题，对它们的阐明会在整体上对哲学的概念方式产生反作用（Rückwirkung）。在这个意义上，自身意识主题虽然有内在的哲学相关性，但它不具有笛卡尔和康德所认为的那种首要的相关性。

① 《纯粹理性批判》（*Kritik der reinen Vernunft*），第2版，§18。

直接认识的自身意识在超出哲学的意义上也有相关性吗？不久前有人在这里做了关于传统意义上的“自身意识”，即关于直接认识的自身意识的讲座，而为了强调这个主题的重要性，他诉诸“我是谁？”这个问题的相关性。现在这个问题是多义的；它只有在认识你自己（gnothi seauton）的意义上被意味时，才是相关的，而直接的自身意识对这个意义毫无贡献，至少当我们在传统意义上，并像我到此为止所描述的那样来理解它的时候。我们在任何情况下都具有的对我们自身的知识都不可能是实践上相关的。只有在显示出，连直接自身意识也处在不认识自身与认识自身之间的一种张力之中时，自身意识才被表明为是实践上相关的。目前，我必须暂时让这个问题保持开放。

实践的自身关系情况下的状况如何呢？我们将自己与我们自己的“去存在”以这样的方式相关，即我们以某种方式与之“相关涉”（daß es uns darum irgendwie “geht”）。[①]海德格尔最初将这个现象描述为自身关切（Selbstbekümmerung），后来用烦（Sorge）这个术语取代了这个词。[②]因此，如果对我们每个人而言，其自己的存在是关切或兴趣（Interesse）的终极对象，那么他可能会说，实践的自身关系的哲学问题涉及的是那种每次对我们而言都是终极相关的东西的结构。但究竟是不是对每个人而言，其自己的存在都是其关切的终极的——而且这应该也就意味着：唯一终极的——对象呢？当然，我们必须对提出

---

① 参见《存在与时间》，第12页。

② 也参见《评卡尔·雅斯贝尔斯〈世界观的心理学〉》及《存在与时间》§ 41。

这样的问题的人做出反问：不然的话，一个人究竟能够或应该关切什么呢？

我们可以想到三个答案：人们不应该（只）关心自身，还应关心上帝；人们不应该（只）关心自身，还应关心存在；人们不应该（只）关心自身，还应关心他人、社会或人类。近代对自身意识的诉诸已经从这三个视角出发被批评了。来自神学视角的批评所涉及的在任何情况下都是某种从历史意义上来说正确的 47
东西，因为在笛卡尔那里，对自身意识的诉诸至少也可以被理解为一个摆脱信仰约束的运动。这个批评和这个解释在格哈特·克吕格（Gerhard Krüger）的题为《哲学的自身意识的起源》的文章中被提出。主张诉诸自身意识代表一种堕落，不是从上帝，而是从存在——从“这个”存在——那里堕落，是后期海德格尔的论点，我只是将它作为奇谈来提及。不过，不管自身意识问题的**发生**是怎么样的，适合于让今天的我们去置疑实践的自身关系的相关性的唯一视角，无疑就是社会的视角。确实，正是从这个视角出发，如今的整个自身意识主题很容易在实践的角度上显得过时。

尽管如此，自身关切和社会责任（Engagement）之间的这种对立是否已被证明，还是有疑问的。我不想对这个问题泛泛而谈，而是要关联于我们之前出现的实践性自身关系的两个概念来对之进行处理，这两个概念之间的对立应当引导我们讲座［的进行］。无论对黑格尔还是对米德来说，实践性的自身对自身之行事都是一种自身与他人的关系。

让我们从黑格尔开始。对于他的将自身意识扬弃在精神之中的这一观念——即共同体福利的观念，共同体的福利就在于个体的福利，而个体就其自身而言是从他在社会中的存在出发来理解的——再也不能提出社会性的反对意见。不如说，人们可能会问，自身意识是否被“扬弃”到如此广泛的程度，以至于不再真正地处理自身关系。现在我不想探究这个问题，而是想提出别的问题。因为人们必定会说：诚然，对于这个黑格尔式的观念，不再能提出社会性的反对意见，但这并不证明他的观念展示了真正的善——这种善就此而言也就是理性兴趣的终极对象，并且因此也是所有相关性问题的终极联结点。如果我们不想独断地肯定或否定某物是真正的善，因而是终极相关之物，那么我们必须提供根据来证明我们所肯定的，反驳我们所否定的。因
48 此，人们必须提出真理问题。不过，就终极相关物而提出真理问题的人，已经置身于某种交互主体的自身关系的轨道上，这种自身关系是从我们对米德的思考中出现的，并且我其标示为反思的自身关系。因此，诉诸反思的自身关系并不表示支持自我中心立场的偏见，而只是代表相关性问题最终可以理性地被提出的那种可能性条件。这揭示了理性实践的观念与被正确理解的自身意识观念（在被交互主体地理解的反思的自身关系意义上）之间一种即使目前也不能被抛弃的联系。因此，对实践的自身关系主题的相关性问题的回答就是，它涉及归根结底能够理性地提出终级相关性问题的那种可能性条件。

不过，这个哲学问题在哲学之外的相关性真的以这种方式被证明了吗？有人可能会提出以下异议：对理性的相关性问题的形式结构的哲学澄清，既不是具体提出理性的相关性问题的

充分条件，也不是其必要条件。换言之，关于反思的自身关系的哲学理论还是没有导向反思的自身关系，而反思的自身关系也不要求这种理论。这是对的。然而，似乎存在着一个关联。如果某些东西在一个时期的哲学中在结构上被课题化或被忽略，那么就存在着它也在这个时期被具体地实践或忽略的几率。

第三讲　僵局中的传统自身意识理论

50 今天我要从直接的认识的自身意识开始。（为了简单起见，以下在指涉清楚的时候我会省略“直接”一词。）在第一讲中我已经阐述了对认识的自身意识结构的最初的、暂时的澄清。它具有“我知道：我 ϕ”的形式，这里“ϕ”是一个标示意识状态的谓语。这个澄清仍然是完全形式的，它导向两个实质性问题（参见第23—24页）：（1）一个人通过语词“我”（ich）[而完成的]的特殊的同一化方式由什么构成，以及（2）认识的自身意识的知识基于什么？如果我们能够正确地回答这两个问题，那么我们就能成功地澄清认识的自身意识。因为在认识的自身意识这里涉及的是那种在一个谓语句（“我 ϕ”）中被表达的事态的知识。现在通常的情况是，正是在（1）人们知道哪个对象通过这个句子的单称词项被确认，而且（2）人们知道这个句子的谓语属于这个对象的情况下，人们知道在这种结构的句子中被表达的那种事态。如果人们将这两种条件应用于“我知道我 ϕ”的句子中，就会产生上面提到的两个问题。

我将试着通过维特根斯坦的解释来回答这些问题。维特根斯坦将认识的自身意识具有的“（我知道：）我 ϕ”的结构预设为自明的。在转向他的立场之前，我想通过批判地检验传统的自身意识理论——它属于完全不同的类型——来确认一下这个结构路径的正确性。我将自己只限制在一个立场上，即海德堡学派的立场。我选择专门地分析这个立场有两个理由——其一是主观偶然的，其二是客观的。

主观的或偶然的原因在于我是在海德堡这里的公众面前做这个讲座；我可以想见你们中已经思考过这个问题的大多数人 51
会在海德堡学派观点的视域之内看待这个问题。

客观的原因是，海德堡学派在我看来代表了传统自身意识理论中最先进的立场，而且也许它甚至标志了这个传统的可认识的终点。为了弄清这一点，我必须首先提供一个对传统自身意识理论的一般描述并提供一个对它们不同形式的图式说明。

对主-客体模式为依循可以被看作贯穿所有传统自身意识理论的特征。另一方面，对我所提到的第三种模式，即观看或感知模式的依循只有在以下情形中才可以普遍地得到主张，即人们也把较模糊的术语“表象”（Vorstellen）包括进来；无论如何，我们可以把“表象”这个表达看作最宽泛的，因为关于主-客体关系的所有特定的观点都被归于其下了。于是我们就将以下图式描述为关于自身意识之结构的传统定向图式中最普遍的：z表象x（z stellt x vor），而各种不同的传统理论相互区分的依据则是：（1）x是否被看作与z同一，以及（2）x和z作为什么被看待。

让我先谈第二点。传统自身意识理论在这个问题上分为两个阵营。在主-客体模式导致了关于自身的知识的客观方面不再按照其复杂命题结构（我 φ）来看待之后，就产生了两种可能性，将复杂的单一现象按照这个或那个方面来加以还原，即将

x或z要么看作“自我”,要么看作ϕ-状态。为了理解这个进展,人们必须回到笛卡尔,他［虽然］还没有做出这个还原,不过他为这种还原提供了除主-客体模式以外的另外一个动机,因为他相信,要将每个人都用“我”来称呼的那个主体理解为一个非物质的实体。这导致休谟以及由休谟出发的经验主义传统全都抛
52 弃了与主体的关联,因为一个非物质的实体不会在内在领域中被发现。这个传统必须根据其对第三种模式的决定性依循来理解:显然并没有什么拥有着内在状态的东西可以内向地被感知。这一传统的代表们没有考虑以下可能:内在状态或体验也许［与非物质的实体］同样不是某种可以内向地被感知的东西。另一方面,从康德开始的先验观念论传统虽然都否认一种非物质的实体,却正确地认为,抛弃内在状态之主体的概念是不允许的。但既然先验观念论传统也接受了笛卡尔的论点:这个主体不能就是我们在谈话中自然而然地用［小写的］“我”(ich)来指示的那个东西,即每一个的人(die jeweilige Person),那么它就不得不假定一个特殊的、“先验的”主体,它被称作［大写的］“自我”(das Ich)。对于在这个上下文中与“先验”的话题密切相关的那些晦涩难懂的东西,我不打算深入。

因此,在图式“z表象x”,我们一方面有自我,另一方面有意识状态或体验,能够作为x和z的候选者。现在我可以过渡到第一点上,回到这个图式中x是否被看作与z同一的问题上。首先让我们考虑那个比较不吸引人的选项:它们二者被看作不同一。那么根据第二点,确实有两种可能性,而且这两种可能性在历史上都已经有了代表。一种可能性是自我和有意识状态被分配在z和

x这两方面。当然,这只能设想为是自我表象有意识状态。这大致就是康德的观念。他还分裂了统一的现象我φ,不过他是以这样的方式这么做的:两个片断都被保留在先验主体和内感官的区别中。现在它们被分配到主-客体关系的两个方面上:“我知道我φ”的表达变成了“自我表象φ”。康德意识到“自我”必须以某种方式被给出的这种困难,但他将之视为不可解决的。[①] 第二种可能性x≠z在以胡塞尔《逻辑研究》第一版所特有的最极端、未被污染的形式呈现出来的内感知学说中被阐明[②]:其中假定了x和z都是体验,不过是每次都不同的体验。每个体验都 53
可以被第二种同时的体验、一种内感知行为所表象。这个观念的弱点显而易见。根据它,一个体验a表象另一个体验b;但在什么意义上这个体验可以被定义为自身意识呢?

海德堡学派已经展示了x≠z理论是站不住脚的[③],而且就其自身而言,从一开始就站在了x=z理论的那一边。在x表象x的图式中,代表x的要么是“自我”,要么是有意识的状态。第二个观念已经由布伦塔诺提出[④]。第一种观念最重要的代表是费希特。

---

① 参见帕塔斯特(Pothast):《论自身关涉的若干问题》(1971),第9页及以下。

② 《逻辑研究》(1900/1901),第五研究,第一章。

③ 尤其参考克拉默(Cramer)对胡塞尔和新康德主义者纳托尔普(Natorp)的详细批评。

④ 布伦塔诺(Brentano):《经验立场上的心理学》(1924/1925),第2卷,第1章。也可参阅帕塔斯特:《论自身关涉的若干问题》(1971),第74—76页;克拉默:《体验》,收于伽达默尔(H. G. Gadamer)主编:《1970年斯图加特黑格尔会议论文集》(1974),第579页及以下。

海德堡学派在亨利希的文章《费希特的原初明察》(*Fichtes ursprüngliche Einsicht*)中从那种始于费希特的传统出发。现在我可以确认海德堡学派的以下提问方式和发展。在关于费希特的文章中,亨利希揭示了那种与费希特的观念一致的自身意识观念所具有的两个基本困难。在这篇文章中他仍然认为,费希特本人接近了他们的解决方法。在他的第二篇文章《自身意识》中,这些困难在他看来似乎无法解决。此外,它们在同样程度上适用于一种与布伦塔诺的观念相一致的观念。[①]于是,在传统自身意识理论的框架中,不再有任何出路。

亨利希没有置疑传统模式本身,而是坚持作为一种对自身的"熟知"(Bekanntsein)的传统自身关系概念,但他认为有必要将这种熟知从自身意识转变为一种不再将其自身表达为一个"我"的意识现象。帕塔斯特(Pothast)采取了基本上类似的步骤,尽管他在细节上的论证有所不同。现在,以下的问题出现了:在某种意识——对它来说与自身意识的关联不再被认为是构成性的——那里,人们是否还能谈论一种自身关系?在这里亨利希似乎摇摆不定。一方面他想要坚持这个立场,但另一方面他意识到,[如果他这么做,那么]他为自身意识所指出的那两个困难必定会再次出现[②]。帕塔斯特采取了更为决定性的立场;他得出结论:意识不能再被理解为一种自身关系,而且也并不包

① 参见亨利希(Henrich):《自身意识——一个理论的批判性引论》,收于布伯纳等人主编:《解释学与辩证法》(I),图宾根,1970年,第261页。另参见前面提到的帕塔斯特和克拉默著作的相关部分。

② 亨利希:《自身意识——一个理论的批判性引论》,第278页。

含一种自身关系:“意识相应地要被认为是一种完全‘客观的’过程,而且是这种意义上的‘客观’过程,即认识性的自身关系的任何要素都不会在这个过程中出现。”(第76页) 54

因此看起来,海德堡学派用以将传统自身意识理论思考至其终结处的那种内在结论,将导致要被解释的现象——即自身意识——的消失。于是,在海德堡学派的理论中,传统自身意识理论本身似乎被归谬了。因此我认为海德堡学派在传统自身意识理论中标记了一个可见的终点。

在与海德堡学派进行争论时,我虽然会注意这个动态的方面,它最终导致该理论放弃那要被解释的现象;但我不会把它作为重点。这样一种内在的批判将是没有成效的。这一后果对我们只能是一个次要的指示,指示出现象在一开始就已经被错失了。我的重点首先在于,对亨利希着手处理那要被解释的现象的方式方法进行批判性分析,其次在于对他所关注的两个基本困难作出检验。这里我必须要问,在一个语言分析的观念之中,这些困难是消失了还是无论如何是可解决的;关于认识的自身意识的语言分析的观念,我指的是这样一个观念:当人们是从这种认识的自身意识在语言中如何表达自身的方式出发,而不是从一种内在明见性出发时,就会出现这样的观念。

在亨利希的第一篇文章中,他从一开始就专注于展示两个基本困难,这是对自身意识现象作理论阐明时会遇到的困难。在他看来,现象本身由什么构成,这是自明的。他这样描述:“自身意识区别于其他知识形式的地方恰恰在于,在自身意识中,同一个事态以双重位值（Stellenwert）出现[1]。”（第12页）“以双重位值”指的是，“在自身意识的单一情况下，思考（Gedanke）和被思考者（Gedachtes）、拥有与被拥有者、意向行为和意向相关项相互没有区别。我所在之处，二者都在场，即主体和作为其客体的这个主体。”（第11页）因此，亨利希如人们所能期待的那
55 样明确地诉诸主-客体模式：主体本身就是客体。从刚刚引用的句子得出：一个存在者，只要它具有这个结构，都被描述为一个自我。因此，语词“我”不像在日常语言中那样被用作一个人称代词；而是像帕塔斯特正确地发现的（第37页），它被用作共同概念（conceptus communis），或者更确切地说，用作一个实体谓语，这样人们就可以像指涉比如一个人或一个苹果一样，在同样的语法意义上指涉*一个*我。我们把具有特定结构的某物称为一个某某，而在关于自我的情况下，这种结构就应该是主体和客体、思考和被思考者的同一的结构。既然亨利希也把这个关系更确切地理解为一种知识的关系，那么人们也可以说它涉及认识者和被认识者的同一。一方面，这个关系是一种知识关系；但另一方面，既然认识者和被认识者的同一应该是实存的，而且既然这种同一就其自身而言应该是被认识到的，那么这个关系也可以被称为一种同一：“自身意识存在于其关系项（Relata）的同一中。”（第13页）因此，人们就得到了“我=我”的公式，这在历史上最初是由费希特引介的。尽管如此，亨利希使用它，不是

① “位值”是数学概念。在位值计数法中，一个数字的值要取决于它在某个数中所处的位置。这里引申指的是某物（或下文中某个词语）在某个系统中的特定价值和意义。——译者

仅仅为了解释费希特，而是把它作为那种在他看来显然是适当地（虽然不是充分地）表达了自身意识这一事态的公式。之所以它是不充分的，是因为同一性符号本身没有表达出，同一关系同时应该是一种知识关系。

现在如果我们问亨利希是如何达到这个奇特的现象，即他标示为自身意识和自我的现象的，并且如果我们将纯粹的历史关联放在一边，我们会在第17页发现如下回答，即被描述的事态是一个这样的东西："只要我们拥有对我们自己的知识，并通过小词'我'来让自己被认识，那么我们所有人都会看到这种东西。"因此，亨利希诉诸一种直观的明见性，后者被认为"只要我们拥有的对我们自己的知识"就会产生。

如果我们首先关注这个"只要"-从句*的第二部分，那么，在我们注意到当我们使用"我"这个词时所呈现的内容的情况下，我们必定会遇到被亨利希所描述的现象。我刚刚已经提到，亨利希——以及一般而言他所处的传统——并没有把语词"我" 56
理解为一个人称代词和所谓的索引词，它在日常语言中就是这么被使用的。亨利希甚至写道，如果人们将这个语词理解为一个索引词，那么将使得"这个问题被去除"（第49页）。

一个哲学传统以不同于一个语词在日常语言中被使用的方式来使用它，以及如果人们回到这个词的日常用法，那么这个词所引起的问题就会被去除，这些情况本身是无害的，也非常正

* 指上一段中的"只要我们拥有对我们自己的知识，并通过小词'我'来让自己被认识……"。——译者

常；实际上，认为当一个语词以一种不同于日常语言的方法被使用时，一个语言分析学家必须立即装聋，这是一种误解。即使从语言分析的角度来看，每一位哲学家当然都可以自由地以不同于日常语言中的方法来使用比如语词“我”，只不过在这种情况下，哲学家就必须解释他是如何在使用它。也没有理由去假定亨利希逃避了这个要求。而如果我们以“只要”-从句的第一部分是对其第二部分的说明的方式来解释“只要”-从句，那么这个要求就被满足了。正如我们刚才已经看到的，在特殊的哲学意义上语词“我”指的是，成为一个拥有关于自身知识这一结构的存在者。

因此，在关于我们如何达到亨利希所指的现象的问题那里，我们看到自己被指引到“只要”-从句的第一部分。论点是很明显的：当我们注意到我们是如何知道自身的，我们便来到了被描述的现象。因此，让我们尝试着注意我们是如何知道自身的！我们该如何着手做这件事呢？确实，只有两种可能性。第一个是直观的可能性：人们说，他们**看见**他们如何知道自身，当然是精神意义上的“看见”，因而在这种情况下，亨利希将不得不认为，人们也会看见，这种关于自身的知识具有他所指定的结构。另一个可能性是，人们注意到“知道自身”是一个语言表达，因此去关注我们是如何使用这个表达的。如果我们采用第一个，即直观的建议，那么就会产生一个困难：我们是如何——假设我们在此终究是看到了某些东西——使我们自己交互主体地被相互理解的？另一方面，如果我们采用第二个建议，那么实际上我们就
57 遇到了一个现象，即遇到了那种在“我知道我 φ”形式的句子中

被表达的知识。然而，这个知识并不具有亨利希所要求的一个主体与他自身的一种自身关系的形式；人们当然也不能在这里宣称，在知道和被知道的东西之间存在一种同一，因为被知道的东西是一个命题。

在这一点上，亨利希可能会退到直观的立场上。确实可以想象，这里存在着一个非语言直接可及的现象，人们只能以某种间接的方式在语言上指涉它。为了切断亨利希的这条退路，我想在批判中再往前走一步，提出以下论点：由亨利希——我必须一再补充的，由他所处的传统——所描述的现象不仅不是实际上在语言中被给予的，而且也不可能［在语言中被给予］；人们可以**先天地**说，这出于概念上的理由而是不可能的。当然，这是一个很强的断言。这里人们没有任何证明手段去说服那些想无条件地坚持这一观点的人去相信相反的东西，因为这样的人总是有出路去说：恰恰在这个特殊情况下词语应该不同地被理解，以致甚至对词语的正常理解来说不可能的东西也成为可能。

亨利希所意指的现象在我看来是不可能的，因为它既与我们对知识的理解也和我们对同一性的理解相矛盾。就知识而言，我们已经在第一讲中看到知识本质上是命题的。由此得出，“我知道我”这一形式的结构是一个本身不可能的结构，它与“知识”的含义相矛盾。有人可能会提出以下反对意见：正如关于自身的意识不能与任何其他意识相比一样，这里所涉及的“知识”的含义也是不同类型的。但对这样的东西作出抽象的断言是不够的；人们必须已经解释语词“知识”现在应该具有的这另一个含义，而我并不知道任何这样的解释。可以想象亨利希自己后来感觉到了这个困难，因为在第二篇文章中他主要谈论“自身熟知”（Kenntnis seiner selbst）（参见第277及下页）；当然，他这么做也是因为他现在需要一个并非首先应当应用于自我-意识而是已经可以应用于意识本身的概念。但术语“熟知”（kennen）在现实中也总是命题的：熟知某物或熟知自己总是意味着熟知
58 某物或自己为是如此这般的。与“我知道我自己”不同，“我熟知我自己”是有意义但却明显省略的表达。如果某人这么说，那么他显然是想要这样的回答：“就这样？究竟什么是你关于你自己所知道的？”

亨利希从费希特那里继承的自身意识的模式中的第二个荒谬之处在于知识关系和同一性关系在此如何相互混合的方式方法。稍后我们必须检验是否以及在什么关联中，一种关于同一性的知识是认知性自身意识的一部分。无疑正确的是，像“我知道我=E.图根特哈特”这样的句子是有意义的。这个句子甚至可以是错的（我认为这不太可能，但这在逻辑上是可能的；也许我只是想像自己具有这个名字并且是这个名字所标示的人）。句子“我知道我=我”也是有意义的，尽管它与（当我两次指着同一个对象说“这个”时）句子“我知道这个=这个”一样空洞无物；它空洞无物是因为它不可能是错的。但是，说在句子“我=我”中“=”具有知识的意义，则是完全荒谬的。“=”总是只归属于被某人所知道的东西的命题内容；可以说，知识不能自己慢慢移入（hineinkriechen）这个命题性的内容之中。

我已经知道你们之中的费希特主义者和黑格尔主义者会这样回应我：我有权在正如坚持知识的日常含义一样小的程度上

坚持同一性的日常含义；而如果我抱怨说这里产生了谬论，那么我必须意识到这涉及一个独特的现象——恰恰只要人们用日常语言的表达来面对这个现象时，它必定会导致悖谬。我在这里所提到的观点不是亨利希的观点；作为一个分析者，之所以人们可以富有成效地与作为分析者的海德堡学派的著作展开讨论，是因为他们放弃了诉诸悖谬和辩证论证的做法。然而，对以这种方式论证的那些人，我会建议以下折中办法：一开始就想排除悖谬现象的存在，这也许是独断的；但诉诸悖谬在任何情况下都应该被认为是在所有避免悖谬的方法都失败之时的最后出路。至 59
于反过来从一开始就假定现象必定是悖谬的，这在我看来是不允许的，因为否则的话，这些现象就会显得太浅显了。在我看来，当人们想要清楚地看见现象时，它们就够难理解的；实际上，只有在这时候，它们才难以理解。

在尝试表明亨利希在“自我”的标题下所描述的现象既不在事实上被预先给予，也不可能之后［被给予］，我们还是可能去问：如果人们的出发点是，认识的自身意识具有“我知道我ϕ”的结构，那么难道就没有什么东西从亨利希的分析中获得吗？以这样的方式，可能会为我们稍后的肯定性分析产生一个出发点，而我们的争论也就不会还仅仅是否定性的。你们可能已经有了以下想法：虽然认识的自身意识的命题内容是完整的“我ϕ”-语句；但在此并没有假定了：为了知道这个句子是真的，认识者，我，必须知道他同一于句子“我ϕ”的主语吗？这个知识——在完整的“我知道我ϕ”句子中出现的两个“我”的语词都代表同一个人，也就是我——不就大致是亨利希所意指的东西吗？

不过现在必须提到两点。第一，这里被提出的同一性问题只在关于“我如何能知道一个‘ф-谓语’适用于我”的问题的语境中才有意义。第二，现在关乎的是一种猜测（Vermutung），一种假设，而不是一种明见性。只有阐明了，在“我ф”-语句中被意指的东西是如何被知道的，才能对这样一个预设是否必要的问题作出回答。而既然这只是一种可能性而不是一种明见性，那么现在我们当然可以从一开始就排除任何一种对那些可能被预设的同一性语句的包含着谬论的解释。被排除的是：一个具有“我知道我”形式的同一性语句可能被预设。

重要的是马上弄清楚，这里究竟什么是肯定性的解决，这样我们就不会立刻再次迷失在惯常的和传统的含混不清之中。通过一个同一性语句中［所表达出来］的那种额外知识是必要的，当且仅当，关于一个“ф-谓语”适用于我自身的知识在以下两个步骤中被获得：第一，我认识到某物是ф；第二，确立这个某
60 物与我相同一。事实上，有一些具有形式“我知道我如此这般”的句子，它们的真在这个两步程序中成为知识，例如，“我知道我生在波尔诺”。我是怎么知道这一点的？我（通过听说）知道E.图根特哈特生在波尔诺，而且我知道我=E.图根特哈特。但这个句子恰恰不是一个类似于“我ф”句的例子。因此看起来，这个两步程序所属的，恰恰是间接的认知性自身意识这样的知识，因为在这个情况下涉及的是一些谓语，其应用性只能在我是某某的范围内被认识；因此，这里总是会产生一个格外的问题：我是否=某某。但如果这是正确的，那么我们必须把这个主张——这个

图式也可以应用于直接的认识的自身意识——看作一个非常不可能的假设。

一个传统自身意识理论的追随者可能回应说："你是完全正确的：在直接的认识的自身意识的情况下，人们不能首先知道一个存在者是φ，然后知道我是这个存在者；相反，那个存在者，那个我直接知道我与之相同一的那个存在者，知道他是φ。然而，这恰恰就是亨利希在他对现象的描述中所指涉的同一，即我自身与我自身的直接同一；因此，这就是在'我是我'的句子中所表达的同一；而正是关于这个直接同一的知识，是我能够知道我φ的前提。"

这个论证基于一个混淆。如果一种直接同一化被认为展现了一种认识上的成就（Erkenntnisleistung），那么谈论这种同一化就是无意义的。要么，所涉及的同一是必须首先被认识到的，那么在这个情况下，我们便有了"我=a"形式的句子，并产生了上文描述的两个步骤的知识：首先是标识，然后是同一化。要么，同一不是首先必须被认识的，在这个情况下，同一是同语反复的，任何在同一句子里两次使用语词"我"的人，当然也都可以在一个通常的意义上说"我=我"；但这么做时他只是表达一种同语反复而不是知识。

我们会在与亨利希提出的第二个基本困难的关联中进一步探究这个问题。无论如何，在我看来，对于评判亨利希所描述的现象而言，之前的论证填补了迄今剩下的最后空白。因为现在我 61
们不仅可以把这个现象评价和批判为一种历史的奇谈，而且可以搞清楚人们如何（尽管就我所知，这在历史上从没有发生过）

从真正的直接认识的自身意识现象一步步地转移到对这个奇谈的建构。这些步骤是:(1)人们正确地注意到,主语表达“我”具有一种同一化的功能;但这没有被更仔细地研究(其阐明本应由对今天讲座一开始提出的第一个问题的回答所构成)。(2)人们确立具有“我知道我如此这般”形式的句子,在这些句子中这种“知道”预设了关于同一性语句“我=a”的知识。(3)人们承认,在直接认识的自身意识的情况下,这种类型的句子不必被认识。而现在(4)人们错误地认为:至少关于句子“我=我”的真的知识被预设了,而且人们在与“我=a”的错误类比的基础上将此理解为一种知识上的成就。(5)如果,类似于“我知道我=a”,说“我知道我=我”也是不够的,因为对第一个“我”而言,问题会重复出现;那么像“我知道我”这样的表述以及知识关系与同一关系之间的混合因此[也随之出现]。

现在我们可以过渡到两个困难,根据亨利希,它们对于任何试图理解那种如此被提出的现象的理论而言,都一定会产生。在他的第一篇文章中,亨利希最初考虑了一种自身意识理论,他称之为反思理论(Reflexiostheorie),这种理论并没有认真对待这些困难;接着他展示了费希特的理论,作为解决这些问题的尝试。在他的第二篇文章中,亨利希不再认为费希特可以解决这些困难。因此,他只提到反思理论,而且因为这两个困难对于这个理论来说是难以克服的,所以他得出结论说,自身意识从自身出发是不可理解的,人们必须回到意识而不是自身意识。关于亨利希的程序,令人惊奇的是,这些困难从没有引起他对自身意识现象是否已被正确地评估的怀疑。对克拉默(Cramer)来说,

要处理的一直以来都是“一个无可置疑的事态”，而只有对它的 62
“解释”才会导致“看起来近乎难以克服”的困难（第564页）。在刚刚看过哪些谬误与海德堡学派所接受的传统框架相联系之后，我们只能将这个框架将导致难以克服的困难这一点从一开始就视为可能的，如果不是视为自明的话。不过，还是值得详细地看一看它们。

让我们想想第一个困难。亨利希用短语“反思理论”指什么？反思的说法使用了转回自身（Sichzurückwenden）这个空间比喻的使用；（根据这个理论，）“最初与对象相关”的主体“转回他自身”（第11页）。现在亨利希可以马上标示出这个困难。自身意识被认为是一个关于自我的意识（Ichbewußtsein）。但正如所指出的，只有当某物具有认识和被认识同一的结构，它才是一个我。但如果，根据反思理论，自身意识被认为是在一种转回自身中实行的，那么认识和被认识的同一只有在这个转回的行为中才被确立。另一方面，这个行为转回到的那个主体，就已经被认为是一个我了。因此，一方面，这个行为被认为通过转回自身而表象了自我，另一方面，只有在这个行为中，这个我才按照其概念而构成自身。因此，如亨利希所指出的，一个循环从中产生了。在假定一个已经存在的主体时，反思理论预设了实际上应该只有在与其自身的关系中才被构成的东西。

亨利希接着论证了费希特关于我的理论（Ichtheorie）如何必须被理解为避免这个循环的尝试。费希特的出发点是：不能预设一个先于自身意识行为的主体，而是“就连主体也只是与我=我的整个意识一同凸显的……当费希特谈论我的自身设定时，他正借此所指的这种直接性，在其中整个我一道凸显出来”（第18页）。一段来自费希特的引言可以提供进一步的阐明：“我绝对地设定自身，即不需要任何中介。它同时是主体和客体。只有通过设定自身，自我才出现——它并非先前就已经是实体——毋宁说，将自身作为设定性的来设定，就是其本质，它是一个，并且正是同一个；因此，它直接地意识到它自身。”[①]

63 如果费希特的这个建议要有任何价值的话，那么一定有可能给“设定”和“自身设定”的说法一个清楚的含义。亨利希指出：费希特从未定义他关于“设定”的说法（第18页）。他自己试图通过说“某物不需要在先的持存就会绝对地出现，而且在出现时它与知识产生关联”（第18及下页）来阐明这一点。

我猜测，在设定概念中有两个观点是相连的。第一个观点是判断的肯定性（Positionalität），或者说在判断中被断言的存在的肯定性。在这个意义上，康德会说，“肯定或设定的概念是完全单纯的，而且与一般的存在概念是一回事”。[②]在这里语词“设定”理解为被动态的或中动态的（medial）。当它在费希特那里与一种主动态的含义相关联，以致可以谈论一种设定行动时，这意味着，那些根据康德所解释的因为存在而被设定的东西，是在其存在中被设定的。这里很显然，设定具有第二种意义，即创造（Hervorbringung）的意义。这样，与那种将存在思考为被设定存在（Gesetztsein）的逻辑-本体论式的思想联系在一

① 费希特（Fichte）：《遗稿》（1937），第2卷，第357页。转引自帕塔斯特，《论自身关涉的若干问题》（1971），第41页。

② 《康德著作集》（1902），第2卷，第73页。

起的，便是一种将存在思考为被设定（Gesetztwerden）或被生产（Produziertwerden）的、原本为神学式的思想。为了能够断言某物只在一个行动中开始存在，费希特特别地需要这第二个方面。

然而，通过这样一种解释能使对“设定”的谈论变得可理解吗？对其神学起源的提及帮助甚微，除非人们假定一个“从无中创造”（creatio ex nihilo）的神学概念本身是可理解的。无论如何，人们必须意识到，通过将这个本身仅仅基于类比和比喻的神学概念应用于我们自身和我们的世界理解来将其世俗化，就像德国观念论所做的那样，这是多么可疑。

当然，当人们不再只谈论设定，也谈论自身设定时，另外的困难产生了。这样一个“从虚无中的创造自身”的思想是可行的吗？如果不是，那么费希特所做的去克服由亨利希所描述的反思理论困难的尝试，就必须被看作失败的。海德堡学派自己最终就得出了这个结论。根据费希特，应当只有在自身设定得到 64
实行时，我才开始实存，而因此，这个自身设定行为在其实存中本身应该就只是这个设定的产物。在这点上，帕塔斯特问道：“但是，它如何能够实行起来（sich vollziehen），如果它还不存在的话？”（第71页）。而亨利希也在他的第二篇文章中评论说，“这个自身相关的知识概念中的循环没有通过赋予它直接性的性质而被除去”（第268页）。

现在，亨利希为反思理论所指出的、费希特以之为出发点的那种困难，也就是这样的困难，即我们在此讨论的是某个其本质在于认识者和被认识者的同一的东西，依然存在。而对于那些看不到自身意识现象在何种程度上具有或预设这个结构的人来说，困难是不存在的。这个实际上无法解决的困难，只不过是思路上的谬误的一个反映。

在我看来，亨利希所描述的第二个困难的情况有所不同。只要人们不再谈论“我”（并且不再将之与那个荒谬的结构联系起来），第一个困难就会消失，而第二个困难则甚至在与对代词“我”的使用相联系时也可以得到讨论。虽然，这个困难也可以被解决，不过只在阐明了对语词“我”的使用的情况下才可以解决。因此我想把关于亨利希第二个困难的讨论放到下一讲，因为我们可以直接从那进行到对自身意识的语言分析的澄清以及进展到维特根斯坦。今天我只想看一看亨利希在他的第二篇文章中从以下事实得出的结论：根据两个被他所指明的困难，理解自身意识的尝试被认为是导向死胡同的。借此，我要在今天就总括性地结束我与海德堡学派的争论，而只把对亨利希的第二个困难的检验留到下一讲。

由于那些在“本我论理论”（第263页）中出现的困难，亨利希在他的第二篇文章中将他的问题放在不仅关于自身意识而且关于意识的更广的理论背景下。但“意识”指什么呢？亨利
65 希没有给出这个问题的答案。而帕塔斯特甚至明确地说他不能回答这个问题。它关乎的是一个“不可再进一步分析的谓语，它属于我们所熟知的精神生活的所有部分”。（第77页）这个解释①可能会让我们想起我在第一讲中所给出的关于“意识”的定

① 亦参见亨利希：《自身意识——一个理论的批判性引论》，第260，278页。

义，假定人们在“直接地知道某某”（Wissen-von）的意义上理解“熟知某某”（Bekanntsein-mit）的话。但对亨利希和帕塔斯特而言，这不再能够充当意识的定义项（Definiens），因为他们不再想通过诉诸自身意识来定义意识。

亨利希满足于使用例子，而不是解释如何理解意识；他特别提到“清醒时的情境”，他这样描述它：“突然，感觉印象、图画和迟钝的身体感觉的复合出现了，通常充满情绪和象征，一个从无中产生的世界，它仅通过回忆和再认来与过去相联系。”（第260页）“突然出现”——但这是对谁而言呢？对它自身，或者对醒来的人？如果是后者的话，那么我们已经拥有了自身意识：这个人自己意识到这一点。对人类意识而言，这似乎是一般的特点。因为亨利希试图从中抽象并且不为意识提供其他的概念标准，所以这里他还是再次依赖于一个不确定的直观。当然，对于一个我们不能提供字面说明的现象，很难从一开始就设想一个可控的争论。

现在亨利希的论点是，如果人们将“熟知自身”（Kenntnis seiner selbst）（第277、278页）从自身意识移回到意识中去，那么人们就能更好地阐明它。这初看起来似乎指回了经验主义的传统，它不考虑主体而片面地关注有意识状态（参见上文第51及下页）。不出所料，亨利希在他文章的第二节的阐释中否定地从对这一传统的诸理论的讨论出发。在第三节中他深入讨论了“意识的本我论理论”（第263页），从根本上来说他用它来意指费希特的传统。因为那两个基本困难，现在这些理论在亨利希看来毫无希望。

亨利希总结说,“现在,一种意识理论的问题才在其全部困
66 难中被揭示”。自身意识理论的第二个基本困难“以同样的方法适用于任何这样的意识理论:它们放弃所有本我论的方式,但却想将无我的(ichlos)意识解释为一种自身关系,因而最终是按照一种以反思为定向的模式”。(第268页)首先,这一说法表明亨利希所考虑的所有自身关系理论,都是根据他在“费希特论文”的开始所阐释的那种简单的主-客体模式(“反思”)构建的。其次,它暗示出亨利希感到他被迫放弃一般而言的自身关系的现象。人们显然想知道,在这种情况下到底还能不能谈论一种“对自身的熟知”?帕塔斯特对这个问题给予否定的回答,并且得出结论:意识是一个“完全‘客观的’过程”(第76页)。由此,本应要被解释的现象就被放弃了。

与之相反,亨利希在第五节试图概述一个新的意识理论,它没有将意识理解为“自身关系”,不过另一方面,这种理论“仍然承认,意识是直接地被熟知的”(第275页)。据此,意识必须被理解为一个“维度”,但它是“一个这样的维度,……它包括了对它自身的熟知”(第277页)。

难道亨利希不是由此而承认了意识具有一种自身关系吗?因此他在下一页指出:“作出谨慎的限定是合适的”。“如果缺少对‘意识存在’(Bewußtsein vorliegt)这一事实的有意识的熟知,就根本不会有任何意识。尽管如此,无论这个事件还是这个事件所包含的维度,都不是与自身相关的。”这似乎意味着,对于“存在有意识”对这个事实是有一种熟知的,但拥有这种熟知的不应该是这个意识,而且显然也不是一个主体。人们在这里确

实遇到了可理解性的边界。

亨利希最后解释道:“如果人们可以放弃意识包括着对自
身的熟知的主张,那么就更容易确信这种循环不再出现。”(第
278页)确实,在这个情况下这种循环不会再出现。但是这样的
话——就如在帕塔斯特那里——本应被弄清楚的现象也就被放
弃了。但意识包含着对它自身的熟知,这恰恰还是亨利希的论
点。另一方面,根据亨利希自己先前的说明,只要人们除了反思 67
模式没有其他理解“熟知自身”的模式,那些循环就一定会产
生。值得注意的是,在亨利希把传统理论置于最极端压力下之
处,他会更愿意放弃“熟知自身”现象,而不是使这个现象脱离
传统模式。确实,关键的熟知自身概念是在对照于以反思模式为
定向的自身关系时否定地凸显出来的;但从肯定的角度看,这个
概念仍然和意识概念一样完全未被阐明。现在很显然,为了获得
对“熟知自身”的有意义的阐明,再次回到自身意识的层面上并
随后放弃传统模式而不是放弃现象,似乎是更合理的。在这个意
义上,人们可以总结说,传统的自身意识理论在它此时达到的那
个最后阶段中无法避免地指出了自身之外。

第四讲　从我降格到“我”

68　在论费希特的文章中，亨利希只简要地论述了第二个困难，在他看来，所有自身意识理论都会产生这个困难（第13及下页）。他在后来的文章中更广泛地阐述了这个困难（第266及下页），在这里他认为，对一切关于自我的理论而言它都是关键的且难以克服的困难。他这样描述这个困难：“我在任何情况下都必须在自身意识中理解**自身**。因为这个理解应该具有认识式的理解所固有的特点，所以我一定对以下这一点拥有某种表象：自我本身就是它所察觉的东西。……它一定……在任何情况下都能够确定地声称，它在自身意识中熟知自身……众所周知，这种确定性是可靠的、瞬间生效的（instantan），并且在如此程度上超出于任何怀疑，以至于‘这个看起来被熟知为你自己的你，究竟真的是你自己，还是或许是某个完全不同的别的某人或某物’这个问题都显得很荒谬。”“‘这个我所察觉的我真的是我的我吗？’这个问题”总是“已经被回答了……毋宁说，不对它回答是”会是“绝对荒谬的，于是这个问题也变得无意义”。（第266页）

首先引人注意的是，亨利希一方面认为对这个问题的肯定回答是不可怀疑的（我认为这个回答是有道理的），另一方面又将其视为一个问题，甚至是一个不可解决的问题。一方面，他甚至认为这个问题是无意义的（我认为这是有道理的），但另一方面，他认为其肯定回答是需要论证的。亨利希的问题——我如何知道我是我自己而不是别人——的含义到底能不能被理解？它不是和我如何知道我刚刚指的东西现在确实是这个东西而不是别的东西这个问题一样无意义吗？我们必须猜测，同一性问题在这里被提出了，而事先却没有充分地提供同一性问题如何能够有意义的说明。当然，关于这一点，如果我已经设想它是如此这般的话，那么我可以提出一个有意义的同一性问题，即它是否真是如此这般，例如，我正在指着的人是否真是托尼森（Theunissen）先生。*因此，问我如何能知道“这个=A”是个有 69
意义的问题；与之相反，对于我如何知道“这个=这个”的问题的回答是，这是一个同语反复，而同语反复的真是先天确定的。完全类似地，问是否我=这个女孩的父亲，或者甚至是否我=E.图根特哈特似乎是有意义的；但在是否我=我这个问题中没有什么要被认识，因为它是一个同语反复。

可想而知，亨利希会质疑关于陈述“我=我”和“这个=这个”之间的类比。他会这么说：在“这个”的情况下，只关乎同一化，而在“我”的情况下则涉及自身同一化。对此我会回答，这确实是“这个”和“我”之间的区别，但就这两种同一性的同语反复特点而言，又有什么差别呢？我=我和这个=这个一样在

---

* 指的是当时海德堡大学哲学系的教授Micheal Theunissen，著名的黑格尔研究学者。——译者

逻辑上是必然的。如果亨利希要反对说问题实际上不是我=我，而是我如何将我作为我来**认识**，那么我会反问，“作为我”（als mich）意味着什么？这里“[宾]我”（mich）和“我”（ich）是什么意思？它显然不再是亨利希由之开始的那种我的结构（Ichstruktur）；所谈论的不再是“一个自我”（einem Ich），而是作为一个个体的我（mir），即“我的自我”（meinem Ich）。现在，在“我的自我”这个表达中，人造的哲学术语“一个自我”（它被认为标示了一个对象，对它而言，“主体=客体”这个等式有效）与产生于日常语言的表达“我的”（mein）结合起来，后者指回单称词项“我”（ich）。既然亨利希这样表述他的困难：“我所察觉的这个我真的是我的吗？”，那么我们首先必须问，如果人们还在传统自身意识理论的框架内并且坚持主-客体模式以及关于“一个自我”的说法，难道困难就确实不会出现吗？其次，既然人们在这里不再仅仅谈论“我”（Ich），而且相反地，第二个困难在没有日常语词“我”的情况下甚至不能表述，那么现在，这个语词的使用方式必须被追问。因为只有通过澄清这个语词的含义，我们才可以决定“这个”的平行项是否合法。

关于第一点。亨利希这样解释他的困难：“为了达到与自身
70 的同一化，当然，主体一定已经知道在什么条件下他可以把他遇到的或者熟知的东西归到他自身。”（第266页及以下）[①]于是亨利希从以下预设开始：主体表象诸客体；主体“遇到”诸客体。主体在那个是它自己，即是主体的那个客体那里，是如何知道，

① 亦可参见帕塔斯特：《论自身关涉的若干问题》（1971），第18页。

这个客体就是它自己，即主体的呢？这个问题似乎确实无法回答。因此，[一方面，]只要这个问题用日常语言表述——即当我指涉我自身时，我如何知道我所指涉的东西与正在指涉的人是同一的——亨利希所指的困难就根本不会出现，而[另一方面，]当问题以主-客体模式的概念术语表述时，困难立刻就出现了。我们也能立刻看到它为什么这样。亨利希这样描述这个问题：我如何能知道我是我遇到的某物？为了清楚起见，我们在这里用“a”命名我遇到的某物。现在这个问题便是，是否客体=主体，是否a=我。但现在问题不再涉及被亨利希假定为明确无疑的事态。现在很清楚，为什么亨利希一方面认为对这个问题的肯定回答是明确无疑的，另一方面又将它看作一个不可解决的问题。只要亨利希依赖于有日常语言特征的表述，而在日常语言中这个问题就是是否我=我，那么它就是明确无疑的；只要亨利希马上以主-客体模式来解释这个问题，而此时该问题实际上就具有是否我=a的形式，那么该问题就是不可解决的。我们是不是也可以像在亨利希的第一个困难那里一样，在这里假定，一旦人们不再以主-客体模式为定向，困难就会消失？

但是，你们当然会问，什么替代这个模式呢？现在，只想“我=我”的同语反复似乎不再足够；相反，问题是，如果我不这样与我发生关联，以至于我将我遇到的某物作为与我自己同一的来认识，那么我们该如何正面地理解与自身的关联（Bezugnahme）？我不认为，除了研究语词“我”的使用方式以外，我们还有其他方式来探究这个问题。通过这种方式，我们会找到关于认识性自身意识的语言分析式观点的通道。在海德堡

学派中，即在帕塔斯特那里，我们已经能够发现这个方向上的第
71 一步。与亨利希不同，帕塔斯特认为，在亨利希所揭示的两个困难中只有第一个对自身意识理论是致命的，而他认为“我真的在我称为我的对象中拥有我自己吗？”这个问题可以通过一种“对语言用法的考量”来解决。（第32页）

因此，在追问语词“我”的使用方式时，我们可以从帕塔斯特的相应说明开始（第23—32页）。然而，这个出发点隐含了对问题提法的一个局限。因为传统自身意识理论的路径导致帕塔斯特在他对日常用法的分析中将他的注意力限制在孤立的语词“我”之上。而我们已经在前面的讲座中看到，对自身同一化问题来说，“我”后面的谓语是否是一个 ϕ 谓语，是非常重要的。将会表明的是，不检验“我 ϕ”句中语词“我”的特殊功能的话，这个语词的使用方式就根本不能被阐明。尽管如此，跟着帕塔斯特，我们可以首先看看如果不考虑整个句子，尤其是不考虑“我 ϕ”句，我们可以走多远。

帕塔斯特正确地将语词“我”归入人们称为索引词（Indexworte）或指示性表达（deiktische Ausdrücke）的那类表达中。属于这一类表达的首先有指示代词“这个”“那个”等，其次有人称代词，再次还有地点副词和时间副词，如“这里”“那里”“现在”“当时”和“今天”等。指示性表达的类本身构成了被人们称作单称词项的那些表达的一个子类（Unterklasse）。单称词项是那种以指涉个别对象为其功能的表达。更确切地说，单称词项的功能在于说话者用它来指明，在所有对象中他在指涉哪一个；亦即指明，对整个句子中的单称词项进行补足的那个谓语

表达,应当对所有对象当中的哪个对象有效。例如,当某人说“彼得病了,”他通过单称词项彼得指明哪个对象他现在想要描述为病了。

指示性表达区别于其他单称词项的地方在于,每一次被它们所指涉的对象是哪个,是依赖于说话语境的。例如,语词“这 72
个”本身不代表特定的对象,但当某人使用它并同时指着某物时,那么他是在借助这个词来意指他所指向的东西。这些表达本身不代表一个对象,这一点并不意味着,它们本身没有一个统一的含义。一个表达的含义就是人们在解释其使用方式时被解释的内容。当然,所有这些表达都具有一种能够被统一解释的使用方式。这种使用方式是这样来解释的,即这些语词的对象关联被解释为说话语境的一种特定功能。例如,语词“这个”是这样使用的,即正在被指着的那个对象借助这个语词来被意指了。

也许你们会觉得奇怪,我也把地点和时间副词标示为单称词项,因此意味着空间和时间也是对象。这与语词“对象”的日常用法不一致;而这种情况就像是:如果人们说人称代词代表对象,那么这也与[“人”]这个语词的日常运用方式不一致,因为通常我们不会把人描述为对象。我之前已经提到语言分析学家有时以偏离语词日常用法的方法来使用它们。如果人们在哲学中这么做(在以一种负责任的方式这么做的时候),那么它就总是意味着,人们想强调一种被他们视为本质的特定相似性。如果自弗雷格以来的分析哲学已经习惯将人、时间和空间也标示为对象,那么这是因为它们与人们日常称为对象的那些东西有一个共同的关键特征——即它们是复数(Pluralität)和同一性所属的个体。我用复数的意思是人们可以谈论若干人、空间和时间，人们可以数它们，而与之相关的是，人们必须能够确定一个方位或一个人是否不同于或者同一于另一个。当我们拥有这种复数时，我们必须拥有言辞方式让说话者能指明他在指涉的是这种复数中的哪个个体。这些言辞方式正是单称词项。奎因曾创造了格言："没有同一性就没有存在物/对象"（no entity
73 without identity, kein Gegenstand ohne Identität），对此人们可以补充，"没有存在物就没有同一性"；无论何时我们谈论同一性，我们都在涉及对象。当然，语词"对象"本身对我来说无关紧要。像"存在物"（Entität）这样的人造术语也许会更好。

现在如果我们想想特殊的指示性表达"我"，很容易看到其使用规则是各个说话者通过这个表达指涉他自身。这个解释不加深入地适合于我已经给出的对指示性表达的一般解释。语词"我"的含义是一个统一的含义，但它暗含着，这个表达根据谁使用它而代表不同的客体，或者说得更讨喜一些，代表不同的人。

我刚才给出的关于语词"我"的含义的解释也可以在帕塔斯特那里找到（第24页及以下）。从这个含义中产生了某种典型特征，在此基础上"我"的用法可以区别于其他指示性表达的用法。帕塔斯特在这一点上部分基于卡斯坦尼达（Castañeda）[1]，但没有他走得那么远。

帕塔斯特特别地强调的那种典型特征是，"与这一类的其他语词相比，'我'这一语词对使用它的人而言总是标示同一个个

① 参见卡斯塔尼达：《指示词和拟指示词》（1967）。

体”（第24页）。不过，这个典型特征不是特别有趣，因为人们也可以在作适当改动之后（mutatis mutandis）对其他指示性表达表述出相应的典型特征；例如，语词“这里”具有的典型特征是：在它被使用的地点，被标示的始终是同一个地点。

比这个方面重要得多的是它的两个反面，通常它们没有被注意：首先，在这个地点用“这里”所标示的同一个空间也可以从另一个空间出发用“那里”来标示；其次，从这个空间出发，其他的空间可以用“那里”来标示（“那里，在某某方向上离这里如此这般远”）。指示性表达构成这样一些彼此相属的组合：这里-那里、现在-之后-当时、我-你-他，而组合中的一个表达的用法以一种系统的方式与同一组合中其他表达的用法相联系。

人们甚至可以走得如此远，以至于认为：比如，如果某人一 74
贯地用“这里”标示他发现自己所处的空间，却不知道，首先，当人们从另一个位置出发来标示同一个地点时，要用“那里”来代替“这里”，其次，借助“这里”一个个别的地点从众多的地点中被凸显出来作为被直接指涉的地点（从这个地点出发，其他地点都被视为“那里和那里”），那么他就还不知道语词“这里”的含义。与“那里”的用法的这种系统关联是“这里”的**含义**的一部分，其原因在于，假如没有这种联系，“那里”就不能作为一个单称词项起作用，即它就不会在先前所描述的意义上标示一个对象；因为在这个情况下，这个词不会从众多中挑出一个个体，也就没有在一个变化了的说话语境中将被标示的东西把握为同一的东西的可能性。这里显示出主-客体模式的另外一个根本弱点：认为可以有对**一个**对象（“这个客体”）的孤立的指涉，这是一种幼稚；毋宁说，一个对象作为一个个体从众多中被挑出来，这一点是作为构成要素而属于与一个对象的关联的。对一个对象的每一种关联都总是已经处在一个杂多性领域中。（在传统中只有康德认识到这一点，尽管他有另一种对象观念。）

当然，刚刚我对有关“这里”的例子所谈论的东西，对指示性表达的其他组合同等有效，特别是对“我”。这意味着，以下这些作为构成要素而属于对“我”的使用：说“我”的某人首先知道，这同一个人可以被其他说话者称为“你”，而且可以被标示为“她”或“他”，其次，他知道，他借此而从那些可以被他标示为“他们”的其他人中挑出一个个别的人。假如这个关联不存在，“我”就不能标示一个存在体。因此语词“我”的用法中必然包含的是：每个人都这样来使用它，即他知道其他人可以把他用“我”指涉的同一个存在体用“他”或用名称来指涉，因为这来自对该语词的定义性说明——各个说话者都用“我”来标示他自己。这个说明包含了说话者的复数，因此它也意味着说话者
75 可以相互指涉彼此。因此，在检验那种被帕塔斯特视为“我”的用法的特殊性的典型特征时，我们已经遭遇所有指示性表达的基本结构，而这种结构对语词“我”的正确理解当然也很重要。

现在让我们转到那种将“我”与“这个”“这里”和“现在”的用法区别开来的现实特殊性。一个被卡斯坦尼达注意到[①]但被帕塔斯特所忽视的特殊性是，当语词“我”被有意义地使用时，被指涉的存在体是不可能不实存的。对语词“这个”以及组

① 参见卡斯塔尼达：《指示词和拟指示词》（1967），第86及下页。

合起来的“这个某某”,例如“这个甲虫”,却不是这样。如果我说“我手上的这个甲虫是红色的”,表达“这个甲虫”可能并无对象。你会看一下,然后说,“但是那里什么都没有”,或者“那里没有甲虫”。另一方面,如果某人说“我如何如何”,那么虽然可以想象这些声音是由一台机器发出的,但如果“我”被一个说话者**有意义地**使用,那么被这个表达所指涉的实体不实存是无法想象的。卡斯坦尼达正确地提出,“我”的这个特点也适用于“这里”和“现在”。一个甲虫现在在我正指着的这里,这一点可能为假,但是这个地方不可能不在那里。为什么有“我”“这里”和“现在”与“这个”这两方面之间的区别呢?

让我们先关注被卡斯坦尼达所强调[1],但仅被帕塔斯特一带而过(第30页)的另一个特殊性,即“我”的使用不能被还原为其他的指示性表达。将表达“我”还原到“这个说话者”已经被尝试,但这个还原是失败的,因为语词“这个”就它而言只能通过关联于各个说话者而被解释。与各个说话者的关联显然对理解语词“这里”和“现在”也是根本的。

如果现在我们不仅想要记录下,而且要理解这两个典型特征,我们必须进一步深入地理解一般而言的指示性表达和单称词项。已经提到的那些典型特征表明,在不同的索引表达组合间 76
也有一些特定的依赖性;现在我必须补充:这种依赖性——一部分是相互的依赖性,一部分是单方面的依赖性——也在存在于单称词项的全部不同类别之间。我已经在之前的一个讲座课

① 参见卡斯塔尼达:《指示词和拟指示词》,第87页。

程中详细地讨论了这些关联，[①]因此在这里我可以用几个例子简单地提几点作为论点。我们先前已经看到，单称词项的功能是使说话者指明他在所有对象中指涉的是哪一个。现在我要跟着斯特劳森（Strawson）把这个功能标示为指涉的对象的同一化（Identifizieren）*。

时空对象——人也是时空对象——如何能被同一化？归根结底，它们绝不能被同一于一个专有名称。认为专有名称就是那些我们可以用来以某种方式“直接地”指涉一个对象的单称词项，是早期的、前弗雷格哲学传统的其中一个幼稚之处。例如，当我谈论米夏埃尔·托尼森时，这个专有名称没有提供一个用对被指涉的人进行同一化的标准。人们可以反问，“米夏埃尔·托尼森——那是谁？”另一方面，那些人们称为描述（Kennzeichnung）或限定摹状（definite Beschreibungen）的单称词项——一种具有“这个如此这般”形式的表达——只能在一个特定的上下文中，而不能“最终有效地”（letztlich）对一个对象进行同一化。[②]如果我通过说米夏埃尔·托尼森是这个大学最年轻的哲学教授来回答“他是谁”这个问题，你们可能会再次问，“然后呢，那是谁？”反过来，如果人们所谈论的是例如最年轻的正教授，那么用最年轻的教授是托尼森先生来回答“那是谁”的问题，便似乎提供了更多信息。如果托尼森先生进来了，我们就会更前

---

① 参见《语言分析哲学导引讲座》（1976），第21—27讲。

* Identifizieren或Identification在斯特劳森那里亦可译为“辨认”。——译者

② 关于“最终有效地”（letzlich）这一短语的更准确的含义，参见《语言分析哲学导引讲座》（1976），第24讲。

进一步；那么我就会指着他说，“托尼森先生——就是这里的这个人”。这就是一个通过一个指示性表达来进行的同一化。但是你就因此有了一个用以区分这个人与所有其他人的标准吗？在某种意义上，是的。因为人们会记住面孔，而且人的面容在相当大程度上是可辨别的。但是，例如，如果是一个蜗牛，对我们来说当然就困难得多了。甚至人在多年后外貌也会改变，此外还有长得一样的孪生子等等。而且，甚至在一个没有改变它在空间中 77
位置的对象（例如，一座山）的情况下，我们也必须说明：我们自己改变我们在空间中的位置，但仍然能够与其他位于不同空间的伙伴就作为同一个东西的对象达成一致；而这能够发生，是因为我们用一个给对象在时空系统中分配一个位置的表达来代替指示性表达。例如，埃佛勒斯峰被理解为与其他地理事实具有如此这般的空间关系，或者，更确切地说，是处于某某经纬度的山峰。在一个移动的物质对象如蜗牛这里，决定这里的这个蜗牛是否与我们昨天在那里看到的那只相同一的标准是，是否我们本可以在感知上跟随它从一处到另一处的那条路径。这对人而言在同等程度上有效。尽管通常来说，以外貌　作为始终伴随着此人的东西——为基础来重新认出一个人，在实用层面上是更容易的，但我们还是只把时空连续性看作这里的这个人是否真的同一于我们最近在那里看到的具有同样面容的人的最终标准。

然而，如果我们不知道我们的这里和现在与时空信息的客观参考点（如格林威治，以及耶稣诞辰）处在什么样的时空关系中，那么我们用来对对象进行同一化的时空信息对我们而言就变得毫无意义，并将再次失去它们的同一化功能。因此，尽管（如之前所指出的）一个对象不能仅仅通过指示性表达而被同一，但指示性表达对所有同一化来说仍然是根本的，尤其是“这里”“现在”和“我”等表达。各个说话者本身就是一切时空同一化的最终参考点，尽管只通过这个，即没有客观的参考点，他不能同一化任何东西。

现在时空对象的同一化系统已经被充分描述，这让我们可以认识到上文提到的两个典型特征——第一，“我”的特殊位值；第二，“这里”和“现在”的特殊位值——的根据。作为第二典型特征被提到的“我”的不可还原性来自于刚刚指出的情
78 况，即各个说话者本身就是一切时空同一化的最终参考点。这个不可还原性只是“使用语词‘我’的能力是指涉客体的可能性条件”这一基本事实（它来自刚刚实行的思路）的限制性的和否定的方面。[人们会反对说，孩子在他们会随意使用语词“我”之前就已经指涉客体了。但人们在谈到对对象的指涉时必须十分小心。在经验层面上很可能有一些应以发生的方式来研究的初级形式。如果人们将指涉理解为我刚刚描述的意义上的同一化，那么指涉就意味着，对“与……同一”以及对不同的单称词项类别之间的系统性反身关联（Rückbezüglichkeiten）有所理解，而孩子们在拥有说“我”的能力之前，对此是不能掌握的；不过我承认，我还没有经验性地研究这一点。]

而且，我们现在可以理解“这里”和“现在”与“这个”相比时的独特性，这是在讨论第一个典型特征时出现的。[1]这种独

[1] 关于接下来的内容，参见《语言分析哲学导引讲座》（1976），第451—469页。

特性的基础在于：对于**在**时间和空间**中**的对象——物质对象或事件——我们是通过它们在时空系统中的位置来同一化的。尽管时空位置就其本身而言只能通过具体的参考点——物质对象或事件——来同一化，但处在统一的、连续的关联中的仍然是时空位置，而非物质对象和事件。因此，我们是以这样的方式来对物质对象进行同一化的，即它们在一个特定时间段中在空间里实存，并且我们通过提到一个事件在某某时间某某空间发生来同一化它；因此，在被同一化的时空位置上，这样一个对象是否真的实存，这始终是保持开放的。与之相反，一旦时空系统被构成了，那么对于那些可以被同一化的时空位置，人们是不能谈论实存或非实存的，因为实存表示一个对象在时空中的在场，因此不适用于这个时空本身。现在我们可以看到，这里的问题不仅关乎语词“这里”和“现在”的特殊独特性，而且关乎所有对空间或时间位置进行同一化的表达。

因此，也很清楚，在“这里”“现在”与“我”之间不存在真 79
正的类比。首先，“我”的独特性并未延伸到对人进行同一化时所用的其他表达上。其次，当“我”被有意义地使用时，与“这里”和“现在”相比，它完全是代表一个实存于时间空间中的存在体；而且，因为我在我自己这里是不能怀疑我在有意义地使用语词“我”的，所以笛卡尔由之出发的自身明见性就出现了——（我说出）我思故我在［cogito（loquor）ergo sum］——不过当然不是作为一个非物质的、非空间的实存。

现在我们可以回到我们整个讨论的出发点（第70页），并追问，对语词“我”的使用的这个阐明如何能有助于解决亨利希的第二个困难。先让我们看看帕塔斯特是如何处理这个问题的。帕塔斯特并没有考虑在同一化问题以及单称词项不同群组间的指涉联系的背景下语词“我”的作用；他从根本上将自己限制在“某人用语词我……标示他自己”的解释上（第24页）。他对这个解释补充了以下考虑：“如果人们将现在为止所使用的短语‘某人用我标示他自己’翻译成第一人称，那么就是‘我用我标示我自己。’……此处便表明，所使用的那种转写只能通过以一种隐秘的形式运用符号来说明，是什么东西被‘我’所标示……于是，人们在将自身认识为自身的尝试中……所遇到的倒退，便与在尝试说这个符号到底意味着什么时的那种定义上倒退相对应。”（第24页及以下）

我觉得理解他的这一考虑并不那么容易，但对我来说显得很清楚的是：如果帕塔斯特认为人们可以将对语词“我”的含义的解释翻译成第一人称，那么他就错了。句子“我用‘我’标示我自己”为假。这个句子不再包含语词“我”的含义，因为假如这个解释是正确的，那么除了我以外就没有其他人可以用这个语词标示他自己。这样一来，语词“我”便不再是一个指示性表达，而是一种特殊名称、一个昵称，它被用于我而且只被我所用。

80 一个指示性表达的典型特征是，它对一个对象的指涉是其含义及其说话语境的一个功能——在［语词］“我”这里，指的是说话者［的一个功能］——因此是可变的；就是这个方面在帕塔斯特所谓的翻译为第一人称时被丢掉了。在这点上也很清楚，众所周知的事实——孩子们理解和学会用语词“我”相对较晚——通常被错误地解释了。从传统的自我理论出发，这种学习语词“我”的困难是这样来解释的，仿佛孩子必须习得的那种能力就是所谓的反思能力。然而，孩子在理解语词“我”的使用上的困难在现实中先于他们自己对这个语词的使用展现出来。孩子的困难是要理解**他人**如何使用这个语词。这与a、b、c三人有关，他习惯于将一个名称与每个人联系起来，例如，名称a、b、c。现在他的困难在于理解：当a谈论他自己时他说“我”，而当b谈论他自己时他也这么说，但当a谈论b时他说“b”，而当b谈论a时他说“a”。因此，困难在于**各个**说话者为了谈论自己而使用语词“我”。困难不在于a谈论a：只要孩子一般地理解了主谓句，他在理解妈妈说“妈妈马上就来”时就不会有一点困难。因此，孩子难以理解的并不是所谓的说话者的反思，而是**各个**说话者为了谈论自己而使用语词“我”。一旦小汉斯理解了语词“我”与特定的人之间的可分性（Loslösbarkeit）——即一旦他理解了他人如何使用这个语词——他自己就也能在谈论他自己时用“我”而不是“汉斯”，而无需具有一个新的理解层次。当然，当汉斯谈论他自己时，“我”并非是汉斯这个名字的相等项，正如当a谈论他自己时“我”不是名字“a”的相等项一样。因为“我”当然具有与“汉斯”和“a”不同的意义（只要人们终究可以谈论专有名称的含义）。每个单称词项都标示一个对象，一个它按某种视角（弗雷格说：被给予方式）所代表的对象，这种视角依赖于 81
其含义，且不同于其他视角——同一对象按照其他视角将会被其他单称词项所标示。当孩子学习语词“我”时，他并不是只学习一个相等项，而是要学人们如何能够指涉一个对象的一种新视角。这相应地对其他指示性表达也有效。就像“我”不是汉斯的相等项，短语“这个女孩”也不是Petra这个名字的相等项。“这个女孩是Petra”与“我是汉斯”一样是一个综合陈述。

帕塔斯特显然认为，亨利希的第二个困难产生于将语词“我”的使用规则翻译为第一人称。我没有完全理解接下来几页的复杂思考（第25—32页）。帕塔斯特似乎大致认为下面几点。（1）他认为翻译为第一人称虽然不是错的，但却是不必要的。（2）在他看来，这种翻译不可避免地产生于一个提问：人们是否将“正确的对象与语词”相联系（第31页）。但是（3）以句子“我用‘我’标示我自己”为这个问题所提供的答案始终是循环的、同语反复的（第31及下页）。帕塔斯特得出如下结论：“对于问题‘我是不是真的在我称作我的客体中拥有我自己？’，只要无法给出不同于同语反复的另一种回答的标准，那么这个问题就不能被视作有意义的。”（第32页）这个句子就像之前的讨论一样是有歧义的。究竟帕塔斯特是认为这个问题真的无意义，还是说以“只要……”来作出的限定应该这样来理解，即“只要无法”给出“不同于同语反复的另一种回答的标准”，它就是无意义的？但要回答那个如此被表述的问题，除了同语反复标准以外，不可能再给出其他标准了。如果帕塔斯特认为，一旦提供了非同语反复的标准，这个问题或者类似问题就不是无意义的，那么他为什么不指出在这个情况下这个问题会采用什么形式？在我看来其原因是，帕塔斯特对“我”的使用方式研究得不够深，尤其是他没有重视同一化的问题。

因此，在帕塔斯特这里我们不再深入了。相反，我们必须尝试从在我们先前的分析中已经出现的那种同一化的语境开始。

我们已经看到,对某种时空之物的每一种“最终的”同一化,都 82
有主观的和客观的成分。我用客观成分是指,我们是这样来同一化一个对象(作为被指涉的那一个而区别于所有其他对象)的,即我们指明它与其他对象的时空关系;而主观成分则在于,只有我们知道在这个指明中所用的参考点与我们自己的这里和现在处在什么样的时空关系中,这个指明对我们才有意义。一个空间位置和一个时间点还完全不能单独用语词“这里”和“现在”而被同一化。尽管如此,这些词语所标示的时空位置构成所有时空同一化的最终参考点。而且,这些语词是这样被使用的:它们所标示的时空位置虽然没有被同一化,但却作为可同一化的被指涉,因为人们知道从另一个位置出发,这里也是一个那里。

让我们举个例子!两个人在山里的大雾中迷了路;他们在一个地方坐下,一个人说,“这里非常冷”。他通过说“这里”指明了非常冷的地方吗?也许这两个人随身带了无线电设备,他们对着山谷报告说“这里,我们所在地方,非常冷”。然后可能会有这样的回问:“那你们究竟在哪?”如果这两个人回话说,“我们在这里”,那么他们指明了他们在哪里吗?是的,只要“这里”在形式上是对问题“哪里?”的一个可能回答;然而也不是,因为所谈及的那个位置并没有通过“这里”被同一化。如果一个搜寻队在附近大声喊“你们在哪里?”,被搜寻的人回答“这里”,情况就不同了。在这个情况下,这个[语词]“这里”使得有可能从搜寻队的视角出发将说话者的位置同一化为一个那里——这个那里处在搜寻队所在的那个这里的某个方向和某个距离。如果搜寻队知道自己相对于山谷中的村子,或者相对于任何其他客观上被同一的位置的位置,那么它就可以告诉迷路者他们在哪里,即他们用“这里”所标示的位置是在客观坐标系中的哪一个。

在语词“这个”的使用中也发生了类似的情况。例如,我指
83 着一个人并问他是谁。如果人们回答“他是这个人”,那么这个人并没有被同一化,就如先前所说的空间也没有通过回答“我们在这里”被同一化一样。相反,如果人们回答“他(这个人)是托尼森先生”,那么这就构成了一个同一化,因为这意味着,与这个名字关联在一起的是一些描述甚至一些标准,它们将相关的人在时空系统中再次识别出来。

现在这也类似地适用于[语词]“我”。如果我打电话给某人,他问“是谁?”,回答“我”显然是荒谬的,除非我假定那个人知道我的声音。虽然我用“我”指涉一个个别的、可同一化的人,就像我用“这里”指涉一个个别的、可同一化的地点一样;但是,就像当我说“这里”时我并未同一化这个地点,当我说“我”时我也并未同一化这个人。[语词]“我”不仅仅是一个对我是谁的问题的不充分回答,它根本就不是一个回答。

现在我们就可以理解亨利希的第二个困难怎么会产生,因为它不仅产生于对主-客体模式的依赖,而且产生于对语言的日常使用的依赖;它基于这个误解:因为借助语词“我”,一个个别的、**可同一化**(identifizierbar)的人实际上被指涉了,所以借助这个语词,这个人也已经以某种(甚至以某种特殊的)方式**被同一化了**(identifiziert)。亨利希认为无法解决的是,为什么在指涉某人自身时,一个错误的同一化是不可能出现的。而其解决

方法是：在什么都没有被同一的情况下，也就没有错误同一化的可能性了。错误的同一化只有在那些我对我是谁的问题提供非空洞回答，并因此同一化了我自身的情况下，才是可能的。当我说"这个人"时，我会被问那是谁，于是我会回答"这是托尼森，而托尼森是出生在某地方的人等等"，而这可能被证明是一个错误，这个人根本不是托尼森。以同样的方式，当我被问我是谁时，我可以回我是恩斯特·图根特哈特，我出生在某地方，以及我借以被同一化的时空生命轨迹是如此这般的；而这里这也可能被证明是一个错误，我根本不是图根特哈特，而我只是把我自己想象成这个人。

尽管如此，所描述的两种情况并不完全类似。我们已经看 84
到"我"的使用以某种方式更接近"这里"和"现在"的使用，而不是"这个"的使用。我们刚刚提到，语词"这里"，当用在一个特定背景中时，可以用于从另一个说话者的视角出发来同一化说话者的位置。对"我"而言也有一些与之类似的地方。当一群人中的某人说了些什么时，人们可以相应地问"谁说了那个？"，而相关的人可以通过说"我"而对其他人同一化他自身。他不是必须说"我"；他也可以只是举举手。但当他说"我"时，他便给出一个可以通过"他"或者"这个（那个）人"来对待（aufnehmen）的符号，与"这里"在其他例子中通过"那里"［来对待］是同样的方式。我们也已经看到，"我"的使用方式中向来就已普遍地包含了以下这一点，即使用"我"的人在使用这个词语时知道其他人是这样来对待他的谈论的：他用"我"来指涉的同一个人被其他人用"他"来指涉。不过，［语词］"他"是

“这个（那个）人”的相等项。因此“他”和“这个人”相对于“我”具有与“那里”相对于“这里”的相同位置。因此，与“我”的使用相比，在“这个人”的使用中（而且显然与在每一个具有“这个某某”形式的表达的使用中一样）已经能够发现第一个层次的同一化。我用“这个某某”指明我在我周围的多数中正指涉哪一个某某，而且我是通过指着我周围的某一个空间来指明的。它当然只是一个第一层次的同一化，因为被指涉的客体只在我直接的周围环境之内被同一化。“我”与“这个人”（或者一般来说“这个某某”）之间的根本区别是，人们在观察的基础上用“这个”指涉一个对象，而相比之下人们不用“我”来这么做。当然，这并不是指用“我”指涉的是一个不可观察的、非物质的对象。而是，正如我们之前必须说：存在体虽然没有被同一化，却作为可被同一化的而被指涉，那么现在我们也必须说：在通过说“我”指涉存在体时，它虽然不是被观察或被感知的，但却作为可观察、可感知的而被指涉。

85 由此，在我们的阐述中我们已经到达了一个要点，它使得我们的阐述超出因着手处理海德堡学派而强加给我们的那种限制（参见上文第71页），即将我们的分析限制在孤立的“我”的表达，以及从补充性谓语表达那里抽离（Abstraktion）。因为人们只能以感知的方式来同一化对象，而这是通过人们将对象作为特定感知谓语的承担者来认识而做到的。对人而言，这意味着，当且仅当他们在观察中被同一化了的时候，人们才能在他们的物理属性中将他们作为物质对象来认识。关于作为一个可感知身体的人的知识根本上是从旁观者、第三人称的视角发生的。因此,我不能从说“我”者的视角将感知的谓语归于我自身,因为我并未从这个视角出发来同一化自身,尤其是没有通过观察来同一化自身。

这可能在两方面被误解。首先,这显然不意味着像“我有棕色的眼睛”这样的句子是不合法的。而是,对这些句子的证明的基础是,我知道我就是人们在感知他时可以说“这个人有棕色的眼睛”的那个人。之前我已经指出,不同的单称词项从不同的视角来标示同一个对象,现在很清楚,这些视角对于认识各种谓语的适用性而言是相关的。例如,“是这所大学的一名教授”是一个谓语,它对我的适用不能通过观察我被确立。毋宁说,它通过查看有我名字的证书被确立;一旦它以这种方式被确立,人们显然可以说“这个人［人们直接指着他］是海德堡大学的一名教授”,因为人们知道这个人=E.图根特哈特。因此,尽管人们可以只从一个特定的单称词项的视角来确立一个谓语的适用性,但人们也显然可以用任何其他指涉同一个对象的单称词项来代替这个单称词项。因此表达“我”也显然可以与所有适用于我这个人的谓语相联系,即使我不能从说“我”者的角度来确定,这个谓语适用于我。

另一个误解在于,认为从上面所说的内容中会得出我自己不能感知我的物理属性这一结论。相反,我可以用与另一个人观察我完全一样的方式观察我自己,当然我是在特殊设备的基础上——在镜子中或影片中——观察这个人的,通常只是［观察］这个躯体或我的躯体的某些部分。虽然如此,关键是在任何情况下,这种最小程度的同一化都是预设了的,就如同另一个人观察 86

我时一样：我通过指着我身体的部分并说出“这个”来指涉它们，在指涉我的镜像时也是这样。因此，我虽然可以观察我自己，但是我在这个观察基础上归于自身的那些谓语不是从说“我”的那个视角，而是从说“这个”的视角出发来谈论的。

另一方面，是否也有我从说“我”的视角归于我自身的谓语呢？似乎可以猜测，这些一定就是φ-谓语。因为这些谓语是以这种方式被定义的，即它们标示如下状态：那些拥有这些状态的人也具有“他拥有它们”的直接知识，而无论这些直接知识应该怎样被理解，它肯定不是一种基于外部观察的知识类型。借此，φ-谓语才区别于其他可以适用于一个人的谓语。

因此，现在我们处在一个要点上，此时对语词“我”的使用的澄清指回了对“我φ”语句的使用的澄清，而这意味着指回了认识的自身意识。语词“我”的使用方式似乎从根本上包含了，φ-谓语（而且只有关于它们所适用于的那个人的φ-谓语）不仅事实上通过说“我”，而且从说“我”的角度出发来归于某人自身，就如同语词“这个”的使用方式从根本上包含了，感知谓语“W”的适用性只能通过句子“这个W”来确立。

现在，从刚刚详述的对语词“我”的使用的分析中也已经产生了一个关于“我φ”语句使用的特定假设。我们之前看到（第
87 50页），为了阐明这些句子，有两个问题必须被回答：（1）通过语词“我”来构成的对一个人的特殊同一化方式在哪里？以及（2）关于认识的自身意识的知识，即关于一个φ-谓语适用于我的知识是基于什么的？

现在第一个问题被回答了。语词“我”标示所有同一化的

最终参考点，虽然所指涉的人——说话者——没有借此而被同一化，但是他被意指为是从“他”的视角出发可以被同一化的。

而对第一个问题的这个回答会对回答第二个问题产生影响。因为如果有我不仅通过实际地说“我”而且从说“我”的视角出发归于我自身的谓语，这意味着我并未以如下方式认识谓语对我的适用性，即我同一化了那个被我赋予了这些谓语的存在体，而与之相关地——正如我们所见——我并非通过感知或观察这个存在体来认识这些谓语对我的适用性的。因此，认识性自身意识的直接知识不仅不基于外部观察，而且根本不基于任何观察。因为假如“我 φ”语句基于一个内在观察，那么它们要么必定以如下这一点为基础，即人们能够在所谓的内在领域中借助于“这个”来同一化诸种被给予者，要么人们必定能够把通过“我”进行的指涉设想为是与通过“这个”进行的指涉相类似的。第二种可能性在我们刚刚详述的分析的基础上被排除了。第一种可能性也类似地被排除，因为在“我 φ”语句中，谓语所适用的那个存在体就是我，而不是我之中的某物。因此，关于认识性自身意识的直接知识，我们至少已经有了一个否定的结论：它不能基于内在感知，甚至内在感知的概念都显得无意义。

对“我”的使用的分析也对正确理解“我 φ”语句的问题有另一个影响。我们已经看到，语词“我”的解释以及该词的意义意味着，说“我”的某人知道他指涉为“我”的同一个东西可以被另一个人指涉为“他”或“这个人”。为了避免误解，我应该补充，这不排除作为极端例子的鲁宾逊式的情况。例如，如果某人在核战后作为唯一的说话者幸存，显然也可以说“我”。如 88

果要强调理解语词“我”时的交互主体性，那么必须注意的是，这涉及的是一种可能的而不是实际的交互主体性。但交互主体性的这种可能性本身是必然的，因为它来自语词“我”的含义。被我指涉为“我”的某人必然**可以**被其他人指涉为“他”——因此也可以用名称来指涉。

现在这对“我φ”语句有些影响。如果一个谓语适用于一个存在体，那么不管哪个单称词项标示这个存在体，这个谓语都适用于它。这就是所谓的莱布尼茨法则，它基于符号“=”的含义：如果a=b，则每一个适用于a的谓语也适用于b。对“我φ”语句而言，这产生了如下结果：

当且仅当句子“他φ”在被某个用“他”来指涉我的别人说出时为真的时候，句子“我φ”在由我说出时为真。

事实上，这种联系甚至比在这里所表述的和比作为莱布尼茨法则的结论的那种联系还要紧密。当两个相对应的指示性表达，如“这里”和“那里”，或者“我”和“他”，指涉同一个客体时，它们处在比指涉同一个客体的任何任意一对单称词项更紧密的联系中。在任意一对单称词项的情况下，“是否a=b”是一个经验性问题；因此，一个谓语如果它适用于a那么它也适用于b——这么说也许确实是正确的，但某人可以认为它适用于a，但同时否认它适用于b，如果他不知道a=b的话。当然，在指示性表达情况下，某人也可以例如用“他”指涉不同的人；但如果，正如刚刚提出的原则所说的，他指涉我，那么情况必然是他用“他”所指涉的就是我用“我”所指涉的同一个人。因此下面更严格的原则是有效的：

当且仅当句子“他φ”在被某个用“他”来指涉我的别人说出时为真的时候,句子“我φ”在被我说出时必然为真。

因此,在此情况下我们也可以说:被涉及的是同一个事态,对此我用“我φ”来表达而他用“他φ”来表达。例如,如果我说“我牙疼”,那么某人可以接受这个陈述并说“他牙疼”。他于 89
是肯定了我所肯定的同一件事,如果他用“他”是指涉我的话。或者,比如,他可以对我说,“你在撒谎,你没有牙疼”,而在这个情况下我们会说他与我相矛盾;但这预设了:他与我在指涉同一个事态,他恰恰否定了我所肯定的。

既然一个句子当且仅当另一个句子为真时必然为真,那么我要在这里提一下(必然的)**真理上的对称**(veritativen Symmetrie)的原则。现在尽管两个说话者都指涉同一个事态,但只有那个将这种谓语归于他自身的人拥有对它的直接知识;而这同一个事态通过其他人的观察——或者观察其行为,或者观察其陈述——而从“他”的视角出发被确定。因此,存在一种**认识上的不对称**。φ-状态被所涉及的人[本人]所知和被其他人所知,其方式是不同的——而这种不同是本质性的,而不是出于偶然的理由。

“我φ”和“他φ”之间一方面存在着真理上的对称,另一方面有认识上的不对称,这一事实一定显得令人困惑,这是因为一般在(1)谓语的含义,(2)相应句子的真值条件,以及(3)我们确定句子为真的方式[这三者]之间,存在一种紧密的联系。例如,我们通过向某人展示红色的或者非红色的不同对象来向他解释谓语“红”的含义,这意味着,我们向他表明在什么情况下句子

"X是红的"为真，或者人们如何确定这种句子是否为真。而现在，因为在φ-谓语情况下它们的适用性以两种根本不同的方式被确定，所以人们会认为，根据它们是在"我"语句还是在"他"语句中出现，它们必定具有不同的含义。但是，根据这些句子的真理上的对称，它们具有不同意义的可能性被排除了。因此，这似乎暗示了以下设想：就像在语词"我"的使用中已经包含了：我用这个词所指涉的同一个人可以被他人标示为"他"，并且反过来也一样，"他"指涉回"我"；同样情况，从"我"的视角出
90 发的一个φ-谓语的使用，也必定被包含于从"他"的视角出发的φ-谓语的使用之中，并且反之亦然；由此，φ-谓语的统一含义将被保留。然而，在这种情况下，对第一人称的φ-语句的阐明便只能连同对这些语句的第三人称式使用的阐明一起达到了。第一个提出这个观念的哲学家是维特根斯坦。[1]

① 尽管如此，出于某些有待探讨的理由，维特根斯坦并没有主张关于真理上的对称的命题。相反，是在他的传统下的其他分析哲学家主张了这个命题。参见斯特劳森（Strawson）：《个体》（1959），第3章，§4；舒梅克（Shoemaker）：《自我认识和自我同一》（1963），第170页。

第五讲　维特根斯坦Ⅰ：私人语言的不可能性

在1929年的哲学新开端以来，维特根斯坦便关注φ-状态 91
的问题。当时他先是提出了一个唯我论的立场，之前在《逻辑哲学论》中他也是这么做的。我不会深入作为他后期立场的这些准备阶段，对此的导引可以参考哈克尔（P. Hacker）《洞察与幻想》（*Insight and Illusion*）的第4章和第7章。向后期立场的突破发生在《蓝皮书》中，它创作于1933—1934年。最后的立场在《讲座笔记》*中达到，它最初出版于1968年，写于1934—1936年；在《哲学研究》中它被进一步发展，首先是在第243—315节中，它们专门反驳所谓的私人语言。

在《讲座笔记》中也有德文笔记，它们散布在英文文本的各处；这些是维特根斯坦为他自己而不是为他的听众写的笔记。

---

* 《讲座笔记》最初以《关于“私人经验”和“感觉材料”的讲座的笔记》（Notes for Lectures on “Private Experience” and “Sense Data”）为题出版于*The Philosophical Review*, 1968, Vol.77, No.3, pp.275—320。中译本参见维特根斯坦：《维特根斯坦论感觉材料与私人语言》，江怡译，张敦敏校，浙江大学出版社，2011年，并收于《维特根斯坦全集》（第12卷）。——译者

这些德文笔记的其中一则几乎可以被用作这一讲和下一讲的题辞:“围绕这个问题的气氛是很可怕的。语言的迷雾环绕着有问题的核心。要穿过它几乎是不可能的。”(第306页)但维特根斯坦也认为:“我们所要的是对已经敞开在我们眼前的东西加以理解。”(《哲学研究》, § 89)* “事物对我们来说最重要的方面由于其简单平常而掩蔽着。”(《哲学研究》, § 129)因此,维特根斯坦开始于一种确信,即我们在哲学中所探究的实际上相当简单,但是我们不能看到它,因为我们的观看方式被误导性的语言类比和比喻所迷惑。“哲学是针对借助我们的语言来蛊惑我们的智性所做的斗争。”(《哲学研究》, § 109)在这个上下文中人们可以理解“讲座笔记”中的这则笔记:几乎不可能穿过语言的迷雾达到关键要点。他体验到围绕在这个问题周围的气氛很糟糕,而且他并未尝试向他人省去他所经过的道路而将结果呈现给他们,而由于他毋宁说是想指出,道路只是道路,以使得他的
92 读者自己不得不设法穿过迷雾;因此,任何试图理解维特根斯坦并与他一起奋力推进到清楚明白的程度的人,都一定也体验到这个气氛很糟糕。因此你们也不应该期待从我这里得到结果。人们在这样一个讲座里能做的始终只能是把道路拓宽一点,至少看清问题。我会打住,而试着向前推进的工作则取决于你们。

维特根斯坦在这里讨论的问题是什么?在《哲学研究》§ 309他问道:“哲学的目标是什么?”并回答:“给苍蝇指出飞出捕蝇

---

* 中译本参见维特根斯坦:《哲学研究》,陈嘉映译,上海人民出版社,2011年。(下引此书均参考该译本)——译者

瓶的出路。”只有自《讲座笔记》出版后，如何理解这个经常被引用的句子才变得清楚。[①]因为我们在那里读到——又是一则德文笔记——“唯我论者在捕蝇瓶里扑来扑去，不停地撞瓶壁，然后继续扑动。他怎样才能得到休息呢？”（第300页）因此，问题是克服唯我论。虽然这可以以发生的方式（genetisch）被理解，因为维特根斯坦自己之前已经提出了一个唯我论的立场，但人们也必须以体系的方式来理解它。在“讲座笔记”的另一处他说，“但唯我论在这里给了我们一个教训。它展示了一种思想，正是这种思想即将毁灭这个错误”（第297页）。什么错误？

所意指的是对“我φ”语句和“他φ”语句的理解——维特根斯坦在《蓝皮书》中把它们称为共同感哲学家（common-sense Philosoph）[*]的理解（第48页）。[②]而他同时强调，这种共同感哲学家并不是什么共同感之人（common-sense Mensch）。他也把这个理解描述为实在论。它可以大致被这样描述：每个人都只在内在感知基础上知道（用φ-谓语所标示的）他自己的内在状态。如果是这样，那么我如何能相信其他人也具有这种状态？因为我不能在他人那里外在地观察这些状态。但是我可以根据实在论的观点通过类比推论来推断它们。因为我观察到我的某种内在状态，比如痛感，有规律地伴随着一种特定的身体行

① 参见哈克尔（Hacker）：《洞察与幻想》（1972），第185页。

* 也可以译为“常识哲学家”。但作者在此（以及下文）想表达的是，这样的哲学家预设了我与他人具有共同的（内在）感受，因此能感知他人的内在状态，因此译者将之译为“共同感哲学家”。——译者

② 《蓝皮书》的所有引文都引自德语翻译（《著作集》，第5卷）。

为，所以我**通过类比**得出结论：当他人表现一种类似的行为时，他们具有我在我自身中伴随这个行为而感知到的同一种状态。

93 针对这个观点，有我们所熟悉的怀疑论的反对意见，维特根斯坦在《蓝皮书》中也强调了这些意见。我如何知道当他人感知我感知为红色的对象时，他也具有我所具有的同样的颜色感觉？但一旦人们在这里开始怀疑，那么他们在哪里止步呢？我真的知道他人拥有一个内在状态吗，还是我只是相信它？而如果我只是相信它，那么我不是必须敞开我是唯一具有内在状态的人的可能性吗？在《蓝皮书》中，维特根斯坦的论证还更尖锐：如果人们在原则上不可能知道某物，那么宣称人们仅仅相信它也毫无意义，因为要相信某物意味着在还没有充分证明时认为某物就是这样；但相信即使连仅仅部分的确定也绝不可获得的某物意味着什么呢（第54页）？在另一处，他指出，人们甚至不能在这里谈论其他人有内在状态的假设，因为绝对想不到一种有可能支持或削弱这个假设的经验。

这些怀疑论反对意见的结论是唯我论，根据它只有我具有内在状态。这种立场的特点是它放弃实在论观念的一面——即人们通过类比推论也可以知道他人的内在状态——却坚持实在论观念的出发点，即人们通过内在感知知道自己的内在状态。因此，当维特根斯坦说唯我论“即将”（auf dem Weg）消灭那种基于实在论观念的错误时，他的意思只是：唯我论代表了实在论观念的真正的理论结论。唯我论只是实在论的一种——更融贯的——变形：就唯我论只否定实在论所断言的而言，前者与后者处在相同的基础上。共同感的观念还允许第三人称φ-语句的使用；确实，它试图承认我们对 φ-谓语的实际使用所特有的第一和第三人称 φ-语句的真理上的对称，但其理论路径并不真的允许它。这个理论路径从一开始就是一个潜在的怀疑论路径，而由于这种潜在的怀疑论由唯我论所带出（austragen），这种理论路径达到了这一点：在这里共同感观念与语言之间的潜在冲突 94
变得明显。在这里很清楚，只有在未被实在论所检验、由唯我论所接手的那些预设被质疑时，才可能有解决办法。

尽管如此，经典唯我论还不是实在论的内部消亡的最后一步，因为它继续保留着“我”之说。根据维特根斯坦，在这里有一个不一致性。因为按照语词“我”的使用规则，被“我”所标示的东西有“邻人”（参见《讲座笔记》，第283页）：它是可以用“他”标示的许多人中的一个，而他们本身都可以对自身说“我”。因此，维特根斯坦自己在他的唯我论阶段放弃了“我”之说。[1]

因此，如果维特根斯坦的目标是飞出唯我论者的捕蝇瓶，这并不意味着逃离用“我”标示的东西；而是意味着**成为**可以用“我”标示的东西，如果那种可以用“我”标示的东西，只能是那些用“我”标示他们自己的他人可以用“他”标示的一个存在者的话。又在《讲座笔记》的一则德文笔记中，维特根斯坦发现，“我是想把这整个问题还原为我们没有理解‘我’这个词的作用”（第307页）。不过维特根斯坦在这里所说的问题是唯我论这一特殊问题。我将不会深入它。[2]在《哲学研究》中很少讨论语词

① 参见哈克尔：《洞察与幻想》（1972），第7章，§2。

② 对此参见同上书，第7章，§4。

“我”的使用，因为那里的目标只是展开与那种唯我论和实在论共有的基本预设的争论。这个基本预设在于一个假设：ϕ-状态是在内在感知中被给予的内在事件。与这个观点相反，维特根斯坦想证明ϕ-谓语具有一个含义，它从一开始就是一个从“我”-视角和“他”-视角出发都保持统一的含义。因此，一方面他的计划是解构性的——即作为对前面提到的预设的批判；另一方面，它是建设性的，因为其目的是导向对ϕ-语句的一种新理解。

在这个讲座中，我将只考虑其解构性的部分。它在于对一种私人语言的观念的批判。首先我们要问，维特根斯坦的私人语
95 言指什么，其次，在什么程度上人们可以说实在论和唯我论的根本预设就在于对一种私人语言的假定？

维特根斯坦在《哲学研究》§ 243中指出他想让他的私人语言论题如何被理解。“私人语言”不是指某人自言自语，它也不能被理解为，整门语言都只被一个人所说。“我们甚至可以想象只是独语的人类。”这不是维特根斯坦意义上的私人语言，假定人们可以把这样一个人的语言“翻译成我们自己的语言”。而且，这也还不是一种私人语言，如果某人在这个语言中会“写下或说出将他的内在体验——他的感觉、情绪等，以供他自己使用”。因为人们“在我们的日常语言中”也可以这么做。另一方面，在维特根斯坦称作私人语言的语言中，“语词……指涉只有讲话人能够知道的东西；……所以另一个人不能理解这种语言”。这里的重点在于语词“能”（kann）。私人语言的这个区别性特征不在于，它在实际上只被单个个体所使用，也不是这种语言的语词指涉个体的经验；而是，只有当其他人不能理解这些语词，或者，

更确切地说,如果这种语言的这些语词指涉“只有讲话人能够知道”的某物时,有待批判的意义上的私人语言才被涉及。

人们现在可以很容易地看到,实在论和唯我论的共同预设如何与以这种方式被理解的私人语言的观念相联系。因为只要这两种理论都处理一种与它们［各自］的观念相对应的语言看起来必须如何的问题,那么很显然,即使不是这种语言的所有表达,但至少［其中的］φ-谓语会对每个人都有一种只有他会知道的含义。

现在,维特根斯坦直接认为他所批判的理论就是关于那种相应的语言的理论,这一点也许会被认为是一个问题。传统理论不以这种方式理解自身,而且人们会对维特根斯坦提出以下反 96
对意见:“也许一种**私人语言**是不可想象的,但φ-状态的真正私人性是,它们根本不能通过语词达到。”维特根斯坦在“讲座笔记”的一开始检验了这种反对意见。他首先表述了这个反对意见,用的是德文:“关于特定的经验,有些东西是可以说的,除此之外,好像还有些东西,也就是最根本的东西,是无法描述的。”（第275页）在最初的、还是以德文表述的批判论述之后,他用英文写道:“这仿佛是说,如果/尽管/你无法准确地告诉我发生在你心中的东西,然而你能告诉我有关它的一般的东西。例如说,你正有个无法进一步描述的印象。这仿佛是:关于它,真的有进一步的东西,只是你**无法说出**来而已,你只能作出一般的陈述。正式这个表达式的观念/形式/把我们弄得一塌糊涂。”（第276页）

在这里维特根斯坦不是很明确,人们可以这样回答他:“是的,就是这样,我们有一些状态,它们可以被我们一般地说成是感觉，但我们不能描述它们，我们没有对它们的语言表达。”作为一个例子，或许想一下这种情况：一个人头疼；人们不仅仅头上疼，而且拥有完全确定（ganz bestimmt）的感觉。因此，在这一点上我们可以这样说：我在我的头这里有完全确定的疼的感觉，然而我却不能描述它。或者，例如，想一下味觉或嗅觉。这里我们倾向于说：当我尝一个梨或一种特定的红酒时，我有一种确定的、却不可描述的味觉。

维特根斯坦或多或少会以下面的方式回答：“你们真的认为，这种不可描述的感觉说的是一种完全确定的感觉吗？如果它是，那么这显然意味着你们可以把它与其他可比较的感觉区别开，你们可以在性质上同一化它并能再次认出它——例如这种完全确定的、与另外的那种相区别的酒味。但如果情况是这样，你们当然就可以给各个确定的感觉以名称；实际上，只有当你们给它一个名称时，你们才意识到：它是一种确定的、可同一化的感觉。在这里，为了命名而使用一个特定名称或特定的谓
97 语倒是不必要的；如果你们说出‘现在这就是我前天有的那种头疼，不是我昨天有的那种’，这就足够了。一旦一个人走到这一步，那么很自然地就会出现这种情况（虽然不是根本性的）：人们例如将前天的头疼命名为A，以区别于昨天的头疼类型B。而相反”，维特根斯坦可能会这么继续，“如果你们用感觉的不可描述性指的是，它根本不是确定的，不可以区别于其他感觉，那么当你们说它是不可描述的和不确定的时，你们就在语言上完全恰当地描述了它；在这里再一次地，没有什么东西掉出了语言之外”。

维特根斯坦经常让他的对话者——可以说是在他自身之中的那种他想使之沉默的声音——对这样一种类型的思考作出回答：但恰恰是本质的东西，恰恰是活生生的东西掉出了语言之外。对此维特根斯坦再次回答：何种本质的东西呢？如果你既不想把它标示为一种确定的感觉，也不想标示为一种不确定的感觉，那么你用这个指什么？“于是一个人从事哲学最后会弄到这个地步：他只还能够要发出一种含混的声音。”（《哲学研究》，§ 261），维特根斯坦又补充说，“但这样一种声音只有在我们仍需加以描述的某个特定的语言游戏里才是一种表达”。

当他把对不可表达的东西（das Unaussprechbare）的指示再次仅仅接受为某种语言性的东西时，人们会想要谴责他犯了乞题（petitio principii）[的错误]。但让我们反思一下：如果我们谈论不可表达的东西，那么我们还是在说话，因此如果我们想弄清楚我们借此所意指的是什么，我们必须问自己，例如我们是如何使用“不可表达的东西”这个表达的。你们可能会回答：但如果我们不谈论不可表达的东西，而只是去感觉它，那么会发生什么？困难恰恰在于，就在我们提出这种问题时，我们显然不能不在语言上提出它们。如果我们哲学地思考对不可表达之物的感受，那么我们就一直已经被卷入语言了，否则我们恰恰必须保持沉默。维特根斯坦似乎想说：想要沉默的人应该沉默，但在此情况下他也应该真的保持沉默；人们不能一方面进入讨论，另一方面反抗一个事实，即他被当作一个说话者来严肃对待。“你 98
们对我的谴责不就仿佛是你们在说：‘在你的语言中只不过[有人]是在说话！’”（《讲座笔记》，第297页）

因此,维特根斯坦在将是否只有我能拥有关于我的ϕ-状态的知识的这一认识论问题解释为语义学问题时,似乎是有道理的——在这种解释下,这个问题采取了以下提问形式:是否一种私人语言是可能的,或者是否所有言说都是也能够被他人所理解的言说。

人们可以将维特根斯坦的程序分为两步。在第一步中他从我们的真实语言如何指涉感觉的问题开始。他指出,这不是以与关于私人语言的论点一致的方式发生的。这当然不足为奇,因为我们的真实语言以目前的情况看是一种交互主体的语言,我们也已经交互主体地学会它。维特根斯坦的对手可以接受这一点,并提出ϕ-谓语具有双重语义学的观点:一方面它们具有交互主体的含义,但另一方面它们也对每个人有私人含义。因此,维特根斯坦必须在关键的第二步中表明,含义的这种私人成分不可能存在;他通过论证一种私人语言与语言表达的有意义用法的一般原则相矛盾来表明了这一点。

我们真实语言的语词如何指涉ϕ-状态?在《哲学研究》§243澄清了私人语言指的是什么之后,维特根斯坦在下一段从上述提问开始(§244):"语词是怎样指涉感觉的?这里似乎不成为问题;我们不是每天都谈论感觉,称谓感觉吗?但名称怎么就建立起了和被称谓之物的联系?"(现在注意以下一步!)"这和下面的是同一个问题:人是怎样学会感觉名称的含义的?——以'疼'这个词为例。"(因此,"一个名称如何指涉它所称谓之物?"的问题在我们的日常语言中具有以下含义:我们如何对某人解释这个表达的用法,或者,从另一方面看,他如何学会这个表达的用法？现在这被维特根斯坦应用于感觉。）“这是一种可能性：语词与感觉的原始、自然表达联系在一起，取代了后者。 99
孩子受了伤哭喊起来（schreien）；这时大人对他说话，教给他呼叫（Ausrufe），然后又教给他句子。他们是在教给孩子新的痛疼举止。”维特根斯坦将哭喊标示为一种“感觉的自然表达”。另一方面，“呼叫”——像“噢”——已经是痛疼的习惯语言表达；它们不是自然的，因为它们因语言而不同。当然，**句子**所意味的是像“我疼”这样的φ-语句。维特根斯坦让它们更接近于呼叫。“‘那么你是说，“疼”这个词其实意味着哭喊吗？’——正相反：疼的语言表达代替了哭喊而不是描述哭喊。”

这一段已经包含了维特根斯坦自己关于φ-语句的正面观念的一些要素，这里以论点的形式来了解它们，也许会有帮助。如果应该能够有关于意识状态的交互主体的理解，那么这些意识状态一定可以在行为中表明自身。因此，一种可外在观察的行为与意识状态之间一定有一种关联。这些也已经被类比理论假定，但现在关键是，人们从什么方面探讨语词的指涉。可以说，类比理论认为有必要几乎可以说是从内部出发来给感觉赋予名称；而这导致了，感觉表达和感觉之间的关系成为了一种归纳式的、偶然的关系，与之伴随的是由第三人称φ-语句所产生的一切可怕后果。如果对感觉的命名反过来可以说是从外部发生的——在学习我们的日常语言时它事实上确实就是这样的——那么在感觉表达和感觉之间就出现了一种本质联系。因为我们所学的语词确实是感觉语词，它代表的是感觉而不是行为。另一方面，我们只在与行为的关系中学习感觉语词的用法，即其含义。因此，在感觉和相应的行为——也就是自然的或习惯的“感100 觉表达”（而且感觉在这里始终只作为任何 ϕ-状态的例子起作用）——之间必然存在一种奠基于语词含义的关联，即一种分析的关联，一种本质关联。根据维特根斯坦，感觉表达的出现从第三人称视角来看是关于感觉现成地存在着的一个所谓的标准，即一种分析的标志（Indiz）——标志并不意味着保证。另一方面，“我 ϕ”语句并不基于观察，而是代替了 ϕ-状态的自然表达，就像刚刚引用的段落中维特根斯坦所说的；因此，第一人称句子的表达本身要被看作对状态的表达。在下一讲中，我们必须要研究所有这些要如何被更确切地理解。

在 § 244 中，维特根斯坦还没有使用他关于标准的概念，而且他并未谈到一种本质联系。只要他只一般地说，日常语言的感觉语词是在与感觉表达的联系中被学会的，那么共同感哲学家还是可以赞同他的。在“讲座笔记”中，维特根斯坦指出了这种哲学家会对感觉语词的交互主体的用法的指示做出什么反应。他让他的对手说，“‘牙疼’是一个我在与其他人玩的游戏中使用的一个语词，但它对我具有私人意义”（第289页）。于是，共同感哲学家现在走在双重道路上：一方面，感觉语词具有一个交互主体的意义，但另一方面它们有一个私人的意义。后者涉及的是某种不可表达的东西，人们不能知道，究竟他人是否拥有它，或者其他人是以一种类似于还是不同于他自己的方式来拥有它。

让我们借助一个不同的例子来看一下这个立场！在《哲学研究》的主要部分中，维特根斯坦所依赖的主要例子是“痛疼”

的例子。除此之外，从 § 272 开始，颜色感觉也被考虑；而在《讲座笔记》中，这个例子与牙疼的例子一起占据了更广的空间。当然，在这里人们必须在例如“红色”和“看见红色”之间做区别。只有“看见红色”与“疼”类似，是一个 φ－谓语。人们可以说“我看见红色”，而不能说“我红”，除非他的意思是他在颜色上是红的；在这里“红”显然不是一个 φ－谓语。因此，是《讲座笔记》中的思考而不是《哲学研究》中的思考，坚持了看见－红色的说法。不过，看见－红色的说法是含糊的。在这里人们可以在感知 101
的意义上理解看见，也可以在表象的意义上理解它，因此对一个红色块片的纯粹的想象表象也可以被标示为看见红色；《讲座笔记》中的看见－红色的说法就是这样理解的。对某个红色的、不是以感知的方式被给予东西的这样一种内在的看见，在它与对红色某物的感知的关系方面带来了另外的问题，维特根斯坦在《讲座笔记》中以及《哲学研究》后面几处致力于这些问题。深入这些问题对现在来说太复杂了。我将以这个问题的简要形式处理它，在《哲学研究》我们［所引的］那个章节中它就是以这个形式出现，在那里所涉及的只是语词“红色”“绿色”等。共同感哲学在这里谈到红的感觉并且一般地谈到颜色感觉；人们将这些感觉以一种类似于疼痛感觉的方式理解为内向地可感知的某物，尽管这样一个观念对传统立场并不是必然的。这里，对于传统立场而言也是典型的是，人们像对待 φ－谓语那样认为：每一个人用语词“红色”“绿色”等所指的是什么，只有他自己知道。如果人们注意他们是如何真正学习和使用这类语词的，那么一个不同的视角立即出现了。

在《讲座笔记》中，维特根斯坦首先让传统立场的拥护者表达他的观点："当我们教给某人'红'这个词时，对于他来说，语词'红色'与他的某种特定的印象（一种私人印象，一种在他之中的印象）便联系起来了（或者应该联系起来）。然后他就能够将这个印象——当然是间接地——通过语言的中介传达出来。"（第279页）但事实上我们如何教"红色"这个词？我们是通过示范它如何应用于对象来教这个词的。"我们将这一点把握为一个标准：他用'红色'来意指那种与我所意指的相同的东西，他一般情况下给予对象的颜色以与我们所给它的一样的名称。"在涉及谓语对物质对象的应用的情况下，行为不再是标准；毋宁说，标准是对象如何被分类。

反对者在这里也可以承认，我们必须这样解释颜色语词的交互主体含义，但他会再次坚持在这个情况下这些语词具有双
102 重意义："'红'这个词又是怎样的呢？——我是否应该说，它指称着某种'面对我们大家'的东西，每个人除了这个词其实还应该有一个词来指称他**自己**对红色的感觉？或者是这样：'红'这个词指称着某种我们都认识的东西；此外还对每个人指称着某种只有他才认识的东西？"（《哲学研究》，§273）"于是就可能假设——尽管这是无法证实的——人类的一部分对红色有一种感觉，另一部分有另一种。"（§272）

这种对颜色语词的理解，正如对之前的感觉语词的理解，或许会对我们显得很有吸引力。这会是正确的吗？但如果，依照这个问题的真正意义，不能例举能够支持或否决它的东西，那么它实际上不就是一个无意义的问题吗？

因此，在我们日常语言的背景下，认为感觉语词具有另外的私人含义的观念便显得空洞。两个ϕ-谓语是否具有相同含义的问题，始终要从它们在共同语言中的使用出发来决定，并且只会补充一点：就每个通过使用标准而被确定的含义而言，我仍然也还是意指着某种不可表达的东西，而对于它，我并（不）知道它在他人那里是否相似。

但一种私人语言的想法不能具有一种独立于日常语言的意义吗？而且，不是确实也有感觉语词的某种有意义的用法吗——某人可以为自己构造这种用法，却不能将之传达给他人？例如，之前提到的头疼A（它区别于头疼B）的例子不会属于这一类吗？难道就没有一些感觉，我们可以将它们作为确定的感觉而重新认出来并将之区别于其他的感觉，但不必为它们指明外部标准吗？正是这样的问题使得维特根斯坦有必要在第二步中甚至否认私人语言的可能性。这个论证在《哲学研究》§§256—270中出现。我们在《讲座笔记》中（第290及下页）也已经能找到其简要的最初版本。

如果人们想清晰地展望一种纯粹私人语言的可能性，那么完全从行为领域中抽离出来，将会是有所帮助的。因此，维特根斯坦在§256中这样开始："但假设我没有这种感觉的任何自然外现（Äußerung），只有感觉呢？"在§257中他首先让私人语 103
言理论的代表说，"假使人类不外现任何疼痛（不呻吟、不扭歪了脸等）会怎么样？那就不可能教给一个孩子使用'牙疼'这个词"。在这里反对者承认，在这种情况下当然没有对感觉语词的交互主体的学习。为了使他能看到真正的危险是什么，维特根斯坦给出以下建议:“好,我们假设这个孩子是个天才,自己给这个感觉发明了一个名称!”维特根斯坦由此想说的是,真正的问题不在于学习语词,而在于学习语词的用法。但这个困难看起来似乎仍然只是人们不能交互主体地彼此理解。维特根斯坦让其他人说:“而他现在当然不可能借助这个词来让别人理解。”现在这个对话推进到了维特根斯坦可以将问题提到关键层面上的地方:“那就是他理解这个名称,却不能够向任何人说明它的含义?”借助这个问题,维特根斯坦暗示了他的论点:人们在这种情况下不仅不能向其他人说明含义,而且他自己也不能理解这个名称。

为什么不能?首先我们得到以下回答:“当人们说‘他给予了他的感觉一个名称’时,他们忘了:在语言中必须已经准备好了很多东西,以便使单纯命名具有一种意义。如果我们说得上某人给这种疼痛起了个名称,那么‘疼痛’这个词的语法在这里就是准备好了的东西;它指示出这个新语所驻的岗位。”当然,就其自身而言,这个最初的回答还不是一个反对私人意义的论证。即使维特根斯坦最终表明,对于这样一个名称的使用,“在语言中必须已经准备好了很多东西”是正确的,他还是没有说明这在私人语言内部也不能发生。

只有接下来的§258提供了真正的论证。它是整个系列中决定性的论证。维特根斯坦这样开始:“我们来想象下面的情况。我将为某种反复出现的特定感觉做一份日记。为此,我把它同符号‘E’联系起来,凡是有这种感觉的日子我都在一本日历上
104 写下这个符号。”这与我的头疼的例子大致一致。事实上,人们

可以想象我以这种方式在日历上记下我的两种类型的头疼——A和B。还请注意，就如这里维特根斯坦构想这个问题的方式，被质疑的不仅仅有激进的私人语言理论，还有以下这种观点：虽然为了名称的给予，“在语言中必须已经准备好了很多东西”，并且这种语言可以是交互主体的语言，但在这个语言的框架中还是可以区分感觉之间的私人差别的。现在问题是：这种私人语言的命名有可能给予符号一个含义吗？如果没有，那么私人语言的可能性就被否认了。给予一个符号以含义意味着——如果人们在广义上理解这个词——定义这个符号。于是，这个问题将导向：人们可以定义私人语言的名称吗？如果不能，那么它们就完全不存在。

维特根斯坦的第一步是这样的：“我首先要注明，这个符号的定义是说不出来的。”我不认为维特根斯坦这里的意思是一个定义不能以声音的方式说出来，因为在这种情况下它将不再是私人语言。毋宁说，他所指的肯定是：一种语词定义（verbale Definition）——即通过其他语词对符号的定义——被排除，而且它被排除是因为所涉及的是一个基本谓语。在这一点上维特根斯坦和他的反对者不会有任何分歧。通常人们会区分语词定义和指示的（ostensiv）、指物的定义。因此，如果符号“E”的语词定义是不可能的，那么一种特殊的指示定义似乎就是可以考虑的。因此维特根斯坦让他的反对者在下一句话中说：“但我总可以用指物定义的方式为自己给出个定义来啊！”

维特根斯坦在靠近《哲学研究》开始（§§ 27—35）的地方批判了指物定义概念，而肯尼（A.Kenny）在他对私人语言论证的解释中主张，维特根斯坦已经借助这个批判抽掉了私人语言理论的基础。[1]我们会看到这是基本正确的，但在这里我们必须很小心。因为首先这个批判——这特别是对《蓝皮书》最开
105 始的平行章节有效——很容易被误解。“要是一个词在语言里一般应扮演何种角色已经清楚了，指物定义就能解释它的用法——它的含义。因而如果我知道某人是要给我解释一个颜色词，那么那叫‘深褐色’这个指物定义就会有助于我理解这个词。”（§30）这里维特根斯坦似乎想要说：如果我不是已经知道语词“深褐色”指一个颜色语词，那么我就不可能知道，指着某物并说“这被叫作深褐色”的某人不是指这个对象的其他方面，比如其形状。认为这也正是维特根斯坦在§258中所指的东西，这一点看上去将会很好地符合§257的以下主张的语境——为了理解一个命名，“在语言中必须已经准备好了很多东西”。但针对这个论证，首先有以下异议被正确地提出：[2]当多个对象表现出都有相同的颜色，却在其他方面各有不同时，人们对于“深褐色”是否指涉颜色这一点便有所察觉了。因此，人们不必被告知所涉及的是一个颜色语词。所以，如果这是维特根斯坦批判指物定义的意义所在，那么这将是完全难以置信的。但首先，从§258文本剩下的部分能清楚地看到，维特根斯坦在这里绝没有将他的论证基于对指物定义的一般否定。因为，对于刚刚提到的反对者的解释，即人们通过一个指物定义来确立符号“E”的意义，

[1] 肯尼：《验证原则和私人语言论证》（1971），第205页。

[2] 参见蒯因（Quine）：《本体论的相对性及其他论文》（1969），第31页。

维特根斯坦作出回应:"怎么做到?我能指向这感觉吗?在通常的意义上这不可能。"这个回答预设了,在我们可以在通常意义上指某物的那些情况下,一个指物定义是可能的。

如果我们能在通常意义上指某物,我们就能将它标示为"这个"。因此似乎以这种方式我们可以定义诸如"红色"和"甲虫"这样的语词:"这是红色""这是一只甲虫"。这里某物借助"这个"来定义,并被所跟随的谓语所刻画或分类;而通过用一个谓语多次对之重复,人们认识到对象是如何通过这个谓语被分类或刻画的,并认识到这个谓语的含义。与之相反,我们已经看到,在第一人称 ϕ-谓语的使用中,没有语词"这个"的相应使用,并且这里根本没有什么可以被同一化。当我使用我的头疼谓语 106
"A"和"B"并说"这是A"或"这是B"时,"这个"并不与人们之后可以通过观察弄清是A或B的某物(以及也可能不是A或B的某物)相同一;毋宁说,"这个"直接指涉"是A"或"是B"的状态(A-sein bzw. B-sein),而不指涉*某个是A或是B的东西*(etwas, das A oder B ist)。

因此,维特根斯坦是完全正确的,所涉及的不可能是"通常意义上"的指物定义。他的反对者也接受这一点,而且现在这样解释他的想法:"但我说这个符号,或写这个符号,同时把注意力集中在这感觉上——于是仿佛内在地指向它。"维特根斯坦回答:"但这番仪式为的是什么?因为这看上去徒然是仪式!"如果——正如他的对话者现在的解释——在谈论一种指示时(无论是否带有"这个")只有注意力的集中被表达出来,那么它事实上涉及的是一个空洞的仪式,因为指示(无论是否带有"这个”）在这种情况下没有语义学功能。

维特根斯坦继续说:“定义的作用却是确立符号的含义。”为了作出澄清,人们可以在这里加入两个来自《讲座笔记》的平行文本:“在我们的私人语言游戏中,似乎我们已经给了一个印象一个名称——当然,这是为了在将来为这个印象使用该名称。这意味着,定义应该为将来的情况来确立,对什么印象使用这个名称,以及对哪些不使用这个名称。”（第291页）“在使用语词‘含义’时根本的是,在整个游戏中保持同一含义。”（第289页）当然还不清楚的是,为什么如果某物不能在真正的意义上被指向——即被同一化——则语词就不能具有在同一含义中被确定的这个功能。不过维特根斯坦请人们思考,以下这一点是不清楚的:语词是如何由于人们专注于或可以说是埋首于一个当前之物（Gegenwärtiges）而获得这个功能的。“但把一个名称给予一个感觉会是怎样的呢？比如说,当人们具有一种感觉时并很可能正关注这个感觉时,这个名称正在被读出——但那又怎样呢？这个名称因此就具有了神奇的力量吗？”（《讲座笔记》,第290页）。

107 在《哲学研究》§258中,私人语言理论的代表这样回答:“通过集中注意力……我给自己印上了符号和感觉的联系。”对此维特根斯坦回答说:“但‘我把它给自己印上了’,却只能是说:这个过程使我将来能**正确**回忆起这种联系。但在这个例子里我全然没有是否正确的标准。有人在这里也许愿说:只要我觉得似乎正确,就是正确。而这只是说:这里谈不上‘正确’。”

我们已经到了§258的最后,而对最后这段引文的正确理解当然对理解维特根斯坦反对私人语言理论的论证的要旨很关键。与早期的解释相比，对这一段的理解被肯尼所推进了，因为他证明了，[①]这里的论题不是我们不能检验回忆陈述的正确性（真），而是我们不能检验**符号与含义之间的归属关系**的正确性——只要这种正确性被声称是依赖于回忆的。

私人语言理论就这样被强有力地反驳了吗？当然只有在这样的情况下：没有检验的可能性就没有含义，即没有对符号的有意义的使用。对我们日常语言中符号的使用的证成是如何发生的？换言之，维特根斯坦眼中肯定的东西是什么？只有我们澄清了这一点，我们才能理解，按照他的看法，在对符号的私人语言用法中缺失的到底是什么。我们听到，“但在这个例子里我全然没有是否正确的标准”。但这里维特根斯坦的正确性标准指什么呢？

就如同肯尼对这一情况所展示的那样，似乎如果我们用感觉的一种可感知的样本来代替该感觉的纯粹的回忆样本，一切就仿佛变得有序了。如果困难只在于，在回忆的情况下我不再能检验回忆的样本是否还正确，[②]那么困难将会在那些人们可以拥有一个可感知样式的情况下被消除；因此，例如，对颜色语词而言困难就会被消除。为了检验我们对 个语词如“红色”的使用的正确性，在这里我们可以在一个给定情况下指涉一个真实的颜色样本——也许是在一个颜色目录中——人们可以直接将 108
它与给定的红色比较；人们可以同时感知这二者。

---

① 肯尼：《验证原则和私人语言论证》（1971），第216—220页。肯尼将这个文段逐字收入了他的著作《维特根斯坦》（1973）第190—195页中（德译本第222—228页）。

② 同上书，第218页。

但在《讲座笔记》的平行部分（第291页）中，维特根斯坦恰恰使用了语词“红色”作为例子，却没有讨论记忆问题，这一情况已经反驳了上述解释。而且这个解释被以下事实直接反驳：在《哲学研究》中较前的一处，维特根斯坦将在一个实际图表中诉诸可感知样本的做法在原则上等同于诉诸记忆样本的做法。“可以说这里的图表代替了其他情况下记忆和联想所起的作用。”（§53）“但若语言不包括这种样本，而我们心里记住了一个词标示的（例如）颜色，情况会是怎样呢？”（§56）对于这个情况，维特根斯坦指向了我们从§258所知道的那种困难：“但我们用什么作为标准来判定我们（对颜色的）记忆的正确呢？”但现在他调转了枪头。他继续说：“当我们用色样而不靠记忆操作时，有些情况下我们说这种色样变了色，而我们是根据记忆作这个判断的。但在有些情况下我们不也能说（例如）我们记忆的影像暗淡了吗？我们听凭记忆的摆布，不是一如听凭样本的摆布吗？”当然，最后这个问题也包含其反面：我们听凭样本的摆布，不是一如听凭记忆的摆布吗？

然而，如果正确性标准不存在于这种样本中的话，它究竟存在于哪里？对此维特根斯坦回答：在应用中（§146）。而这里“应用”不是指应用于重新再现的感觉内容，而是应用于对象。例如，谓语“红色”在使用中的正确性标准就是，我们可以把红色对象与非红色对象区分开来。此时一个样本困难对我们有用（§53）。但——这是论证中决定性的一环——没有任何样本已经自在自为地含有关于它如何被使用的明确指示；它总是可以以这种或那种方式被使用（§73，§85及以下，§139及以下）。

某人正确理解颜色语词的标准是，当他要例如根据颜色来分类 109
一束花时，他大致知道如何分开红花与蓝花等，而他此时是用了一个颜色目录还是一个记忆样本，是不相干的（参阅§53）。关键是，在分类表达（Klassifikationsausdrücke）这里——感觉名称，当然还有所有ф-谓语，都是分类表达——我们只能将语词“正确的”应用于在对象的分类中的使用。因此，当维特根斯坦在§258中说，如果名称的使用基于一个被记住的感觉，那么我们就没有正确性标准时，他的意思并不是，如果这个使用基于一个被感知的感觉，那么我们就会有这样一个标准，而是，这个标准在于在分类中的正确使用。

不过由此出发也可以理解，人们在什么程度上仍然可以在可感知样本的情况下在某种意义上谈论“正确”。因为一个真实的颜色样本是一个具有如此这般颜色的对象。我们可以指着这个对象——不是指着在其中被感知的感觉内容——说“这是深褐色”。我们由此在一种范例情况下展示了谓语“深褐色”所具有的分类功能和区别功能。我们可以说，“如果你如同它在这种情况下被使用的那样使用它（so verwendest, wie...），那么你就正确地使用了它”；而现在其他人必须先在其使用中说明，他是否已经正确地理解了“如同……那样”。

现在才可能理解维特根斯坦在《哲学研究》开始的指物定义中真正批判的是什么（参见上文第104页）。在那里维特根斯坦设定了一个极端狭窄的指物定义概念，根据这个概念，一个语词的含义是通过指向一个被给定之物而以指示的方式被定义的。如果在实践中人们有时确实可以通过这种单次的指向而解释一个词的含义，那么这只是因为人们被假定已经知道，[此时]所涉及的是例如一个颜色语词的定义。但维特根斯坦所指的是，实际上，并且甚至在这种特殊的情况下，[语词的]含义也只有当人们知道如何“运用被解释的那个语词”时才被理解了（§29）。因此，如果人们将指物定义理解为对用法的示范，那么
110 维特根斯坦就不会反对这种定义；相反，语词便这样被解释了，而且也没有必要补充说，例如，语词**深褐色**是一个颜色语词。与之不同的是，如果人们将指物定义理解为语词与一个内容的臆想的联系，那么这种定义就是荒谬的，而正是这个原始的语义学观念最终构成了私人语言的可能性观念的基础。

现在我们也可以理解我之前在解释§257时跳过的一句话：“为疼痛起名称，他是怎么做成这件事的?！无论他是怎么做的，他有什么样的目的呢？”人们会问，当这里的问题仅仅关涉含义时，为什么要问及目的[①]？维特根斯坦指涉的不是某种语义学之外的目的，而是该词的语义学功能。我们已经听到，我们给感觉以一个名称“为了在将来为这个印象使用这个名称”。然而，此间已经变得清楚的是，一个谓语的含义在于其区别性功能。这就是一个谓语的使用所具有的语义学目的；但私人语言理论不能讲清楚的恰恰是这个目的。

现在这已经成了一个较长的理论反思，而你们可能会反对说：“你不是已经从关于一个语词的意义如何构成的某些特定假定开始的吗，而这些假定也许并不是私人语言的理论学家必定

① 在§270中谈到的“有用的结果”必须在这种意义上理解。

会接受的？难道我们不是反过来必须从以下事实开始吗：我们可以在不相关于外部标准的情况下辨别并且有所区别地标示感觉——例如味觉或例如A和B这两种头疼类型，而后看看哪种语义学构成这种事实的基础吗？”你们是对的。当然，我们必须着眼于某些让人特别容易想到私人语言用法的可能性的例子，来检验维特根斯坦的论点。

让我们举个味道的细微差别的例子，梨子或者红酒的味道。一个品酒师是某个——不考虑随后附加的评价——有能力相对可靠地辨别许多红酒味道的细微差别的人。在辨别时，他总是对同一种味道（或对其某一方面）用同一个语词；让我们以“W_1”
和“W_2”等为例。一位好的品酒师显然只能是：当他蒙着眼品 111
尝红酒时，即当他没有任何辨别红酒的独立标准时，他以相当程度的可靠性使用这些语词。现在让我们继续进行到私人语言的情况！在特定情况下我用表达W_1，其他情况下用W_2等等。我怎么知道W_1代表一个确定的——而且始终是同一个——感觉？私人语言的辩护者会回答：“好吧，我记得……。”而现在维特根斯坦会问，就像在§258中，“你怎么能检验它？”但现在我们不想理论化，而只是想在由一个实际情景比如品酒师的情况所引起的范围内进行私人语言式的论证。当然，当被问及他到底如何知道W_1代表某种不同的东西时，品酒师没有诉诸其可靠的味道记忆，因为这样他会陷入一个循环。毋宁说，他诉诸于此：已经证明，通过他的品尝，即通过他对谓语W_1和W_2等的使用，他可以区别不同的红酒类型——它们通过独立于味道的标准被确立为不同的；而只有通过这个过程，他的味道记忆才被确认为可靠的。

因此,事实上我们始终把借助诸对象(在我们这里,即红酒)——这些对象的区别是独立被确定的——来进行辨别的能力看作一个味道语词是否代表一个特定味道的标准。一旦这个能力被证明了,我们就有可能在无需关注外部标准的情况下使用这个语词——当然,在这种可能性中就包含了这种能力的相关性——而语词的意义是通过与这些外部标准的相互关联被确定的,而且不能通过其他标准被确定。从W_n与一个外部标准K_m的相互关联当然不能得出W_n被认为与K_m同义;这样的话W_n便不再是一个感觉语词了。而是:W_n是我们在**通过品尝**来辨别红酒时所使用的语词;如果我们问自己,W_n的使用所关联的特定味道是什么,那么它会是这样一种味道:通过品尝这种味道,恰恰是那些红酒被重新识别出来,这些红酒是从这些或那些葡萄通过如此这般的方式做成的(K_m)。

112 于是,我们得出结论:即使在人们可能认为感觉语词有严格的私人的、无法向他人传达的用法时,但只要这个用法对确定性有要求,那么它便在实际中与可观察标准相联系(否则人们就不能谈及一种含义)。这意味着:如果更深入地看一下人们如何为自己确立这种语词的含义,就会发现它恰恰是以人们向别人解释含义的方式发生——如此这般的味道是如此这般的葡萄的味道。甚至**不可想象**人们如何能以别的方式确定含义。

这里所涉及的所有谓语"F"——由于它们恰恰是谓语,也就是分类表达——只能按照句形"x是F"通过与x的可观察属性K的相互关联而被解释。现在这些谓语这里,所涉及的要么是感知谓语,如刚刚讨论的有关味道的那些谓语(以及颜色的谓语），要么涉及ϕ-谓语，它们不代表物质对象的感知属性，而是代表感觉或人的其他意识状态。在《哲学研究》§270中，维特根斯坦着眼于身体感觉，诸如我的两种头疼类型A和B，进行了一个思考，它完全类似于我刚刚对味道感觉进行的思考。这里它也证明了，在不考虑可观察标准的情况下使用感觉语词是有意义的，但这里这个使用的意义也不是一种与感觉内容的关系，而是一种刻画（Charakterisierung）——此时是对人自己的刻画。而这里，那种涉及一个确定感觉的标准也在于，有一种与可观察标准的关系——此时是在人的物理状态或行为中。

所有的感觉名称——以及除此之外的所有其他ϕ-谓语——都是分类表达；通过它们，某物被刻画、辨别或重新认出。私人语言理论家的错误是，他要么将这些表达也像简单名称那样来理解，因而也假定一个站不住脚的关于命名的观点，这让人不可能理解它们进一步的使用，要么承认它们的辨别功能，但却 113
被迫假定被分类、刻画或重新认出的东西就是**感觉**，而没有看到，我们是在**通过感觉**——并因此联想到感觉语词——来刻画**对象**，无论这是我们通过感觉所感知的对象，还是那个进行着感觉的人自己。因此，私人语言理论的根本错误在于，它将ϕ-状态实体化（hypostasieren）为本己的、内向可观察的对象。这个错误不主要是语义学的，而是一个错误的存在论-认识论基本假定，而这种基本假定一旦需要在语义学上表达自己，它当然就只允许私人语言理论。对于“你却再三得出结论说感觉本身子虚乌有”的谴责，维特根斯坦回答，“不然。它不是某种东西，但也并非乌有”（《哲学研究》，§304）。

第六讲　维特根斯坦Ⅱ：飞出蝇瓶的方法

114 在第一人称φ-语句中表达的那种知识对传统理论来说显得毫无问题——它基于一种内感知。因此相应地，在第三人称φ-语句中表达的知识一定显得有问题。相反，如果人们像维特根斯坦一样，从φ-语句的实际使用开始进行的话，那么关于在这些句子中表达的那种知识的基础何在的问题，就会从一开始就在相反方向上提出。因为我们是在与φ-谓语在第三人称句中的使用的联系中，或者在由其他人说出的第一人称句子的联系中学到φ-谓语的。因此，在试图理解维特根斯坦自己的φ-语句观念时，明智的做法是从"他φ"语句开始。

我已经提到过这个情况（第100页）：维特根斯坦的**标准**（Kriterium）概念是他对"他φ"语句的理解的基础。"一个'内在过程'需要外在的标准。"（《哲学研究》，§580）维特根斯坦的"标准"指的是什么？[①]这个词对他来说拥有一种不限于其在φ-表达中的用法的意义。他详细解释了他用这个词所指的意

① 参见哈克尔：《洞察与幻想》（1972），第10章。

义的唯一一个文本出现在《蓝皮书》中。我从德译本引用（第48页*）：

“为了避免某种基本混淆，让我们引入两个对照的术语。对于问题‘你怎么知道某某是这个情况？’，我们有时通过给出标准，有时通过给出征兆（Symptome）来回答。”标准概念因此被理解为与征兆概念对照。区别在哪里？维特根斯坦提供了一个例子：“如果医学把咽喉炎称为由某种特定细菌引起的发炎，而我们在一个特定情况下问‘你为什么说这个人得了咽喉炎？’，那么‘我在他的血液中发现了某种细菌’的回答给我们标准，或者我们可以把它称作咽喉炎的定义标准。如果另一方面答案是‘他的咽喉发炎了’，这就给我们一个咽喉炎的征兆。我把‘征兆’称为一个现象：关于它经验已经教会我们：它以这种或那种 115
方式与作为我们定义标准的现象相一致。”

维特根斯坦进一步解释：实践中，征兆和标准两个概念不是截然分开的。开始时某种东西被认为是一个谓语的适用性的定义标准，而如果随后我们例如在科学中发现了某些更适合作为定义标准的东西时，那么我们通常会将先前的东西看作只是一个征兆。但维特根斯坦强调，这种对是这个还是那个要被当作征兆的摇摆不定，并不影响标准和征兆间的概念区分。

什么是这两个概念的上层概念呢？在两种情况下所涉及的都是，一个经验上先行给定的事态“p”，对于我们来说保证了关于另一个事态“q”存在的断言。在英语中，语词evidence（证据）

*　英文本为第24—25页。——译者

被用于这样的联系，而因为德语中缺乏相应的语词，所以以前在德语中通常以不同方式被使用的表达Evidenz也开始在这个意义上使用。在这个意义上，“证据”被这样定义：如果p是这样经验上先行给定的事态，它保证了我们关于q存在的断言，那么p就是q的证据。在这个证据概念的帮助下，我们现在可以定义维特根斯坦的术语**标准**和**征兆**：p是q的征兆，如果p是归纳地获得的基于经验的对q的证据；相反，p是q的标准，如果p是一个非归纳的而是奠基于q的含义之中的那样一种对q的证据。

从维特根斯坦在《蓝皮书》的咽喉炎的例子中对标准概念所作的解释来看，一个标准似乎也始终已经是那种东西——它对其起标准作用的那种东西——的一个充分必要根据。但维特根斯坦却是在别的语境中使用标准概念的，以至于情况并不必定如上述那样。在《蓝皮书》的另一处他这么说（第84页及以下*）：“我们称为关于物理对象的命题的那些命题的语法，允许对每个此类命题的各种证据。我把命题‘我看见我的手指在动’‘我感觉它在动’‘他看见它在动’‘他告诉我它在动’等当作命题‘我
116 的手指在动等’的证据，这一点刻画了这个命题的语法。”当维特根斯坦说某物包含在一个表达的语法中时，他想说的始终是，这个东西属于该表达的意义。因此，关于这些不同类型的证据属于这种句子的语法的陈述，说的是：所涉及的是不同的标准。在这些类型的证据和它们是其证据的句子之间存在一种关联，这种关联并不是单纯归纳的，而是定义性的，即奠基在句子的含义

* 英文本第51页。——译者

之中的。

“关于物理对象的命题”的例子在多方面不同于咽喉炎的例子。第一，在这里标准上的关联不是存在于两个句子之间，而是在两个句子类型之间；第二（这与第一点相关），这个例子不是简单地涉及一个特定谓语对一个对象的适用性的标准，而是涉及对特定句子类型中的句子到底如何被证明的标准。一方面，我们有一个关于一个可感知的客观事态（“我的手指在动”）的句子，另一方面，我们有大量的“主观”句，在其中一个人及其与这个事态的认识关系被提到。而现在，在客观句（因此是这个句子形式）的本质——或意义——中被认为包含了：如果某人要求其证成的话，就必须有一个或更多的主观句被提及。以下的关联存在于客观句和主观句之间：（1）客观句只能被主观类型的句子证明；（2）与同一个客观句相关的那些主观句可以相互确证或相互反驳。例如，我可以通过我感觉到我的手指在动来证明句子“我的手指在动”，但这个标准可以根据其他情况而陷入矛盾，比如，我没看见它动；但其他人会对我说，比如，“它当然在动；我们都看见了，你一定是受到了视觉上的欺骗”。因此，会有许多主观句与一个客观句相对应，以致没有一个单一的标准成为对于客观句之为真的充分的或必要的条件。从这两点得出，（3）被主观句所证明的东西，只能由同一类型的句子所反驳。客观事态不可被认为是独立于其主观的显现方式的东西；尽管 117
如此，它不是一个主观的显现方式或者这类显现方式的总和；这是因为：这两个句子类型的“语法”是不同的，尽管它们以刚刚提到的方式相互固定在彼此之中（ineinander verankert）。

在第三人称 φ-语句的情况下有一个与此状况的广泛类比。"一个'内在过程'需要外在的标准。"(《哲学研究》, § 580) 如果这个关联是一个标准的关联,那它便与刚刚阐明的关于可感知事态的客观句和关于它们的显现方式的主观句之间的关联一样,是一个合乎本质的关联(也就是一种奠基在 φ-语句的含义中的关联)。这里我们同样一方面有**一个**关于一个人的感觉或其它 φ-状态的句子,另一方面有关于这个人的行为的句子的**集合**,此时集合中的每个句子都是"他 φ"语句之为真的一个非归纳的证据。而在此也有效的是:(1)"他 φ"语句只能被关于这个人的行为的句子证明。先前涉及的是客观事态的**显现方式**,而在这里我们谈及行为——即在其中 φ-状态被典型地**表达**的那种行为——也就是谈及**外现**(Äußerung);而在关于一个 φ-状态如何能获得表达的不同可能性中特别地包含了对相应的"我 φ"语句的使用。因此,在 φ-状态与表达之间存在一种本质关联,因为 φ-谓语只能在与行为——即状态在其中被表达的行为——的关联中被解释。另一方面,在此也有效的是:(2)个别的外现不可能成为某人处于 φ-状态的充分条件或必要条件,这是因为,即便在这里也有大量关于行为方式(即 φ-状态在其中表达出来的那些行为方式)的句子与单一 φ-语句相对应,而这些句子可以相互确证或相互反驳。因此,这里也有效的是,(3)"他 φ"语句只能被同一种句子,即被关于行为的句子所否定。

在这个语境中,伪装(Verstellung)的问题,以及在行为是"我 φ"语句的表达的这类特殊情况下,即谎言的问题,是个特
118 别迫切的问题。伪装(以及特殊情况撒谎)在于,有意地这样

表现：人们表达出一个他并不具有的φ-状态。显然，维特根斯坦不能也不会否认，有一个不具备φ-状态的特有行为。对于异议“但确有疼痛的疼痛行为和没有疼痛的疼痛行为之间是有区别的，这你总会承认吧？”，他回答，“何止承认？还会有什么更大的区别？”（《哲学研究》，§304）但对于伪装本身却有“举止中的标准”（《纸条集》*，§571）。否则，我们就不能够获得伪装概念了（同上）。“在一个小孩会假装之前，有很多东西要学（狗不可能是伪君子，但也不可能是真诚的）。”（《哲学研究》，第541页**）因此，伪装的可能性还没有指向一个独立于行为的“内在领域”；而是奠基于一个更高层次的行为形式之中：“带有感受表达的语言游戏的基础是带有某些表达的游戏，关于这些表达，我们不说它们会撒谎。”（《讲座笔记》，第293页）“语词‘撒谎’以一种特殊的方式被教给我们，按照这种方式，这个语词与特定的行为、与特定情况下特定表达的使用绑定在一起。那么，当我们的行为不像开始时构成意义的那个行为的时候，我们便使用这个语词，说我们曾经在撒谎。”（《讲座笔记》，第295页）

在证成“他φ”语句时的那种标准的奠基性（kriteriellen Fundiertheit）与证成关于可感知对象的语句时的那种标准的奠基性之间的类比，是有其局限的。首先，我们必须分析以下问题：

---

* 《纸条集》（*Zettel*）由七百多条评论组成，它们写在纸条上，被维特根斯坦存放在盒子里的。它们大部分写作于1945—1948年间，有些被用在《哲学研究》中。该书首次出版于1967年。中译本可参见《维特根斯坦全集》第11卷。——译者

** 《哲学研究》第二部分并无段落编号，因此作者在此引注的是德文版页码。请读者注意。——译者

如果我们进一步看就会发现，为关于可感知客体的句子之为真提供标准的那些句子，是某类φ-语句；因为它们是“主观”句，在其中谈及的是一个人，他看见某物，感觉到某物。因此，奇特的状况出现了：在关于可感知对象的句子那里，φ-语句作为标准而起作用，并且恰恰相反，在φ-语句那里，关于可感知对象的句子作为标准而起作用。因此，人们可能认为，这里一定会出现一个循环。

但是，从维特根斯坦在《纸条集》§410以下各段中所阐发的一个重要思考得出：情况并非如此。维特根斯坦在那里表示，
119 在关于可感知对象的句子那里，对直接的语句的理解必然先行于对经过主观修正的语句的理解。“人们为什么一开始不教孩子‘它在我看来是红色的’这样的语言游戏呢？”（§422）回答：因为对这个句子的理解预设了人们已经知道“红色”意味着什么，而这只能通过一个句子“它是红色”的方式被解释（参见§420）。“想象一下，一个小孩特别特别聪明，非常聪明，以致他可以立即被教授一切事物存在的可疑性。所以他从一开始就学会‘那可能是一张椅子’。而现在他怎么学会问题‘它实际上也是一张椅子？’”（§411）如果我们想先教孩子句子“那可能是F”，那么“可能地”一词就会是一个空洞的附加物，而“那可能是F”对这个孩子具有与“那是F”对我们所具有的相同意义。“那可能是F”只能与“那实际上是F”一起被学会，也就是与期待落空（Enttäuschung）的经验相关（§415）；而这个经验预设了，那个相应的、非模态化（unmodalisiert）的句子已经被理解了。“红色的视觉感觉是一个新概念”（§423），即一个只有

在人们已经拥有了概念红时才能获得的概念。“那么我们教他的语言游戏就是：‘在我看来它……’‘在你看来它……’。在第一个语言游戏中一个人没有作为感知主体出现。”（§424）“你给了语言游戏一个新的关节点（Gelenk）。”（§425）

这个思考意味着对认识论的整个现代传统的彻底反转，这个传统由于忽视了语义学的难题，因而如此来设想关于对象的知识，即它假定认识过程完全起源于感官感觉——在语言学上说，起源于诸如“在我看来它……”这样的句子。事实上，只有当语言游戏获得了主观句的“新的关节点”，那些原本非模态化的句子才能获得一种特别“客观”的意义；这种意义是这来表达的：每个关于可感知对象的直接语句“p”都等价于“实际上的p”。这样，与“它（在我）看来p”的对比便被融入了“p”之中；而只有在这个层次上，关于可感知对象的句子的“语法”才包含了那种与这些主观句的标准上的关联，包含了前者通过后者被证明的可能性。

正是在这一点上，“他ϕ”语句的标准化证明与关于可感知 120
之物的句子的标准化证明之间的类比破裂了。在我们可以理解那种对“这是红的”的证成起标准作用的句子之前，我们就可以直接地并且必须直接地解释“红”的含义，但我们不能以同样的方式直接地解释ϕ-谓语的含义 。我们只能通过外部标准的方式解释例如谓语“疼”。因此，这里在认识上首要的东西，也是语义学上首要的。因此之前所猜想的在关于外部之物的句子和关于内部之物的句子之间、在关于可观察之物的句子和关于ϕ-状态的句子之间的循环是不存在的。语义学的出发点——它既为关于可感知之物的标准化语言游戏，也为关于φ-状态的标准化语言游戏奠定基础——是关于可感知之物的直接语句。

不过，从这种情况出发，我们直接地面对的是目前为止被给出的关于φ-谓语的论述中的那个能够被人们视作其痛处（wunder Punkt）的方面。如果φ-谓语通过指出在一个人的哪种行为条件下它们适用于这个人，那么人们不是就必须说维特根斯坦把φ-谓语还原为复杂的行为谓语了吗？当然，我已经说过（参见第99页）：根据维特根斯坦，感觉语词一方面恰恰标示感觉，而另一方面它们通过外部标准方式被解释；这样在关于感觉的陈述与关于行为方式的陈述之间的分析关联就被确立了，而这是不同于类比理论的。但这个关联似乎还有弱点，因为人们可能会反问道：在什么意义上感觉语词标示感觉，如果它们只通过行为方式被解释的话？感觉不是因此被还原为一些对于感觉之表达的纯粹倾向（Dispositionen）了吗？

在《哲学研究》§§307—308段中，维特根斯坦对行为主义的攻击提出了异议。不过，他给出的证明只在于这个主张：当他否认"精神过程"是某种根据私人语言理论内向地可感知的东西时，[①]"精神过程"本身没有由此被"否认"。这个证成始终是
121 否定性的。在维特根斯坦关于φ-谓语的肯定的理解中，那个使他有权驳斥行为主义的攻击的东西究竟是什么呢？

这是他关于第一人称φ-语句的论述。如果我们考虑一下

① "因为我们对于什么叫作'更仔细地识得一个过程'具有一个特定的概念。"（§308）

通过外部标准方式来解释φ-谓语的时候所缺少的到底是什么，那么它可以大致这样表达：某个只学会比如以第三人称说疼痛的人，虽然可以知道某人什么时候疼痛，但他缺乏对疼意味着什么的感受。但这也可以更简单地表达为：他还没有感受到疼痛。但这仅仅意味着他还没有疼，因为感受疼痛意味着疼。而当人们解释句子“我疼”和“我知道我疼”是如何被使用时，疼所指的意思应该会变得清楚。也许你会在这里反驳我，并说：不，理解疼所指的意思的正确方法不可能是探究这些句子的使用方式；毋宁说，它应该在于描述疼，为此人们必须观察它。当然，如果我们这样表述我们的任务，我们就已经再次投身于私人语言理论了。于是你们会重新问道：但是我们为什么不至少以我自己曾经刻画它的方式——即将之作为一个关于当我们说“我知道我疼”时我们的知识基于什么的问题——来表述这个任务呢？

理由是，早在维特根斯坦开始对私人语言理论进行批判检验的时候，他就宣布，“人们一般不能用‘我知道我在疼’这话来说他自己（除非是开玩笑之类）。这话除了是说我有疼痛*之外，还会是说什么呢？”（《哲学研究》，§246）这个论证听起来确实很奇特。我们已经在第一讲中看到，φ-状态的特有之处在于，具有φ-状态的某人也总是直接知道他具有φ-状态。因此，当我处在φ-状态中，我也可以总是说“我φ”，而这个陈述不是一个纯粹意见的表达，而是知识的表达；事实上，情况总是这

* 德文的表达ich habe Schmerzen，意思就是“我疼”，在上文中一般也是这么翻译的。不过这里维特根斯坦强调其中的haben（有），所以在此译为“我有疼痛”，以作对应。——译者

样：如果我可以说"我φ"，那么我也可以说"我知道我φ"。但是现在为什么从这两个句子的等价中被认为应该得出，人们不
122 能在这里谈论知识，就像维特根斯坦宣称的？在另一处，维特根斯坦通过以下方式来证明他的观念：对于"我φ"语句是无法谈论一种怀疑的，而当怀疑在逻辑上被排除时，人们也就不能谈论知识了（《哲学研究》，第533页）。

甚至这个论证也不是直接可信的。但直到我们熟悉他对"我φ"语句的理解之前，我们都不能公正地对待维特根斯坦在这个问题上的思考；现在的任务只能是以不对任何特殊方面有偏见的方式阐释问题。而这似乎只有通过坚持我刚刚提议的表述才可以达到：即"我φ"语句如何被使用？因为这样提出的问题，在关于这些语句是否以它们表达知识的方式被使用——以及它们是否因此而总是能够被扩展成"我知道我φ"的形式——方面，是开放的。当问题以这种方式被提出时，它甚至允许私人语言观念作为一个可能的回答；根据这个观念，"我φ"语句是以它们表达一个内感知行为，或被一个内感知所证明的方式被**使用**的。

当然，对维特根斯坦而言，对"我φ"语句的使用的说明必须走在一个不同的方向上；因为如果"我疼"这个句子要通过内感知来证明，那么语词疼痛在被用于第一人称句时，应该具有不同于它用于第三人称句时的含义。而且，它会——按照我在上一讲的表述——违反关于第一和第三人称φ-语句在真理上的对称的原理。甚至那些温和的私人语言理论支持者——他们还假定了一种附加的主观含义——也必须承认φ-谓语首先具有

一个交互主体的意义，即使当它被用于第一人称句时。

因此维特根斯坦面临以下问题：一方面，第一人称句中的φ-谓语必须以如下方式来解释，即澄清它们的用法如何能在第一和第三人称句中被统一地习得；另一方面，人们必须考虑以下情况，即在这些句子之间存在着一种——如我所称的——认识上的不对称。维特根斯坦通过也将“我φ”语句放置在 123
φ-状态的行为及其*表达*的语境来解决这个问题；不过是以这样的方式：就像第三人称φ-语句的情况那样，表达并没有提供用于证明句子的标准，而是，第一人称句自身要被理解为对φ-状态的表达。我们已经在上一讲中初步看到这一点：句子“我疼”取代了疼痛的自然表达，它“代替”了叫喊或呻吟（《哲学研究》，§ 244）。

因此句子“我在疼”被维特根斯坦这样解释：在其使用中疼痛被表达或者得到表达；而不是这样被解释：在其中知识，即一个认知行为，被表达。“我φ”语句是表述语句（expressiver Satz）而非认知语句（kognitiver Satz）。认知语句指的是具有“a是F”形式的句子，其中，一个对象借助“a”被同一化，以至于随后可以*确定*，谓语“F”基于一些对该谓词有效的标准而适用于这个如此被同一化的对象：这样我们便认识到（erkennen）a就是F。认知语句的最简单例子是一个“这是F”形式的句子，当“F”是感知的谓语时。谓述式的句子“a是F”自身并没有表达一种知识，而只是表达了一个信念；但当这种句子被表达时，就*断言*了，a是F是*可以被认识*（确定）的。确实，如果一个“我φ”语句*根本上*是认识的，那么在使用这个句子是表达出来就始终是一种知识——而不仅仅是一种可能的知识，因为我不可能只是认为我 φ，而是当我 φ 时，则我总是也已经知道我 φ 了。“说‘下雨了并且我知道下雨了’是有意义的，但说‘我牙疼并且我知道我疼’却不是。‘我知道我牙疼’没有任何意义，或者与‘我牙疼’具有同样的意义。”（《讲座笔记》，第309页）当然，这只是依赖于：φ-状态是这样一种状态，某个具有 φ-状态的人拥有他具有 φ-状态的直接知识。

因此，假如“我 φ”语句根本具有一个认知意义，那么在其使用中便总会有一种知识被表达（即使在这种知识只是伪装的时候，也是如此）。[这样一来，]在该语句中被表达的知识就必定在于如下这一点：当我通过单称词项“我”来同一化我自己
124 时，我可以在那个如此被同一化的对象那里确定，谓语“φ”在对该谓语有效的标准的基础上适用于这个对象。但我们已经看到（第83页）——正是这个也被维特根斯坦在目前的文本中强调（《哲学研究》，§ 404）——我实际上用“我”指涉一个人（即我自己），但我没有同一他。与“这”相反，通过“我”，人们并没有在感知领域中选出一个特定对象，关于它之后会观察、感知或确定它满足了“φ”的标准；从另一方面——从谓语方面——来看也是同样情况，“我 φ”语句的合法使用并没有因为确定了存在对“φ”有效的标准而得到证明（《哲学研究》，§ 290）。“人们想说：为了能够说我牙疼，我并非比如说在镜子中观察我的行为。**这是正确的**，但并不能得出你描述了任何其他种类的观察。”（《讲座笔记》，第319页）人们可能会这样想：如果一个谓语句被合法地使用，那么它必定被奠基于一种证实（Verifikation）

上，而如果这个证实不是外部的，那么它一定是一个内部的证实。但“我φ”语句根本不基于证实（《纸条集》，§472）。将诸如感知、观察和证实这些概念转移到所谓的内在领域的做法是毫无意义的。

当然，我们必须要问，“我φ”语句的使用中的合法性要如何被肯定地理解，如果它们是表述性的（expressiv）而非认知性的（kognitiv）。但现在我们已经可以使自己明白，维特根斯坦通过“我φ”语句的表达意义的论点达到了什么。他由此成功地以同样方式使自己与内省的（introspektiv）以及行为主义的观念保持距离，后二者都把“我φ”语句理解为观察句。凭借关于这些句子的表述性的理解，维特根斯坦所达到的是，弄清楚了像“疼”这样的谓语对于第一人称语句和第三人称语句来说是如何统一地被学习的，也就是在行为语境中［被学习］，而不必在认识上让这两种类型的句子彼此适应：一个φ-谓语可以凭借与同一种行为方式的关联而在统一的含义中这样来学习，即从观察者视角看，这个行为方式展示了谓语在第三人称中使用的标准，而从行动者视角看，“我φ”语句的使用是对行为方式本 125
身的修正（Modifikation）。“他们是在教给孩子新的疼痛举止。”（《哲学研究》，§244）

但维特根斯坦这样就克服了行为主义的还原（Reduktion）了吗？人们会提出反对说，如果“我φ”语句被理解为对φ-状态的表达，那么我们就再次只是在处理一个单纯的行为方式。但恰恰在基于感觉表达的那些关于感觉的句子与那些本身就是感觉表达的句子之间存在着根本的差异。你们还是会反对说，我们因此只有感觉表达而没有感觉。现在关于拥有感觉本身指的是什么，你们具有哪种观念？当然，在感觉和感觉表达之间要做出一个区分。但感觉如何能在语言上被表达？如果我们假定这种不可能的东西是可能的，我们可以内向地感知感觉，那么，我们用一个句子——在该句子中，对感觉的**感知**被表达出来——会比用感觉表达更接近感觉吗？（更不用说，这里会产生一个倒退，因为感觉感知也会是一个 ϕ-状态，它自己也必须被感知等等。）“我怎么竟能够要借助语言来插入疼痛的表达与疼痛之间呢？”（《哲学研究》，§245）。为了信服维特根斯坦观念的正确性，在想象中表象某个感觉或感受，是有帮助的；当我们以想象的方式将自己置入一个例如疼痛状态之中时，我们设想一下，我们会如何行事。

（也许）目前为止还不错。现在要提出问题：关于这些表述式的语句要如何在语义学上被理解，以及它们与认知式的“他 ϕ”语句处在什么样的语义学关联中。就像我们先前已经听到的，“我 ϕ”语句在其结构上不要被理解为一个具有“a是F”形式的普通谓语句。语词“我”不应该拥有一个单称词项通常拥有的功能；但其谓述结构要如何被理解？或者我们是不是应该说，它实际上根本不具有谓述结构，而且作为一个表述句，它类比于一个非分节的（ungegliedert）、表述性的表达如“啊唷”而
126 被理解？但是，在这个情况下，“我 ϕ”语句不能再被理解为一个陈述，由此也会得出，把这种句子称为真或假是不允许的。最终人们在这些句子这里将不能谈论一种知识，因此也不可能谈论一种通常与“我 ϕ”语句相关的确定性，而这要么是因为这些

句子不能是真或假，要么是因为它们不是“认知性的”。在这样的情况下，作为我出发点的φ-状态的定义，即它们是那些如果人们拥有它们就会拥有关于它们的直接知识的状态，是站不住脚的。当然，关于第一和第三人称φ-语句的在真理上的对称和在认识上的不对称的说法也会是站不住脚的，如果不允许关于第一人称句既不能谈论真理也不能谈论知识的话。

这些结论看起来在直觉上是不合理的，因此产生了关于以下问题：这些结论是否真的来自这些句子的非认知性特征。维特根斯坦没有再系统地追究这个问题。“我φ”语句不能被称为真或假的论点被他的某些解释者[①]而不是被维特根斯坦自己提出。人们确实在他那里发现一些段落，在其中他否认了这些句子具有陈述特征（《纸条集》，§401，§549），但在其他段落中，他更谨慎地表达（《哲学研究》，第224页）。另一方面，在《讲座笔记》中他详细地讨论了“我φ”语句那里出现的撒谎问题；而与φ-状态的其他表达不同的是，在撒谎的情况下，不仅涉及伪装，而且涉及（故意的）非真理（Unwahrheit）。

维特根斯坦的主张，即人们在“我φ”语句那里不能谈论的知识（参见上文第121—122页），则显得更明白。他的关键论据似乎是：在怀疑在逻辑上被排除的那些情况下，人们不能谈论知识。当哈克尔对此反对说，在“2+2=4”这里，人们也能谈论知识（尽管怀疑是无意义的），这时候，他很可能没有理解维

① 尤其参见马尔科姆（N. Malcolm）的《维特根斯坦的哲学研究》（1954）。

特根斯坦的要点。[1]对所有陈述来说，怀疑在逻辑上都是可能的，虽然它可能立即被证明为无根据的。当维特根斯坦主张，在“我疼”的情况下怀疑在逻辑上被排除时，他的意思毋宁是，这一点
127 是基于句子的表述性特征的。在像“啊唷”这样的非分节表达（unartikuliert）的呼叫（Ausruf）这里，怀疑事实上在逻辑上被排除了；在这里它不能在语法上“起效”（greifen）。因此我们面临整个问题的真正核心：维特根斯坦的根本论点是，“我 φ”语句与未分节表达的呼叫之间并没有本质性差异；不过，“没有本质性的［差别］”——这个说法还是为它们是有差异的留有余地，而我们也必须在这里开始我们的讨论。

维特根斯坦在《哲学研究》§ 244中（上文第99页）区别了（a）“感觉的原始的、自然的表达”（叫喊、呻吟）、（b）“呼叫”如“啊唷”和（c）“句子”如“我疼”。他关于“我 φ”语句的表达特征的论点中假定了，（b）和（c）密切地彼此互属，但维特根斯坦对这些形式间的关联和差异没有做任何更确切的阐明。阿尔斯通（Alston）在他的论文《表达》（Expressing）中对此问题做出了重要贡献。阿尔斯通首先指出，（a）这方面与（b）和（c）这方面之间的结构差异并不在于（b）和（c）必须被习得；而是基于这一情况：（a）是所谓的自然符号、征兆，而（b）和（c）是由规则控制的行为；它们并不基于任何一种学习，而是与所有语言表达的使用一样，它们基于对习惯规则、规范的学习，而与这些规则和规范相关联，人们可以谈论表达的

[1] 哈克尔：《洞察与幻想》（1972），第274页。

“正确的”或“不正确的”使用（参见《表达》,第21页以下）。因此,阿尔斯通正确地把那些对由规则控制的ϕ-状态的非语言表达——例如耸肩——归于呼叫（《表达》,第27页）；它们也可以被标示为“语言的”——在这个词的广义上。

人们理解一个语言表达的意义,当人们知道其使用规则时。我们由此有了一个简单的工具,在它的帮助下我们可以超出“我ϕ”语句与呼叫的普遍同化（Angleichung）,并获得它们的确切关联的澄清。哪些使用规则是构建“我ϕ”语句的,而哪些是构建呼叫的?（这里我们用呼叫指的是关于“我ϕ”状态的所有不具有谓述式结构环节的、在习惯上被规则化了的表达）。阿尔斯通大致以下面的方式回答了这些问题：

一个呼叫“A_1”只有当某人在状态“$ϕ_1$”中时才能被他正确使用。因此,例如,呼叫“啊唷”的规则如下：如果S说“啊唷”而S不疼,那么S就不正确地使用了这个呼叫。如果他承认他不疼,那么我们就说他没有理解语词“啊唷”的意义。 128

在“我ϕ”语句这里,阿尔斯通走得如此领先,以至于他没有预设这些句子的表达特征,而是把它们看作断言语句的一种特殊形式。根据阿尔斯通,下面的规则对任何已知断言语句的使用都有效：句子α只有当p时才被正确使用；如果某人说“在下雨”而却没有下雨,那么他就是在不正确地使用这个句子。如果他承认没有下雨,那么我们就说他没有理解表达“在下雨”的意义。因此,通过刚刚所说的关于α句子（“在下雨”）,α的意义以一种完全类似于之前确定“A_1”的意义的方法来确定。如果我们现在把这个应用于“我ϕ”语句的特殊情况,那么我们就得到以下结论：如果某人使用句子“我ϕ_1”，而不处在状态“ϕ_1”中，那么他就是在不正确地使用这个表达。随之而来的句子“ϕ_1”的规则被同一于先前被确立为呼叫“A_1”的规则。因此，维特根斯坦的论点似乎以一种惊人的方式被确定：呼叫“啊唷”和句子“我疼”似乎具有完全相同的使用规则。

当然，对状况的这个阐述是需要修正的。因为由它会得出相应的“他ϕ”语句也拥有与呼叫一样的使用规则；尤其是，“他ϕ”句和“我ϕ”句会具有相同的使用规则。阿尔斯通明确指出的作为断言语句规则的，实际上完全就是它们的真值条件，而这些真值条件对第一和第三人称“ϕ”语句是同一的这一情况，也完全符合关于真理上的对称的命题原理。人们事实上可以说，在那些S疼的情况下，呼叫“啊唷”被他**正确地**使用，而正是在这些情况下，句子“我疼”也被S**正确地**使用；而且，在这些情况下，后一个句子是真的，也恰恰是在这些情况下，第三人称句“S疼”也是**真的**。阿尔斯通没有注意这个情况：在呼叫情况下，人们只能谈论正确性（Richtigkeit），而不能谈论真理，而在断言语
129 句情况下，有两个层面的正确性，即人们正确地使用断言语句，如果人们在该句子所具有的意义上使用它，但这还是并不意味着它在“它是真的”这种更广泛的意义上是正确的。一个断言语句，如“S疼”的使用规则并不在，这个句子只能在那些S疼的情况下被正确地使用；而是，认识一个断言语句的意义，也就是它的使用规则，意味着知道如何确定它是真的——在目前情况下［就是意味着，知道］如何确定和认识S疼。因此，在甚至连一个断言语句“p”也通过一个规则而与事态p相连这一点上，阿

尔斯通虽然是对的，但这个规则涉及若干层面，并指向该句子借以被**证明**的那种**知识**。这一点甚至构成了这个句子先前所描述的那种认知特征。

在呼叫那里情况完全不同。它不是认知性的，它不指涉对其真值的可能的确认，而真和错误也不能被用于刻画它。这里有效的不过是：S恰恰在那些他疼的情况下正确地使用呼叫"啊唷"。对呼叫而言，只有一种形式的不正确性，即表达的违反规则的使用（在伪装的例子中我们有意地违反使用规则）；在认知语句这里，除了违反规则地使用的可能性之外，还有一种错误的可能性。因此，这一事态对于两种极端情况——呼叫和相应的"他φ"句——都是清楚的。我们必须把我们真正感兴趣的表达即"我φ"句归于哪一方面呢？我们在这里不能犹豫，因为下面这一点也适用于"我疼"：这个表达恰恰在S疼的情况下被S正确地使用。因此，就我们目前为止所能看到的，"我φ"句具有与相应的呼叫相同的使用规则。这里也只有违反规则地使用的可能性，而没有错误的可能性。因此我在结论上同意阿尔斯通。但如果人们像阿尔斯通那样从"我φ"句是随便某种断言语句（assertorischer Satz）的想法的话，上述结论是不能达到的；毋宁说，它只能在已经预设了"我φ"句并不是以认知的方式被使用时才能被达到。

根据这前的论述，在"我φ"句的使用方式与相应的呼叫的使用方式之间根本没有区别。但这样的分析并没有涉及以下情况："我φ"表达是有结构的（struktuiert），除了谓语——这可 130
以被认为等义于在呼叫中被使用的表达——以外，它还包括语词“我”——就像之前被阐明的，它具有自己的意义。

对一个独立地被使用的表达（如一个句子或一个呼叫）的意义的全部理解，即其使用规则而言，孤立地考虑其使用方式是不够的；毋宁说，人们必须也考虑表达如何能被回答。阿尔斯通正确地指出，在这方面“我 ϕ”句要被区别于呼叫。在用语词“我”来对与呼叫对应的语词进行补充时，表述性的表达便与第三人称的认知性断言语句如此相似，以至于我们现在有两个谓语句“我 ϕ”和“他 ϕ”，其中“我”和“他”代表同一个存在体，而完整的表达则代表同一个事态。于是，在这两个句子间便出现了一个真理上的对称，而由此导致：“我疼”之所以被区别于呼叫“啊唷”，是因为（与第二个表达相比）人们可以通过说“是”或“不”，说“那是真的”或“那是假的”来回答第一个表达。而这进一步导致：在“我 ϕ”句这里，与呼叫不同，人们不仅可以谈论伪装，而且可以谈论撒谎。

这个修正之所以可能，是因为（如我们刚刚看到的）表述性的表达恰恰在“他 ϕ”句为真的情况下被正确地使用。因此，如果有一种对表述性的表达进行重述的可能性，使它在形式上获得一个断言语句的结构，也就是一种可以是真或假的表达的结构，那么就会得出以下结论：如果它被正确地（即遵从规则地）使用，那么它（即被它断言的）就是真的。而这个可能性正是通过——也只能通过——补上“我”来产生，因为说话者借助这个独特的单称词项这样来指称自己，即他并未同一化他自己，但是他知道，他以非同一化（nicht-identizierend）的方式所指涉的同一个人可被其他单称词项（“这里的这个人”“X 先生”）所同一化。假如谓述性表达被某个用来标示同一个人的其他单称词项所补充，那么这个人也会被同一化，而且整个句子也会成为认知性的，即它会丧失其纯粹的表述性意义；而我们也不再能够 131
说，只有它被正确地（遵从规则地）使用时（这里要遵守的规则与呼叫的规则相同），那么它就是真的。

现在让我们从谓语方面检验这个问题！当然，在我们的语言中，我们没有与每个ϕ-谓语对应的呼叫，但我们很容易想象一种语言，它的每个“他ϕ”句都有一个呼叫A与之相对应，而对应的方式是：在呼叫A被正确使用的相同条件下“他ϕ”句是真的。大多数ϕ-谓语都被一个命题式从句［“他很高兴你来了”（er freut sich, daß du kommst）］所补充的这一情况并不表现另外的困难，因为呼叫也可以以命题的方式［例如，“太好了，你来了”（prima daß du kommst）］被补充。让我们进一步假定这种语言不包括“我ϕ”句。那么在其中，我们用“我ϕ”句表达的一切都会用遵从相同规则而使用的呼叫来表达。如果在第三人称句中的ϕ-谓语和A类型呼叫之间有一种一一对应，那么我们显然就有过多的重复表达，因此为了简化，似乎对第三人称中的谓语和相应的呼叫使用相同的语词更好，比如，用语词“疼痛”而不是语词“啊唷”。因此，一方面我们会有，例如，句子“他ϕ_1”和“他ϕ_2”，另一方面有呼叫“ϕ_1”和“ϕ_2”。当然，现在我们只需要加上语词“我”——我们刚刚看到在什么程度上这是没有问题的——那么我们就有了我们的“我ϕ”句。

如果我们问什么将我们的实际语言及其“我ϕ”句区别于刚刚想象出来的用ϕ-呼叫的语言，或者如果我们问在这些句子中语词“我”的功能是什么，显然它就是：通过这个语词，一个表达产生出来，虽然它根据与呼叫相同的规则被使用，但是在它被正确使用的情况下它是真的。于是我们有了一个独特的断言语句的情况，它们可以是真或假，但却不是认知性的。因此，在第四讲中（第86—87页）已经阐述的猜想——即 ϕ-谓语本质上特有的是，人们只能从“我”-说的视角把它们归于自身——现在被肯定而且被更确切地描述了。得出这一点，并不是因为借助“我”［这个词］说话者以一种特别的方式被同一化了，而是
132 因为用这个词他只是把自身标示为在说话（在呼叫）的人，而无需同一他自身；只有按照这种方法，一个以表述的方式而非以认识的方式被使用的谓语才能由一个单称词项来补充。

因此，维特根斯坦将“我 ϕ”句与呼叫的同化起来的做法从根本上来看是正确的，尽管会产生一个区分：（1）人们不能因为没有借助“我”而被同一化就走得太远，说一个人根本没有借助“我”而被标示；维特根斯坦似乎有时这么做了（参阅《哲学研究》，§410）。近来，安斯康姆（G. E. M. Anscombe）的一般而言极富启发性的文章“第一人称”也如此主张（第60页）。与这个单称词项的独特地位相关联的是（2）存在断言式但却不是认知性的句子这类特殊情况。维特根斯坦想否认这些表达的断言特征，因为他认为只有这样才能确立它们的表述特征。但二者并不是彼此排斥的，而如果人们想否认人们可以在有关“我 ϕ”句时使用语词“真”或“假”，那么它就会与我们语言的实际使用相矛盾。尤其是，这样的观念会否认我们语言重要的交流的一面，后者呈现在第一和第三人称 ϕ-语句在真理上的对称之中。

关于在“我φ”句的情况下人们是否可以有意义地谈论知识的问题，情况会如何？认为人们之所以不能谈论知识，是因为在呼叫这里怀疑在语法上就不能“起效”，这一论证现在已经失去了力量；因为“我φ”句是断言语句，所以在这里与呼叫相比，怀疑在“逻辑上”是可能的。另一方面，我们已经看到，对“我φ”句而言，就像对呼叫一样，认知语句所特有的那种错误的可能性是不存在的。现在如果对一个断言语句来说错误的可能性被排除，这就意味着人们知道（wissen）它所断言的是什么，因为人们不能怀疑它。如果维特根斯坦要用对怀疑的逻辑排除来指**这种**不可怀疑（Nichtzweifelnkönnen），那么这便会存在对语词“知道”的一种独断的断定（Festlegung），而这种断定会再次与我们实际语言使用相矛盾。或许是这些句子的非认知特征（nichtkognitiver Charakter）促使维特根斯坦（这对接着他之后而进行的讨论都必定有效）拒绝赋予这些句子以 133
一种知识特征（Wissenscharakter）。但知道（wissen）和认识（Erkennen）不是同一个东西，也并不是所有知识都必须基于认识行为（Erkenntnisakt）。

让我们弄清楚为什么错误的可能性被排除了！表述性的表达所特有的是，人们这样学习它们的意义：它们在人们处在相应的状态时被使用。我只在我疼的情况下学习说“啊唷”或“我疼”。重要的是强调，在认知语句这里并不存在语言表达和事实（Tatbestand）之间的这种直接相关性。在任何一种事实——此时涉及的是**去认识**（去断定）是否p——那里，人们并不能直接在当p［发生］的时候学习说“p”。即使在最简单的感知判断的情况下，如“在下雨”，人们充其量只是在**感知到**p的时候学习说“p”。而正是去确认“p”是否为真的那种必要性为错误打开了空间。如果我在我不疼时说“啊唷”，那么我就是无意地或者——为了欺骗而——有意地不正确地使用这个表达。这一点对“我ϕ”来说也是有效的。我们已经看到，如果“我ϕ”句只是遵从其规则被使用，那么它也为真。但由此得出，对于如果我只在遵从其规则时使用“我ϕ”句，那么它是真的这一点，我可以具有确定性。因此，在这里我们有了一种知识，它不基于一种断定，即不基于一种认识［活动］。因此，与所有其他类型的知识相比，我们在这里也不能提出我如何知道p的问题。我们不能再提出这个问题的情况并不与“知识”的意义矛盾。毋宁说，每一种的经验性知识在关于“我们如何知道它”的问题中都指涉一种主观状态？例如，“我如何知道P？因为我感知到它”。此时，重复这个关于主观状态的问题，将会是无意义的。

我之前不确定地引入的关于直接知识形式谈论，现在获得了一个确切的意义。在那里我只把直接知识区别于间接的、归纳地被证明的知识，因为当时我还不允许对这种知识并非基于内在感知的问题作出预先判断。而与之不同，现在变得清楚的
134 是，直接的（unmittelbar）知识在一个特定意义上不同于直指的（direkt）知识。经验性知识是直指的，如果在回答“你如何知道它？”这一问题时人们没有诉诸一些证据式的事实，即人们由之推断出所知的东西（das Gewußte）的那些证据式的事实；我知道它，并不是因为我知道别的什么，而是因为我直接地观察或已经观察了它。“而你如何知道你在观察它呢？”这个问题不

再有意义。

直指知识依然还是一种间接的（mittelbar）知识，因为它是基于某种东西的。这个结论已经隐含地在我一开始给出的关于φ-谓语的解释中了，即这些谓语代表那样一些状态，拥有这些状态的人直接地知道他拥有它们；因此从这个解释可以得出，如果我自己处于这个状态，我就不能不知道它，而并不是为了知道它我必须先做什么——比如先观察它。

现在你们会问，海德堡学派所指的那种倒退是不是就在这里直接被随意地切断了呢？这种解决问题的方法，不就像那些简单地宣称在每个φ-状态中都直接地包含了对此状态的一种察觉（Gewahrhaben）的理论家们——像布伦塔诺——的做法一样独断和不易理解吗？不过，维特根斯坦的解决方法的意义并不在于避免倒退，而在于纠正一个在现象学上错误的出发点，它是关于直接知识的所有传统理论都共同具有的错误；这个理论把直接知识同化为外在观察，因而把它奠基在一种察觉活动中。因此，倒退的消失只是这一纠正的一个结果，而不是其目的。维特根斯坦把表面上的认识论问题或认知问题（“我如何知道它？”）变成一个语义学问题（“这个表达如何被使用？”），借此而成功地把问题放在一个新的基础上。

确实，这里涉及的是一个语义学上的特殊状况。在不是“我φ”句的断言语句那里，表达的使用规则**指涉**一种认识（Erkenntnis）。但这一点恰恰并不普遍适用于一个表达的使用规则。它不适用于一种表述性的表达。比如，如下规则是有效的：如果某人以某种方式喊叫，那么他也可以就用“啊唷”来代替。

[但是]把这条规则发挥成这样是无意义的：如果某人**察觉到**他
135 以某种方式喊叫等，那么他就可以如何如何。“我如何知道我在喊叫？”的问题和“我如何知道我在疼？”的问题一样无意义。

你们还是会发现以下这一点是悖谬的：某人可以根据一个规则——即如果p，那么表达“A”或“p”就应该被使用——来学习一个表达的使用。你们也许会问：我们难道不是真的必须假定说话者以某种方式察觉到p吗？但这会是一个纯粹的构造（Konstruktion）。它不属于使用规则。如果非p（即如果他不处于这个状态），则说话者不正确地使用表达；这就是我们所能说的。反过来，我们必须问：为什么我们事实上倾向于认为这个语义学事态是悖谬的呢？这显然只是因为我们如此强烈地以感知模式为定向，以致我们假定不可能有任何不基于感知或类似的东西的非归纳的经验性知识。与此相反，必须明白的是，当那些语言的使用如此紧迫地催逼着我们（uns so eng auf den Leib rückt），以致我们不再谈论其他存在体，而只是在其中表达我们自己的时候，荒谬的是：在表达的使用与某人自己的状态或自己的行动之间设定那种中介（vermittelnde）关系，而这种关系对于那种关于其他存在体的知识来说是必要。而无论这是不是清楚的：它首先就是一个事实——就像舒梅克以非常简明的方式所表明的那样——我们可以学习在特定条件下使用特定表达，而**不必查明**（feststellen）这些条件；第二，人们可以表明，当我们已经查明特定条件时，我们便能够学习使用某种表达，而这一点预设了，也有一些表达是我们在特定条件下能学习去使用而**不**必查明这些条件的。就像舒梅克评论的那样，这一事实比起

"一个过去被烧伤的小孩现在害怕火，而无需首先查明他过去被烧伤过"的情况来说，并没有更悖谬。①

我现在想结束对维特根斯坦的直接的、认识的自身意识理论的解释。让我们弄清楚我们已经获得了什么，还缺乏什么。我们已经获得的是一种关于φ-谓语的一般理论，而这种理 136
论只在感觉的特殊情况，尤其是疼痛的情况中得到具体的例示（exemplifiziert）。我们由此只发展了理解剩下的φ-谓语的使用规则的一般框架。我们不能把从疼痛［分析］中得出的东西直接地移植到别的φ-状态——如意向、信念和行动——上。与感觉不同，意向不具有"自然的表达"，而φ-谓语的使用规则可以直接与后者绑定。当然，对意向以及一般来说对所有φ-谓语有效的是，它们所代表的状态是在行为中被展现的。按照原则性的理由，已经变得清楚的是，所有"φ"谓语在第一和第三人称句中都有统一的意义。它们从有关行为方式的两个视角被学习；从观察者的视角，行为方式作为谓语归属的标准起作用，而从说"我"者的视角，"我φ"句的使用本身是对这些行为方式的修正。但这对不同种类的φ-谓语具体来说究竟是怎样的情况，是至今还几乎没有被尝试的一项任务。

① 参见舒梅克：《自我认识和自我同一》（1963），第4章，§7。这整章，甚至整本书，都极富启发。

第七讲　向自身规定问题的过渡：弗洛伊德、黑格尔、克尔凯郭尔

137 在上一讲之后的讨论中变得很明显的是，我对维特根斯坦的解释离提供对“Φ”谓语的充分理解有多远。我在上一讲的最后指出，行动也是“Φ”状态，于是我被问道，这如何能与人们显然可以意识到他在做某事、虽然他并没有在做的那种情况相调和；例如，某个人可以说，并非不诚实地，“我在提起我的左腿”，而在已知情况下发现腿并没有抬起来。

这个困难不仅涉及行动，而且涉及运动。一个人的运动也是“Φ”状态，如果“Φ”状态的标准是某个处于这个状态的人拥有他处于这个状态的直接的、不基于观察的知识的话；当然，有关人们自己身体的运动，人们也会犯错。我可以有我的左腿抬起来（它被抬起）的感觉，而之后在已知情况下发现它并未抬起。但这个同样的困难也涉及感受，只要它们是被定位于人们的身体。我可以左腿疼，而之后发现我不再有左腿，同样的情况也显然适用于维特根斯坦牙疼的例子。对另一种“Φ”状态类别——即记忆和感知——而言，我们可以发现同样的困难。例如，“我看见托尼森先生站在教室门口”“我记得昨天看见托尼森先生站

在教室门口”。在第一个句子的情况下，可以证明我产生了幻觉，也就是根本没看见；而在第二个句子的情况下，可以证明我只是做梦，而根本不是记起。

我们现在应该总结说，所有这些谓语都不是“Φ”谓语吗？因为最初给出的“Φ”谓语的定义——它们代表一些状态，拥有它们的人具有关于此拥有的直接知识——不能对这些谓语有效，因为该定义不能涉及一种可能出错的知识。另一方面，“Φ” 138
谓语特有的第一和第三人称句的认识上的不对称适用于这些谓语，而且（上一讲最后描述的）这个意识的直接性是有效的；现在我想说“意识”，因为对于它是否允许被成为知识这一点，我必须保持开放。

让我们考虑下在什么基础上这些在第一人称中被使用时会涉及错误和纠正的可能性的“Φ”谓语可以被区别于剩余的不可纠正的“Φ”谓语。最好从感知的谓语开始，因为这里我们可以立即与在上一讲开始时被阐述过的维特根斯坦的思考连接上（参见第115—116页）。我们看到，一个句子如“我看到手指在动”是句子“手指在动”的标准。我拥有关于手指在动这一事态的一个“直指的”而非“直接的”知识；而这个知识基于“我看到这一点”这一直接知识。手指在动的知识可以通过进一步的标准式证据——通过我触碰手指——被证明为仅仅是信念，是错觉。对我们的问题来说很重要的是，在这个情况下我不仅必须收回“手指在动”的句子——它指涉客观的事态——，而且要收回“我看见手指在动”这一心理学式的句子；这是因为，关于一个“Φ”状态（我的观看）的以这种方式来表述的句子不仅一般地包含了对一个客观事态的指涉，而且暗含了关于这个事态的句子的真。因此，一旦客观句被证明是非真的，那么只要那个心理学式的句子暗含了客观句，这个心理学式的句子也就必须被收回。于是心理学式的句子就被改写为，例如“我有看到手指在动的感觉”。这样被改写的“Φ”语句是不可纠正的；它不再包含一个客观的事态，而仍然只是一个关于某人自己的意识状态的句子。要注意的是，这样的感觉不是一个直接出现的材料，如疼痛感觉。而是，“我有看……的感觉”的句子相比于句子“我看到……”在语义学上是次要的；其意义仅仅在于，它是句子“我看到……”的剩余部分（Restbestand），它在抽离了这个句子的客观的暗含（Implikation）之后始终保持为合法的。
139 因此，“我有看到……的感觉”与“我有印象，我相信我看到；在我看来，我看到”所说的是同一个东西。这些句子在认识论上不是出发点，而是终点；它们建基于原来的“Φ”语句所具有的客观暗含与那些指涉相同客观事态的其他“Φ”语句之间的矛盾。

关于记忆、身体感受以及人们自己的运动和行动的句子都是可纠正的，其原因与感知句的原因一样：它们都是一些暗含了关于有关物理世界或身体的事态的句子的心理学式的句子。如果人们把这层暗含去除，那么就必须对句子作相应的修改，由此人们就获得一个不可纠正的句子，它现在只是一个关于人们自己的意识状态的句子，例如，“我曾感觉到我的左臂被抬起”。（倾向用过去式来表述这样的句子，是因为，它并没有表达一个原初的材料，相反，它是纠正的结果。）关于牙疼的句子是多义的。人们可以在某些情况下坚持这个句子，即使表明了他不再牙疼。它所意味的恰恰不是“我有一种定位于我的牙齿的疼痛”，而是意味着“我有一种人们将之定位于一颗牙齿的那种类型的疼痛”。因此对于可纠正的“Φ”谓语，我们总是有两个谓语：原初的谓语——它包含一个物理的事态，以及被修正的谓语——只代表单纯的意识状态；在特殊情况下，如牙疼的情况下，这门语言对两个谓语使用了同一个表达。

我们也必须把未被修正的谓语理解为“Φ”谓语，因为这些谓语也在第一人称中被表达地（expressiv）使用：它们的使用既不指向谓语所属的人的同一化，也不指向对谓语的证实。这个表达性的使用不允许在自身中有错误的余地，基于这一理由，这种句子陈述的内容包括不可纠正的成分；因此，一个纠正在这个使用模式中本身也是不可能的，而只能通过另一种通达被暗含的物理事态的方式而可能。尽管如此，现在我们必须收 140
回那个还未被证成的命题，即在“我Φ”语句的情况下，错误是被排除了的；同样要被收回的还有对“Φ”状态的定义，即将之定义为如果某人在这类状态中，那么他就拥有一种直接知识——除非我们对知识概念的理解变得广泛，即知识是可以纠正的（korrekturfähig）。

现在让我们还是考虑一下另一类也涉及错误的可能性的“Φ”谓语，虽然这并不涉及一个被暗含的物理事态。我指的是像意向、情绪、愿望和信念这样的状态。与这些状态相关的错误涉及心理状态（psychische Zuständlichkeit）自身，而不涉及被暗含的物理事态。这里我们面对的是弗洛伊德为之而使用了无意识之物（das Unbewußte）概念的那种自身欺骗。

通过把自己限制在我在第一讲中做的陈述——即意向状态(像意向和愿望等)与意识状态("Φ"状态)之间构成两个有重叠的类别(参见第21页)——来消除这里提出的问题,是不能令人满意的。如果人们把自己限制在这个正确的陈述上,那么一个静态的观念是可能的,按照这个观念,一方面会有有意识的意向、愿望等,另一方面会有无意识的意向、愿望等;此时是不会考虑这个情况的:无意识的意向、愿望等是潜在的有意识状态,我们可以把它们带入意识,也可以反过来。在这种静态观念的情况下,没有理由去谈论欺骗,因为人们不能在意识状态上欺骗自己,也完全不会认得无意识的状态。

然而,声称[这里]涉及两个有重叠的类别的那个陈述包含着一个正确的内核,由此我们可以获得对欺骗的独特特征的一个提示——在这些"Φ"谓语情况下所涉及的正是这个提示。与之前讨论的"Φ"语句——它们包含有关物理事态的陈述并因此自身便具有错误和纠正的可能性——相比,现在讨论的第一人称"Φ"语句在它们自己的范围内不包含欺骗和纠正的可能性。这一点表现在,对于这些语句来说,没有主观修正的可能性:像"我有印象(或感觉)[自己]有避开佩特拉(Petra)的
141 意图"这样的句子,就像句子"我有印象感到疼"一样没什么意义。如果某人说"我相信我有避开她的意图",这个句子并不因此就表达了一个纠正,而是它表达了另一种"Φ"状态,一种未决定(Unentschlossenheit)的状态。如果我清楚地意识到自己有这个意向,而且在一个"我Φ"句中表达它,那么我就确实有这个意向。这个情况对应于关于两个类别的重叠的陈述。我也

真的拥有那些我意识到的意向，但我也有我没有意识到的意向。那么，人们在什么程度上能谈论自身欺骗呢？

首先为了看看无意识的意向、愿望等是如何与我们有意识的意向、愿望等相联系的，我们必须澄清它们的意义。例如，意向和愿望也可以像所有"Φ"状态一样，通过对行为的观察而从第三人称的视角来确定。一个人拥有一个特定意向，意味着他在其行动中倾向性地（dispositionell）或现时地（aktuell）朝向相应的目的。他以这样的方式有所朝向，这一点可以借助行为上的标准而从第三人称视角来确立；而意向是无意识的，这一点并不意味着［像弗洛伊德以物化的（verdinglichend）、"固化的"（topisch）说话方式所表示的那样］，意向作为表象存在体而在"那个"无意识领域中存在；毋宁说，它意味着，没有第一人称的表达性表述与那种通过观察而作出的断定相对应。[①]因为在真理上的对称的基础上，必定有某个第一人称的表述对应于第三人称句，所以我们可以谈论自身欺骗：这个人在其行动中朝向一个目的，却不知道它。这使我们有可能这样扩展"不真实"（Unwahrhaftigkeit）的概念：人们不仅可以谈论对待他人时的不真实，而且可以谈论一个内在的不真实。如果在我所表达的和我所想的（或者对我自己说的）之间有区别，那么我只是对外不真实；而如果"在我关于自己所要说的和我所要做的之间"［汉普舍尔（Hampshire）的话］有区别，[②]那么我就是内在地不真实。

① 参见麦金太尔（MacIntyre）：《无意识》（1958），尤其是第4章。

② 汉普舍尔（Hampshire），《真诚与一心一意》（*Sincerity and Single-Mindedness*），第244页。

142 这个对无意识意向等概念的论述已经包含了它们与有意识意向等的关联。正是同一个行动和意愿，同一个人的感情状态，既被有意识的意向也被无意识的意向所规定。如果被问到有关佩特拉时我意向什么，那么我可以诚实地回答："我想要避开她"，而这并没有排除这种可能性：我与同一个人的关系也无意识地被不同的意向，甚至是相反的意向所规定。如果我被问及我感觉如何，我可以诚实地回答"烦躁的"，而无需在给定情况下意识到我在烦躁什么；而即使我知道答案，这也并不排除这个可能性：这个答案只包括部分真理。无意识的意向、愿望、情绪等因此并不是未知的存在体，而是我所意识到的那些"Φ"状态的隐藏的方面。这就是我为什么可以说相应的"我Φ"句是不真实的，即这种句子表达了一种自身欺骗。因为，尽管就这些句子自己的范围而言，它们是正确的，但它们作为对我在做什么、我想要什么和我感觉如何等这样一些宽泛问题的回答，只包含着部分真理。就此而言，它们是不真实的，也就是在与下述同一种意义上不真实：关于任何历史事件（如汽车事故）的报告都是不真实的，如果它［虽然］由明显真实的句子构成，但却因忽略本质的或者有时甚至忽略最重要的方面而掩盖了事态整体的话。

因此，除了包含物理事态的那些"Φ"谓语之外，我们还有第二类"Φ"谓语，它们在第一人称中的使用同样允许错误和纠正；但这不是因为它们包含另一个存在论范畴中的事态，而是因为它们标示的心理学状态在同一个范畴中处于更广泛的关联中。因此，在这个第二类中，错误涉及一种自身欺骗形式，而这里**自身**（Selbst）代表人们自己的"Φ"状态。就第一类而言，对欺骗方面的理解没有产生任何困难，因为它不涉及"Φ"状态自身，而且那个控制着错误和纠正的可能性的语言规则体系很容易被认识到。而另一方面，尽管当人们弄清楚了，被涉及的只 143
是某物的有意识的、不可纠正的更深层方面时，存在无意识的意向等的事实会变得更可理解，但还是有些东西到今天为止还没有澄清。虽然在弗洛伊德引起了对这个现象的注意之后，人们已经无需诉诸一种特殊的深层次心理学知识；我们在我们的心理状态中只是有限地有意识的，以及意识的边界可以更宽或更窄，这些都是日常经验事实了。但这个现象在结构上未被澄清。因为如果"Φ"状态通过我们有关它们的直接知识这一点而被定义，那么还令人困惑的是：存在着像"Φ"状态一样且还是无意识的状态。

但弗洛伊德关于无意识的动态观念也最多只能简化这个谜团，而不能解决它。这个动态观念主张，正是因为"Φ"状态本身本应是有意识的，所以人们只能这样来理解这些状态：当事人因为它们是痛苦的，甚至是不堪承受的，而不想（will）意识到它们，而之所以它们变成无意识的，是因为他在面对这些状态时别无他法，只能仿佛是闭上眼睛，"排斥"它们。这个动态观念似乎是合理的，而且在经验上也是根据充分的。但一个本身是未澄清的状态不能通过诉诸一个引起它的活动而被阐明。

在离开这个令人困惑的话题之前，我想至少引起对这个情况的注意：回忆和忘却在对无意识的"Φ"状态的阐明中会占据个关键位置。一方面，回忆属于这一类"Φ"状态，即它们就其所暗含的客观事况（Tatbestand）而言是可纠正的；另一方面，这种情况中的客观事况恰恰就存在于人们自己过去的“Φ”状态中。[1]人们在他自己过去的“Φ”状态上犯错的情况，和在当前被感知的东西上犯错相比，原则上并没有更令人困惑。忘却也可以在某种意义上被理解为类似于不感知当前可感知的东西。现在如果可以表明，像弗洛伊德提出的，任何当下“Φ”状
144 态的无意识的成分都基于对过去“Φ”状态的无意识，也就是说，所有的自身欺骗都基于关于过去的欺骗，那么就可以想象自身欺骗的结构可以这样被阐明。

人们自己的“Φ”状态具有无意识方面的这一事况意味着，直接认识的自身意识也可以处在自身欺骗与自身知识之间的张力中，这一点便如同我先前针对那种被“认识你自己”这一要求所关涉的、间接的认识性自身意识所提出的那样。（第28页）[当时]这一点是与人们自己对行动、意志和情绪的倾向（Disposition）有关，也就是与人们称为性格（Charakter）的东西有关。性格属性（Charaktereigenschaften）之所以不同于无意识的“Φ”状态，是由性格属性——因为涉及的是各种倾向——在原则上只能间接地，即从第三人称的视角被认识，而“Φ”状态的无意识方面可以直接地（这意味着是以表达的方式）被意识到。但从“认识你自己”这一要求的视角看，在未知的特征属性和无意识“Φ”状态之间不存在截然的界线：二者都是一些对我的意愿、行动和感受有规定作用，但对我都是未知

① 或者说，那种被回忆起来的客观事况暗含着一个Φ-状态。如果我记起这种状态是在此产生的，那么这也意味着，我记起来我曾经看到这种状态是在此产生的。

的因素。而在内容上，它们也相互融合：我的意向的无意识方面是基于我所不知的意志倾向的。

由于其无意识方面，直接认识的自身意识从自身出发让我们注意实践性的自身对自身之行事。无论是“Φ”状态具有无意识方面这一原则性的事实，还是关于意识与无意识之间每一次的边界延伸到哪里的问题，似乎奠基于实践性的自身对自身之行事之中。无意识并不仅仅存在；相反，如果我们可以跟随弗洛伊德，那么“Φ”状态是无意识的这一点便是根源于那种兴趣，即那种不去承认这些状态的兴趣。在其海德堡博士论文中阐发的对弗洛伊德的解释中，马丁·巴特尔斯（Martin Bartels）在我看来已经正确地指出，因为对弗洛伊德而言这里讨论的“不知道”是一种“不想知道”[1]，因此“自身意识”被理解为一种“实行”（Vollzug），“在其中个体自身为他想作为他自己的存在接受的东西划界”[2]。因此，巴特尔斯把这个实行称为一种“意识划界行为”（bewußtseinsumgrenzendes Handeln）。另一方面， 145
就像斯图亚特·汉普舍尔（Stuart Hampshire）在有关弗洛伊德时首先表明的那样[3]，还可能有一种兴趣，它与确立这些界限的兴趣相反，要去扩展意识的界限，并使得尽可能多的规定着人们自己行动的无意识因素变为有意识的。就像汉普舍尔表明的，这种要对自身透明的兴趣，它出现还是不出现，属于对自由的兴

---

① 弗洛伊德：《著作集》（1940），第1卷，第269页。

② 巴特尔斯（Bartels）：《无意识中的自身意识》（1976），第37—38页。

③ 汉普舍尔：《思想与行动》（1959），第177页及以下。也参见巴特尔斯：《无意识中的自身意识》，第108页及以下。

趣的范围。自由和自身意识一样是一种程度渐变的（graduell）现象；我们越是广泛地认识到那些规定我们的存在和行动、我们的意志和感受的因素，我们就越自由。因为只有我们认识到它们，我们才能在给定的情况下控制它们，才能独立地、慎审地、有选择地对待它们，才能对它们采取诸如此类的立场。

这些对立的兴趣不指向任何特定的实践意向，而是这样一些兴趣，个体在其中关涉着他自己。“Φ”状态被个体排斥，或者像弗洛伊德说的，被“自我”排斥，因为**它自身**感觉到它们的威胁。对自由的兴趣意味着，个体对**自己**规定他的行动有兴趣。于是我们面对着实践的自身意识的问题（在这学期开始时我已经间接提到过它）：也就是面对着有关自身对自身之行事究竟如何在结构上被思考的问题，一如对排斥的兴趣已经预设了，人们在其意志和行动中不仅与实践意向相关，也以某种方式与“自身”有关。而后，也面对着，它有关这个问题：我们如何能理解实践的自身意识现象，它似乎在突出意义上具有自身对自身之行事的特征，即以自身规定（Selbstbestimmung）的方式使自身与自身相关。

现在再转到自身意识问题的真正重要的第二部分时，看起来我们好像会在这里发现很多比在理论的自身意识那里更强的动机，来假定自我或自身（Selbst）与它自身的关系。这样一种被费希特传统所悬设（postuliert）的关系，在理论的自身意识那里，首先被证明在现象上是不可能找到的，其次被证明是荒谬的；
146 最终，我们可以弄清楚，它是基于哪种错误的出发点而导向了这种错误的问题提法的。但一旦我们面临实践性的自身对自身之行事，你们就会发现，主体把自己变成客体的那种自身关系观念将不由自主地产生。确实，这种观念似乎被包含在人们关于自身对自身之行事的说法中。另一方面，我们已经学会在面对由语言表达所导致的表面印象时变得谨慎。甚至自身意识的说法也似乎包含一个自身关系——恰恰就是费希特假定的那种类型：自身关于它自己（也就是这一自身）的知识。因此，我们不应该把这种表面印象与在现象上现有的东西相混淆。一种臆想的（vermeintlich）结构要么是荒谬的，要么不是。如果所谓的A与A的自身关系——在其中后者把自己设定为与自身同一——被证明为对理论的自身意识是荒谬的，那么它几乎不能在实践的自身意识的语境中被证明是有意义的。我已经指出，尤其是海德格尔试图把关于自身对自身之行事的理解从对传统模式的依赖中解脱出来；我也提到了G. H.米德在阐明自身对自身之行事时引起了对迄今被忽视的结构的注意，而且海德格尔和米德所阐明的结构彼此相互补充。但在我检验这些新方法之前，我们必须更清楚地呈现那种传统的观念貌似具有的可靠性，它即使在今天还是相当普遍的。

在理解自由、自律的自身关系，即对理解人们可以称为自身规定的东西时，特别会想起这个观念。之前我自己是这样来引入这个现象的，即通过指出我们显然拥有与我们的欲望、我们在其中所发现我们自己的角色以及我们所依循的规范保持距离的可能性，并且问，我在所有这些当中是什么，我自己想要的是什么？目前看来这个描述可以实际对应于一个现象上的结果；但它正试图这样解释这个事态：有一个自身或自我，一种人格性核心， 147

它可以以某种方式从它具体的欲望和角色折回或“反射”到自身,并因此在自身中拥有一个对外部的和内部的要求进行选择、拒绝和整合的主管者(Instanz)。

这种观念似乎具有某种直接的合理性,而它们在那些今天被称为“自我心理学”的经验性研究中被预设。在有关“自我的发展”的研究中,[①]所涉及的不是一般的心理结构的发展,而恰恰是刚刚被标示的、一定程度上是自主的和整合性的(integrativ)人格核心的发展。因此被预设为自明的是,谈论被称为自我的东西是正当的,尽管据我所知,这个预设还没有在哪里被证实。只有最近人们可以在自我心理学之中发现省去这个物化的谈论方式的倾向,和把术语“自我”(Ich)——或者英语中的“我”(Ego)——所标示的东西理解为人的存在方式的倾向。[②]但目前为止,自我心理学还没有建构出实现这些倾向所需的概念手段。

今天人们可以不言自明地在这些关联中谈论自我,要在很大程度上追溯到弗洛伊德,他在这个说话模式中依赖于当时的德语心理学术语,它们追溯到赫尔巴特(Herbart)和费希特。这里我不需要检验弗洛伊德从他1895年的“心理学计划”[③]到他后来的观念——这特别在《自我与本我》(*Das Ich und das Es*)中被阐

① 这是多贝特(R. Döbert)、哈贝马斯和努纳-温克勒(G. Nunner-Winkler)主编的一部论文集的标题。亦参见路文格尔(J. Loevinger):《自我的发展》(*Ego Development*)。

② 参见路文格尔,第391—393页。

③ 发表于弗洛伊德:《精神分析入门文选》(*Aus den Anfängen der Psychoanalyse*),第385页及以下。(该书收集了弗洛伊德写给生物学家维尔海姆·弗利斯的精神分析方面的书信,以及弗洛伊德1887—1902年间所写的一些文章和笔记。——译者)

发——中的自我概念的发展。[①] 另外，弗洛伊德标示为自我的那些“机体”（Organisationen）比起那些在这里对我们相关的［“机体”］本质上包含更多“功能”。[②]我也可以不讨论另外的（当然在我们的背景下是重要的）困难：弗洛伊德相当模糊地使用表达“自我”：一方面，它代表人格性之中的那种特定的机体或主管者；另一方面，它也代表本人人格的整体——尤其是在他关于自恋问题的反思中。[③]这是海因茨·哈特曼（Heinz Hartmann）努力通过引入“自身”这个表达的第二层意义来消除的那种模糊性。[④]

弗洛伊德把那种决定哪些内容要被排斥到意识之外的主管 148
者标示为自我。这个功能关联于这个情况：自我是一个“组织”，“它被一个向统一、向综合的极不寻常的努力所凸显”。[⑤]与分散的欲望相比，它代表一个“整全意志”（Gesamtwille），它关乎时间，而且对它来说矛盾律是有效的。[⑥]它具有中介功能，这首先

① 对此参见哈特曼（Hartmann）：《弗洛伊德著作中自我概念的发展》（The development of the Ego Concept in Freud’s Work），收于哈特曼：《自我心理学论文集》，第268—296页，并参见路文格尔：《自我的发展》第13—15页；巴特尔斯：《无意识中的自身意识》，同上。

② 参见例如《著作集》，第13卷，第243页，并参见拉普朗舍（J. Laplanche）和彭塔力斯（J. B. Pontalis）的《精神分析词典》（第1卷，第184页及以下）的“自我”词条所提供的概览。

③ 参见例如《著作集》，第10卷，第229页；第13卷，第258页。

④ 参见《自我心理学论文集》，第127页。以这样的方式来解决弗洛伊德术语的歧义性，无疑是向错误的方式迈出一步，因为这样一来关于“自我”的说法最终会脱离语词“我”的日常使用的语境。路文格尔倾向于在另一方向提出解决，参见《自我的发展》，同上，注释8。

⑤ 《著作集》，第14卷，第283页。亦参见第12卷，第274页；第14卷，第124及下页；第15卷，第82页。

⑥ 同上书，第15卷，第80页。

在欲望［“冲动”“本我”（Es）］和反对它们的现实（Realität）之间起中介作用，然后进一步在欲望和反对它们的那些内在化了的规范（“超我”）之间起中介作用。于是，它是一个“可怜的东西，处于三种不同类型的奴役之下，并相应地遭受来自三种不同危险的威胁——来自外部世界，来自本我（Es）的利比多冲动和来自超我的严厉（Strenge）”。[①]一方面，自我通过这个中介功能被定义，但另一方面，这中介功能之所以必要，只是因为自我——这里我们可以简单说：人格——具有那种被“向着统一的极不寻常的努力”所刻画的“整全意志”。弗洛伊德把心理成熟的决定因素定位于“自我的强化”（Erstarkung）[②]，这指的是，自我从对它的“三个严格的（gestrengt）主人”——本我，现实和超我——的辅助角色转变成一种自立性，[③]其方式是，它既简单地不服从冲动的要求，也不简单地服从规则的要求，而是相反地学会了反过来支配它们。就其力量（其整合的能力）成长的程度来说，通过抑制和懒惰的妥协来解决冲突的那种强迫就减弱了。而这显然意味着，“综合”——它总是必须通过这种或那种方式被实行——大体上失去了它的强迫性的特征。

这样一来无疑便诉诸了自我之中的自由性（Freiheitlichkeit）的一面，它并不是直接地从弗洛伊德为自我所使用的概念框架中产生的。如果我们把弗洛伊德的作为某种与冲动、现实和超我的要求相对立的东西的自我观念，与我刚概括的初步描述（参

① 《著作集》，第13卷，第286页。

② 同上书，第15卷，第95页。

③ 同上书，第15卷，第84页。

见第146页）相比，那么令人注目的是，弗洛伊德不仅没有遵循谈论“我”的通常方法，而且甚至没有谈到自身对自身之行事。“自我”是心理现实之内的一种对象性的主管者，就像“本我” 149
和“超我”一样；唯一的不同是与后二者相比，它是一个“组织”，拥有综合功能。弗洛伊德不仅物化了自由的方面，而且也物化了强制的方面，因为他仿佛将之人格化了，并像“本我”和“超我”一样将之与“自我”相对立。这么做时，他是立足于旧的传统中。柏拉图已经把“理性”和“激情”描述为灵魂之中彼此斗争的主管者。因此，弗洛伊德自己也说：“如果我们坚持流行的说话模式，我们可以说自我代表灵魂生活中的理性和慎重，而本我代表未驯服的激情。”[①]下面这个比喻也让人想起柏拉图：“人们可以把自我与本我的关系比作骑手与他的马的关系。”[②]但柏拉图是从一个现象的基础上——即实践上的自言自语（特别是自我劝告）这一基础——达到这些比喻的说话方式。[③]在弗洛伊德这里，我们也可以在超我身上发现类似的观念。但柏拉图和整个费希特之前的实践哲学传统还没有朝向“自我”的概念。这个情况可以在弗洛伊德的术语中这样来描述：较老的传统还没有必要区分超我和自我，换言之，区分他律的和自律的良心。在我们看来，只有自费希特和克尔凯郭尔开始，才有必要把有关正确的行为的问题不仅联系于规范内容，而且联系于我作为个体学习

---

① 《著作集》，第15卷，第83页。

② 同上书，第15卷，第83页，并散见各处；参见柏拉图：《斐德罗篇》（*Phaidros*），253c及以下。

③ 柏拉图：《国家篇》，439c-d。

这些规范内容时所用的方式方法，就如我在学习它们的时候对我自己的行事。因为弗洛伊德不仅（像柏拉图）一样把感性和规范意识理解为对象性的主管者，也把他称为自我的东西理解为此，所以自我被还原为具有整合功能的匿名组织。他这么做恰恰丢掉了那个层面，那个决定了人们朝向表达“我”的层面：自身对自身之行事。因为弗洛伊德完全没有考虑这个层面，所以他避免了结构上的谬论——如果人们热衷于与传统主-客体关系模式一致地理解自身对自身之行事，就会产生这些谬论。因此，
150 弗洛伊德自己的自我理论具有不包括荒谬的优点，而它只有一个缺点：它绝不是一个关于自身对自身之行事理论。但是，一旦人们想要把名词“本我”“自我”和“超我”翻译成行为上的标准，即一旦人们明确指出这些名词代表着人格的哪些存在模式，这样一个理论就必定从他自己的出发点中产生。在术语“自我”这里，这意味着深入到人格的自身对自身之行事之中，而没有自身对自身之行事概念的话，似乎就不可能理解像自身规定这样的东西。而且，并非偶然的是，虽然我们在某些弗洛伊德的追随者那里发现了自律良心的概念，但我们还没有在弗洛伊德自己的著作中发现这个概念。

传统存在论模式为自身对自身之行事的结构理解提供了哪些可能？在提出这个问题时，我坚持与弗洛伊德相反的意见：人们在其意愿和行动中以某种方式把自身与自身相联系看起来是一个现象上的事实。我们必须检验，那种追随费希特的传统想要如何把握这个现象。为此我想检验黑格尔和克尔凯郭尔为理解这个现象所采取的第一个理论步骤。既然我只会提到每个作者

理论的第一步，我就不会公平对待他们的立场。对于黑格尔我会在稍后试着做某种程度的补偿。如果你们觉得重要的哲学家以这样一种轻率的方式被批判令人不安，我建议你们随便用某个假名来代替他们的名字。我对批判这些哲学家并无兴趣，我感兴趣的问题是，传统概念模式为理解实践性的自身对自身之行事提供了哪些手段。

黑格尔在他的《法哲学》导言中在意志自由概念下论述了实践性的自身对自身之行事。为了理解其术语体系，人们必须意识到，区分“感觉的”“直接的”意愿（Wollen）与被知性、理性和慎审所规定的意愿，是自亚里士多德以来的哲学传统的固定部分。意愿的两种模式这样被区分：对直接的意愿来说，愉快-不愉快尺度是标准，而对那种基于慎审的意愿来说，好-坏尺度是标准。151 对于为什么人们做某事，即为什么人们想做某事的问题，有两个可能的回答：人们可以说“因为我喜欢做，因为我认为这很愉快”（于是当下的主体状态就是最终的参考点），或者说“因为我认为这是好的”；在后者中这意味着我这样行动有客观的根据。无论如何，这里我们遇到整个传统的一个固定因素：这种论证要么只涉及手段-目的的关系，最终的关联点是愉快——当然不再是当下的愉快，而是整个生活的愉快；要么是一个“道德的”论证，与正确生活的观念相关。为了理解黑格尔的术语体系，我们也有必要牢记，在带有康德印记的德国概念框架中，表达“意志”（Wille）是为“高级欲求能力”，即被理性规定或可由理性规定的那种意志形式保留的；而另一方面，语词“偏好”（Neigung）和“欲望”（Begierde）被用于直接意志。于是在这个术语体系中，人们不能在动物那里谈论意志；语词“意志”始终代表所谓的“自由意志”。康德在意志和意抉（Willkür）之间做了进一步的区分。狭义上的意志标示由理性规定（bestimmt）的意愿类型；相反，意抉标示可以由理性规定（bestimmbar）的意愿类型。两个自由概念与这个区分相应：对康德而言，所谓的肯定的自由概念处于显著位置；根据它，意志只有在被理性规定时才是自由的。但是，当然，康德也需要其他的自由概念，根据它，当人们可以要么直接地，要么慎审地行动时——用康德的术语来说：当人们可以允许自己要么被爱好要么被理性规定时——，意志，亦即意抉是自由的。[①]

在黑格尔那里，甚至早在费希特那里，为这些传统区分所作的不充实，意志理性的意志是与自身意识或自身对自身之行事的关联中来看待的。根据这个补充，我在第一讲开始提到的那种问题提法开始产生出来：理性实践和自律的自身关系之间的关联问题。这个方向上的第一步已经在康德那里找到了，因
152 为他认为行动的理性规定性是自律或自身规定。但康德还没有用自律指作为一个人格的人格或者作为一个自我的自我的自身规定，而是指理性的自身规定。[②]费希特是第一个尝试在自我的自身对自身之行事基础上理解人格的合理性（Vernünftigkeit）

① 关于康德的术语，特别参见《道德形而上学》导言的第一段，《康德著作集》，第6卷，第213—214页。康德偶然也会模糊地使用“意志”一词，以致有时它也作为“意抉”的同义词使用。参见例如《道德形而上学奠基》，《康德著作集》，第4卷，第412—413页。

② 《康德著作集》，第4卷，第433页。

的人。

黑格尔就是从这里着手论证的。他用这些句子开始对自由意志概念的说明："意志包含了（a）纯粹物规定的环节或者自我在自身中纯反思的环节。在这种反思中，所有的限制，所有因本性、需要、欲望和冲动而直接现存的或者因之而存的、被给予的和被规定的内容都消融了。这就是绝对抽象性或普遍性的无限制的无限性对它自身的纯思维。"（《法哲学》，§5）*

我现在想把自己限制在黑格尔的说明的这第一步中，但我们至少应该看一下进一步的说明，以便熟悉上下文。意志结构的第二个因素是"（b）同时，……从无差别的无规定性到区分、规定和设定一种规定性过渡"（§6）。最后，"（c）意志是这两个环节的统一……自我的自身规定，在一个东西中，自我把自身作为它本身的否定者，即作为被规定、被限制的东西设立起来；它保持在自身中，即保持在与自身的统一性和普遍性中；它在这一规定性中只与自身相关联。……这就是意志的自由"。（§7）

因此，意志自由被看作一方面包含了那种对立于个体的意向、爱好——"内容"——的、在自身中的反思（Reflexion in sich），而另一方面包含了"让自己被这些内容所规定"（Sichbestimmenlassen durch diese Inhalte）以及最终这两个环节的联结：[这个统一在于]自我将自身同一于特定的内容，却保留了普遍性形式。黑格尔有意没有定义这前两个环节的综合，因为在下面的段落中，他根据内容是否仍然外在于自我，或者自我

* 此处《法哲学原理》的译文参考邓安庆译本（人民出版社，2016年）。——译者

是否在那种面对着它的东西中认识到它自己，而区别了这个综合的两种形式。第一种情况下，意志只是形式上的自由，因为它可以从一切预先被给予者中抽象，自身中却没有尺度（§17）；
153 而因为它仍然服从预先被给予者整体，所以它依赖于后者，并因此不是真的自由。"根据这种规定，意志的自由是意抉。"（§15）这种仅仅是"自在的"（an sich）、按照"概念"的自由意志，区别于与"自为的"(für sich)自由意志——它"以普遍性，以自己本身，即作为无限形式的自身为其内容"（§21）。主体只有在它知道自己与那个它在行动中与之相联系的客观之物是同一的时候，主体才是真的自由，因为它不再依赖于异于它的东西；而因为主观之物和客观之物的一致构成黑格尔的真理意义，那么意志也只有在它是"自为"自由时，它才是"真的，或者毋宁说就是真理本身"（§23）。

我稍后会检验黑格尔关于真的和自由的自身对自身之行事的观念。今天我想把我的注意力限制在黑格尔在他的说明的第一步中在论述自身对自身之行事问题时所用的概念手段。我们目前诉诸黑格尔，只是为了服务于这一问题：传统存在论模式为在结构上理解自身对自身之行事提供了哪些可能性。让我再次回忆一下我由之开始的事态——这是我所说的可以被认为是一个现象上的事实的东西（参见上文，第145—146页）。这个事实是，在人们的行动和意志的总体中，人们总是以某种方式与自身相联系，以及当人们反思地问"在我做某事时我真的是我自己吗？我自己想要的是什么？"的时候，这个自身对自身之行事以一种特殊的方式被实现出来（aktualisiert）。显然黑格尔想在他对意识的自由的说明中把握的正是这个事实。对于自律的自身对自身之行事的主管者［是什么］的问题，他也用这个真的、自为地自由的意志概念提供了一个回答，但我要把对这一方面的思考推后，因为它构成了一个更高的层次。开始问题只是这样：一般的自身对自身之行事如何在结构上被把握？

在黑格尔开始这个问题的那种方式中，我们之前能够为认识的自身意识问题确认下来的两种传统模式——实体与其偶性（规定性）的模式和主-客体模式——被结合起来了。人的不同偏好等被理解为自我的规定。于是人们关于自我可以说，“自我在自身中的反思”是属于自我的（§5）。这个“在自身中”（in sich）的反思是我们在认识的自身意识的传统观念中接触到的 154
“对自身”（auf sich）的反思的实践对应物（Pendant）。主体可以在实践上从他的客体“抽离”（abstrahieren），并使自身转回到自身上，就像他之前在理论上所做的一样：在自身对自身之行事中，主体自身变成客体。

通过结合这两种模式——实体及其规定模式和主-客体模式——，它们二者中所包括的关系都被动态化了。我们已经在费希特的理论的自身意识观念中看到，自我不仅与自身同一，而且将自身“设定”为如此之自身，而它不单自在地拥有其规定，而且是一个“……向区分、规定和设定一种规定性为内容和对象过渡”（§6）；而这两个环节的联合同样是一个“设定”（§7）。当然，人们可以说（也习惯于说），德国观念论正是通过这个动态化过程“克服”了实体模式。但首先究竟是否有必要克服实体模式而不是补充它，这还是成问题的；其次——这显然是主要考虑的——这个动态化借以发生的那种概念方式还是模糊的；再次，因为实体模式只是"被动态化"了，所以它恰恰被保留下来了。我们之前已经看到（参见第63页），设定概念——黑格尔使用它就好像它是自明的——是不清楚的。当人们将同一与区分的概念与设定的概念结合起来，使得现在会谈论同一设定（Identischsetzen）和自身同一设定（Sichidentischsetzen）以及区分与自身区分（Sichunterscheiden）时，这种不清楚甚至有增无减。如果这些表达有一丁点可理解性的话，那只是因为在意志领域中，我们会涉及行动。因为费希特把"我=我"的结构理解为最根本的行动（理解为自身设定的行动），所以在德国观念中行动概念——它［虽然］正确地获得了一个中心位置——只是被不正确地与存在、同一和区分的存在论概念结合成了伪概念(Pseudobegriffe)。因此行动变得有可能被重新带到动态化
155 了的实体模式那里，而让实际上的行动概念模糊不明。在我们的黑格尔文本中，这就导致了，"意志的自由"的整个主题都是在一个抽象的存在论框架的基础上展开的——在其中，人们只谈论一个自我、它的"内容"和"规定"，而诸如意志、偏好和决定这样的概念的现象基础根本没有研究出来，这些概念仅仅被嫁接到动态的（"辩证的"）存在论概念框架上。

然而，我们关于自身对自身之行事问题的主要困难并不存在于动态化的实体模式中，而在主-客体模式中。在实践意义上被理解的自我"在自身中"的反思被与在理论意义上被理解的自我"对自身"的反思相同的结构谬论所折磨。如果人们在字面上把语词"反思"理解为向自身折反，那么我们就可以由此联

想到一个清楚生动的形象，但这样一个形象如何为理解自身对自身之行事有所贡献呢？因此让我们撇开这种图像式的观念，而是试着集中于在逻辑学中被称为“反身”（reflexiv）的是什么；这是一种关系，是一个客体具有的与其自身、也仅仅与其自身的关系，因此：对某些x和y来说，xRy是有效的，仅当x=y。这个关系不会只通过把它刻画为反思而被描述，而是，关于什么构成在此被意指的那种反身关系的问题，现在必须被提出。

在我看来，这样来表述问题，是用对待“在自身中的反思”的说法的最好的方式。因此我们应该使问题的提法至少在一个部分那里脱离主-客体模式。因为现在不再预先判定，主体与自身的这个关系是自身表象（Sichvorstellen）或者以其他任何方式类似于主体据说具有的与客体的关系。但在我看来，恰恰当我们把对自身的反思或在自身中的反思的说法还原为其形式结构时，就会表明，它对阐明自身对自身之行事多么无用，而且这恰恰是由于这个形式结构而无用。在理论的自身意识那里也一样，困难不是基于所谓的主-客体关系的某种独特特性，而是基于这个情况：无论是一般意向意识，还是特殊的自身意识，二者 130
都被理解为一种某物与**某物**的关系，而且，两种情况下，意向意识是命题性的这一点，都被忽视了。无疑，在理论的自身意识情况下，由于被涉及的是知识，因此确实很容易从一开始就表明它从形式上看是由一种与命题的意向关系构成的：我所知道的那个“自身”，每一次都是一个命题：我Φ。不过，你们会提出以下问题：实践性的自身对自身之行事与认识的自身意识的区别难道不是恰恰就在于，那个“自身”，即一个人格将自身与之相关的那个“自身”，不是命题性的，而只是他自身或他的自我吗？在我们反思的现阶段，我还没有推进到足以表明并非如此的地步，因此，我暂时只想以一个观点反对另一个：我不认为有非命题的自身对自身之行事，无论如何我都想不到与这个概念符合的东西。如果我的直觉是正确的，我们也就该对实践的自身对自身之行事（尽管这里这还不明显）作出期待：这个表达中的第二个“自身”（sich）必定可以以与认识的自身意识的“自身”（selbst）一样的方式扩展为命题形式。问题只是：怎么扩展？

一个首要迹象——即所涉及的不仅是对我的主观直觉——可以在以下事实中被看到：至少所有实践的（意愿的–情感的）自身对其他人的行事（Sichverhalten）都是命题性的。对于意愿性的自身对他人之行事而言，这一点在语法上就是一目了然的：与另一个人相关的“我想”总是需要一个完整的从句作为它的语法客体。这不像对情感表达如“害怕”或“爱”那样显而易见。在“害怕”的情况下，这个动词的语法客体有时是一个代表一个人的表达，而在“爱”那里则总是这样。我之前提到，这些意向关系也至少隐含地是命题性的，因为它们包含对实存的信念（Existenzmeinung）（第19页及以下）。但在这里人们可以，也必须更进一步。“我害怕N”显然是“我害怕N会做伤害我的事”的缩减版本。“我爱N”是“我高兴他存在，我想他
157 一切都好，我想和他在一起”等的缩减版本。对所有代表某人自身与一个人的关系的所有其他动词而言，都能看到相应的东西。

你们会指出，通过这一点几乎不能获得什么，因为自身对自身之行事完全不同于自身与他人关系。当然！自身与他人关系

的命题结构首先应当只是一个指示。尽管如此，当人们注意到：只有——就我所见——唯一一种意向的，即精神的关系，它只是——由于那种被预设的实存蕴含（Existenzimplikation）——隐含地是命题性的，但本身还可以以命题的方式展开，这时候，这个提示获得了更大的力量；这就是人们说例如“我用‘他’来指涉X先生”意义上的意指或指涉关系，在英语中人们用reference［指涉］这个术语来描述这种意义。如果这是正确的，它就意味着，由一个单称词项的使用所组成的那种意向关系，是一种与一个单纯对象的意向关系；而事实上它是唯一一种从一开始就显然不可能是命题关系的意向关系，因为单称词项的功能恰恰就在于充当命题性语言表达的某个非独立部分——这个部分要说明的是，命题性表达的剩余部分要刻画的是哪个对象。因此，如果说除了“指涉”关系还有另一个非命题的意向关系，即自身对自身之行事，或者换个说法，如果除了那种指涉某人自身的可能性之外，还有另一种自身对自身行事的方式的话，那么这至少会是非常奇怪的。难怪，鉴于这样一个奇怪的状况，人们可以说，用语词“我”来指涉自己的，是人格，将自己与自己相联系的，则是“自我”，即人格的核心。但希望人们并不需要论证来表明这种“双重人格学说”是荒谬的。说“我”的和将自己与自己相联系的，是同一个存在物。

除了反身关系之外，我们还能给关于反思的说法另一个意义吗？显然这是可能的，而且似乎也有充分理由不在这个人与他自身的关系意义上，而在这个人与他自己进一步行为的关系上理解反思的说法。在这个意义上，人们也可以将认识的自身

158 意识标示为反思：从形式上看，它是与自己状态的知识关系，虽然我们看到将这种知识理解为观念的做法是误导性的（参见第133页）。但现在才清楚的是，为什么在命题上理解实践的自身对自身之行事有那么多阻力。显然这个阻力不仅基于对主-客体模式的依赖，就像对认识的自身意识一样；毋宁说，自身对自身之行事的观念作为与某人自己行为的关系似乎与这个情况相矛盾：应该在这里被讨论的是与**某人自身**的关系，而不是与这个或那个行为的关系。但对我们的问题的这个阐释似乎暗示着有关其解决的可能的视角：这个任务似乎在于去确认（identifizieren）人的某种独特的行为，它不代表一个特定行为，而是构成了所有特定行为的基础，并且对于它，我们将能够说：这个人通过将他自身与这个行为相联系，而将自身与自身相联系。因此所涉及的是，对满足这个条件的那种独特的命题事态的确认。

克尔凯郭尔离这个现象很近，虽然他还是陷入了他从德国观念论中接受的不充分的传统术语体系。在我们反思的现阶段，值得简要地看一下他的思路。他关于自身对自身之行事的根本性的和结构性的刻画出现在《至死的疾病》开篇的句子中："人是精神。但什么是精神？精神是自身。但什么是自身？自身是一种关系，它将自己与自己相关联，或者是那个在关系中的东西，借助它，关系把它自己与自己联系起来。"

克尔凯郭尔试图通过不再谈论将自身与自身相联系的主体来坚决脱离实体模式；而是，他谈论的是"关系"。确实，黑格尔想的也是同一件事。但认为人们通过把那种将自身与自身相联系的东西看作主体的“关系”而不是看作主体本身，来摆脱真正的结构困难，这是错误的。困难在于a与a的反身关系的思想，无论人们用“a”指的是主体，还是主体的某种不管如何被理解的关系；因为在后一种情况下，关系本身有一种与它自身的主-客 159
体关系。

无论如何，克尔凯郭尔在第一个关系——主体的关系，和第二个关系——反思关系之间作了一个区分。这提供了依据，让我们将克尔凯郭尔对结构的描述转变为，人们摆脱了那种不可理解的关于反身关系的观念；而人们可以以如下方式做到这一点：人们将一种有限度的有效性归还给实体模式，并且说，将自己与他的关系相联系的正是人格。

这个表述是否有充分的意义，依赖于之前留下来的问题，即人把他自身与其相联系的那种关系由什么构成。现在克尔凯郭尔在这里不是在自身行事的意义上，而是在“关系”（Relation）意义上理解语词“关系”（Verhältnis）；而在这里所涉及的应当是“两个东西间的关系”或“综合”。克尔凯郭尔把人类的实存理解为对立因素之间的一种棘手的（prekäre）综合，理解为“有限与无限、时间之物与永恒之物、自由与必然的综合”。只要人们把人将自身与之相联系的东西只描述为两个对立因素间的关系，当然就还是无法理解，在什么意义上当人在把他自身与这个关系相联系时，把他自身与他自身相联系。这个困难可能还是没有被克尔凯郭尔自己注意到，因为他错误地把自身对自身之行事同一于这个关系具有的与自身的反身关系。如果，像我刚建议的那样，人们不参与这一点，那么人们就必须规定，那种综合的基础是什么——这是克尔凯郭尔没有明确揭示的东西。如果人们要让克尔凯郭尔说到做到,那么看起来就好像是,“自身”结构的基础是由可能性和必然性这两个因素组成的,在它们之间存在着一个将自身与自身相联系的关系。但这当然只能意味着可能性和必然性——无论别的什么要被带入综合——不是自存性的(subsistierend)组成部分(就像克尔凯郭尔的传统的名词式言说方式所引致的),而是对某物的规定;现在的问题是,对什么的规定?如果我们说,可能性和必然性是人类实存或人
160 类生命的对立的规定或方向,这当然符合他的进一步分析。

如果我们这样看它,那么“可能性”和“必然性”就不是代表实体性的东西的表达;而且它们也不是直接要被应用于人的谓语;毋宁说,它们是刻画人的存在或生活的第二级谓语。如果克尔凯郭尔的观念被完全识认出来(ausbuchstabieren),那么它包括三种不同的“关系”:(1)人的实存意义上的人的自身行事,这不是克尔凯郭尔专门要弄清楚的;(2)根本的实存规定之间的关系意义上的关系;(3)人自身对他的实存的行事。因为某人的实存被第二个关系——“综合”——规定,所以这个人的自身行事与他的实存的关系就是他自己对这个综合的行事。当然,这个句子反过来也有效:人自身对综合的行事是这个人自身对他的实存的行事,而**这意味着**它是一个他自身对自身的行事。借助这个对实存的隐含的指涉,克尔凯郭尔发现遇到了我们在寻找的那种特殊命题事态;这种事态使得人们有可能谈论不具有反身关系结构的自身对自身之行事。在人将他自身与他自身相联系时,他将自身与之相联系的那种东西既不是作为存在体

的他自身，也不是他不同的行为方式、规定或行动，而是为这些规定奠基的自身行事，人们可以称之为人的实存或生命。

关于这是否是对克尔凯郭尔的正确解释的问题当然对我们是次要的。如果有人要求一个作者通过依赖传统概念来遮蔽他真实的意思，并要求他只隐含地指涉一个结构，那么这个人是否还有权与作者一起确认结论就不再重要了。我当然认为只有在这个解释的基础上，克尔凯郭尔的观念才摆脱谬论。但对克尔凯郭尔的解释于我们而言并不是目的本身（Selbstzweck）。其结论已经为我们的讨论产生了一个重要结果：我们发现了对于自身对自身之行事的结构问题的一个可能的回答，这种自身对自身之行事不具有反身关系而是具有命题结构——作为我对“我实存”这一点的行事（mein Verhalten dazu, daß ich existiere）。

这个结论完全与自身对其他人之行事的情况下被揭示的 161
内容相一致。我们看到，所谓的与他人的意向关系是自身对其自身行事之行事的方式（Weisen des Sichverhaltens zu ihrem Sichverhalten）；而就自身与其他人的关系不是自身与这个人的这个或那个行为方式的关系，而是自身与这个人他自身的关系——例如，当我们尊敬或轻视，爱或恨他时——而言，它是自身与他的实存的关系，对他的实存说是或不。自身对自身之行事似乎以同样方式处于自身之爱（Sichlieben）和自身之恨（Sichhassen）之间的张力中，而对某人自己的实存说是或不看起来就基于这一点。以我们想事情对某个我们喜欢的人顺利的相同方式，我们总是想事情对我们自己顺利（而我们必须研究这是什么意思)。自身对自身之行事和自身对他人之行事之间的这种结构对应当然是有限制的。克尔凯郭尔借助确立自身对自身之行事中的综合——自身规定或失去自身存在的自由——所指的东西,不具有自身对他人之行事中的相应特征。

目前为止,我们所获得的只是一个起点:在命题上理解自身对自身之行事的可能性,作为一种自身关系,不是人与人的关系,而是人与他的生命、他的实存的关系。传统模式的谬论因此被消除,但还是不确定的是,现在获得的视角是否能提供所需要的东西。在这里首先不清楚的是"实存"意味着什么;此外,不清楚的是,我们必须如何把握自身与某人的实存这个命题事态的关系,如果它不是被理解为认识的自身意识形式,而是被理解为自身与某人自己的行动的实践关系的话。最后,在什么意义上,自身与某人自己的实存的关系可以为理解像自身规定这样的东西提供基础?

海德格尔正是从这些问题出发的。克尔凯郭尔给实存穿戴上一种在结构上以传统方式理解的自身理解(Selbstverständnis),而海德格尔则试图将对人类实存的理解脱离于传统的实存概念,并表明恰恰在与自身之实存的关系中包含着一种自身对自
162 身之行事,这种自身对自身之行事首先与现象的结果相对应,而且摆脱了那种产生于对主-客体模式的依赖的早期自身意识理论的悖谬。我们必须要看看,他在此基础上推进了多远,因为他的方法是直观的-现象学的(intuitiv-phänomenologisch),而不带有语言分析所要求的训练。

第八讲　海德格尔论自身对自身之行事Ⅰ：径路

对海德格尔在《存在与时间》中阐发的自身对自身之行事 164
理论的解释对这个讲座课程总体在内容上和方法论上都有特殊的意义。之所以就内容上而言有特殊的意义，是因为海德格尔成功地展示了自身对自身之行事的基本结构，虽然这至今几乎未被理解；而所有或许更可理解的理论，比如米德的或基于“自我同一”概念的理论，都必须与它结合起来，如果它们要获得结构连贯性的话。之所以就方法论上而言有特殊的意义，是因为这里对前分析的哲学的语言分析解释必须在建构的意义上示范其力量。我们在处理那种无法通过朝向费解的传统方式而获得现象上的证明的问题径路时，例如，在海德堡学派或德国观念论的概念构造情况下，语言分析的解释必须更强地展示它解构的一面。在海德格尔这里，我们面临一个完全不同的方法论状况。因为他自己牵涉通过描述方法并诉诸“现象”尝试对传统概念和结构作根本置疑；他在这一点上比分析哲学走得远得多。但因为他的描述方法缺乏可证实的标准，所以他的观点还是直觉性的和未证明的论点，我们很快就会看到这一点；因此它们需要语言分析的思考。

语言分析的解释的应用在这里不仅在以下意义上被证明，即它对所有哲学类型而言都被证明——就所有概念性反思都只作为语言分析而被提升到可检验的可证明性（kontrolliertbare Ausweisbarkeit）的层面上而言——，毋宁说，海德格尔的哲学从一开始就可以接受语言分析，因为对海德格尔而言，哲学的主题是理解（Verstehen），也就是语言，而且他把他的“现象学描述”理解为“解释”（Auslegung），相应地把他的方法理解为“解释学的”（《存在与时间》，第37页）。但海德格尔没
165 有试着为这样的解释学方法研究出任何标准，而且他的程序实际上还是紧密地遵循着胡塞尔的直观性的一般化（intuitives Generalisieren）或本质直观的观念，虽然分析的对象不再像胡塞尔那里的意识内容或“体验”，而是理解。这样海德格尔甚至放弃了胡塞尔还可以支配的那种可疑的可检验性（Kontrollierbarkeit）。唯一剩下的就是语言，而这本身是正确的。但首先，海德格尔思想最不幸的地方之一就在于，当他把胡塞尔的前谓词经验彻底化时，也把朝向逻格斯、陈述和一般而言的句子的倾向看作一个传统偏见（§§7B，第33页），以致朝向个别语词（das einzelne Wort）的倾向成了他的标准——这在《存在与时间》中还不明确，不过暗含在他的方法论程序中。第二，朝向语词的倾向仍然在方法论上未检查，因为海德格尔无论是在——像在语词“存在”（Sein）这里——朝向在先被给予的语词的时候，还是在为了标示一种直观上被察觉到的结构而创造的新语词的情况下，都没有试图明确指出这些语词的使用方

式，而这导致了他的程序的交流特征还是唤起式的（evokativ）：作者察觉到的那些本质关联要通过语词的方式在读者中被唤起（evozieren）。这就是语言分析的解释的联结点所在。有必要一遍遍地问，在什么程度上，那种只是被海德格尔唤起的明察可以被翻译成可检验的陈述。在某种程度上，我只能阐明各种困难，并指出我认为进一步的解释工作应该要走的方向。

我将分三步来对《存在与时间》中阐发的自身对自身之行事观念进行解释。在第一步中，我想在其一般意义上解释海德格尔的论点：自身对自身之行事是一种行事（Verhalten），不是对作为存在者的自身的行事，而是对它的存在和它的实存的行事。第二步（我将只在下一讲中才涉及它），我会通过海德格尔对作为现身情态（Befindlichkeit）和理解的本己存在的意识的阐明来展开这一结构。第三步将致力于这一问题，即海德格尔是如何在此基础上阐明那个突出的自身对自身之行事——即“自身规 166
定”——的现象的。

首先，我们必须澄清海德格尔分析自身对自身之行事的上下文。在《存在与时间》中，研究的对象是“存在的意义”问题。海德格尔把这个问题看作最广泛的哲学问题，而他认为他可以借助这个问题来避开现代和古代哲学的所有错误和混淆（参阅《存在与时间》，§6）。之所以是古代哲学的错误，是因为它提出了存在问题，却没有提出存在的意义问题；毋宁说，它预设存在具有现成在手（Vorhandenheit）或在场（Anwensenheit）的意义这一点是自明的。与朝向存在和实体的古代思想相比，现代哲学问的问题是，为什么恰恰是存在作为普遍的朝向视域

（Orientierungshorizont）？为什么不是主体、知识、生命、历史、社会？而海德格尔的论点是，在这些现代概念中存在的古代意义实际上被隐含地保留了。主体、历史等也都是以这样或那样的方式**存在**。但之后关键不在于把它们理解为对立于存在一般（Sein überhaupt）的概念，而只是理解为对立于存在的特定意义的概念；现在就要去问，在什么意义上它们自己就拥有存在。因此，既对立于现代哲学，也对立于古代哲学，关键之处在于提出存在的**意义**问题。海德格尔通过这个问题想到了一个超出现代概念的视角，这一情况在他的以下论点——当然这始终还只是一个论点——中可以看到：在反对或深化古代朝向现成在手或在场的倾向时，存在的意义要从**时间**出发来理解（§5）。于是有了这本书的标题。相反，对现代哲学而言，基本的主-客体方式，根据海德格尔，是未加反思地接受希腊朝向对现成在手的表象的结果。

但也许你会发现，这提出问题的整个方法是难以理解的，或许是模糊的。每当我们在他的研讨班上使用了过于宏大的表达时，海德格尔总是再三要求，"请给我零钱"。这也是我们在解释
167 过程中要不断地适用于他自己的要求。"存在""存在的意义"——是什么意思？我们如何能获得对其所意指的东西的理解？存在，这不是任何任意的东西、一个对象；后者毋宁说是某物，即一个存在者，而我们必须将存在者的存在区分于存在者，海德格尔这么告诉我们。

看起来我们只在语言中发现了存在者的存在，它们的"是"。因此，存在的意义问题似乎是关于语词"是"在其不同含义上的

意义问题。海德格尔是这么想的吗？他通过坚持追问存在的意义问题，是想从相对于“存在”在传统存在论中被固化的术语使用返回到这一问题，即我们用表达“存在”/“是”指什么的问题吗？似乎是这样，因为海德格尔用下面引自柏拉图的话开始他这本书：“当你们用到‘存在着’这样的词，显然你们早就很熟悉这些词的意思。不过，虽然我们也曾以为自己是懂的，现在却感到困惑不安。”海德格尔继续说：“我们用‘存在着’意指什么？我们今天对这个问题有了答案了吗？没有。所以现在要重新提出存在的意义的问题。”我已经在黑板上写下了这两句话，这样你们就立刻能看出含混之处：第一句话中所谈的明确是“关于语词‘存在着’(seiend)”，因此“存在着”在引号中；但第二句话中，是否还是指这个词仍然是个问题，而“存在”不再在引号中的这一情况暗示它不是所指的那个词。[①]

因此，刚一开始我们就遇到那种源于海德格尔对语言的矛盾心理的糟糕的不清晰性。一方面，他想把追问存在的意义问题当作追问语词“存在/是”的意义问题；但另一方面，他又不想这样。他还是太受传统偏见——当人们只诉诸语言时，不能达到事情本身——的支配。存在的意义问题根本不要仅仅被理解为关于这个语词的意义问题，而是要理解为关于存在本身的意义问题。但如果这个问题不被理解为语词存在的意义问题，那么关于存在的意义问题应该表示什么，以及存在要表示什么就还是模

① 关于这种含混性，格里尔(Greenier)在《海德格尔〈存在与时间〉中的意义与存在》(海德堡博士论文，1975年)第1.1节有充分说明。

168 糊不清。实际上它必然还是模糊不清的,它出于原则性的理由而未被说明——如果某人说“存在”并因此认为他唤起了某种东西,而这种东西不仅仅是我们在理解这个词时所理解的东西的话。因为说明的唯一可能性在于诉诸语词。

在这方面也涉及语词“意义”中的含混。我们不仅谈论语言表达的意义,而且谈论行动的意义;相应地,我们使用语词“理解”,不仅在理解语言表达和其他符号的意义上,而且在理解一个行动,或其他由这个行动产生的东西(一项工作),或者最终一个(在其行动中的)人的意义上。这里对意义的追问总是意味着像这样的东西:这个或一个行动者通过这个想要什么,他的目的是什么?最终语言表达的意义说法也是这个行动的意义说法的一个特殊情况。因为语言符号具有什么意义——什么含义——的问题指这样的东西,人们想用它说什么,这个表达具有什么功能?在那些我们拥有这样一些语言表达——它们在其意义基础上代表它自己具有或可以具有意义的东西——的情况下,意义问题的分级(Staffelung)的可能性出现了。例如,“爬山”具有什么意义,即这个词具有什么含义?爬山的意义是什么,即人们这么做是想获得什么?在这些情况下,清楚的是(a)所涉及的是两个截然不同的问题,和(b)第二个问题预设了第一个问题隐含地被回答。现在语词“存在”有这样一个的意义,对于它,意义问题可以恰恰以这种分级方式被提出,即关于人类实存或生命意义上的存在。一个人的生命是他的行动的全部关联。因此我们也要就一个人的生命的意义,特别是就某人自己的生命——这里具有一种特别的相关性——的意义提问:借此要达到的目的是什么,或者我自己借此想做什么?在这个存在的情况下——但也只是在这个情况下——,存在的意义问题意味着什么,就是可理解的,但它附属于关于语词“存在”的意义问题;这一点在这个情况下,比起该问题只在语词“存在”的一个含义那里才是可能的那种情况来说,要更加清楚。可以从《存在与时间》第32节(第151—152页)看出,海德格尔实际上已经 169 在有关“存在”的意义问题上看到了关于某人自己的存在的意义的这另一个问题。但他没有在这两个问题间做出区分,而这进一步造成他的存在意义问题的不清晰性。

如果海德格尔的存在意义问题并不是模糊的,即如果他明白地让它作为一个语词的意义问题,那么不可避免的第一步就该是去问这个语词究竟是否拥有统一的含义。而如果——这是显然的——它具有不同含义,人们就必须问它们之间是否存在着统一的关联。因为只有当这被澄清时,提出“存在”的**这个**意义问题才有清楚的意义。海德格尔附带提到几个存在的意义(第7页),但他把它们处在单一意义下这一点假定为自明的。实际上,这绝不是自明的;并不清楚的是,实存意义上的存在、系词意义上的存在、同一意义上的存在和真理意义上的存在(就像当我们说“就是这样,像你所说的那样”一样)要出现在统一意义下。但这意味着海德格尔在提出存在意义问题时所谈论的是什么,这一点不仅在他忽视语词的意义时,而且在他指向它时,都是不清楚的。

不过,海德格尔还是为我们提供了两个暗示,在此基础上我们可以推断他提出“存在”意义问题的意图。第一个暗示是,根据海德格尔,我们只能通过借助于对“存在”的理解——即“存在理解”(Seinsverständnis)(§2)——来澄清“存在”。这是一个特殊的“超越论”转向,通过它海德格尔把自己与传统的、客观主义的存在论区分开来。除此以外,海德格尔是这么说的,仿佛人类的一切理解都奠基在对“存在”的理解之中。因此人们也可以将海德格尔的任务——“存在”的意义问题——理解为一个关于人类理解本质的问题。于是这个论点似乎就是,对某个语词——语词“存在”——的理解以某种方式构成所有其他理解的基础。这当然就隐含着,关于理解,所涉及的只有对句子的理解,因为语词存在只能出现在句子中。但它不在所有句子
170 中出现。第二个暗示在这里进一步帮助我们。在讲座“什么是形而上学?”(它比《存在与时间》晚两年)中,海德格尔推进这个论点(它已经暗含在《存在与时间》中)说,只有与对虚无的理解相结合,才有对存在的理解;如果我们移除海德格尔与传统共享的那种趋势,即只用名词来谈论,而用语词“不”(nicht)来代替“虚无”(das Nichts)的说法,那就会得出,海德格尔想在与语词不的使用的严格相互关联中把握语词是。因此,根据他的观念,肯定与否定——是/否——之间的关联构成句子的理解的基础;如果理解延伸得更远,那么它也成为这个的基础。这是我在我的论文《对存在论的语言分析批判》中提供的解释。它当然不完全对应于海德格尔的自身理解,但这是我从海德格尔的存在问题所能得出的最好的东西;据我所知,这是目前为止以可以被交互主体地检查的方法来理解海德格尔用“存在”指什么所做出的唯一尝试。

海德格尔是怎么从“存在”意义问题到达人的自身对自身
之行事问题的？我们刚刚看到，海德格尔认为存在意义问题是
人的存在理解问题。对于人具有对存在的理解这一点，海德格
尔是这样来论证的：他们具有对他们自己存在的理解，以及他们
以理解的方式（verstehend）与他们自己的存在相关（第12页）。
请注意，如果我们在谈论对某人自己存在的理解，那么在刚刚推
进的思考的基础上，我们不仅可以谈论对一种“存在”的理解，
还可以谈论一种对存在的理解；这是一个复杂之处，海德格尔自
己从未注意过。现在如果人们接受我刚提供的对海德格尔用“存
在”指什么的解释，那么所有对存在的理解都基于对某人自己存
在的理解的论点，就意味着一般的“是/否”奠基于我们具有的
与我们自己存在的特殊的“是/否”关系之中。就这个关联在《存
在与时间》导言中呈现出的形式而言，似乎未被证明。直至第一
部分的第三章，这个证明才得到准备，而且它要在这本著作的第
三部分被实施，而海德格尔并没有写第三部分。在第一部分的第 171
三章中，海德格尔阐发了这个论点：所有对存在者的理解和认识
都基于对世界的理解，在这里“世界”不是被理解为“存在者的
大全”，而是“相关于人的此在”，[1]人们可能会把它解释为行动
处境的总体性。我们是否可以由此出发来证明，理解着地将自
身与作为在世存在的某人自己存在相关，构成普遍的存在理解
的基础？对此我保持开放。《存在与时间》第三部分没有完成的
这一事实不管怎样都表明了，在海德格尔试图阐明这个证据时，

① 海德格尔：《论根据的本质》（1949），第22页。

他自己也遇到了困难。对我们的目的而言，这个论点的正确性没什么作用。不过，我们只能欢迎这个论点本身，因为其结果是，最初被认为是存在意义问题的任务事实上变成了人类的自身理解问题，在自身与他们自己的存在的关系这一意义上。

海德格尔在第12页谈到自己如何着手讨论人类与其自己的存在的理解着的关系，而这个径路在第41—42页开头进一步被阐明。首先，一个初步的术语评论是必要的，这样引文就不会还是不可理解。海德格尔没有谈论人类（Mensch）或人（Person），而使用了术语“此在”。在第11页他说，“这个存在者（人）我们用术语此在表示”。他后来通过说人是“他的此”（Da）来证明这一点；而语词“此”则通过宣称它代表这个存在者的“展开状态”（Erschlossenheit）而被解释（第132—133页）。语词“展开状态”又是《存在与时间》的一个基本术语，显然海德格尔选它来代替语词“意识”；这是因为他想脱离胡塞尔的指向对象的意向意识概念，而且他需要一个更宽泛的概念，为此即使语词“理解”也不足够。理解对他来说是展开状态的一种样式，但情调（Stimmung）也是展开状态的样式。根据海德格尔对语词的唤起式的使用，他没有解释语词展开状态是不奇怪的；这个任务无疑因涉及海德格尔自创术语的情况而复杂化了。如果他用英语写，也许他会选择语词awareness［察知］；在德语中没有对
172 等词，而它的意义在我看来与海德格尔用“展开状态”所指的最为接近。如果你回想起在试着定义语词“意识”时所引起的困难（参见上文第26页），你就不会想太严厉地对待海德格尔。在表达“此在”这里，状况实质上更糟。这个术语的问题并非太

多在于表达“此”是不清楚的，而是语词“此在”，就像语词“意识”一样，是一个单数名词（singulare tantum）：不同于实体谓语Mensch或Person，它没有复数，因此当海德格尔说他想将这个存在者，即人标示为此在时，看起来是荒谬的。人们不能对一个语词采用不同表达，当它拥有不同语法时。海德格尔这么做时还是恰恰陷入了他想克服的传统，在这种传统中，人们将这个意识专题化，就如海德格尔将这个此在专题化那样。尽管海德格尔后来也分析了自身与他人的关系（就像意识理论最终所做的那样），但由于这种朝向单数名词的趋势，一个独特的和违反事实（sachwidrig）的自我中心主义却仍然残存了下来。我看不到术语“此在”的引入如何能具有任何积极的意义。它只是有着不幸结局的文体手法，而如果我们尽可能地不使用这个术语的话，我们可以更好地学到海德格尔对我们的问题的真正贡献。

海德格尔唐突地、独断地提出了他最关键的关于自身与其自己存在的关系的陈述。此外，它们也处于我们刚刚讨论过的存在问题与人的存在问题的相互扭合的背景中。因此并不清楚的是，它们要被理解为对人类如何把自身与自身联系起来的问题的回答，一个完全对立于以下观念的回答：人类以主体自身变成他自己的对象的方式，反思地把自身与自身联系起来。后来的论证（§25）充分表明，这个反对不完全是我自己解释的增补，而是海德格尔想要的作为对他自己的阐释的衬托（Folie）。海德格尔由之开始的关键句子是这样的：“此在是一种存在者，…… 173
这个存在者在它的存在中与这个存在本身发生交涉”（第12页）。他接着说明：此在的“本质”在于“它所包含的存在向来就是它有待去是的那个存在。”由此得出以下结论:“此在的这一存在建构中就包含:此在在它的存在中对这个存在具有存在关系。……这种存在者本来就是这样的,即它的存在是随着它的存在并通过它的存在而对它本身开展出来的。”而这意味着它拥有对“存在的理解”,一个对这个它“必须去存在”的存在的理解。

第一个出现的问题是,这里的存在指什么。虽然海德格尔的普遍的存在问题指什么是不清楚的,但他在目前的具体关系中用“存在”,用一个特定人的“存在”所指的是相对清楚的。被指的显然是他的实存。海德格尔似乎肯定了这一点,因为在相同的关联中他说,“我们把此在……总是以某种方式将自身与之相联系的……存在称作实存”。但在第42页上,在海德格尔继续他的说明的地方,他强调他不想语词“实存”在传统实存概念的意义上被理解:“而存在论的任务恰恰是要指出:如果我们挑选实存这个用语来称呼这种存在者的存在,那么这个名称却没有而且不能有流传下来的existentia这个术语的存在论含义,因为,按照流传下来的含义,existentia在存在论上差不多等于现成存在;而现成存在这种存在方式本质上和具有此在性质的存在者的存在方式不相干。为避免混乱,我们将始终用现成状态这个具有解释作用的表达式代替existentia这个名称,而把实存专用于此在,用来规定此在的存在。”

但如果人们满足于这种传统意义上的实存与海德格尔意义上的实存的完全对立,那么这里根本没有什么要理解的。海德格尔本可以使自己更能被理解,如果他承认实存的一般属概念,然后区分在现成在手存在意义上的实存与去存在意义上的实存。

当然，他没有这么做，并不完全是疏忽，因为对属的统一性的承认会与海德格尔倾向于使他的观念与传统观念完全对立的趋向相矛盾。我们会在进一步解释的过程中一再遇到这个完全对立 174
的趋向；它是一个一再地有碍澄清的荒谬动机。在具体情况下，语言分析解释的要求是，海德格尔所想的存在的语法地位必须首先在它得在更确切地阐明之前被确定；而就是这个语法地位构成把这个存在与一般实存概念联系起来的那种属的统一。这个“是”的语法地位是，就像人们通常所说的，它被“绝对地”使用，即作为带有一个名词或代词的独立谓语；例如，“我是/存在”或“他不再是/存在”。

实存概念的正当化在分析哲学中已经被怀疑。因为可以表明，像“独角兽们实存”这样的正常的实存句只是句法上的，而不是语义学上的谓语句。例如，在“独角兽们实存”的句子中，并不是用实存来谓述独角兽们，而是，这句话意味着在所有实在对象中有某些是独角兽。因此，这种句子实际上是普泛命题（generelle Sätze），而实存拥有它在现在逻辑学中通过实存量词（Existenzquantor）所表达的意义。也可以表明，像单称实存句，如“恶魔实存”，确实也具有这个结构。这个句子意味着“在所有真实对象中有一个且只有一个具有恶魔的特质”。我只是在这里总结这个结论，而就其论证而言，我必须给你们指出一些文献。[①] 我只能在我们目前的上下文必要的范围内探究存在论问题。

---

① 首先参见蒯因：《从逻辑的观点看》（1953），第1—8页。施佩希特（Sprecht）：《语言与存在》（1967），第42页及以下。

对下一个步骤也是这样。[①]我们现在必须注意，不是所有的单称实存句都可以用提到的方法被理解为普泛命题。从“所有实存句都是普遍的”这一命题将得出，用实存来谓述个体对象是无意义的。但在物质对象情况下——它们存在并消逝，在时间上有一个持续的实存——，根本上必须能够谈论它们作为个体的实存，否则我们就不能说它们开始存在，它们停止存在，以及它们从某个时间到某个时间实存。现在无疑值得注意的还有，
175 在这样的句子里，我们并不是单单用实存来谓述一个对象，而是始终在与时间的关联中，某些情况下还与空间的关联中（“他在某时间在某地方实存”）来谓述它。如果被讨论的物质对象是一个生物，人们也可以谈论生命（Leben）来代替存在或实存。“他在某时某地实存过”与“他在某时某地生活过”是一个意思，而“他不再存在了”和“他不再活着”是一个意思。这表明在目前的意义上，实存真的是一个谓语；只不过它不是一个可以被绝对地使用的谓语，因为与时间的关联明确地或不明确地属于它。但主张这个意义上的实存只意味着生活，以及认为我们可以这样避免实存概念的模糊性，则都是错误的。当然，也有并非活着的物质对象，关于它们我们仍然只能谈论它们实存的开始、结束和持续。因此，活着是实存的特殊情况，其特点在于：为了在实存中维持自身，在活的存在内必须有一个过程，即自身保存（Selbsterhaltung）的过程；因为这样一个存在物的实存恰恰与这个过程的延续一样长，所以人们可以把这个过程——活着——

① 我在《语言中的与时间中的实存》一文中详细展示了接下来的思想。

与其实存等同。

为什么在时空对象情况下，我们不能用普泛命题对付过去？为什么单称实存句在这里也是必需的，它们的意义要如何被理解？在这里我只能暗示一个答案。[1]所有谓语式的言说都只在有关某物——即一个对象时——有意义，而后者一定是可同一化（identifizierbar）的。在时空谓述情况下，时间和空间构成可同一化的统一维度。因此，谓述一个时空对象的东西的前提是，这个对象是可以关联于时空而被同一化的，而正是这个关系在单称实存句中得到表达。在海德格尔的术语中人们可以这么说：一个物质对象存在或实存，意味着它在一个特定时期在空间中的某处在场（anwesend）（相应的说法对其他种类的时空对象——即事件——也有效[2]）。单称实存句意义上的实存表示在场，而这要被理解为一种指涉空间和时间位置的关系谓语。至于 176
是否可能在这个意义上把实存还原到实存量词上（像我曾主张的那样[3]），或者在这种实存这里是否涉及一个真正的——虽然是唯一的——双位谓语（zweistelliges Prädikat）*，对此我保持开放。

这些抽象的存在论区分和差异似乎让我们远离了海德格尔。实际上，它们使我们有可能对他的实存概念进行正确分类。

---

① 参见我的《语言分析哲学导引讲座》（1976），第468页。

② 《语言分析哲学导引讲座》，第468页。

③ 参见《语言中的与时间中的实存》。

* 指该谓语由两个命题成分（如这里的“实存”和“在某时间”这两个成分）构成。——译者

我们已经看到有两个具有两种不同语法的实存概念，其中一个通过“有……（es gibt）”或者通过实存量词被表达，而另一个则是单称的（谓述式的）实存概念，它暗含一个时间的，以及某些情况下一个空间的关联。生命概念是后一个概念的一个特殊情况，我们现在可以看到，海德格尔所想到的那种特别的实存概念便是这个特殊情况的特殊情况。它就是那种在活着的意义上实存，此时，那个在此实存着，亦即活着的存在物以这样的方式，或者，以至于它“在其存在中”（海德格尔这么说）理解着地将自身与这个存在、实存或生命联系起来。

这种与自身的关系要如何理解以及人们如何能在语言上把握这种实存的特性？在本学期开始我们看到，海德格尔在他早期的径路中（如在他对雅斯贝尔斯的评论中），试图在句子“我是”和句子“它是”之间的区别中以语言的方式把握差异。但他正确地在《存在与时间》中放弃了这个尝试。“我是”就像一个“是”语句（“ist”-Satz）一样具有一种断言式的（konstatierend）和确认式的（feststellend）使用方式，而现在关键是，在自身与自己的实存的关系中认识到一个不同于确认式关联的另一类关联，如果这里的“存在”应当不具有现成在手的意义的话。海德格尔首先通过“这个存在者……关涉这个存在”来表达出，自身与其自己的存在的关系具有实践的-意愿的意义。但这个目的论的、意志的方面并没有完全公正地对待现象上的事实。因此就有更进一步的表述：这个存在者将自身与它的存在——即作为“必须去存在”（hat zu sein）的那种存在——相联系（第12页），无论它是否愿意。海德格尔把某种特定类型

的“实际性”（Faktizität）的这一方面看得如此根本，以致在他
继续这个关键话题之处，把实存直接刻画为“去存在”。“这个存 177
在者的‘本质’在于其去存在。”（第42页）

这个去存在的说法只是初看起来显得矫揉造作。实际上在这一点上海德格尔毋宁说坚持了这样的表述，这个表述在日常言说方式中被使用，如果我们以具体、实存的形式面对我们的存在（就如海德格尔抽象地和分析地将之专题化那样）的话。我之前已经提到哈姆雷特的问题“存在还是不存在”。这个问题指涉的是什么，以及它具有哪种疑问的特点？这显然不是一个其答案会是一个陈述那样的理论问题；毋宁说，它是一个确切意义上的实践问题，其答案只能在一个表达意向或决定的句子中。这个问题的实践意义在其补充语中呈现出来：“……哪个更好（whether' tis nobler...）。”它所指的存在不是已经完成的实存，而是我的每一次都在逼近的实存。我只能断言已经完成的实存，就如它也能被其他人所断言那样。相反，在任何给定时间逼近的实存是这么一种我必须去是的实存，即我必须以这样或那样的方式实现它，或者我必须决定不再继续它。在它逼近时我具有的与我的实存的关系不同于其他人可以具有的与它的关系。其他人只能在理论上，也就是预测式地（prognostisch）与之相关，我也可以这么做，但我不能逃避，而只能以实践的方式与我的每一次在逼近的实存相关。我必须实现它，我必须决定以这样或那样的方式**去存在**，而因为我在这方面是不可替代的（即没有人可以把他的存在的实现归于其他人），所以去存在具有“向来我属（Jemeinigkeit）的特征”（第42页）。因此，海德格尔的论点就是：

只要我们实存，我们就把我们自身与这个实存相联系，并且我们把它作为我们各自的将来与之相联系；在这个背景下，将来意味着在当下时刻要被实现的存在，以及超出这个我们整个将来的存在。这个存在被预先给予我们，作为某种我们必须**去是**的东西和我们与之**相关涉**的东西；就此而言，自身与如此被经验的存在的关系只能是实践的关系，即一种意愿的-情感的关系。

178 如果我们把海德格尔的观念与相应的传统观念相比较，我们就会更好地把握它有什么特别。人关涉其存在的这一命题绝不新颖，而是源于亚里士多德并且规定了传统的许多重要部分。亚里士多德也把它延伸到动物，并在某处对所有活的造物，甚至植物，宣称这一点：它们努力维持它们的存在。[①]以类似的方法，我们发现了亚里士多德那里的观念：活的造物的存在（实存）在它们的生命中。[②]在植物那里，人们不能谈论严格意义上的努力。但谈论一个客观的目的论还是允许的，因此人们可以在这里大致说，生命过程的功能就是这些生命过程的维持；而这正是亚里士多德所指的：生命活动的目的（télos）就是存在，在那些人们可以谈论欲望和努力的例子中，例如，对动物而言，所有努力都指向对存在或类的保存有用的东西，即朝向对这个目的“好的”东西。[③]然而，因为非理性的动物不具有它们可以用

① 亚里士多德：《论灵魂》（*De Anima*），第2卷，第4章，415b 1。

② 亚里士多德：《论灵魂》，第2卷，第4章，415b 13。

③ 类的保存对亚里士多德而言是自我保存的一种特殊情况。参见亚里士多德：《论灵魂》，第2卷，第4章，415b 6—7；里肯（Ricken）：《亚里士多德〈尼各马可伦理学〉中的愉快概念》（1976），第36页。

句子表达的意识状态，它们不能被有意识地与它们的存在以及对它好的东西联系起来。因此，它们所为之努力的不完全是存在，而是愉快；这是善的一种合乎意识的代表（Repräsentant），通过它，努力（Streben）只是客观上被间接联系到存在的保存上。[1]只有人类有意识地被联系到这个存在以及对他好的东西上，因为（像亚里士多德明白地说的）他在句子（logoi）中说话。[2]对于努力来说，这意味着，它不仅被感觉所规定，而且可以朝向事态（最终朝向去存在的事态），而且在手段-目的的慎思（Überlegung）中活动。这个努力被标示为意志。[3]有时亚里士多德为这个意志式的、不再是意抉式的生命过程保留了语词praxis——“行动”或“活动”（Tätigkeit）——，虽然他也在更一般的意义上使用它。[4]现在存在不仅是生命，而且是活动，而且在这个努力被奠基于慎思的那个层面上，问题不只是存在的保存，而是，对慎思的人而言，关于他想如何存在——按照生命的观念——的问题出现了，而这意味着，不仅关于对生命的保存什么是好的，而且关于好的生命本身的问题出现了。[5]

因此，亚里士多德已经有了一个非理论的、实践的与某人自 179
己的关系概念，而且这个关系对亚里士多德而言也是所有意愿的最终关联点。那么，是什么区别了海德格尔的观念和这个传统

① 参见里肯：《亚里士多德〈尼各马可伦理学〉中的愉快概念》，第37—39、126—127页，以及在那里被引用的文本依据。

② 参见亚里士多德：《政治学》（*Politik*），第2卷，第2章，1253a 9及以下。

③ 参见亚里士多德：《论灵魂》，第3卷，第11—12章。

④ 参见亚里士多德：《尼各马可伦理学》，第6卷，第2章，1139a 20。

⑤ 参见同上书，第1卷，第6章。

观念呢？我想突出三个方面。

首先，亚里士多德片面地发展了某人与其自己存在的关系的主动方面：人关涉他的存在。可以说，海德格尔通过被动方面补充了这点：人不得不去是他的存在，无论他是否愿意。海德格尔把这个“他存在而且必须存在”标示为“托付（Überantwortung）的实际性”以及“被抛”（《存在与时间》，第135页）。首要的、意愿的方面具有实践可能性的特点，因为人们在可能性的运作空间（Spielraum）之内选择他所关心的东西，而第二方面则代表不可避免性的，即实践必然性的因素。在实践领域中，可能性和必然性本质上相互共属；所有选择的状况都由这两个因素规定。人们发现自身处在特定行动处境下的情况，就是不可避免的实际性因素，但没有行动处境不包含可能性的运作空间，否则它就不是一个行动处境了。而对每一个行动处境有效的，对自身与所有行动处境的基础处境——去存在的实际性——的关系尤其有效。关于我想用什么方法实现我的存在，我面临一个决定的运作空间，但我必须实现它，这一点是先行被给予我的。当然，我也可以通过自杀决定不实现它，但我必须在生命和死亡之间做出选择的情况也是不可避免地被给予我的——以语词“必须”（muss）来表达的不可避免性。实践可能性和实践必然性这两个补充的方面属于人类实存的这个思想很可能是由克尔凯郭尔提醒海德格尔的。[①]我们在上一讲看到，克尔凯郭尔——他在概念上还完全在德国观念论的影响下——只谈及

① 参见克尔凯郭尔（Kierkegaard）：《致死的疾病》（1956），第58页及以下。

这两个因素的综合。是海德格尔首先成功地以一种无异议的方式描述地把握了这两个方面，因为他把它们理解为（我在对克 180
尔凯郭尔的解释中提前说过这一点）我在实践上将自己与之相联系的那个存在的方面；因此他重新把它们定位在亚里士多德实践的实存概念的背景中（在德国观念论中未考虑这一点）。不过，与亚里士多德相比，承认与某人自己存在的关系的被动方面意味着意愿的关系也可以假定拒绝（Ablehnung）的形式。因此，像“努力”或“意愿”这样的语词没有被海德格尔使用，他选择了表达“关心”（Sorge）来代替它们。某人自身与其自己存在的意愿关系就是对我不得不去是的那个存在的关心，而且两种可能性，想生或想死，都被包括在这个关系中。

海德格尔区别于亚里士多德观念的第二方面并不涉及现象的描述方面，而是涉及：海德格尔首次尝试从这个现象中获得存在论的好处，而他是通过提出一个论点而做到的：存在作为要被实现的东西而先行被给予时，与存在被断言时，其意义在根本上是不同的。当然，这个方面对海德格尔是最重要的方面，而我必须在某种程度上更充分地论述它。亚里士多德和他之后的传统没有从实践性的存在关联的可能性中为存在概念得出任何结论。海德格尔的解释性论点，即在传统中存在意味着某种像“现成在手”的东西——即要被断言的持存内容（Bestand）——，在我看来是正确的。而海德格尔的解释，即这个观念来自存在论对陈述句的唯一倾向，在我看来也是正确的（§§13，33）。但问题是，这个不同于对陈述句的倾向的可能选项是什么？在这里可以区分较强的和较弱的论点。在《存在与时间》中，海德格尔提出较强的论点，但据我所能见的，他最初是从较弱的论点开始的；只有这个较弱的论点直接来自我们目前的上下文，在我看来只有较弱的论点可以从语言分析的立足点被确证。在我看来，在分析地处理哲学文本的过程中，学着不要像它们自己所呈现
181 的那样铁板一块地（monolithisch）看待它们，是很重要的。解释学方法——它只想理解作者并把他的著作看作一个统一的整体——导致这个结果：要么人们根本不能在关于所说的东西的真理上采取立场，要么人们只能完全接受或拒绝它。但只有人们区分了一个思路的不同步骤和不同方面，然后分别评价它们的时候，一个哲学家的真理诉求才能被严肃地看待。

在目前的关联中，我用较弱的论点来指的是这个论点：存在的意义是不同的，根据它，是在理论上、像被断言的某物一样被看待，还是在之前明确指出的意义上实践地、像被实现的某物一样被看待。较强的论点是：现成在手意义上的“存在”不仅不是“存在”的唯一意义，而且是与去存在意义相比而言是衍生性的存在意义。

让我先考虑较弱的论点。当我们在这里指涉存在的两个意义时，我们必须再次提出问题：所涉及的是在语法上可区分的“存在”意义中的哪些。在前面反思的基础上，看似合理的是假定“存在”的两个意义在之前阐明的单称的（谓述式的）实存概念上被涉及。但海德格尔（我们刚提到的）将现成在手意义上的存在联系于陈述句的情况表明，存在的一种语法意义必须在这里被涉及，它必须在所有断言语句中（assertorische Sätze），而不仅是在单称实存语句中得到把握。所有要被断言

的持存内容，而不仅仅是要被断言的实存，都具有现成在手的意义。因此，如果海德格尔提过的区别可以被理解为两种“存在”方式的区别，那么它就涉及会属于所有断言语句的一类存在。这类存在可以被确认为“真理上的存在”。[①]这就是当我们说“这就是他所说的”“情况是p”（es ist der Fall, daß p...）时语词“是”的意义，在这里我们也可以说“……是真的”来代替“情况是……”。这个语词“是”似乎除了断言语句的断言要素之外，没表达什么，因为表达“p这一点”（daß p）说了与“p”一样的东西，除了［在后者那里］断言因素或断言的样态没有了以外。182
如果人们用“情况是”来补充“p这一点”，一个与原始句（“p”）等值的句子就产生了；因此，在“情况是……”中，那种通常不明确的断言因素独自凸显出来，就像我们用“是的”或“不”回答断言语句时一样；“是”（Ja）指与“情况是这样”一样的东西，而不指与“情况不是这样”一样的东西。之前我已经暗示了我的论点：海德格尔用存在所指的东西一直延伸到是或不的使用。

如果我们用于回答断言语句的是/否具有描述意义并在现成在手意义上表达存在，并且如果还有另一个存在意义，那么必定有另一种是/否的使用方式，对于它而言，被肯定或否定的不是断言语句的内容。而这些其他的使用方式当然是有的。它有关命令句和意向语句。意向语句是在第一人称将来式的直陈句，它们不被用作断言语句；它们在涉及某人自己行动或行为的那些情

① 关于真理上的存在以及断言的要素，参见我的《语言分析哲学导引讲座》（1976），第60—68页。

况下被使用，例如当我说“我在讲座后要回家”时。在这种句子中被阐释的事实是否会实存并不像断言语句中那样是一个独立于说话者的问题。相反，它依赖于说话者本身（更确切地说，依赖于他是否想这样）。当我不做我所宣告的事时，我的句子并没有被证明是假的，而我也并没有犯错；毋宁说，我是没有遵循我所宣告的东西。因此，这种将来倾向的句子不是预测，事实上它们根本不是断言语句，因为它们不是真或假的。这些句子是与第二人称命令句相应的第一人称句。如果某人让我“讲座后回家”，我可以用是或者相应的意向语句来回答。它们是等同的。因此，
183 意向语句是对命令的肯定回答。但人们除了用“是”或执行行动来回答命令之外，还能用说“不”来回答。相应地，人们可以把所有意向语句看作对一个实践问题的回答［“去回家（nach Hause zu gehen）最好——或更好吗？”］；这是一个人们也该能够说不的问题。因此，意向语句的是/否具有以诸如此类的方式选择去行动（去存在）的意义，一般我们只在那些有这种自由之运作空间的情况下谈论行动。如果一个第一人称直陈将来式的句子涉及其发生不依赖于我的事实——例如，“明天我35岁”，或者“明天我会在伦敦（这是我的绑架者的计划）”——，那么它是一个断言语句，而且相关事件不是我的行动。命令也有关这个选择的是/否。人们只能对有自由做或不做命令所要求内容的存在物说命令。事实上，与动物相关，我们也使用看上去像命令，却在现实中作为符号起作用的表达，因为动物不能用是或不回答；它不能对句子采取立场。因此有两种根本不同的方式对句子采取立场，断言的是/否以及实践的是/否；在第一种情况下，某

物被断定或被断言,而在第二种情况下（如果它在第一人称而非第二人称中发生）所表达的是实现或不实现某物、用这种或那种方式行动的决定。这两种不同的采取立场的方式是对不同类型问题、理论的和实践的问题的明确或不明确的回答。两种相应的句子形式可以被理解为（广义上的）真理上的存在的两种不同方式:(a)“(它)是(ist)(这个情况)……”和(b)“(它)[应]是(sei)(这个情况)……”

这个区别意味着“存在”的不同意义被涉及吗?我想是的。因为首先,当这个语词的使用规则在两个上下文中不同,以及其次,当其中一种使用规则不能作为特例被列入另一种使用规则的时候,我们说一个语词的意义在两个不同上下文中不同。在这方面,去存在更加根本不同于一个物质对象的单称实存的（甚 184
至更一般的）概念。一般生命概念完全只能被归于谓述式的实存概念下。因此,当我们说活的某物实存时,语词“实存”具有与当我们说一个无生命的物质对象实存时一样的意义。在一个人、一个将自身实践地与其实存联系起来的存在物的情况下,语词实存可以处于一个这样的句子中,该句子由于其被改变了的句子形式而实现了真理上的存在的意义修正,这样也给所有局部表达带来一种改变了的“色彩”。

当然,这还不是一个完全令人信服的论证。因为你们会反对说,尽管真理上的存在的两个不同意义被涉及,实存表达本身(als solcher)还保持同样的意义,特别因为我们也可以在断言的语境中将它应用于人。但正如我刚刚指出的,必须注意真理上的存在的这个实践修正的可能性不依赖于句子的命题内容。实践语句（命令、意向语句、实践问题）的可能性基于一类特殊谓语，即这样一些谓语，主体是否拥有这些谓语取决于主体本身，也就是那些代表活动的谓语。当这些谓语在实践语句中出现时，它们并不就是这些句子中的局部表达；它们是那些使真理上的存在的实践修正得以可能的表达；因此，当它们在断言语句中出现时，它们也具有与其他谓语的语义不同的语义。

这些谓语怎么与实存联系起来呢？一个人在与他的去存在的关系中拥有的自由不仅以"去存在或不去存在"的形式被表达，而且总是在我想怎么存在，我想怎么生活的问题中被表达。因为一个人绝不能抽象地实现他的存在，而只能以这种或那种方式存在。因此，这个人以他总是选择存在的特定**可能性**（海德格尔这么表达）的方式将他自己与他的存在联系起来，而这意味着特定活动。如果所有人类实存（生活）的如此存在（So-
185 sein）都在于行动和活动，那么反过来把所有活动（以及植根于活动的行动）理解为存在方式似乎也是看似合理的。这就是我解释海德格尔的以下陈述的方式："所以，在这个存在者（此在）身上所能清理出来的各种性质都不是'看上去'如此这般的现成存在者的现成'属性'，而是对它来说总是去存在的种种可能方式，并且仅此而已。这个存在者的一切'如此存在'首先就是存在本身。"（第42页）

海德格尔不可能用上述陈述来指：一个人不具有现成在手的属性，而且所有对它的言说都是他去存在的方式。也许他会提出，现成在手的属性属于这个人，而不是此在。但于是人们就不得不谈论两个主体并解释它们如何联系。海德格尔那里的这种奇特性的原因在于,海德格尔倾向于在他的新观念与传统观念之间建立一道不可逾越的鸿沟。因此他认为,他的作为要被实现的某物的人类存在的观念,与这个实体是一个具有属性的物质或者一个带有谓语的主体的观念,是相矛盾的。显然,他认为一个存在者只能要么是这个要么是那个,它只能要么被把握为现成在手,要么被把握为作为去存在的实存的存在方式中的一个存在者。如果我们想抓住机会有成效地使用海德格尔的新明察,我们就必须让它们脱离这些自身矛盾的奇怪之处。如果一个人不是现成在手的某物,其实存可以被陈述的某物,他就根本不会实存。人们可以——以第三人称——陈述说,他以如此方式实存,即他——以第一人称——将自身与其作为去存在的实存相联系。而且,我们可以断定,一方面谓语属于只能被断定为现成在手的他。这些谓语部分地是即使这个人也只能从观察者视角归于他自己的那种谓语类型,部分地是Φ谓语,它们基于真理上的对称而代表人的状态,并就此而言代表属性。另一方面也可以断定,有一些特定种类的Φ谓语,它们与别的谓语的区别在于,它们是否适用于人这一点取决于它们自己,这些便是代表活动和行动的Φ谓语。而现在这些谓语——这是海德格尔论述 186
的根本点——代表"去存在的方式",而这意味着它们必须被把握为对实存的副词性(adverbiell)规定,而不是一阶谓词。当然,这些谓语也可以如同构成它们基础的实存谓语一样,在断言语句中断定地被使用。但同时,在这些表达的意义的基础上很清楚的是,当它们在第一人称疑问句或将来陈述句中,或者在第二人称命令中被使用时,就产生了从理论的是/否到实践的是/否的修正。因此,所涉及的是真理上的存在意义上的修正,它基于某一类谓语的特殊特征:这些谓语本身——就它们代表去存在的方式而言——的特征也最紧密地与作为去存在的人类实存的特殊特征密切相关。

在我看来,海德格尔的论点——借助"此在"的实存,另一种存在意义被给予——可以依照语言分析的路线大致以刚刚提出的方式被阐述和证明。这就是我称作较弱论点的那一个。对海德格尔来说,与较强论点密切相关的是:去存在意义上的存在是更原始的,以及现成在手意义上的存在是引申的。我不能完全忽略这个较强的论点,因为它对海德格尔来说凌驾于较弱论点之上,而且对《存在与时间》的建构中的思辨特征而言是关键的。但对这些关联的广泛解释和批判会使我们离题太远。它们对我们兴趣的主要焦点——自身关系话题——没有任何贡献。因此我会把自己限制在几个评论上。

我们刚刚看到,海德格尔(不正确地)认为,如果此在把自身与作为去存在的它自己的存在相联系,它的存在就不能同时被理解为现成在手。因此他所考虑的作为现成在手的存在只是不在此在方式中的。海德格尔提出表面上似乎合理的论点:我们不是孤立地,而是在一个被旨趣所规定的行动处境下,在它们的"因缘"(Bewandtnis)中与存在者相联系;他把这个状态标示为"世界"(《存在与时间》, §13, §15, §18)。对此在根本的问题始终是它自己的存在。其存在是其最终的"为何之故"(Worumwillen,《存在与时间》, 第116页)。因此,"因缘"——在其中,"世内"(innerweltliche)的存在者在行动处

境下被遭遇——最终基于它们对此在的存在的有用性和有害 187
性。相应地，世内存在者最初不是在理论上，不是在产生着距离的（distanzierend）认识中，而是在“打交道”中被遭遇：作为“上手之物”（Zuhandenes），而非“现成在手之物”（§ 15）。海德格尔宣称作为上手之物的世内存在者的展开，可以被解释为前谓语的遭遇方式（§ 32）。一个存在者始终只能朝向某物并最终作为某物被展开。在谓语中表示自身的“作为”结构就基于此。然而，展开的原始的何所向（Woraufhin）存在于因缘整体中。因此，它在前谓语上作为上手之物是可通达的。在这方面，陈述是一个“衍生的样态”，因为它不再允许存在者在因缘整体中被遭遇，而是孤立地考虑它。存在者在“作为”中被展开的基础现在不再是因缘整体，而是要在存在者自身中出现的属性（§ 33）。

因此，海德格尔通过引入存在的第三个意义——即上手之物——确立了现成在手相对于去存在的衍生特征。一方面，他主张这个上手之物是——借由“世界”现象——指向此在的存在的，而另一方面，他断言现成在手基于它。这个推理链中最薄弱的环节在我看来是最后提到的那一点，即以下论点：在“作为”结构的修正中，属性结构及因此一般而言的述谓结构代替了因缘整体。海德格尔在这里也尝试从一个亚里士多德传统相当熟悉的现象——使用之物的目的论构成——得出新的存在论结论。不过以下这一点并不是可理解的：那些事物因其对因缘整体的指向而具有的特征，也就是一种为何之故所具有的特征，不应该是能够通过谓语来表达的。无论如何，这里明显的是什么使海德格尔的这个较强论点比起较弱的那个有多得多的问题。去存在代表除了现成在手之外的另一个不同的存在意义的论点是可以检验的，因为人们可以示范它在其中被表达的非断言语句形式（虽然海德格尔自己并没有这么做），而上手之物是一个不
188 同的存在意义的论点超出了语言领域。虽然“展开状态”只在与旨趣和操心（Sorge）的联系中发生，以及所有操心最终指回对某人自己的存在和他人的存在的操心，这些想法似乎是合理的，但并不因此得出，在断言语句中被表达的那种断言式的展开是原始展开的衍生方式。关于这种衍生的论点在人们不能明确指出按照哪些标准来评价其正确性这个意义上是思辨的。这对以下论点同样有效：有一个不能在语言中被把握的，并因此不是“存在”的意义的存在意义——上手状态。

我由此结束导致海德格尔式的与某人自己存在的实践关系观念和亚里士多德的观念之间有所区分的第二方面的讨论。这个方面——它关乎海德格尔从这个现象得出的存在论结论——对海德格尔自己来说是最关键的方面。在标题“存在与时间”中包括的论点也在这个方面的上下文中被理解。要被实现的存在本质上是一个将来的存在，虽然这个将来在某种意义上是一个即时的（instantan）将来，它是每一次在现在去实现的存在，而不是可以断言地被筹划的、稍后要被实现的存在。跟随柏格森，海德格尔提出这个论点：将来以及因此时间性一般只能从自由的处境和去存在被理解。因此，他的存在论目标是从去存在出发，重新思考时间的意义，并从这样被理解的时间的立足点重新思考存在一般的意义。

最后我可以继续那个区分了海德格尔的某人自身与其自己存在的实践关系观念与亚里士多德观念的第三方面。这是对我们的问题来说最关键的方面。就像海德格尔尝试与古代传统相反、在去存在基础上以一种新的方式理解存在的意义一样，他也尝试与现代传统相反，在这个现象基础上以新的方式理解自身对自身之行事结构；在我看来，他在后一种情况中比在存在论问题的重新定向（Umorientierung）上获得了更确凿无疑的成功。在这点上，人用操心，即以一种意愿的-情感的方式把自身与他的去存在联系起来的情况通过以下论点获得了其特殊重要性： 189
这不仅是一个现象上的事实，而是，人之所以将自身与自身联系起来，是因为他将自身与其**存在**相联系，而不是因为他处在一种按照主-客体模式来构想的反思关系中。

你们可能会反对说，人们不应该把人与他的存在的关系标示为人与他自身的关系；这会是非语法的，因为表达“与自身”（zu sich）只能被反思地理解，这样人与他自身的关系只能在于人与人的关系中而不在于与其存在的关系中。另一方面，似乎很显然，人们在将自身与其将来生命、与其去存在联系时将自身与自身相联系。你们会指责我正在使用双重标准；因为我直接宣布其他理论是无效的，当它们涉及非语法结构时，但另一方面在那些对语法的违背适合我目的的情况下，我想把它们描写成无害的。让我通过下面的建议回应这个异议。我们不说：人与其自身的关系被证明是人自身与其存在的关系，而可以说：人们视为自身对自身之行事的内容被证明不是与自身的关系，而是与人们的存在的关系。不过我还是时不时地要遵从较自由的说话方式。

因此，在上一讲最后依循克尔凯郭尔而发展出的假定现在被肯定了：即使在人将自身不仅与自己的状态，而且与其自身相联系的那些情况下，这个自身关系本身也必须被理解为一种与某个——从此被凸显的——命题的关系，而这个命题存在于人的实存中。那里还是未解决的问题，即在什么意义上某人自身与这个命题内容的关系可以被理解为一种实践的关系，现在被回答了。我能够以意愿的-情感的方式将我自身与我的实存相联系，其原因在于以下这一情况：我此时将我自身与之相联系的那个命题，不是我实存这一**事实**（Faktum），而是那个在逼近着的实存，而**这意味着**我必须去存在的（实践的）**必然性**，以及与之一起的去存在或不去存在，或者以这种或那种方式去存在或不去存在的（实践的）**可能性**。

190 但我们的问题不仅在于，对于一种实践的自身对自身之行事，一种分析上可能的和现象上正确的结构必须被发现。毋宁说，我在主题化实践的自身对自身之行事时由之开始的现象上的事况如下：第一，**在所有做事**（Tun）和**意愿**中人们总是也以某种方式与**自身**相联系；第二，人们以一种特殊方式这么做，当人们认为人们可以谈论自身规定时。因此，我们必须预料到，对自身对自身之行事结构的充分阐述也会包括对自身对自身之行事和黑格尔所谓的“规定性”（Bestimmtheiten）（参见上文第152页）之间的关联的充分理解；这个理解不再会导致那种困境，那种当这一关联按照实体模式被理解和“自身”作为“我”被理解的情况下产生的困境。现在我们刚看到，在海德格尔式的自身与自己存在的关系的观念中，与被做和被意愿之事的一种完全自然的、结构上无问题的关联产生了：人的活动只是他的去存在的方式罢了。人把他自身理解为他所做或想做的，而他自身在这里意味着他的生命。当然，根据海德格尔，这个意愿的与某人自己存在的关系只涉及问题的一面——积极的与某人自己存在的自身关系方面，它被经验为实践可能性（以某种方式去存在）。对海德格尔而言，某人自己存在的展开的这方面处于“理解”标题下（人们把自身理解为某某，即以某种方式活动的活动者）。现在海德格尔提出了进一步的论点：实践必然性方面——他称为“被抛”——也具有其自己的展开方式：与这个被动方面一致，人们自己的存在在其情感和情调中被展开。因此，海德格尔成功地把意愿的以及情感的状态融入自身对自身之行事。人在他想要的以及他感受到的东西之中遭遇他自身、他的存在。

在这个论述中，我们还是没有达到人在其做事和意愿中具有的与自身的关系的那种特殊方式，这种特殊方式是人们谈论自身规定时可能指的东西。因为如果这个刻画要具有意义，人通过他做或想做这个或那个而把自身与自身联系，是不够的；毋 191
宁说，对于人们所做和所意愿之事，自身对自身之行事必须以某种方式起规定作用。海德格尔宣称，这个自身规定的可能性也可以在由他提出的自身对自身之行事结构基础上被理解。在《存在与时间》的开始，在实存和去存在概念首次被介绍的地方（第12页），海德格尔已经提到“是自身”（Selbstsein）的可能性：“此在总是根据其实存理解自身，总是从他本身的可能性——是它自身或不是它自身——来理解自身。”某人能够不是他自身这一表述看起来是悖谬的。刚刚引用的句子被海德格尔在以下陈述中阐明:“此在要么自身选择这些可能性,要么让自身进入它们……”这个自身选择(Selbstwahl)概念乍看起来也一样悖谬。它产生这个印象,在他“自身”所是或者在他的去存在本身中,人拥有对其意图和活动的选择的实质标准。我们必须要看看海德格尔的自身对自身之行事的观念是否能为自身规定思想提供结构上清楚的意义。

第九讲　海德格尔论自身对自身之行事Ⅱ：展开

我有这样的印象，我只部分成功地让你们接近海德格尔的 193
立场，即这一思想：人是那种不得不是其存在并关涉其存在的存在者。也许这个问题的最佳入口可以在经常被标示为伦理学基本问题的问题中被找到；这个问题是：人们应该做什么？要做的最好的事情是什么？或者再次是：我应该如何或者我想如何生活和存在？生活的最佳可能方式是什么？我们上次看到，因为每个表达意向的句子都处在选择的是/否框架中，所以每个意向都必须被理解为对那种并非必须被提出但却总是被提出的实践问题的回答。人类自由所特有的是，我们并不一定要直接投身于一个目的，但却能通过问或者思考，去意愿（或去做）那种意向语句中被表达的内容，是不是更好，而从那个目的那里仿佛是退后一步，这种问题可以这样被补充：什么是好的，更好的，最好的？这在分析上属于实践问题并属于慎思的意义。

你们会问，对什么最好？这显然可以是不同的。实践问题——关于什么是好的、更好的、最好的问题——可以具有非常狭窄的意义，但也可以具有相当广泛的和基本的意义。它是狭窄的，如果所置疑的不是我们的目的，而只是方式方法的话。但即使我们置疑我们的目的，实践问题还是可以在某些例子中相对被限制；如果我们按照长期目的来置疑直接目的，或者如果我们按照社会规范来置疑我们的目的和生活过程——而这些长期目的和社会规范本身则不再被我们置疑——，就是这个情况。

这个问题什么时候具有基本意义？当然是当我们不考虑其他东西，而是考虑我们的行动以及因此我们的生命整体而置疑那些个体行动的时候。但这上一个阐释是误导性的。它可能暗
194 示，实践问题只有在它指向一个生命计划的时候才能根本地被提出，以及它不会在根本上被提出，如果人们问的是，例如，我发现自己出现在未预料的处境下，这时要做的最好的事情是什么？或者它不会在根本上被提出，如果我问的是，考虑到如此这般的环境——我承认它适合于我——，什么是最好的行事方式？实践问题确实没有在根本上被提出，如果那种我可以改变的环境被预设为是已经给出了的话。另一方面，忽视被给予的环境和具体处境就意味着，实践问题没有严肃地被提出。即使是那些指向生命计划的问题，也可能依然依赖于那些自身没有被质疑的目的或社会规范；而且，实践问题处于被视为要被一劳永逸地解决的东西的危险中。因此，对这个问题是否在根本上被提出的标准，是刚刚提到的那个标准：我是否质疑我的生命整体；但这个“整体”不排除（而是包括）这一事实，即这个问题与处境相关，并且每一次都要重新表达。然而，这个问题把我的生命理解为一个整体，因为它具有以下意义，即我想成为谁，我认为把我自己理解为怎样的生活者和行动者最好？当问题以这个方式被

提出时,它也总是处在限制性问题的视域中：去存在从根本上好于不去存在吗?

我相信你们以这样或那样的方式熟悉这种问题。让我们考虑一下,它们预设了什么。首先,一个实践问题总是有关第一人称单数或复数的人们自己或一个共同的行动、做事、生活或存在。第二,它总是有关人们自己或一个共同的将来,它要么是直接的将来,要么是更远的将来。第三,这个问题（无论狭窄或广泛）不会被提出,如果我不关心或不操心我的做事（或者在某些情况下我的生命）的话,即如果我的做事或者生命是无关的话（当操心涉及他人时,情况也一样）。第四,实践问题（无论狭窄地或广泛地被提出）意味着我有某种自由决定的运作空间,因为否则就没有要提问的了。第五,实践问题也意味着有自由的界限；在那些没有东西被给予的情况下,也没有需要慎思的东西。被给予我的是,我发现自己就在如此这般的处境下,我具有如此这般的特点,并且最后,我归根到底实存着。第六,当我们提出 195
实践问题时,我不仅发现自己在一个特定的自由运作空间中,而且我们也拥有提出或不提出实践问题的自由。第七,实践问题总是具有这一意义:"什么是更好的?"

因此,我再一次地提出这些因素,它们通过从实践问题开始被包含在海德格尔的立场中,这是每个人都能理解的；虽然我最后一次在有关海德格尔自己在《存在与时间》开始的陈述中提到它们,我现在已经尽可能地不依赖他的术语。只是上次被指出的方面——对善的指涉——似乎在海德格尔这里被漏掉了,而我们必须研究这意味着什么,为什么这在海德格尔这里被漏掉。

我在倒数第二点指出的方面——提出或不提出实践问题，这是被设置在我们的自由之中的——解释了为什么我们实存的可能性运作空间和疑问特征不必是明见的。不仅我们究竟是否提出实践问题这一点是开放的且依赖于我们的旨趣；尤其开放的是我们如何在根本上提出它这一问题。由此可以理解我们为什么几乎不能避免只涉及对被预定目的的方式的实践问题，而我们却可以忽视那些也在与目的本身的关系中，即与我们的存在的关系中出现的问题。即使我们没有意识到，那种无疑问的实存也要被理解为对一个只是不明确地提出的问题的回答，这些问题也会被提出；而这是由如下情况导致的：对“不”的理解是对存在的理解的一部分（《存在与时间》，第331页）；或者，因为人们也可以阐释它，所以每个表达意向的句子都可以被否定。根据海德格尔，基本实践问题一般来说没有被意识到的这一事实，可以这样被进一步解释：由于这个问题会把我们置于一个我们不再能坚持我们的先前意见（Vormeinungen）的那种无遮蔽状态中，因此，基于我们对安全性（Geborgenheit）的需要，我们有避开或者隐藏这一问题的动机（§40）。海德格尔在实践问题面前把敞开和逃避这两种可能性标示为本真的和非本真的实存的
196 那些可能性，在这里他用本真的实存指的是一种“使自身成为它自己”（sich zueigen）的实存（第42—43页）。

在这点上，再次变得清楚的是，如果实践问题在根本上被提出，它就让我直面我自己。因此，在自由面前的逃避是从某人自身的逃开（§40）。因此，根据海德格尔，自身意识——自身对自身之行事——“首先与通常”具有逃开自身的方式（第43页

及以下)。实践问题标准的选择具有“选择自身”(Sich-seblst-wählen)的特征(第188页),而且这具有双重意义。首先,追问和选择行为必须由我自己实施——它不能被委派他人;第二,我由此所选择的就是我自己所是的:在这个行为中我规定了我应该是谁(以及如何是/存在)。

因此,自身规定和自身选择概念现在失去了悖谬性——这一直折磨它,当它根据传统方式被理解时[根据传统方式,“自身”只能被理解为一个自我核(Ichkern)]。不过,在上一讲最后,看起来这个悖谬性可能还继续存在,即使人们谈论(像海德格尔一样)某人自身与某人自己存在的关系。我们在第一个层次上看到,海德格尔可以通过宣称人的行动就是去存在的方式来解决人们在做或者想做这个或那个时如何将自身与自身相联系的问题。但为了能够谈论自身规定,似乎本质是,在将自身与自身相联系时人并非已经就其本身(eo ipso)就想要这个或那个。现在可以看到自身与自己的去存在的关系的可能性本身,这是把去存在本身与其具体规定性分离开来的可能性。在这里没有出现对应于自我核这一传统观念的相对应的困难,其原因在于,自身与其规定性的这个区分——在之前它必须假定一种“反思到自身之中”的结构——现在只被理解为实践问题。它当然不能被理解为任意的实践问题,而是这样的实践问题,它不再具有在先给予的目的或规范作为其参考点;而这恰恰意味着,构成参考点的不再是我的存在的任何规定,而只是我的存在本身。后者不是在实践问题中作为某种孤立的东西,而是以它被直接联系于可能的规定的方式被遭遇;而这是通过我问我想成为谁或 197

者我想如何去存在时发生的。因此,对我自己存在本身的指涉确实不包括具体可能性选择的实质标准。毋宁说,它恰恰在于把我的存在规定的所有在先给予的实质标准放在一边,而且在于把选择集中在我的存在本身上;而这只意味着,我想成为谁?就我们坚持实质标准而言,我们把选择的重担从我们自身移到了标准上。对我的存在本身的指涉是我选择我自身这一事实的形式条件;而我不是仅在一般意义上没有方向地这么做,而是在知道所涉及的是什么——即我自身,我自己的生命——时这么做。

我完全可以想象你们对这些论述并不满意,而且我当然会回到自身存在(Selbstsein)问题上。不过,刚刚所说的对于总结我对海德格尔的解释的第一步——对自身对自身之行事的一般结构的阐明——是足够的。下面两步致力于海德格尔如何详述这个观念的问题。我们已经看到,对海德格尔而言,自身对自身之行事问题在两个层面上出现,它们对应于我在这个学期开始时已经提出的实践的自身意识问题的两个层面。在第一个层面上,所有自身对自身之行事的一般结构被涉及:人如何在其目的和情感中——或者,像海德格尔说的,在理解和现身情态(Befindlichkeit)中——将自身与其去存在联系起来。第二个层面涉及其“本真性”方式中的这个结构,即在自身规定的特殊意义上的自身对自身之行事。

根据海德格尔,某人自己存在的展开的一般结构在“现身情态”(情绪)和“理解”中被构成;在理解中作为“为何之故”(Worum-willen)(可能性)的实存被展开,而在情调中作为去存在(实际性)的实存被展开。在我们详细检验这些展开方式之前，我们必须考虑此在的存在的特点，这对海德格尔是根本的，而且对两种展开方式都是关键的。这是“在世存在”（In-der-Welt-Sein）的特点。我已经附带地提到了世界概念，在那个上下文中我把它解释为行动处境。这不是完全正确的。毋宁说，人们必须要说，就像个别活动或行动总是被嵌入更广 198
泛的生命背景，行动处境也被嵌入广泛的世界现象。个别的行动处境对个别行动而言是什么，世界对生命行动整体而言就是什么。

除了去存在概念，在世存在概念是海德格尔借以突破主-客体模式的第二种概念。这个概念反对如下观念：“展开”的主要相关项总是个体对象，因此意识从某种程度上说就必须从对象跳到对象。语言分析的观念也遭到这个批评，就它假定“展开”的各个相关项就是在个体句中被理解的内容而言。与这个观念相对，海德格尔提出了如下论点：展开的主要相关项是人们身处其中的那种存在者的总体性；每个对个体存在者的指涉总是在对这个总体性的展开中发生。这可以通过指涉空间对象在某种程度上被说明：我们只能在之前被展开的空间对象的总体性中指涉一个个体的空间对象。与空间的类比也弄清楚了，通过“总体性”一词，人们并不指一个封闭的总体性，而是一个开放的维度，被遭遇的一切，无论是什么东西，都属于这个维度。最后，我之所以提到空间类比，也因为人们可以通过它看到海德格尔用语词“世界”标示的总体性不必然在语言分析的分析之外。对于指涉，空间位置的总体性可以通过定位式的表达之间的语义学上的指引关联（Verweisungszusammenhänge）来阐明。[①]对海德格尔来说,空间性只是世界的一方面(《存在与时间》,§§22—24);不过,对于世界概念的语言分析的重构来说,时空维度会看起来是根本的,因为它提供了对开放的存在者总体性的经验的基础。无论如何,对海德格尔来说,“世界”不是现成在手的客观总体性,但正是在存在者的那个总体性中,人们
199 发现了他自身是一个行动者。事物在其中被遭遇的总体性不是(或者至少不主要是)它们空间上的指引关联,而是它们对我们的“操心”所具有的因缘与无因缘(Nichtbewandtnis)(§18);海德格尔把这个世界方面标示为“周围世界”(Umwelt,《存在与时间》,第66页)。但世界同时总是“共同世界”(Mitwelt,第118页);作为在世存在,此在不仅处于它可以“操心”或不操心的开放的存在者维度中,而且在这个维度中它同时“赞同”或者“反对”同类的他者而实存——他者通过对它们自己的存在的操心类似地被定义,而且世界的这个方面本身由操心定义;因为他者被遭遇,作为那些我可以以不同方式为它们的存在操心或不操心的他者,而且他们可以为我的存在操心或不操心(《存在与时间》,§26)。

通过在世存在概念,海德格尔不仅仅(首先)指出,人与其他存在者——事物或人——的关系总是已经处在“存在者整体”的展开之中;(其次)他也没有把在世存在的重要性限制在这个明察上:这个展开奠基于操心,“整体”在其中被构造的视角基于我和其他人对我的存在和其他人的存在的操心。毋宁说,第

① 参见我的《语言分析哲学导引讲座》(1976),第25讲。

三点在这里被涉及，而对我们的目的而言，这是最关键的一点：即相反地，人们也把他自己的存在经验为在世存在。人把自身经验为在世界中——经验为广泛的行动处境——，而他所关涉的存在总是已经是一个在世存在，即一种与其他操心着的存在者一起（mit）、居于可操心的存在者之间（inmitten）的存在。因此，人并不是一方面将自身与自身相联系，而另一方面将自身与其他存在者相联系。自身对自身之行事可以在这个有内在结构的与这个“整体”以及从这个“整体”出发被遭遇的“存在者”的复数的关联中被构想，其原因在于，海德格尔把自身对自身之行事理解为自身与自己实存的关系。我们上次看到，实存按照其一般概念而言（甚至在无生命的对象那里）就已经根本上是一个具有时空特质的实存，并因此将实存的存在物放置在与所有时空对象的联系中，而这个联系必定成为有意识的联系，一旦这个存在物将自身与其实存相联系；而后，这个关系也被这个自身联系的操心的特征所修正。当然很明显的是，这最后的评论是我 200
自己解释的增补，它不会被海德格尔所接受，因为这样一种将去存在奠基于现成在手状态的做法，与他关于去存在的首要性的论点（参见上文第187页）相矛盾。

我现在应该考虑作为在世存在的某人自己存在的展开的两种方式，海德格尔在现身情态（Befindlichkeit）和理解概念下论及它们。

海德格尔用术语现身情态指情调现象，除此之外他也指一般的情感性（Affektivität）（§29）。他的论点是：情绪（Gestimmtheit）不完全是一种感受状态，而是一种展开方式，而且它以它展开“它存在而必须去存在”的“实际性”的方式将在世存在的“此在”带到“它自己面前”；海德格尔也把实存的实际性标示为“被抛”（Geworfenheit，第134页及以下）。

海德格尔以一种论断的（thetisch）和唤起的方式继续进行（像他在所有地方做的那样），而没有遵从分析的方法，因而把对这个论点的评价复杂化了。肯尼（Kenny）的书《行动、情感和意志》的前几章提供了一个人们在这里应该如何继续的方式。跟随维特根斯坦，肯尼集中于我们如何使用表示个体情感的表达的问题，而且很清楚，人们不能以任何其他方式对这些（以及其他）概念进行合理的讨论。在肯尼的分析中变得很明显，与物理感受（如疼痛或饥饿）相比，情感（Affekt）概念（如害怕）包含的不仅是（a）一个特定的表达行为和（b）由感受引发的特定行动，而且还包含了（c）一个意向对象（第14、60、67页）。

因此，分析哲学以自己的方式重新发现了亚里士多德已经在他的《修辞学》的第二卷中提供的对情感特征的刻画。生气、害怕、嫉妒等都有关命题的对象；根据亚里士多德，所有情感都被定义为与一个特定类型（肯尼的［c］）的事态有关，并有其特定的行动方式（肯尼的［b］）。例如，亚里士多德把生气定义为一种“由于人自身或某个与他有关的人（c）的臆想的和无理的
201 轻视而作出明显报复（b）的不愉快的冲动”（1378a 31f）。因此，一种情感总是包含一种对它而言特有的**信念**；例如，在生气的情况下，包含这样的信念：生气所指向的人不合理地以一种傲慢的方式对待我。

这个判断所特有的认识因素属于情感概念，这一点现在在

分析哲学中普遍被接受。海德格尔自己在第30节中完全坚持亚里士多德的描述，在那里他把害怕看成现身情态的“特定样式”；但他由此把自己限制在命题方面，因为他一般忽略动机的-意志的成分。确实，他没有要求提供情感的广泛特征化，但想要集中在它们的可展开特征上；而我们会推测，后者最可能在命题的、认识的成分中被发现。无论如何，我们可以尝试在这个基础上接近海德格尔的论点。

在这个背景下，展开概念的不确定性让事情变得更困难。通过坚持认识只是展开的一种（而且实际上是衍生的）方式（§13），海德格尔没有给我们留下决定意识状态是否是一种展开方式的清晰标准。我看除了诉诸知识、经验和信念概念以外别无他法，它们当然可以在一个比海德格尔预设的纯粹理论知识概念更广的意义上被把握。因此，我从这个假定继续：我们只能把展开特征归于一种情感或归于一种情调，如果我们借助这个状态以某种方式把某物经验为某物的话。

关于一种情感，说它涉及在其认识成分基础上对作为某物的某物的经验，并且在这点上展开某物，这是正确的吗？这似乎并没有充分地被证明，如果这个情感由于被基于一个认识成分而只包含它的话。因此，例如，亚里士多德把“害怕”定义为“产生于对将来某种有害的或痛苦的恶的想象的反感或不安”（1382a 21ff）。很显然，不是一个关于有东西威胁着我的信念基于害怕，而是害怕基于这个信念。当然，海德格尔会否定这个：“害怕本身以让它来牵涉自己的方式把这种具有威胁性质的东西 202
开放出来，并非首先断定了一种将来的恶然后才害怕。”（第141

页）通过把对立观念归于连续的观点（“首先……然后”）时，海德格尔不合理地让它变得难以置信。显然，海德格尔自己的观念——在害怕中我们只能把某物经验为威胁——也是站不住脚的。确实，我们只能把某物感受为威胁，就我们害怕它而言——实际上，害怕恰恰在于此。但毫无疑问，把某物看作威胁，但同时完全不对它感到害怕，这也是可能的。

从这个区分出发，人们可以在初步意义上认识到，为了确立情感的展开特征应该被表明的是什么。首先应该清楚的是，情感的本质未被充分规定，如果人们只是断言它们与事态有关的话；毋宁说，它们总是有关事态，在其中某物对我或对某他人表现为好或坏的。在害怕的情况下，所涉及的是一个将来的恶；在生气的情况下，所涉及的是某人轻视我的事实；在感激的情况下，所涉及的是某人对我做了好的事情的事实；在嫉妒的情况下，所涉及的是好的某事在其他人身上发生而不是我；等等。在所有情况下，我们首先都有一个描述的事态——例如，某事被预期或者某事据说或者已经被完成——，其次它们对我或者其他人表现为好或坏。现在我们可以问：在这一意义上，一个事态是好或坏的经验是否只在情感中并通过情感发生。

在害怕的情况下，当然不是这样。我并不是通过害怕知道一个被预期的事态是坏的，而是因为我归纳地知道这种事态对我具有如此这般的后果。但你们会问，不是我的情感性使将来的事态对我表现为坏的吗？连这一点都至少不是必然的。亚里士多德确切而严格地指出两种相关的可能性：被期待的恶可以是有害的（解构的）或痛苦的。不需要一种感受来作为前者的标准。当然只有在第二种情况下，一种感受是标准，但如果它涉及物理的疼痛，这就不是一种情感；因此，在任一情况下都不是害怕作为恶的标准在起作用。但是，在这个解释中，一个情况现在 203
变得明白，此时情感性具有构成作用：我们把某物经验为对我们是好的，我们认为某事有益于我们的福利。让我们考虑一下一个活动中的愉快。这显然是一个与亚里士多德列入情感中的现象不同的结构。但它当然能在与情绪同样的程度上被放在情感领域中。对斯宾诺莎而言，欢乐和悲哀是基本情感。哪些活动——存在方式——我们认为有益于我们的福利，哪些活动使我们的生活值得过，哪些活动被我们认为是好的生活的一部分，这些问题取决于并只能取决于我们对什么感到快乐。

亚里士多德也把爱或友谊列入情感，而这些显然与愉快密切相关。我们喜欢谁取决于我们是否享受与他们在一起。因此，我们也可以说，是我们的情感性将那个他人“认识”为我们喜欢的某人。

像嫉妒、怜悯、感激和羡慕这些情感的状况是不同的，它们也涉及与他人关系。在这里我选择怜悯为例，因为它在以下方面类似于害怕：在怜悯中，我们关心其他人的恶，而在害怕中我们关心我们自己的逼近的恶。正如害怕的情况，展开有关其他人的恶的再一次不是情感。由于我在我自己的存在中关心他人的遭遇，怜悯区别于无感情的对其他人遭遇的认识。因此，在怜悯中——也只有在其中——我的存在对我被展开为一个受折磨他人的恶影响的存在。在怜悯中——也只有在其中——我把那个恶经验为影响我自身的恶。因此，在怜悯中恶被构成以一种方式影响我自身的某物，这种方式类似于此方式：通过它，一个行动只被构成通过在其中享受愉快而属于我的福利。加上必要的修正之后（mutatis mutandis），相应的东西也适用于所有与他人有关的情感。只要我只描述别人对我的轻视，那么在我的存在中我就不受它影响。只有在我倾向生气的基础上，我才经验到我自身——我的存在——被轻视所影响。

我们现在可以看到，害怕展示了一种对海德格尔的论点特
204 别不利的例子。因为害怕有关于人们自己将来的恶，人们不能说这种恶只通过害怕被构成为对我的恶；人们甚至不能说，只是通过害怕，将来的恶才成为现在可以被经验的恶，因为这在无情感的期待基础上也是相当可能的。害怕不同于这种期待，只是由于在其中将来的恶被感受为当下的恶，而这一点显然是不重要的。然而，在这个不重要性中，对海德格尔真正关键的要点被隐藏了，因为将来的恶被感受为当下的恶这一情况意味着，我在我当下的存在、现在要被实现的我的存在中被它影响——就像在其他情感的情况下一样。因此，在害怕的情况下（当然对希望也一样）展开特征更难于认识，因为不像其他情感的情况，它不涉及事态（作为对我好或坏的事态），而只涉及我自身（作为在我的福利中通过事态被影响的）。但这就是海德格尔想坚持的关键：情感是联系自身与自身的方式，在它们中我遭遇我自身；或者，更确切地说，在它们中我面对着我的去存在，作为有待存在、有待承受的东西（在与影响其福利的事态的联系中）。愉快与痛苦在相同程度上被承受。“承受”（Erleiden）这里代表被动性，无论关于情感在传统术语中（希腊语pathos，拉丁语affectus，德

语Leidenschaft），还是在海德格尔谈论被抛的展开或去存在的实际性时，以及在我把这个实际性解释为实践必然性时，它都是这样被认为的。再一次，似乎只有海德格尔作为自身与自己去存在关系的自身对自身之行事观念，可以使公正对待这个现象上的事况成为可能：在情感中感到自己被对关涉其福利的事态所影响的，正是这个人自己。

在狭义上的情感这里，人主要与每一次的事态相关并一同经验其自身，就它受关涉其福利的事态所影响而言。而另一方面，在那些可以（跟随海德格尔）被标示为情调的感情状态中——像沮丧、快乐、幸福、无聊、不悦以及焦虑这样的状态——，直面自身（Konfrontation mit sich）这一点被凸显出来。很明显，海德格尔在第29节想到这些现象，在这里他论述了现身情态（Befindlichkeit）；而只是当海德格尔在第30节中把 205
害怕看作现身情态的一种样式，并且从未明确指定区别情调与情感的标准时，才产生了某种不清晰。导致混淆的还有：海德格尔把害怕标示为"非本真的现身情态"（第341页），并对立于作为"基本现身情态"（第184、342页）的畏（Angst），而他把畏解释为这样一种情调，在其中此在使自身面对其自由，因而畏属于"本真"实存的语境。对海德格尔而言，这是畏的特殊性，而绝不对所有情调有效（参见第345页）。因为海德格尔只要感兴趣于"本真的"与"非本真的"之间的区别，所以他没有指明情调和情感之间的一般结构区分。但它已经够明显了。维特根斯坦通过"在情感中"区分"被指向的与未被指向的"来标示它（《纸条集》，§488）。

情调由于不具有意向对象而区别于情感，而且人们也必须要说它们不包含得到充分界定的行动动机。由于情感的定义特征借此而被丢掉了，因而肯尼根本上反对承认这种“无客体的情感”(《行动、情感和意志》，第60页及以下)。因为“情感”(Emotion)——也就是情感(Affekt)——是通过每一次的对象关联来定义的，因而无对象情感的可能性必须确实被否决；但情调恰恰不是情感，虽然它是一个感情状态[①]。人们宁愿不得不构想行动标准，通过它不同的情调要以这种方式被刻画，即它们定义感情倾向(affektive Disposition)——如海德格尔所说的“可发生牵连的状态”(Angänglichkeit)——在其基础上人在行动状况下以这种或那种方式对偶然事件做出反应，并潜在地影响他的福利。无论如何，这个不充分的、仅仅是规划上的刻画表明了，情调是人的一种状态，涉及人的一种与“整体”相关的、情感性的开放和封闭。而且，海德格尔就是这样来描述它的：“现身情态的有情调状态从实存论上构建着此在的世界敞开状
206 态。”“情调一向已经把在世存在作为整体展开了，同时才刚使我们可能向着某某东西制定方向。”(第137页)

因此，肯尼对情调的否定的更深理由可以在他缺乏世界或行动处境概念的情况下被了解。如果缺乏这样一个概念，似乎就只可能在有关对象的感受和纯粹感觉这二者间作出选择了[②]。一

① 肯尼关于“客观情感”的说法似乎要归因于以下事实，即在《纸条集》的英译本中，维特根斯坦的用语“心灵活动”(Gemütsbewegungen)被翻译为“情感”(emotions)。

② 参见肯尼：《行动、情感与意志》(1963)，第3章。

个对象关联也可以在情调的世界关联（Weltbezug）中被发现，但与情感的定义明确的对象关联相比，它是更开放的且未规定的对象关联。

在我看来，决定一个感受表达是否代表一种情调的大致标准就在于，它是否可以被用作对这个问题的可能回答：你怎么样，情况怎么样，你感觉怎样？这个问题可以在一切我们有意识的瞬间被回答，而在这一点人们必须承认海德格尔——我们始终在这种或那种情调中。当然，有很多感情表达，它们既可以被用于情调，也可以在具有对象关联的情况下被使用。例如，“我对某东西悲伤”，或者简单点“我悲伤”。如果语词在第二个意义上被使用，作为“你怎么样？”（wie ist dir?）的问题的回答，那么作为回问，“到底关于什么？”（worüber denn?）就并不显得比“为什么”（warum?）更合适。只有这样才意味着，悲伤被看作一种情调，而不是一种被指向的状态。然而，还有若干过渡情况（Übergang）。在回答问题“你怎么样？”时，人们甚至可以用一种直接的情感表达来回答，例如，“我生你的气”。但这就意味着这个情感如此占据主导，以致它规定了我的现身情态整体。这些过渡情况意味着，每一种由特定事态导致的情感上的关涉都对我的现身情态整体施以影响。然而，我的现身情态不是由我对不同事态的情感态度的总和构成的。上面提到的问题如“你的情况怎么样？”预设了一个统一的整体现身情态，而问题的类型（你怎么样？）似乎肯定了这不是仅仅涉及人的任何状态，而是涉及那种人在其中面对他自己的状态类型（Zuständlichkeit）；但这只能意味着人面对他的生命，或者他的去存在。

现在海德格尔的论点是：在一种情调中，去存在被经验为
207 有待存在的（zu-seiendes）去存在，也就是在“托付的实际性”中，在其中此在的“它存在且不得不存在”向它展开自身（第134—135页）。这个论点对你们中的一些人可能会有直观的合理性，而对另一些则会显得奇怪。它可以被带入一个可检验的争论的语境中吗？我愿意做一个尝试。

海德格尔描述一种情调，好像它在某种程度上把此在带到那种——如他所说的——“裸露的”“它存在”（daß es ist，第134页）。另一方面，他在“沉重的”和“高昂的”情调之间进行了区分。明显，“它存在”会根据涉及哪种情调而表现出不同“色彩”。这个比喻的背后是什么？如果我们集中于问题“你怎么样？”，显然有两个最简单的标准答案：“好”和“坏”。这些极为粗糙和不确定的回答指出一个范围，从“我高兴”到“我绝望”，而且这些回答似乎与生命对某人显得“有意义”还是“无意义”有些关系。因此，情调绝不表现为把我们带到“裸露的”去存在面前；而是，在其中我们总是以特殊方式把去存在经验为好或坏、有意义或无意义。我们也在情感这里看到，它们所指涉的事态总是通过影响我们的福利有关我们，因此我们在情感中把它们经验为对我们好或坏。这种与对我们好或坏的感情关联要如何理解，为什么海德格尔忽视它？

我们把我们喜欢、希望或者在某些情况下在慎思基础上想要的东西称为好的或更好的（参见上文第151、178页）。在海德格尔这里，好的概念没有出现，而是为何之故的概念在起作用。

本己存在是此在最终所“为了”的那个东西，即此在的操心的对象或者——以传统的方式来说——此在的意愿的对象。但这在生存意义上不完全对。毋宁说，我们看到（参见上文第178页），对亚里士多德，在有意识地且慎思地被指向其存在的活的存在物那里，不仅关于对其生命的保存而言什么是好的问题，而且关于什么构成好的生命本身的问题已经出现了。或者，用现代术语并用海德格尔后来使用的一个概念（第151页）来表达：关于生命意义的问题出现了。在努力不仅仅被愉快或不愉快所规定（像 208
在动物那里）之处，即它作为意志而被指向生命之处，它必须被指向一种特殊的生命方式、一个目的或一个意义，如果意志不是要在真空中起作用的话。现在这产生了如下结果：人类生命在被充实的有意义和空洞的无意义之间的天平上活动。

我们已经看到，在情感这里，如果没有动机的-意志的方面，则它们根本不能被定义，对情调也是一样。确实，海德格尔强调所有理解（在这个标题下他论述了为何之故）都是现身的（befindlich），反之亦然（第142页）。但实际上他并没有考虑这当中的关联。这个关联在于这一情况——这其实是不言而喻的——正是所关涉的这个存在本身在情调中被经验为有待存在的存在。在情调中，我们忍受我们的意向和希望的成功或失败的影响。在这点上对我们来说“它进行得”（es geht）“好”或“坏”。如果最终我们的意向和希望不再找到联系点，如果没有东西再具有意义，一种沮丧或绝望的情调就产生了。就像在情感的情况下一样，情调本身显然也是一种意志的动机出发点，尽管这里它不是指向专门目的的意志；而是，它是作为生活意志的在日常话语中简明地被刻画的意志。因此，每一种情调都在于整体的意志倾向。

现在我们可以回到海德格尔的论点。首先，在我看来，仅被海德格尔断言的那个观点——即情调实际上与人们的存在有关（当然作为在世存在）——通过与所涉及的存在的关联而变得确凿无疑。同时，现在变得清楚的是，情调总是以一种特殊的如何（Wie）展开人们的存在，以一种为了意志并因此是好的、坏的等等的如何。情调不仅在这样的如何中为意志展开生命的事实，而且人们必须实际地把这种经验的特定被动性——情调中的“感触之物”（Pathische）——理解为在这个存在的“情况”（Daß）和“去存在”（zu sein）中对这个存在的经验，这一点初看起来对否定性的情调很明显，在这些情调中，像海德格尔所说，“此在
209 的负担性质（Lastcharakter）”（第134页）被经验：我们在不悦中，或者在无聊中更清楚地，以及在沮丧中最敏感地经验我们自身面对着必须实存的不可避免性。在沮丧中，在世存在本身，“裸露的”“它存在和不得不去存在”向我展开，因为我们不能再专注于一种特定活动。当然，我们现在可以看到，这种“裸露性”不属于情调一般，而是属于生命在其中被经验为无意义的那种极端样态。这也就是那种机制（Verfassung），关于不去存在是否好过去存在的问题就从那种机制出发而提出。如果这个问题不仅仅是理论的，那么它从我遭遇到“我存在和必须去存在”的事实得出其意义。在“我拒绝”或者“我不再愿意”中，人们经验到“我必须”。借此，海德格尔的为否定性的情调而提出论点在我看来就得到证明了。但它对积极的情调也有效。我发现，

一些经常为反对海德格尔而提出的异议——他对否定的情调有偏爱——是不正当的。首要地以否定情调为定向的做法，是有方法论上的理由的：这个结构在这些情调中——就像通常在否定的东西中那样——更容易被承认。[①]在不幸中被否定的同一个东西，在幸福中被肯定，它就是在世存在，而这个“是”（Ja）——像所有“是”一样——是在一个可能的“否”的背景下出现的，反之亦然。无意义的可能性是幸福的衬托。但你们会问，情调、感受可以被理解为“是”或“不”的陈述吗？当然不能。毋宁说，在这里讨论的“是”和“不”的陈述中，意志、“生活意志”表达自身；但生活的意志只是在被那种在情调中被经验的“我存在且必须去存在”以如此这般的方式影响的基础上才是它所是。

因此，我得出结论：海德格尔的论点——情调是自身意识的方式（关于自身对自身之行事）——能够承受得住分析性的审查，并且要被视为真正的发现。当然这只能凭借自身对自身之行事是某人自身与自己存在的关系的预设才能获得。由此变得清楚的是，这个预设不仅使自身对自身之行事的抽象结构概念得以可能，而且展开了这些视角，它们指出，自身对自身之行事比 210
起人们在依循反思概念时所设想的东西而言，涉及的是一个丰富得多的现象。

① 被海德格尔称为此在在情调中，甚至在“高昂的情调”中敞开的“负担性质”的东西（第134页）不能被看作“否定的”。这种负担性质所代表的就是实存必然性的不可证明。不过由于海德格尔并没有深入阐释否定情调中的那种独特的否定之物，也没有深入阐释积极情调中的那种积极之物，因而他会导致一些可能的误解。

而且,也变清楚的是,一个将自身与自身相联系的存在物,其任务在于,给予其存在以意义。我们刚刚看到,某人自身与其自己存在的关系的这第二个方面,即此在对这一存在的涉及,实际上比它在海德格尔的论述中所表现的更密切地与情感性的方面相关联。我认为,海德格尔对自身对自身之行事的这一方面的说明没有对现身情态的论述那么有成效。关于为何之故,人们本来期待,海德格尔会按照自身对自身之行事来阐明一些熟悉的人类学现象,就像他在现身情态方面把情感和情调表明为某人自己存在的展开方式那样。我们刚刚看到,这些相关现象是那些意志的和行动及活动的现象。但海德格尔把自己从传统中解脱出来的需要在这里如此强烈,以致他没有给予这些熟悉的现象新的阐述,而是选择了通过一系列被独特地引入并被不充分地解释的术语来阐明主旨。这种通过语词堆积来解释的程序在《存在与时间》中是常见的,而且它关乎那种被我称为唤起式方法的东西。海德格尔用来描述自身对自身之行事的这个方面的最重要术语可以在它们如下的相互关联中被展现。

此在有关其作为为何之故的存在。这个存在总是可能的存在或者存在的潜在性。这个能在的展开在理解中发生。理解具有筹划结构,而筹划总是有关意义。

因此,最重要的术语是这些:“为何之故”“可能存在”“理解”“筹划”“意义”。通过解释海德格尔对这些术语的论述,我同时会尝试至少是概括地(ansatzweise)思考那些刚刚提到的但没有被海德格尔实现的需求,以便于至少可以暗示出,在我看来人们应该如何在这里继续进行。

为何之故的概念是唯一一个传统的且其理解没有引起特殊困难的概念。“为了它”是对亚里士多德的表达hu heneka的翻 211
译：所关涉的东西也就是亚里士多德简单地标示为télos的东西，即目标或目的。对亚里士多德和海德格尔而言，人的行动和活动的最终为何之故都是他自己的存在。我们已经看到，此时所涉及的不是纯粹的存在保存，而是存在的如何（Wie）。而这意味着：人们不应该好像我们一方面有一种活动，另一方面有为何之故似的，把为何之故理解为要通过活动而产生的某物。毋宁说，生命或存在只在于活动。我已经在上一讲中提到这个，在那里我提及了活动和行动，但我还没有定义这些概念。在所有那些我们把意向的和慎思的事件区别于纯粹发生的地方，我们会谈论做事（Tun）。这意味着，在某物被做或被行为所涉及（gehandelt wird）之处，我们处理的是一个过程，在这里，是否进入这个过程的各个接下来的阶段，取决于行动者是否想做它。在这个广泛的行动概念之中，人们可以——对应于追溯到亚里士多德的区分——一方面谈论狭义上的行动，另一方面谈论活动[①]。狭义上的行动要被通过目的来定义，而活动是慎思的过程，其中每个阶段彼此相像。在这个意义上，例如，游向对岸是一个行动，而活动只是游泳。这个区分的标准在于，人们可以只谈论速度，而不谈论行动的持续（Dauer），而反过来对活动，人们只能谈论持续而不能谈论速度（Geschwindigkeit）。

① 亚里士多德：《形而上学》，第9卷，第 6章；《尼各马可伦理学》，1173a 33，1174b 8。怀特（Wright）：《规范与行动》（1963），第41页。肯尼：《行动、情感与意志》（1963），第8章。

在目前的语境下，这个区分是重要的，因为我们明显只能实行为自身之故的活动；因此，只有活动是存在方式的候选项，是我们在其中实行本己的存在的那些具体的部分单元的候选项。因为行动由要通过它们被达到的目的来定义，人们似乎只能意愿一个行动，作为那个借以被达到的目标的手段。当然，这里会
212 出现异议：人们可以为一个目的并同时为自身之故而做事。然而，必须注意，在行动和活动之间存在着一种交互的奠基关系。首先，每一个行动都奠基于一个或多个活动中：我只能通过游一会儿游到对岸，我只能通过以一种特定方式工作一会儿来修理一台机器。其次，反之亦然：只有当我走完一条特定线路，甚至更为根本和普遍地，只有当我完成特定的目的指向的身体运动，我才能游泳。既然存在（生命）本身只能在结构上被标示为活动，那么似乎可以合理地说：我在不同活动中实行我的生活，尽管后者一方面被奠基于行动而另一方面为行动奠基。现在人们是不是也应该说：如果人们既为一个目标之故，又为自身之故而做事，这就涉及一个被奠基于活动的行动，而这既是行动的目标（例如，达到对岸）也是活动本身（例如，游泳）。在我看来，这个论述没有公平对待这种可能性：我们可以恰恰就某个活动的指向特定目标的那种属性而为这个活动自身之故来意愿这个活动。这个困难指出，人们必须更紧密地把握活动与行动之间的关联。

现在，如果本己存在是人的为何之故，那就会得出，无论一个人如何规定其活动存在（Tätigsein），他都必定感兴趣于，他能够也为他自己之故而做他所做的事。我认为，对于把握马克思

用异化劳动所指的内容，这个过时的亚里士多德概念框架提供了比黑格尔的框架好得多的基础，黑格尔的框架以主-客模式以及不清晰的同一概念为定向；我坚持这一点，尽管马克思自己是在黑格尔的框架中把握这个现象的。一个活动，如果人们没有或者不能为它自身之故来实行它，那么它就是异化的。

海德格尔自己没有谈论行动和活动，但他把人在其中实现其存在的各个存在方式具体地标示为（去存在的）可能性。我们因此来到第二个术语面前。为什么海德格尔选择这个名称？我认为有两个原因。

第一个原因——我必须更详细地研究这个原因——在于 213
海德格尔想强调自身对自身之行事的那个方面，它来自对存在理解以及意向语句的是/否两极性。（参见上文第183页）现在所涉及的不是我们在现身情态中所认识的、作为对实存必然性的肯定和否定的那种一定程度上被动的或回应式的（antwortend）是/否，而是主动的、选择的是/否，它是愿望和意愿本身的一部分，因此也是我们做事的一部分。我们既在与我们的存在一般的关系中，也在与我们在可能性的自由运作空间（Freiheitsspielraum）中的每一次做事的关系中现身。这个运作空间在“我可以……”（“我可以做这些，我也可以克制不做”）形式的句子中被表达。因此，像海德格尔说的，所有实存意义上的存在都是如此这般的能在（Seinkönnen）（第143页）。每个意向语句——因此也包括所有的做事——都始终是在句子“我可以……而且我也可以不……”中向我们展开的运作空间之内的明确或不明确（当然通常是不明确）地作出的决定。在这里我们也可以用更清楚的表达“知道”来代替术语“展开”。在那些对行动可能性之运作空间的意识存在的情况下,我们可以说“我知道,我或者可以或者不可以完成它”。因此我们在这里论述关于**自己**的**实践知识**,与认知性的自身意识相比,它不是关于我处于如此这般状态或者不具有如此这般特点的知识;而是它涉及我具有以如此这般的方式去行动的可能性的知识,同时这意味着一种特殊的行动处境被预先给予。因此就提出了关于这些“可以”语句的独特意义的问题,也就是关于可能性在这里指什么的问题。

海德格尔着重强调,在实存或行动可能性情况下(现在我在“做事”的广义上使用“行动”一词,它也包括活动),“可能性”或“能在”的意义不同于“可能性”或“能在”的其他意义;但如往常那样,强调的强度与缺乏分析性阐明是一体两面的。他写道:“此在不是一种附加了能够做这事那事的能力的现成事物,此在原是可能之在。……此在在实存论上向来所是的那种可能
214 之在,有别于空洞的逻辑上的可能性。它也有别于现成之物的偶或可能,偶或可能只不过表示可能有这种那种事情借这个现成事物‘发生’。可能性作为表示现成状态的情态范畴意味着尚非现实的东西和永不必然的东西。这种可能性描述的是仅仅可能的东西。它在存在论尚低于现实性和必然性。”(第143—144页)

这段引文包括两个陈述:(1)作为实存论特性的可能性是“此在最积极的存在论规定”,以及此在“原本[就是]可能存在”——这些解释只能这样来理解:在这里现实存在本身必须被理解为可能存在。(2)这个可能存在既要被区分于逻辑的可

能性，也要被区分于"偶然"（Kontingenz）。但海德格尔并没有解释它要**如何**被区分于可能性的这些意义。但如果第一个陈述——在实存领域中现实性和可能性以某种方式重合，或者可能性代替了现实性——根本要有一个意义，这只能从对第二个陈述的论证中推断出来，即从语词"可以"在这里具有的特殊意义中推断；而这个论证是缺乏的。

让我们尝试着重构它。[①]比较句子"我可以（可能）现在中断讲座"与句子"演讲大厅的天花板现在会（有可能）塌"。在第二个句子中，逻辑的可能性和"就后者会'发生'如此这般的事而言的现成在手的某物的偶然"都可以被例证（exemplifizieren）。在第一种情况中我们会说，在逻辑理由上不能预先确定其对立面为真；在第二种情况下我们会说，在经验理由上不能预先确定其对立面为真。两种情况下，我们可以把可能性表达放在整个句子前面，说"这是可能的：演讲大厅的天花板现在会塌"。因为上述理由涉及的是那个由daß这一表达所引出的句子的真值。[②]让我们试着把同样的情况用在第一个句子上。它也可以被重新表述为"这是可能的：我现在要打断这个讲座"吗？如果我们这样重新表达它，那么它就具有与另一个句子对应的意义：它表达了一个预测；因此，它包含着对要求这个事件发生、但没有排除其对立面的那些经验性理由的不确定指涉。如 215
果人们这样重新表述这个句子，例如，如果你要以第三人称表达

① 关于不同可能性之间的区分，尤其参见沃尔弗（Wolf）：《可能性与必然性：亚里士多德和今日》（1979）。

② 德文词daß在此是主语从句的引导词，相当于英语的that。——译者

这个句子，它就会暗示如下内容——“（就我对他所知以及在他现在所处的状态中而言）这是可能的（某些情况支持这一点）：他现在要中断讲座”。不过，在这个意义上，这个句子并不具有当我用它来表达“我正考虑这样行动”这一点时它所具有的意义。在后一种情况中，我的意思是，讲座是否中断取决于我。但现在我们必须找到一个表述，让这一意义得以明白地表达。

因此，我们的第一个结论在于，语词“可以”在这里具有一种意义，后者不允许重新表述为“这是可能的……”。这个“可以”不能以命题的方式被理解为“真理上的存在”的一种样态（参见上文第181页），而是要以谓语的方式理解：它表达了对主体——在这个情况下就是对我——的一种规定。存在着这种不能以命题方式被理解的语词“可以”的使用方式，这在一开始似乎令人奇怪，但近来它已经在分析哲学中被论证。在这里我指的是艾耶尔（R. M. Ayers）、肯尼和沃尔弗（U. Wolf）的研究。[①] 这些作者表明了，这对于那种比我们这里涉及的更少争议的“可以”的使用也是有效的。而且，当我们使用语词“可以”来表达某物有一种能力（Fähigkeit）的情况时，这也有效——例如，“这个玻璃杯可以破裂”。这个句子不能被翻译为“这是可能的：这个玻璃杯破裂”。毋宁说，这个句子说的是，当特定条件出现时，这个玻璃杯会破裂（而不是：可能的是，之后这个玻璃杯会破）。因此，这个句子指涉的是合法则性（Gesetzmäßigkeit），而不是

① 参见沃尔弗：《可能性与必然性：亚里士多德和今日》，§§ 24 d, 25 c；肯尼：《意志、自由与权力》（1975），第7章。

指涉可能性语句。当然，这不是一个证据，不过我可以给出一些在细节上你们可以作为参考的文献。

现在有一种特殊类型的能力，对于它出现了另外一种复杂性。肯尼把这种能力标示为“意志的能力”[①]。这里所指的是这种能力，其现实化（Realisierung）不仅依赖于合适的条件，而且依赖于具有这个能力的存在是否想要现实化。例如，某人可以拉小提琴，即他有这个能力这么做，但这不意味着，当实践这个能力的相关条件出现时（小提琴的可获得等），他就会表演；毋宁说，我们总是必须补充：“而且如果他想［这样做］的话。”现 216
在我有能力和机会中断讲座，但我想这么做吗？正如能力的现实化不仅依赖于机会，而且依赖于意愿，那么显然相反的情况也是有效的：我想做某事，只要我有能力和机会做的话。我能够考虑做某事的前提是，我有能力和机会。这似乎正是“我现在可以中断讲座”这句话的意义，如果它指的是一个表达行动可能性的句子的话；它说的是我有能力和机会，因此它意味着行动的实施只依赖于我是否想做。

从这个观点看，“我能，如果（只要）我想”这个奇特的语言用法——它已经成了大量争论的目标——就变得可理解了。[②]似乎我们可以把这个直接看作一个标准，来衡量一个“可以”语

① 参见肯尼：《可能性与必然性：亚里士多德和今日》，第129页。

② 参见奥斯丁：《如果和可以》（Ifs and Cans），收于《哲学论文》，Nowell-Smith。新近的解释来自肯尼（同上，第141页）。按照肯尼的看法，“如果我想的话”应该被理解为对“我可以”的一个认定（Qualifikation），而“我可以”是指能力意义上的“可以”。但这种理解与如下情况是矛盾的：我们并不会使用这些句子来赋予某人一种能力，而是用来表达某种具体的行动可能性。

句是否被用来表达一种行动可能性；在这种情况中，“可以”语句总是能够被重新表述为例如“我现在可以中断讲座，只要我愿意”。更确切地说，其所指的是：我可以中断讲座（能力加上机会），而且我是否会中断依赖于我是否想这么做。

为了更好地作出说明，我们也可以用过去时澄清这个问题。如果我在讲座之后说“我本可以在讲座中间中断它”，我可以补充“只要［当时］我愿意”；我由此意味着我本可以中断它，如果我愿意的话。去这么做的机会是有的，而我并没有那么做，这一点只取决于我。“只取决于我”当然不是指取决于我之中的神秘自我，后者现在从未被预料到的视角——自由问题——中强行加入。毋宁说，“只取决于我”意味着，它取决于我的意志，而这个名词性的说法[1]也显然不指涉我之中的作出决断的某物；相反，显然地，当我说“它只取决于我的意志”时，我的意思是“它只依赖于我是否想这样做”。

现在，你们当然会问，什么是这里所依赖的？如果人们对这个问题的回答是，这依赖于我的心理机制、我的性格等，很多人会把这样一个回答看作对自由行动可能性的否定。在这种情况下
217 我根本没有决定，而是我臆想的决定只是某种内在的力量运作的（原则上可预见的）结果。这个反驳也可以用于我们思想进程中之前的一个阶段：所谓的意志能力与其他能力的区别在于，它的现实化不仅依赖于条件，也依赖于意愿，这一点是正确的吗？人们会宣称，这虽然是正确的，它们依赖于机会以及意愿，但是这些

① 名词性的说法指的是“我的意志”。——译者

共同构成了现实化条件；意愿只是一个进一步的条件。

对于这个论证，例如肯尼会反驳道[①]：人们不能独立于“去做x”来确认（identifizieren）“想要x”。如果某人有做x的能力和机会，那么“去做x”这一点是不需要预设“想要”的一个可确认的发生的；而是，他自愿做x，意味着他想这样做。我通过做这件或那件事决定我现在是否想中断讲座的问题。但如果“想要”并不是一个独立于“做”的可确认的发生，那么它就不能被标示为另外的条件——行动可以在因果上依赖于它。而沃尔弗指出，同一点也对我们在行动之前就把握了相应意向（Vorsatz）的情况有效，因为这种意向也在分析上与行动相关联，即它不是独立的经验性条件[②]。

这些考虑的结果是，在上述分析中对机会和意愿做出的截然区分无论如何都是正确的和必要的。但决定论问题借此也只是推后了一步。如果每一个“想要”都不是独立的因果因素，那么问题依然存在，即“想要”本身以心理学机制为条件。但这为什么真的应该困扰我们？一个决定因其本身有心理学上的条件就不是一个决定，这样一个观念在我看来是没有根据的，而关于什么构成自由行动的问题，会因为把它与决定论和非决定论形而上学问题联系起来而变得含糊不清。关于自由行动的问题是纯粹描述的，而且它涉及的是一些标准，即在哪些经验性条件

① 肯尼：《意志、自由与权力》（1975），第129页。

② 沃尔弗：《可能性与必然性：亚里士多德和今日》（1979），§256。（“§256”，原文如此。但查核沃尔弗原书，该书并无那么多小节。根据沃尔弗原书内容，推测图根特哈特此处想标注的可能是“§§25—26”，即第25—26节。——译者）

下，我们会将一种行为称为自由的，并且其有效性独立于——这
218 是完全未被澄清的——该行为在细节上或统计学上是否可预见［这一点］。而更易于理解的是，肯尼的分析不是因为如他自己所见的那样隐含了非决定论的要素，而是因为他没有正确对待自由行动的描述性的实事，而应该受到批评。

不过还存在一个问题：当人们所做的依赖于人们所想做的时，人们是否确实就能把该行动称为自由的。这个论点隐含了——而这被肯尼所明确接受的[①]——我们也必须把动物的行动称为自由的。现在肯尼可以如他所愿宽泛地定义这个概念。但接着会有这样的问题出现：所给出的这种解释是否与我们通常使用语词"自由的"和"负有责任的"（zurechnungsfähig）的方式相一致；并且——这在我们的语境中是一个决定性的问题——这种解释是否确实描述了在那些表达行动可能性的句子中所包括的"可以"的那个意义。除了别的考虑，我们必须正确对待如下情况：我们可以在一个程度渐变的（graduell）意义上谈论"自由的"；例如，我们在某个喝醉了的人的情况下谈论程度较轻的责任。这个醉汉做他想做的，但我们会说"这取决于他"吗？如果不是这样，那么显然，"它取决于我"意味着"它只取决于我是否想做"的论点必须被修改。

在动物这里没有的，而且在某个喝醉的人这里被预设为在一个减少的程度上出现的，正是慎思（Überlegung）的能力。现在那些要被阐明的"可以"语句似乎也属于慎思的语境，而就是这

① 肯尼：《意志、自由与权力》（1975），第129、143页。

个特征是肯尼没有考虑的。现在便引起了一个完全不同于肯尼和沃尔弗所提供的、对我们为什么不应该把“如果我想的话”归于行动条件的证明:“如果我想的话”占据一个特殊地位,因为它对慎思的行动者将“在行动处境中什么被预先给定”——这使行动对他成为可能——与“什么依赖于他”区分开具有根本意义。后者涉及他是否想这么做的问题,而这意味着他对它采取什么立场。同时很清楚,所涉及的不是任何随意的慎思处境,或者只是任何随意的实践问题;它不涉及对给定目的的最佳手段的慎思。毋宁说,我们在慎思的是我们想做的东西,而这包括我们想成为谁的问题。在动物那里,它们所做的依赖于它们所想的,但它们不能问自己它们想要什么;而这意味着它们不能知觉到行动的可能性,即对它们而言没有“我可以现在中断讲座”类型的“可以”语句的对应物。 219

什么叫作:问自己想要什么?因为这是一个实践问题,所以问题不是去查明我实际上想要什么,我的偏好(Neigung)是什么,而是对我的偏好采取什么态度。因此这里有必要回到直接意愿——即偏好——与慎思的意愿——即严格意义上的意愿——之间的古老区分上;这是弗洛伊德用他的概念“本我”和“自我”(虽然他因此把这个问题物化了)而看到的区分(参见上文第148页)。肯尼考虑的直接意愿[他说的是“想”(wants)]与其说是当慎思的行动者说“我可以,如果我想”时所指涉的内容,不如说是我们必须将偏好也一起考虑到那些先于意愿而被给出的条件之中[①]。如果我说“我可以现在中断讲座”,由此我意

① 参见汉普舍尔:《思想与行动》(1959),第3章。

味着我不仅有这么做的能力和机会，而且有要这么做的偏好，在某种情况下甚至是与这种偏好相对立的一些偏好，它们也许来自羞或责任感；但现在在我慎思时，问题出现了：**我想**做什么？我们已经看到，这个问题并不预设“自我核”（Ichkern）；它并不表示“‘这个自我’想要什么？”，而是“我想成为谁（或如何存在）？”。如果你们愿意，那么现在的“它取决于我”当然比起之前的版本——其中它只在直接意愿的意义上表达“我是否想这么做”——有了更深的意义；但它［其实］并不具有这个更深意义，因为这应当涉及另外一种自我。毋宁说，［此时］所涉及的总是同一个人（Person），而“它依赖于我”再次指的是“我是否想这么做”，只不过现在谈及的是一种处在慎思领域中的意愿。如果偏好本身属于那些先于意愿而被给出的条件，那么这就意味着，在慎思中被指向的选择（当他成为行动可能性之间的选择时）也是倾向之间的选择；而如果人们想同意肯尼，认为选择
220 也是直接意愿的一部分，那么在采取立场的意愿中涉及的便是第二阶的选择[1]。

如果这是对所讨论的“可以”语句的正确解释，那么可能看起来好像一种不对称会在第一和第三人称“可以”语句之间出现。因为我已经说过，“可以”语句的意义只能在人们从慎思之人的视角看它时才能被理解。但如果人们用第三人称来言说，那他当然完全可以假定，他所谈论的这个人处在慎思的运作空间之中；而且我们实际上就是以这种方式谈论某人，说他是负有

---

① 在此我要感谢查尔斯·泰勒（Charles Taylor）。

责任的。只有在这种情况下我们是以表达一种行动可能性而不是预测的方式使用第三人称“可以”语句。我已经提到，如果你们说“他可以现在中断讲座”，这暗示你们实际上指“这是可能的……”，或者“他的心理学机制没有使之显得不可能……”，但你们也可以在我用这个句子的相同意义上使用它；你是否以这种方式在使用它的标准一如既往地在于，你是否用以下方式完成它：“他可以，如果他想的话”。你们正以把你们自己放在我的立场上的这种方式谈论我，而我以完全相同的方式谈论我自己，当关于一个过去的情况我说“我本可以用其他方式做，如果我想的话”。为了能够以这种方式说话，人们无需预设所涉及的人真的是在慎思，而只要预设他有慎思的能力，他处在慎思的运作空间之内，即使他没有知觉到它。相反，在某人喝醉的情况下，我们不会毫不犹豫地说“他本可以不这么做”，因为他用以坚守他长期的意向，尤其是不要不加慎思地行动的意向的能力，就如同慎思的能力本身那样，在这一刻不存在或被减弱了。喝醉的人所做的东西仅仅依赖于他的心理学机制；这里“仅仅”意味着没有成为慎思的运作空间的一个中间环节。但这并不意味着，在别的情况中，慎思的意愿和慎思的运作空间被感知的范围本身 221
也没有心理学上的条件。像汉普舍尔已经表明的（参见上文第145页），从这个观点来看，去谈论更多或更少的自由（ein Mehr oder Weniger an Freiheit）也是有意义的。

可以大致以这种方式来解释海德格尔关于“实存的”可能性或者行动的可能性与偶然性意义上的可能性之间的差异的论点。我们怎么能使他的第二个论点（这显然对他很关键）——“可能性……是此在最积极的存在论规定”——可理解呢？（参见上文第214页）这里海德格尔在两页之后做的陈述会有帮助：此在“不断地比它实事上（tatsächlich）所是的‘更多’，要是有人愿意并能够把此在当作现成事物来记录它的存在内容。但它从不比它实际上（faktisch）所是的更多，因为此在的实际性本质上包含能在。然而此在作为可能之在也从不更少，这就是说：此在在实存论上就是它在其能在中尚不是的东西”。[①]在这个引文中很清楚，海德格尔在这里想表达某种他缺少适当语词的东西。他似乎只能通过假定他自己认为是错误的东西——即人们可以把此在“当作现成事物来记录它的存在内容”——来描述这个事况。这个观点在后来的更主要的段落中再次被讨论——在那里，此在的结构整体性被刻画为操心（§41）：“此在在其存在中已经先行于它自身了。此在总已经‘超出自身’，并非在于对另一个它所不是的存在者有所作为，而是作为向它自己本身所是的能在的存在。”（第191—192页）

最后这段引文毫无疑问是最可理解的。实际上，在我们关于自身对其本己存在之行事的初步分析中，我们已经看到，它只能被理解为自身对其将来的本己存在的行事。海德格尔自己在那里还根本没有提到将来，只是在《存在与时间》中后来的一处——整部著作体系的中心，在这里出现了向作为此在存在的时间性的转移——，他把他在这里标示为先行于自身存在（Sich-vorweg-sein）的东西证明为将来性（Zukünftigkeit）（第65节）。

① 参见《存在与时间》，第145页。——译者

而现在我已经把这种自身对其每一次逼近着的进一步生活的这种行事仅仅刻画为一个事实。然而，这个事实是相当奇特的，即**通过**（indem）我现在存在，我只能借助将我自己与我的将来存 222
在（但不是与一个随后的存在，而是与一个直接逼近的存在）联系起来而把自身与自身相联系，而且就此而言，在“现在”（Jetzt）和“马上”（Gleich）之间就横着一座不延展的、点状的桥梁，但借此（根据海德格尔的看法）所有与作为将来之物的将来之物的进一步关系才得以可能。而海德格尔想通过实存论的可能性概念使之变得可理解的，正是这个奇特的事实。

因此他的论点是，通过自身与行动可能性的关系，这个“先行于自身的存在”得以可能。以海德格尔更抽象的术语来说：只是因为我将自身与我作为可能存在的存在相联系，我才能够将自身与我的存在相联系，而这同时意味着，我将自身与它以将来的方式相联系。如果刚刚详述的关于行动可能性的“我可以”要如何被理解的解释是正确的，那么这便意味着，一个存有物并不是单单凭借它在意志上是活动着的就是“先行于自身”了，而是，这个与将来的关联在慎思着的“我可以”中才首先出现，即在慎思中变得明确的行动的运作空间之中。

也许这个论点可以通过强调慎思行动的另一个方面变得更清楚。我们已经看到，慎思所指向的东西是决断，相反地，所有在意向语句中被表达的行动都是这样的行动，即它们可以在任何时候被置于问题之中，而因此，可能性的运作空间对于它们来说是具有构造性意义的。现在汉普舍尔已经指出，人们可以通过提出，无论何时，当人们在做某事时被打断，他总可以说他接下来本来要干什么，来阐释海德格尔在表达“先于自身的存在”中所想的现象，即行动中“现在”和“马上”的独特的统一性[1]。在这种意义上，意向总是先于“做”。这并非明确地发生，不过它可以在汉普舍尔想象的实验中变得明确。这样海德格尔的论点——此在“不断地比它事实上所是的‘更多’”——就可以获得一个清楚的意义。“更多”是对意向行动具有构造意义，并领先于前者的那个意向。不过，每一次行动中的下一步都是一个行动可能性，而这可以再次通过一个实验而被确定，在这个实验中行动
223 者自己停下来并提出实践问题。现在我必须只再次引用海德格尔的之前已经含糊地出现过的那些陈述：此在“从不比它实际上所是的更多，因为此在的实际性本质上包含能在”（第145页）。就此而言，“作为实存论特性的可能性……是此在的最原初的、最积极的存在论规定性”（第143—144页）。

① 汉普舍尔：《思想与行动》（1959），第126页。

第十讲 海德格尔论自身对自身之行事Ⅲ：自身选择

上一讲最后，我不得不中断对自身对自身之行事的第二方 225
面，也就是与作为为何之故和可能性的本己存在的关系的解释，现在我直接从这个地方开始。我想按下面的顺序来解释海德格尔对自身与其自己存在的关系的这一方面论述的关键术语：为何之故、可能性、理解、筹划和意义。我们还在关注这些术语中的第二个。我主张，海德格尔把人在其中每一次具体实现其存在的活动标示为可能性，有两个理由。第一，他想借此划出那个自由的运作空间，在其中，我们的做事在我们理解的“是”/“不”两极基础上活动。我们看到，这与进一步的论点相关：因为我们把我们自身与我们的行动（作为行动可能性的），以及与我们的存在（作为能在）联系起来，因而我们只能把自身与我们的作为逼近的某物的存在联系起来，而只有在这个基础上，将来意识才产生了。

海德格尔选择术语“可能性”的第二个理由，我现在才谈。我已经指出，海德格尔忽略了依照他所详述的自身对自身之行事来阐明意愿式的自身关系的传统概念，因为他想将自己尽可能明显地与传统分开。为此在在其中实现其存在的那些具体单元（Einheiten）选择“可能性”这一术语，在我看来正表达了这个忽略。一方面，这个术语的选择无疑有积极的意义，它强调了人在其活动中将自身与自身相联系，因为这些活动被标示为存在的诸种可能性。这样一来，这些基础单元（Basiseinheiten）——本己存在在其中被具体化——与实存的这一普泛单元（Globaleinheit）的关联就被保证了，但由于基础单元只被刻画为诸种可能性，它们本身就始终处在完全的描述
226 上的无规定之中。这些可能性要如何具体被理解的问题——例如，理解为行动、行动的关联、活动和角色——还悬而未决，而选择“可能性”这一术语，在某种程度上掩盖了这一问题。

剩下的三个术语——理解、筹划和意义——可以在相互关联中被解释。海德格尔将“理解”描述为本己的存在展开为可能存在的那种独特的展开。在我看来，达到海德格尔的“理解”的意思的最佳可能方式是理解和意义之间的关联，虽然海德格尔自己没有这样引入理解概念。我之前曾指出（参见第168页），我们相关地使用表达“理解”和“意义”，而且人们必须区分语言表达的理解和意义与对一个行动的意义的理解。意义在这第二种意义上（如我之前所指的，这其实是第一种意义）表示与目的和目标一样的东西。理解一个行动意味着理解其意义，而这意味着理解其目的。对于一个有目的地被制作的事物来说，当我们在理解其功能——即其目的——时，也就是当我们知道它服务于什么目的，以及人们为了达到这一点必须如何与之打交道时，我们就理解了这个事物。而对于一个人来说，当我们在正确地把

握一个人的行动意向，即在其关联中的行动动机时，我们就理解了这个人。

我们已经看到，海德格尔没有清楚地区分这样一种对意义的理解与对语言意义的理解。这与他对理解和意义概念做了过多要求有关。因此他提出“所有的视（Sicht）都首先植根于理解”（第147页）这个论点，而意义是这样的东西，“由之出发”归根结底“某物作为某物而可理解”（第151页）。这导致的后果是，在海德格尔那里，“意义”的那个专门属于实践和意愿的方面就后退了。所以我们必须不考虑这种超载（Überfrachtung）和推延（Verschiebung）的情况。

我刚刚所描述的对意向的理解是知识的一种方式。我理解一个行动、一个人、一个物，当我知道这个行动具有的目的或者这个物所服务的目标时。这里，意愿的环节不属于理解，而是属于理解的对象。

但海德格尔想让语词“理解”这样被把握：它代表本己的可能存在的展开。正如本己存在在情感和情调中的特殊展开状 227
态是在“现身情态”的标题下被阐明的一样，有关意愿本身的特殊展开方式现在也要在“理解”的标题下被呈现。因此，所涉及的是这样一种理解，对它而言具有构成意义的是，它是一种第一人称的理解。海德格尔描述了这种归属于能在本身的理解的三个方面，虽然他本人并没有区分这三个方面。

关于第一个方面：当我们自己做某事时，我们通常不会说我理解这个意向。这与Φ-谓语的认识上的不对称有关。为了知道我在追随什么意向，我并不需要首先解释一种行为。我通过行动来追随这个意向，而不必须先认识这个意向。但我们现在看到，一定程度上是意向引导着行动；缺乏意向，行动就会没有方向。而这可以被看作那种属于行动本身的展开的第一种形式。

海德格尔在这里诉诸语词理解的另一种使用方式："我们有时……在'能够领受某事'(einer Sache vorstehen können)、'胜任某事'(ihr gewachsen sein)、'能做某事'(etwas können)的意义上使用'理解某物'这一表达。"(第143页)海德格尔甚至用这个句子来介绍一般的理解概念。他认为，通过"擅长于做某事"(sich auf etwas verstehen)和"能做某事"的使用的这个关联，他能够合理地使理解成为一种对行动可能性来说具有构成作用的展开方式。但这里，他对可能性概念的不完全的分析并不会产生有利的效果。在我们说"某人能做某事"时所用的"能"显然是代表能力的"能"，而不是代表行动可能性的"能"。然而在我看来，海德格尔已经在这里看到了正确的东西。我先前指出，对于一个具有功能的事物来说，当我们知道它如何与事物打交道时，我们就理解具有功能的东西。但人们只能通过实际上正确地与这个事物打交道来证明这个"知道"并在某些情况下把它传达给别人。而这种交道需要一种特殊的展开状态。海德格尔把它标示为寻视(Umsicht)。在英语和罗曼族
228 语言中，当它具有这个意义时人们可以用语词"知道"(know)来代替语词"能够"，例如用"我知道怎么开车"代替"我能够开车"。那种对做事本身起引导作用的特殊的展开被海德格尔称作"寻视"，后来被赖尔(G. Ryle)标示并分析为"知道如何"(knowing How)。它没有被限制在与事物的正确打交道之上。

毋宁说，我们——而且海德格尔也试着考虑这一点（参阅《存在与时间》，第326页）——也在行动处境中谈论寻视着的行为。不过，海德格尔并没有更切近地分析这个现象，而且人们怀疑，他是否甚至能够在没有规则概念的情况下更确切地阐明［什么叫作］“擅长于某事”。

现在我转向第二个方面。在前面的论述中，所涉及的只是那种在个别的、确定的行动目标中对行动起引导作用的展开状态。现在，在对情调的解释的语境中我们已经看到，一个在意志上将自身与其本已存在联系起来的存在物依赖于对其生命的意义的发现，如果其意志不应该落空的话。因此现在被涉及的不仅是个别行动的意义，而且还有生命的意义；这里意义意味着像生命观念（Lebenskonzeption）那样的东西，人们可以按照它而在他的意愿和做事中理解自身。海德格尔在其说明的一开始就考虑了这个方面；在他提到在“能做某事”意义上的表达“理解某物”的使用之后，他继续说：“在作为实存论特性（Existenzial）的理解中，所能者（das Gekonnte）不是一个‘什么’（Was），而是作为实存的存在。”（第143页）在这个句子中贯穿着“能够”的两种意义的不幸的混合；另外，看起来不清楚的是，人们如何被认为能够将“知道如何”的思想移植到实存本身那里。更富有启发的是随之而来的将理解刻画为“筹划”的做法（第145页）。对海德格尔来说，“筹划”指的是根据生命观念来理解自身。被筹划的东西是意义（第151页）。筹划概念暗示人们自身设定其生命观念的观点，但所指的只是，这个观念必须以这种或那种方式被提出；我们没有由自然预先给定的意志目标，因为我们将

自身与我们的存在相联系。因为如海德格尔所说(《存在与时间》,第270页),筹划也总是被抛的筹划或者预先被给予的筹划,
229 所以我们实际上发现自己处在以社会的方式预先被给予的生命观念的背景中,在一个显然根据历史处境而不同的程度上。用这个陈述,我触及了海德格尔完全忽略的社会问题。当然,他确实分析了与他人共在存在,而且他也在“常人”(das Man)标题下分析了自我理解对那种被“常人”理解为正确的东西的依赖。但他的分析缺乏对制度上的(institutionell)和社会上的关联的重视,以及由此而被给出的角色;而且人们可以质疑,离开了这些社会的关联,是否还可能设想在一种生命观念中理解自身这件事。这是海德格尔这里将我们预先指引到对米德的解释的其中一个要点。

海德格尔(虽然他没有如此明确地这么做)还把语词“理解”的另一个意义归于理解的这个筹划的方面,据此,我朝着一个意义来理解我自身。他说,在理解中此在“知道”“它于何处(woran)随它本身一道存在,即与其能在一道存在”(第144页)。他由此采纳了“理解”的一个意义,根据它人们可以说“我把自己理解为某某”。我们已经接触过这个方面,因为已经反复表明,关于我如何决定我的能在问题对我是谁的问题是决定性的。在第一个层次上,“谁”可以简单地指我具有的社会角色,例如,我把自己理解为一个汽车机械工、一个家庭中的父亲等;但在一个更广的层次上,“谁”也可以指我所是的一种人。

让我扼要说明一下。当语词“理解”在理解行动、人和事物的意义上被意指时,我们通常是这样来使用它的,即它并不

与我们自己相关；而这里的理解完全就是一种普通的尽管有些特殊的知识。海德格尔想在一个有些破例的意义上用语词“理解”来标示属于意愿和意志活动本身的展开状态。我们现在已经熟悉了这个展开状态的两个方面。在第一种情况下，语词“理解”不能以联系于意义的方式被使用；毋宁说，它作为“擅长于”（Sichverstehen-auf）来使用。而且，对自身的展开状态（Erschlossenheit von sich）在这里还没有被讨论，现在涉及的只是对一个行动的寻视性的执行。而第二个方面所涉及的就已经是一种对自身的，而这里我们可以在其通常意义上使用这个语词；但这个理解不是一种知识：人们朝着一个意义来理解自 230
身，即理解其存在。

直至在第三个方面，曾在讨论实存论上的可能性概念时出现的、在意愿性的自身理解中的展开状态才起作用。当我们专题性地——尽管绝不是理论性地——深入考察我们的能在时，这一点便在实践问题中——即在慎思中——发生。在海德格尔论述理解的章节中，专题性的、实践上的展开状态的可能性只被顺带触及。这可能与慎思不是很适合被标示为理解有关。语词“慎思”（Überlegen）在《存在与时间》中根本没有出现；我们稍后必须问问自己为什么是这样。然而，这里的关键在海德格尔的以下陈述中表达出来了：“筹划是实际能在的运作空间（Spielraum）的实存论上的存在机制。”（第145页，我加的重点）

在探讨行动可能性时认识到的那种慎思，其本身还不是自身规定样态中的那种实存；因为关于我想成为谁的那种慎思还是可以按照流传下来的习惯的观点来定向。但慎思能够假定那种从根本上被理解的实践问题的形式。“本真性”样式中的实存是在“可能性的运作空间”中理解本已存在的一种显著的样式；而这就是为什么，对理解的分析直接导向了我为解释海德格尔自身对自身之行事观念而采取的第三步，即导向关于海德格尔的自身对自身之行事——即在自身存在和自身规定这一严格意义上的自身对自身之行事——的观念的问题。

海德格尔通过提出此在的“谁”的问题而引入这个难题（§25）。他处理这个问题的方法再次显示出一种明察与混乱的奇怪混合；而在我看来，这里的混乱再次要算在缺乏语言分析的反思的账上。

在论述谁的问题时，[在海德格尔看来，]合理的是出发点是，“此在”是“我自己向来所是的那个存在者”。由此，人们会得出：“这个‘谁’是用我自己、用‘主体’或‘自我’来回答的。这个谁就是那个在变居不定的行为体验中保持其为同一的
231 东西，就是那个从而同这种多样性发生关系的东西。”因而[在海德格尔看来，]这也就表明，费希特传统中的“自我”的概念就是从这种对‘谁’之问题的解释中出现的，因此自我的自立性（Selbständigkeit）和持立性（Ständigkeit）被理解为实体性（Substanzialität）。相反，关于谁、自身、我以及我的独立性与不变性问题必须从实存论特性（Existenzialität）出发来理解（第117页，又参阅第322页及以下）。

这个问题显得如何？海德格尔写道：“可能是这样，日常此在的谁恰恰不是我自身始终是的我。”（第115页）这听起来奇怪地自相矛盾。我会反问，如果我不是我自己，那么我应该是

谁？海德格尔回应：我首先通常不是我自身，而是“常人-自身”（man-selbst）。（§27）“常人……回答了关于日常此在的谁的问题。”（第128页）海德格尔由此想说，我让我每一次所做的和所想的以及我如何理解我自身，都由被常人看作好的东西所规定，而我不自己规定它。“随着丧失于常人之中的境况，此在切近的实际能在——诸种任务、规则、措施、操劳在世和操持在世的紧迫性与广度——总已被决定好了。常人总已经从此在那里取走了对那种种存在可能性的掌握。常人悄悄卸除了明确选择这些可能性的责任，甚至还把这种卸除的情形掩藏起来。”（第268页）

这也就表明，在什么条件下我是“我自己”：“从常人自身在生存上修正为本真的自身存在，这一点必定以补做（nachholen）某种选择的方式来进行。补做选择却意味着对这一补做的选择进行选择，意味着决定要从本己的自身方面来能在。”（同上）

于是海德格尔所想到的事态现在变得清楚了。按我所用的术语，这个事态涉及实践问题，就实践问题在原则上被提出而言（参见上文第193—194页）。就我们实存着地处于诸种存在可能性的一个运作空间中而言，我们拥有以下可能性：要么深入这个运作空间，要么向我们隐瞒它，问我们自己并且去选择我们想成为谁，或者逃避这个问题。现在借助［对］“常人”［的论述］同时就表明了这个问题如何能被逃避，即通过做那些“常人”一般视为正确的事情，并以那种“常人”一般视为正确的方式生活。这意味着人们不能简单地在一种可能性中实存；所有人类实存 232
明显必须以这样或那样的方式奠基于被视作正确的东西中。这可以是一般被视为正确的东西，或者我自己认为是正确的东西。

如果某人没有自己做出这个选择，那么就必定是别的人替他做了这个选择。

因此，当海德格尔把“我自身”与“常人-自身”区分开时，他指涉的是一个他也标示为“本真的”和“非本真”的实存之间的区分（参见上文第195页）。本真的实存指在自身规定方式下实存，而且海德格尔也在这个语境下使用术语“决心”（Entschlossenheit）（第297页）。当海德格尔首次在马堡讲座中描述他的观点时，学生们开玩笑地评论说，“我们是有决心的，但我们不知道决心去做什么”。这个语词片面地强调了一个选择的结果方面。我们可以让海德格尔的观点更可理解，如果我们考虑到，决定就是慎思所朝向的目标；因此，人们会说，术语“决心”代表提问、慎思、选择和决定的整体，虽然我们稍后将会看到这并不完全适合海德格尔。

还是要注意的是，海德格尔不仅谈论选择，而且谈论“选择这个选择”。这个描述强调的事实是：我们可以提出实践问题或者不提出它——我们具有**可能性**去让我们自己向可能性的运作空间敞开。因此我们有在可能性中选择的可能性，或者，像这也已经被表达的一样，我们有去自由或不去自由的自由。因此，选择总是暗含着对选择的选择，而且因为在选择时我们在自身存在的样式中实存，所以海德格尔也谈论“选择自身”（Sich-selbst-Wählen）（第188、287页）。

最后的表述把我们带回了海德格尔在有关“谁”的问题上所用的表述。海德格尔用我可以是要么我自身要么不是我自己这一自相矛盾的说法所意指的东西，现在已经被阐明了。像海德格尔自己提到的，这些表达指的是“去存在的某种方式”（第126页），即一个人要么在自身规定的样式中实存，要么不在。自身规定的说法最终失去了悖谬的表象，当人们弄清楚了：自身规 233
定指的只是，某人是否选择自己所做或想做的，是不是这个人自身去决定他是谁。虽然在这一表述——他是否自己（selbst）选择了它——中，这一起强调作用的“自己”是合适的，但它也同样可以被省略。也许你们会抗议并坚持说，不是每一个选择都是自身选择。但在这个情况下你们指的只是：不是每一个选择都是人决定其存在、决定他想成为谁（和如何成为）的选择。

因此，如果语词“自己”在表述“他是否自己做出选择”中甚至是可省去的，那么当它在这个语境之外为了表达选择的存在方式而被使用时，它显然是被误用了，以至于海德格尔由之出发的那个矛盾的表述“我不是我自己”出现了。海德格尔关于自身存在和选择自身的说法也因为同样的原因被抛弃。后一个表达当然会是有意义的，如果其功能只是以简短的形式表达某人选择他想成为谁（如何成为）。不过，这是误导的，如果（就像海德格尔显然是这个情况）它意味着我选择自身或者自身存在。我们已经看到这种说话方式的描述意义是，我选择去选择。

因此，关于自身和自身存在的说法基于在两个阶段上进行的对语词“自身”的误用；第一，它被从其自然语境中分开；第二，它被名词化。这一名词化总是带有在人之中物化第二个主体的危险。在海德格尔这里，这都没有发生，而是出现了一个类似的悖谬：他把“此在”——这可以是它自身或者不是它自身——放在人的位置上。我们被告知，此在不是现成在手的某物、实体、主体或人，**而是**实存。这只是看上去更激进的立场。实际上实存之所以能够成为实体［概念］的对手，归根结底是因为它并没有固化为它之所是，也就是一个人的存在，而这在海德格尔这里是通过他把诸种存在方式本身名词化而发生的：他谈及“常人”“自身存在”等。*幸运的是，他除此以外也提供了一些描述性的表述，它们使对现象进行合适的和无悖谬的把握成为可能。他已经
234 表明，自身对自身之行事这一说法的意义是对其本己存在之行事**；而且他表明，自身规定这一说法的意义在于选择的存在方式。困难的产生在于，他没有坚持这些作为对这些事态唯一合法的动词性表述。如果人们这么做，那么名词性的说话方式还是可以用作对人的标示的。当然，海德格尔不会愿意这样，因为（我们已经看到）他想让实存和现成在手的存在之间有一条裂缝。

现在也清楚了，以“此在的谁”的问题为定向的做法在根本上是错误的。我们从之前的讨论中知道，“谁”的问题具有对所意指的人的进行同一化的意义。因此当认为可以通过“我”或者“我自己”来回答“我是谁？”的问题时，他在出发点上就犯了错误。我们看到，我不能通过语词“我”的使用来同一化我自身（参见上文第83页）。现在你们会指出，我自己就在重复地使用诸如“讨论的问题是我想成为谁”这样的表达。尽管如此，为了避免误解，我经常补充：我想成为谁，也就是我想如何存在，或者想成为哪种人。这里语词“谁”不是用于个体的同

---

* 这里的“常人”（das Man）和“自身存在”（das Selbstsein）都是名词。——译者

** 亦可译为“与其本己存在的关系”。——译者

一化，而是用于所谓的质的（qualitativ）同一化。例如，如果一个甲虫收集者想确认一个标本，他的目标不是把这个标本确认为一个个体，而是规定它所属的类型。在目前的语境下，就人而言，当我们问"那是谁？"时，我们显然可以指：那是具有什么性状的［人］？

正如海德格尔提出自身存在这一误导性的说法作为那种将人理解为主体和实体的观念的对手时，他也把另外两个规定——此二者都凭其本身就是清楚的（an und für sich erhellend），并且他借助它们来描画了本真的和非本真的实存之间的差异——放在一个类似的竞争中：它们是本真实存的自立性（Selbständigkeit）和持立性（Ständigkeit）（第303、322、332、374页及以下）。

自立性的说法在这个上下文中很容易理解：我们把某人称为自立的，如果他不遵从常人所说的来行动，而是自己慎思和决定的话。但如果这样被界定的自立性被看作亚里士多德的自立 235
性概念（通过它，亚里士多德在存在论上区分了实体与依赖于它的那些规定）的对手，那么这只会导致不必要的悖谬。

通过"自身的持立性"概念，海德格尔想谈论的是"生命关联"问题，即"对此在特有的途程（Erstreckung）、运动（Bewegtheit）和持久性（Beharrlichkeit）"（第374页及以下）。当我指出实践问题只要在根本上被提出就指涉生命整体时，我已经触及上面这个"生命关联"的问题了。海德格尔通过向死而在的概念来凸显这个对本己存在之整体性的指涉。死亡的可能性是不再存在的可能性。我至此只在哈姆雷特的关于是存在还是不存在更好的问题中提到这个可能性。但现在我们必须澄清这个问题中所包括的更一般的情况，即对于生命的可能性，就像任何可能性一样，人们只能与对这种可能性的否定一起来进行感知。但这意味着：选择所要求的那种面对我自己（即面对我的生命本身）只能在同时面对我生命的那个任何时候都可能的终结（Ende）时才发生。人们嘲笑海德格尔的向死存在的说法，但这是完全没有道理的。从海德格尔的观点看，面对“不可逾越的”死亡这一可能性——在这种可能性中，“此在完完全全以其在世存在本身为本旨”（第250页）——是“把此在从丧失在偶然地拥挤着各种可能性的情况中”解放出来的关键（第264页），并因而是选择之本真性的必要条件（§62）；而我把他的这个论点视为无可争辩的。这个论点不但在分析上是有充分证明的，而且可以通过一个思想实验被验证。此外，人们也必须清楚面对死亡这一点对于自身意识问题所具有的重要性。人们不能否定一个主词或者一个主词表述，而只能否定一个命题内容。因此，对关于自身对自身之行事的传统理论而言，不可能有与其本己的“不”（Nicht）的相关关系；在“反思”中主体只把自身与自身相联系。因此，一旦人们把自身对自身之行事理解为自身与其本己生命的关系，那么人们一定也就把它看作同时［发生］的自身与死亡之可能性的关系。

236 本真选择与死亡的关系也就是与生命整体的关系，导致一种自身对自身之行事的如何（Wie），海德格尔称之为本真实存的“延展”（Erstrecktheit）；而“延展”中包含的是他以“持立性”概念所刻画的那种连续性（Kontinuität）。这里指的不是生命根据某时构想的计划进行，或者人们不对其生命观念的改变敞开（参阅第264、307页以下）。但由于每一次改变都是本己地被选择的，那么它就是有理由的；借此，即使在不连续性中也能产生出连续性，而这对立于日复一日地让自己活着（Sichlebenlassen），后者——在行为中——无关乎连续性，即使它总是保持一样。

海德格尔不仅为自身规定概念提供了一个在结构上无可指责的意义，而且他也澄清了，应如何理解我在本学期开始时所说的、有两个层级的实践性自身对自身之行事。通过海德格尔的作为自身与本己的去存在的关系的自身对自身之行事的观念，以及通过他着眼于这个去存在的实际性和可能性特征而对这个观念的详细说明，对于我们在我们的想和做中（以及也在我们的情感和情调中）将自身与自身相联系这一情况应该如何理解，就变得清楚了。在这样被构成的那种自身对自身之行事之中进行自身规定的可能性，以及在这种可能性面前逃避的可能性，产生自那种属于存在理解（或者更确切地说属于对可能存在的理解）的"是"/"不"两极性，以及以下情况：有一种要将质疑本己存在的那种可能性隐藏起来的动机。[①]

但现在我们必须检验海德格尔自身规定观念的局限。当我在本学期开始介绍自身规定概念时，我是在与我称为反思的自身关系的内容的直接关联中来描述它。我把反思的自身关系刻

① 对于最后提到的这个方面，我在上文第195页只作了简单提示。在《胡塞尔和海德格尔的真理概念》（1967）第310—326页那里我作了详细的处理。

画为这样一种自身对自身之行事,后者对包含在人们行动和目的中的信念——这既涉及关于实际的东西的信念,也涉及规范信念——有所置疑,并因此代表真理问题,就真理问题有关对本己行动的预设而言。"反思的"(reflektiert)这一描述适合这种
237 方式的自身对自身之行事,这一点并不是基于传统自身意识理论中语词"反思"(Reflexion)的意义的,而是奠基于这个语词在"慎思"(Überlegung)意义上的使用。因此,反思的自身关系表示一种慎思的自身关系。如我们所见,慎思意味着提出一个实践问题,而与自身的慎思关系就是这样一种关系:在其中实践问题变得基本,涉及本己的存在。我们也已经看到,当我们慎思或者提出实践问题时,我们总是问"什么是好的"*,或者更确切地说(因为人们总是在各种选项之间进行慎思),"什么是更好的或最好的"。在这一点上,我们看到"好"或者"更好"是表达我们对某物的偏爱的语词;但这不是全部,因为与"愉快的"相比,语词"好"表达了一种客观的偏好(参见第150—151页)。在句子"我偏爱它,因为它让我更加愉快"中,目前的主观状态是决定的基础;相反,如果我们说"因为它更好",这意味着有偏好它的理由。带有语词"愉快"的句子因此是关于我自身的句子,即关于我的Φ-状态的句子;而带有语词"好"的句子所谓述的则是对某一个事态的偏好上的诉求,而且它们是一些提出证明诉求的客观陈述。而这[证明]指的就是为什么这个东西

* 根据措辞所需,德文gut有时译为较口语化的"好",有时译文较书面的"善"。——译者

是更好或最好的理由——慎思的目的就在于此——，因为对于什么是更愉快的东西，我们是无需思索良策的。慎思针对一个客观上被证明的选择。因此，在要作出慎思的时候，也就会有建议。当我们建议某人时，我们就是在慎思：出于客观理由，对他来说做什么更好。

我们已经在若干层面上对海德格尔的解释中接触到“好”的问题视角，而且确实看起来语词“好”的使用方式有一个不易看清的等级秩序。[①]在最低层次上，它显然还不具有其客观含义，例如，当我们说“我感觉它味道更好”。如果我们把特定的活动算作为我们“福利”的一部分，因为我们喜欢做这些行动（参见上文第203页），那么这一点是在如下的“好”的意义上是好的，即并非因为它本身要通过慎思被证明，而是因为，在我对什么东西在我这里构成了好的生活进行慎思时，它起着基础作用。在情感这里，我们有一个特别困难的状况。情感和情调是被以下 238
东西**直接地**、以感觉的方式触及时所具有的方式：这种东西对我的存在或好或坏，或者在关联于我的关于“什么对我来说是好的生活”的观念的情况下牵涉着我。因此，人们可以与某人（或者当然也可以与自身）讨论他的情感或情调的可证明性。（“你说事情进行得不顺利，你很绝望，但事实上，当你慎思你的生活关系是如此这般的时，你完全有理由感到满足。”）在那些我们慎思我们应该选择哪种行动可能性的情况下，我们的处境显然更清楚，因为这里我们就是在处理实践问题。然而，它必定让我

① 怀特的《多样的善》（1963）给出了迄今为止最详细的探讨。

们去想到,正是在那些实践问题在根本上被提出的情况下,容易被想到的就不太是带有语词“好”的表述,而是我想成为谁或如何存在的问题。人们虽然始终也还是可以这样提出问题:“我最好做什么事?”,但在这个语境下,我们问某人关于一个具体生活决定的建议时,他首先会列举理由,而最后他会说,“这是你的生活,只有你能决定什么对你是最好的,你想成为谁”。因此,在慎思中有一个最高点,在那里我们不能再对决定做出客观的证明,而是,对我最好的东西只在我的意愿中构造的它本身。这里所涉及的是第二级次的意愿,在其中我们对我们直接的愿望和倾向采取如此这般的立场。如果情况不是这样,那么在最终情况下的意愿还是可以基于理由,这样一来,意志在一定程度上就会失去其重力和严肃性;而这意味着它就不再是我的立场之采取。(你们应该不再害怕这里“自我”再次回来。事实上我是被要求的,但这意味着我必须采取一个立场。)

如果我们现在在这个对反思的自身关系概念的附带讨论之后回到海德格尔的自身规定概念,那么我们必须注意在海德格尔的自身规定观念中是缺乏反思的方面的。无论如何,[那里]根本没有明确涉及慎思的方面,而这与《存在与时间》里的分
239 析中缺少“好”的概念有关。这一方面只在“为何之故”概念的形式中被论述。但这只代表意愿的最终关联点。与实践问题相关的客观证明的想法是完全没有的。这与这一事实相关联的是,虽然对他人福利的关注以一种纯粹描述的方式被融入对共在的先行讨论中(§26),但它对自身规定的论述中是完全(或者几乎完全)见不到的:如果我们将道德理解为那些规范,它

们指出，考虑到他人的利益时，我做什么是好的或坏的，那么这样一种道德不会在《存在与时间》中被发现。但人们可能会认为，这个方面要么肯定地，要么否定地在本质上包含我想成为谁或者我想如何存在的问题。而客观证明的要求对于实践慎思的这个成分而言似乎尤其明显。当然，在这里情况也还是：我在什么程度上会考虑道德的视角这一问题最终是一种决定上的实事（eine Sache der Entscheidung），即决定我想成为什么样的人。

“好”的概念——以及相关地，无论慎思的概念还是对评价的与规范的陈述进行证明的概念——不能在海德格尔这里被发现，这一点根源于他的真理概念。在这里我想非常简要地讨论这个问题，因为我在《胡塞尔和海德格尔的真理概念》（*Der Wahrheitsbegriff bei Husserl und Heidegger*）一书中已经详细地论述过它。“好”的概念也从属于真理概念，因为所有陈述都包括一个真理上的，也就是论证上的诉求；而说某物是好的或更好的那些句子都是陈述。现在海德格尔并没有（像可能被期待的那样）也把真理概念与“好”的概念一道丢弃。这里的问题更为复杂。海德格尔从假定一个陈述“展开”某物开始，他以这样的方式形式化了真理概念：他最终把它把握为与展开性的概念的范围相同（§44）。但“真”的特殊意义——即对论证和证明的诉求——却因此而丢掉了。然而，因为语词“真理”被保留，所以就产生了一个假象，好像真理概念被保留甚至深化了那样；由此就产生了一种独特的让人捉摸不透的境况。例如，海德格尔把决断（Entschlossenheit），也就是本真性样式中的实存标示为“此在的最原始的真理，因为它是本真的真理”（第297页）；这 240

当然是完全一贯的,因为决断就是在本真性样态中的展开性。然而,如果人们坚持真正的真理概念,那么人们就不能直接把本真实存标示为真理;而是,人们必须把本真实存刻画为朝向真理的状态,在实践地追问真正的善(das wahrhaft Gute)的这层意义上。这个问题包括(1)认识你自己(das gnothi seauton,参见上文第32页),也就是海德格尔在某处也涉及的那种"自身知识"(《存在与时间》,第146页),或者在那些为人们的意向奠定基础的动机中"对自身变透明"(Sichdurchsichtigwerden);还包括(2)以下问题:我的意向所包含的事实假定,以及在我的意向中包含的关于我对他人的义务的规范性假定,以及最后关于我自己的福利的评价性的假定,这些假定是否被充分证明了,而这些客观的慎思构成了关于我想是谁(或者我想如何存在)这一决定的基础(虽然这种决定不能从这些慎思中被引申出来)。相反,因为海德格尔把决断直接标示为本真的真理,这个先行于决定的、客观的慎思基础并不仅仅被忽视了,毋宁说,这样被理解的决断——如果它本身就已经是真理的话——就借此而直截了当地与真理问题断绝了联系。

如果我们在其传统意义上把语词"理性"理解为证明的能力,那么海德格尔的步骤在这里就必须被刻画为把理性从人类实存尤其是从自身对自身之行事中驱逐出去的尝试。在本学期开始我们曾注意到,在直到费希特和黑格尔的现代哲学中,自身意识问题在哲学上被视为如此主要,只是因为自身意识显得对于那种与理性有关的生命是构成性的。因此,越发令人惊奇的是,正是首次发展了一个具有合适结构的自身对自身之行事观念的那位哲学家放弃了理性概念。

现在似乎可以怀疑,海德格尔的自身对自身之行事概念根本不允许理性概念。我认为这个怀疑是不合理的。我们看到,海德格尔所发展的自身规定概念可以不受约束地（zwanglos）与慎思概念一起被思考,因此它可以被理解为反思的自身关系。当 241
然,你们会反对说我的解释在某种程度上是暴力的,但这却是有意为之。我的意图不是提供对海德格尔的忠实叙述,而是从海德格尔那里提取出对于我们的实质的提问所需要的东西。在我看来,海德格尔的路径是唯一一个使得我们有可能具有一种在结构上无懈可击的、关于一般来说的自身对自身之行事以及关于特殊的自身规定的阐述的路径。

我想前进一步,并指出海德格尔的自身规定概念不仅允许被一种与理性的关系所扩展,而且本身就要求这种扩展。因而在我看来,像海德格尔描述的没有理性的自身规定概念是站不住脚的,甚至他自己的观念也不被觉察地由一种与理性的关系支持。因此,我的论点是：完全不可能有一种不被理解为反思性自身关系的自身规定。

其证据建立在上一讲中被证明的、在责任自由意义上的严格自由概念与慎思概念之间的分析关联（参见第218页）。我们先前看到,自身规定意味着相关的人自己选择他想成为谁（如何存在）。但我们也看到,决定从概念上来看必须被理解为慎思的结果。这并不意味着实际的慎思过程必须先于决定,而是意味着决定包含了慎思。一个甚至在事后也不能被证明的选择并不是一个决定。一个选择,如果它不是被慎思地作出的,不是在理由的视域中实行的，则它是这样的一个选择，在这种选择中，我把我如何选择留给偶然，而此时我们必须说，进行选择的并不是我。在这里，我们的古老的捣蛋鬼“自我”最后一次回来了吗？当然不是，因为我们已经看到，“进行选择的是否是我”这一说法的意义在于，我是否以特定方式进行了选择（参见上文第233页）。

根据海德格尔，本真的选择应该把此在从它实际所处的诸种可能性的随意性和偶然性的迷失中带回来。如果这就是选择
242 的意义的话，那么它需要一个标准或准则。在我们的讨论中早就清楚的是，此在并未在像它的“自身”这样的东西中拥有一个内容上的准则来衡量各种可能性，而且根本上就不能谈论任何内容上的准则。这里一个准则只能意味着一种如何（Wie），即人们在本真选择中如何面临各种可能性［的方式］，即询问这些可能性时依循的方向。海德格尔提供的唯一标准是面对死亡，而这当然也是一个必要条件。但它是充分的吗？

海德格尔自己写道：“先行着向实存的不可逾越的可能性筹划自己，即向死筹划自己，这只能担保决断的整体性与本真性。实存的实际展开的诸可能性却不能从死中取得。”（第383页）那么它们要从哪里获得呢？海德格尔的回答是：从人们自己的被抛中，即从人们的历史性中（第383页）。不过，说本真实存包含了去接受自身为其所是以及所成为的，这是正确的，但说要被选择的可能性就是那些实际上被给予的可能性，这是没什么意义的；借此确实没有为在诸种可能性之间的选择提供任何标准。海德格尔在这里陷入循环：一方面，他应该让选择从人们实际所

处的诸种可能性的偶然性中解放出来；另一方面，他让选择本身指向历史性，指向人们实际所处的诸种可能性。因为海德格尔没有证明，为什么在历史上被先行给予的若干可能性中选择这一个而不是另一个，所以在［“选择”］这个词的严格意义上，这里涉及的是一个非理性的选择。

在一个非理性选择的情况下，我们倾向于采取以下描述：某东西（es）进行了选择，而不是我进行了选择。为什么？我们早先看到，如果在最终情况下意志还能依赖于理由，那么我对一个立场的采取就会丧失其重力，并且将不是我对立场的采取。反过来同样有效：如果在次终的情况下（in vorletzter Instanz）意志并不必定依赖于理性，那么我对一个立场的采取就是没有重力的，并且将不是我对立场的采取。因此，其结论就是：那个可以被刻画为自身规定的选择的特征就在于，这个选择是在**理性意志**的方式中被实行的。在以下情况下，选择不能被理解为自身规定：要么是人们认为能够将选择还原到理智性之上，因而否认 243
其不可还原的意愿特征；要么是人们（像海德格尔一样）否认选择必定能够基于证明，否认选择奠基于真理问题，即使它不能在真理问题中产生。

海德格尔仍然保留了真理概念（虽然是以所提到的那种模糊不清的方式），这一点可以被评判为一个标志，即标志着：连海德格尔的去理性化（entrationalisiert）的观念也还不被觉察地由与理性的关系所支持。然而，关于选择的去理性化观念和去理性化的真理概念会走向何方，这一点可以在海德格尔在1933年11月做的一个演讲中看到。这个演讲是在关于德国撤出国际联盟的国家公投之前支持希特勒而做的。它这样开始:"德意志人们被领袖(Führer)号召来作出选择。但领袖对人民没有任何请求;而是,他为人民提供最高自由决定的直接可能性:全部人民是否会意愿其本己此在,或者他们是否并不意愿它。明天人民所选择的,无非就是他们的未来。"他继续说:"这是什么事件(Geschehen)?人民重新获得了他们的此在意志的真理,因为真理是对那种使人民在他们的行动和知识中确定、清晰和强大的东西的敞开。"[1]这些引文表明海德格尔的纳粹主义不是偶然的事件,而是有一条直向的道路从他的哲学——从其去理性化的真理概念和由此被规定的自身规定概念——引向纳粹主义。尽管如此,如果我们为此而不想学习我们能从海德格尔这里学到的东西,我们就是在放弃哲学的明察。关键就是看到那种导致非理性主义的立场,而不是把洗澡水和小孩一起倒掉。

① 参见施尼贝格(Schneeberger):《海德格尔补遗》(1962),第148页。

第十一讲　米德Ⅰ:符号的互相作用

除了海德格尔,乔治·赫伯特·米德(George Herbert Mead) 245
是我知道的唯一一个试图使自身对自身之行事从反思关系的观念中脱离出来的哲学家。因此他试着把它从主-客体模式中解脱出来,并且以一种结构上的新方法来彻底重思它。也许除了米德之外,吉尔伯特·赖尔也应该被提及;稍后在这一讲中我会回到对他的研究。根据米德,自身对自身之行事必须被理解为自言自语(Mitsichreden),而这反过来要被理解为与他人交流的谈话的内在化。因此,自身对自身之行事本质上既有语言上的条件又有社会上的条件。但对米德来,说这个条件关系的反面也是存在的:只有那些可以借助他们与自己谈话的能力而把自身与自身相联系的存在者可以说特定的人类语言形式,并且可以具有特定的人类(即规范的)社会性形式。关于语言和规范社会性形式的关联的论点是古老的——它追溯到亚里士多德[①]——,但将自身对自身之行事添加到这个条件复合体(Komplex)的做法却是新的。

因此我们面临两个观念:一是海德格尔的观念,即自身对自

① 参见《政治学》,第1卷,第2章,1253 a9以下。

身之行事要被理解为对本己的去存在的行事，二是米德的观念，即自身对自身之行事要被理解为自言自语。如果米德的观念应该被证明（当正确被解释时）与海德格尔的一样有效，那么我们就必须期待，这两个观念并不代表二选一，而是相互补充的；因为在此只有一个真理。

我们已经能够确定海德格尔的观念中需要补充的弱点。在上一讲最后清楚了，海德格尔不能把在突出的意义上被称为自身规定的自身对自身之行事理解为反思的自身关系，因为他放弃了理性的出发点。然而，慎思和证明（Begründung）恰恰是自言自语的一种，也就是这样一种自言自语，在其中慎思者从一个客观的视角，即从任意某个同伴的视角来对自己作考虑
246 （mit sich zurate gehen）。而且，在自身规定的讨论之前的对自身与其本己存在的关系的澄清中，我们接触了一个问题：朝着某种意义来对本己存在进行的筹划是不是本质上依赖于社会维度？（参见上文第229页）而这个问题很容易导致一个猜测：在交互主体的语境之外，不可能有像对本己存在之行事这样的东西。

另一方面，米德的结构路径中包括了一种与海德格尔的结构路径相关联的清晰可能性，尤其是当后者根据我的解释（它有一点偏离海德格尔自己的理解）被理解时。我们看到，海德格尔自己强调了存在理解的语言性，虽然他从必然的结论——对存在的理解，尤其是自身对其本己去存在的行事是在句子中被表达的——退缩回来。现在是/否两极性被证明是对存在理解的根本方面，而且根据我的解释，它也是对句子的理解的根本方

面。在这个是/否两极性中包含了一切言谈对回答的指涉。相反地，我们会看到，关于一种在本质上包含在人类语言之中的对同伴反应的预期，米德具有一个未充分阐明的观念，而这个观念只有通过诉诸"是/否"才能获得一个清楚的含义。而且，你们现在已经能够预期，当米德主张自身对自身之行事已经自在自为地被包含在自言自语本身中时，他是错的。这个自身对自身之行事只有在自言自语的行为涉及本己的去存在时才会被给予；因此，米德的观念只有在与海德格尔的框架联系在一起时才站得住脚。

关于我的探讨方向以及关于我的证成，我只想讲这么多，因为对外部观察者来说，这样一种联系海德格尔和米德的尝试会显得有些特别。

米德没有在已出版的著作中系统地论述其"自身"观念，而是在一个他在这个世纪的前三分之一期间在芝加哥大学所做的关于社会心理学的不断修订的课程［讲稿］中详细说明了它。对我们来说，关键的出处是《心灵、自身和社会》（*Mind, Self and Society*）一书，由查尔勒斯·莫里斯（Charles Morris）在两份分别于1927年和1930年写下的讲座笔记的基础上编辑而成。1968年出版的 247
德文版的译本名为*Geist,Identität und Gesellschaft*。* 因此，译者把Self［自身］译为Identität［同一性/身份］——不仅是在标题中，而且在整篇文章中——，虽然在德语中有一个恰好与英

* 这个德文书名可以译为《心灵、同一性和社会》或《心灵、身份和社会》。——译者

文术语“自身”对应的词Selbst。在这里相关意义上的术语“同一性”出现在那种起源于米德的社会心理学当中，但并没有被米德本人使用；而我必须说这是幸运的，因为这个术语相当不清楚。因为它在当代的讨论中起着重要的作用，我会在解释完米德之后回到它。这样一个解释性的翻译是不可接受的，即使它有实质性的基础，因为它剥夺了读者能够自己评价术语的机会。我想给你们看一个例子，看看这在目前情况下会导致的那种可笑的结果。在对自身概念的开端性反思中，米德解释说：“我想表明的正是，将自身（self）刻画为其自己的客体（an object to itself）的那种特征。这个特征表现在语词‘自身’中，它是一个反身代词，表示某种可以既是主体又是客体的东西。”（第136页以下）用德语表达的话［应该是］：“我想表明的正是，将自身（Selbst）刻画为其自己的客体（Objekt für sich）的那种特征。这个特征表现在语词‘自身’中，它是一个反身代词，表示某种可以既是主体又是客体的东西。”我曾好奇地去看译者从中会得出什么，因为这里米德明确地诉诸语词“自身”。译者这样翻译第二个句子：“在同一性这里既可以涉及一个主体，也可以涉及一个客体。”（第178页）* 这个句子不仅没能译出米德说了什么，而且也不可理解。这个例子足以表明，这个翻译不仅包括术语选择上的失策，而且如此不可靠，以至于不可用。因此，在下面的内

* 所引的德译文为Bei Identität kann es sich sowohl um ein Subjekt als auch um ein Objekt handeln，所对应的米德的英文原文为（the word “self”）indicates that which can be both subject and object。——译者

容中我将只提到英文版的页码。*

这本书被分为四节。第一节题为“社会行为主义的立足点”，其作用在与其他当代心理学学派相比中对米德的立场作一般性的刻画。第二节题为“心灵”（Mind），与“自身”相比，这个术语真的相当难译；在米德使用的语境中，它特别地表示人类的智 248
性（Intelligenz）。在这一节中，米德发展了他的作为一种特殊类型的相互作用（Interaktion）的人类言说的观念，而且他把人类智性描述为一种本质上以言说的能力为特征的东西。第三节题为“自身”。第四节题为“社会”。当然，在我们的上下文中，第三节是最重要的。我会从对它的思考开始，之后必须要回到第二节。

名词性表达“自身”可能让我们会担忧出现糟糕的情况。我们已经在克尔凯郭尔那里接触到这个术语。难道在这里没有再次悬设（postulieren）一种在人之中的核心（ein Kern innerhalb der Person），就像在谈论“自我”（Ich）时一样吗？事实上，米德稍后会讨论“自我”，它作为自身的一个特殊方面，被区别于他称为“宾我”（Mich）的另一个方面。但我们在此期间已经知道，名词性的说话方式并非本身就是糟糕的，因为没有什么是取决于表达本身的；而是一切都取决于这个表达是如何被解释的，或者人们是否允许自身被表达所误导到宣称它涉

---

* 相应地，此后所引的米德的文字也直接从英文原著中翻译成中文（除个别关乎德语翻译的地方之外），翻译过程中参考了赵月瑟的中译本（上海译文出版社，2005年）。同时，某些地方出现的专门术语也主要标注出米德的英文而不是图根特哈特的德文翻译。——译者

及一个某物,或者这个解释是否使得该表达所表示的只是人的行为模式。因为米德把他自己理解为一种行为主义者,所以他只考虑后一种情况。与忽视所谓的内在领域的一般的行为主义相比,米德的计划(如这本书的第一部分简述的那样)正是表明一个内在领域如何建立在一种特定的外在行为——即交流行为——的基础上,而这意味着被设想的是一种非常特别的内在领域,它不是关心认识的自身意识问题的传统所想到的那种内在领域,而是自身对自身之行事意义上的内在领域,而此时所意味着的只是behavior[行为]意义上的"行为"(Verhalten)。米德也很熟悉关于"Φ"状态的认识的自身意识的话题,(如他所说)只有人自己能进入这个状态(第166页)。但与维特根斯坦不同,米德并没有把用行为主义的方式阐明这个(用他的话说)"主观之物"作为他的任务。对于他,这单纯只是一个意识领域,而不是自身意识领域。他说,这个主观之物不是"反身的"
249 (同上),而在这点上,根据我们已经从维特根斯坦那里看到的,我们可以承认他是正确的。另一方面,术语"自身"应该指一种反身的行为方式,我们因此必须要看看他如何用行为理论来解释"自身"和"反思"这些概念。

开始,米德以一种完全传统的方式引入术语。我已经引用过下面的评论:"自身有一种特征,即它是其自身的客体。"因此米德是从传统的主-客体模式开始的。自身——米德后来也同义地使用术语"自身意识"(第138页)——被作为某种"既是主体又是客体"的东西来考虑。乍一看这似乎就像我们在费希特传统中发现的观念一样。但米德只是把这个观念用作一个他在寻求的现象的形式指引（formale Anzeige）。在传统中，这个反思关系被理解为一种直接的内在关系。但在米德看来，关键是在行为中找到其标准。

下面的反思对米德来说代表第一步。一个人与作为客体的他人相联系，这以行为主义的方式来看似乎相对好理解些。于是问题出现了："一个个体如何能合乎经验地走出自身，以至于它与作为客体的自己相关？"回答是："个体不是直接地经验他自己本身的，而只是间接地……；他只是通过采用别的个体对他自己的态度来成为自己的客体。"（第138页）

现在，这个论点非常普遍，以至于不仅限于主-客体这一特殊模式。它也可以在"自身对自身之行事"这一较少结构上的预判的表达式的帮助下被表述出来。于是这一论点变成：像自身对自身之行事这样的东西不能被理解为直接的东西；一个人只能通过将对他人行事并一同实行（mitvollziehen）他人对他的行事，才能将对自身有所行事。在这个表述中，这个论点也获得了在反驳海德格尔方面的重要性。但当然它还只是一个论点。它不仅还没有被证明，而且它在那个被它所悬设（postulierten）的结构方面也是完全不清楚的。他人对我的行事要如何被理解，以及他人的哪种"态度"（Einstellung）被涉及，这都是不清楚的；尤其不清楚的是，我能够采用（einnehmen）他人对我的态度，这指的是什么。首先，我们一定不能忘记：根据米德自己的 250
方法论主张，这整个的复杂结构应该是可以行为主义地解释的。但按照行为主义，一开始我们根本不被允许谈论"态度"，也不被许可谈论与作为对象的另一个人的关系，或者谈论将某人自身与他相联系；而是，我们只能谈论两个或多个有机物对相互刺激（Stimulus）的反应。因此米德面临的任务是，明确阐明这些刺激和反应——通过它们，像对他人之行事的态度（Einstellung zum Verhalten des anderen）这样的东西被构造起来，而这种态度本身接下来又应当成为一个对自身的行事得以构成自身的条件。

有机体的这样一些行为方式或行动——其功能是充当对相同种的行动的刺激——具有一种交流功能。如果有机体A的行动Z作为对有机体B的行动的刺激起作用，那么Z对B的作用就是一个信号（Signal），表明与B相关的事态S出现了，此时这个事态可以要么涉及有机体A本身（如一只狗通过它好斗的举止暗示另一只狗，它准备攻击后者），要么涉及在环境中的与B相关的另一个事态（如食物的存在或一个敌人的接近）。Z的信号性特征也可以被半命令式地（quasi-imperativisch）而不是半直陈式地（quasi-indikativisch）被理解，因此Z具有一个功能，即引起B做出一个在诸有机体合作的社会语境下适合的反应。在动物交流的正常情况下，B显然不能把源于A的刺激理解为**信号**；事实上，B根本不与Z“相联系”（verhalten zu），而只是对它有反应。

如果我们称为人的两个有机体要拥有的对彼此的“态度”必须在刺激与反应的特殊相互作用中被构造，那么这意味着，我们所考虑的对彼此的行事（Sichzueinanderverhalten）必定在于一种特殊的交流形式中。而米德的论点就是，特殊的人类交流形式的构造，与人们对彼此的以及自身对自身的行事的构造，是同一种构造。因此这个论点不只是，人们对彼此的行事——它本身应该使自身对自身之行事得以可能——通过人类交流的结构而得以可能；而且相反意义上也同样有效的是，只有当信 251
号的传送和接收以这种方式进行时，交流才能获得人类语言所特有的结构：传送者不仅影响接收者，而且对其反应有所预期（vorwegnehmen），而接收者也一同实行（mitvollziehen）发送者的行事。

米德把人类语言的符号（Zeichen）称为“有意义的表征”（significant symbol，46），与作为信号起作用的动物语言的符号相对比；前者具有一个“含义”（Bedeutung/meaning）。这是什么意思？米德提供了以下定义：“含义就是可以向他人指示的（angezeigt werden），而它也通过同样的过程向作出指示的个体指示（dem anzeigenden Individuum angezeigt werden）。”（第89页）因此，人类语言的独特特点应该是其符号对所有人，对那些使用它们的人，以及对那些接收它们的人都意味**相同的东西**，即使他们以非常不同的方式对之作出反应（第54、56页）。这意味着两件事：含义不只被包括在反应中，它会与后者相分离；借此，像对传送者和接收者而言的**同一含义**的东西就有可能构建起来了。交流并非像它在简单的刺激-反应图式中那样在一种单一方向上发生；而是，传送者也对他自己指示他指示给接收者的同样的东西。借此便有可能使符号给予（Zeichengebung）被经验**为**符号给予——而且从双方面来看都如此——，而不是说符号只是被阐释出来，或者只是对符号作出反应。这里再一次呈现出以下论点：只有当双方交互地对彼此行事时，他们才能够将自己与符号的同一含义相联系，并因此与作为符号的符号相联系；反之亦然：只有当双方使用有意义的符号时，也就是只有当他们以符号拥有同一含义的方式来使用符号时，他们才能交互地对彼此行事。

这还只是一个论点，但现在我们更确切地知道在追寻的是什么。对米德来说出现的任务是，要发现满足所指出的条件的那种刺激与反应的相互作用。一个初步的预设似乎是，必须有一个刺激与反应的相互作用，而且它不只是从A刺激出发到B和从B到A［来进行］，而是这样来进行，即B借助一种可以A作出反作
252 用的刺激来对源于A的刺激作出反应，以及A本身再次对来自B的这个反应性的刺激作出反应，以此类推。米德在仪式（Ritual）中找到具有这个结构的现象，在仪式中，同类的成员在准备像打架、性交或哺育下一代这样的社会行动时相互适应。一个例子是狗之间打架的仪式（第42页及以下）。攻击的狗不是直接攻击，而是做一个姿势，引起对逼近的攻击的注意；被攻击的狗通过以这种或那种方式适应被暗示的攻击，即通过假定一个特定立场来回应这个姿势；而这个立场再次起到刺激第一只狗改变其立场的作用，以此类推。因此“姿势的谈话”（第43页）出现了。然而，正如米德强调的，这些姿势“不是在它们是有意义的（bedeutsam）这一意义上的姿势”（第43页）。米德也想尽可能避免语词“姿势”的言外之意（Konnotation），按照后者，姿势是内在状态。“姿势”表示的只是“行动的那个部分”，这一部分“对行动对其他有机体的影响负责。姿势在某种意义上代表行动，就它影响了其他有机体而言”（第53页）。因此在这个上下文中，这个词几乎与语词“刺激”所指的一样。

很清楚，上面所描述的“姿势的对话”还没有满足“含义”这一概念所设定的条件，因为这里没有什么同一的东西被构造出来，而且“刺激与反应的分离”（第112页）也还没有发生。两只狗只是交互地回应对方的行为，而且它们是以各自不同的方式这么做；人们在此还不能谈论**对他人的态度的采取**（taking the attitude of the other）。但人们可能会认为，一旦两个中的一个不仅回应对方的刺激，而且每一方对他的刺激都具有与对他的同伴所产生的同样的效果，那么就能够谈论对他人的态度的采取了。因为此时看起来好像每一个都采用了对方的态度，而且每一个也对自己指示了他向对方指示的东西。在这个说明的一开始，米德实际上断言了：“声音姿势成为一个有意义的表征……当它对做出它的个体有与它被传达给的个体相同的影响时。”（第46页）

在这里有可能涉及讲座笔记（Mitschrift）中的一 253
个错误，因为首先很容易看到，这样一种同时的自身刺激（Selbststimulierung）绝没有满足所寻求的条件。如果一方以与对方**一样的方式**回应，这还是没有意味着他采取了对方的态度；而且只要他们只是以相同方式行动，那么就没有构造出对二者来说同一的东西。第二，米德自己后来指出，有一种行为形式拥有同时的自身刺激的这个特征，但它恰恰不是表征性的——即鸟和小孩子的声音行为，（如他所说）这被错误地标示为模仿。[1]在鸟的情况下，他说，如果那些用于对一个社会行

① 比起讲稿汇编的§§8—9而言，在《补充性论文》（三）（*Supplementary Essay Ⅲ*）第354页及以下，米德对这个主题的讨论从根本上要更清楚。

动作出交互性的适应的姿势（a）对双方来说大部分是一样的，而且它们（b）被表达它们的生物自己所感知（就像声音姿势的情况一样），那么相互刺激便同时作为自身刺激起作用（第361页及以下）。另外，源于A的声音可以被B模仿，以便B刺激自己去作出一个恰当的回应。当小孩子在哭喊和模仿家长冷静的声音之间交替时，米德就是这样来解释小孩子的行为的（第364页）。在这里米德补充说："这类幼稚的举止后来延伸为无数游戏形式，在其中孩子假扮成年人的角色。"这个关联似乎相当成问题。在严格意义上的角色扮演中包含了对规范的理解，因此角色扮演是在语言上被奠基的，它当然不能如此直接地与上面所描述的小孩子的声音上的转换游戏（Wechselspiel）连接起来。确实，米德并不想主张，这种转换游戏已经代表一致表征性的行为。根据米德，做出姿势的存在者本身所感知的那些姿势（如声音类的姿势）是表征行为的必要前提：为了使一个符号对交流双方有相同含义，他们双方必须——某种程度上是在语音层面上的，尽管媒介当然可以是别的东西——能够感知相同的符号。但当然这还不能在决定性的语义层面上提供对同一性的构造。

254 还缺少什么？让我们假定，人们可以通过孩子在他采取自己的态度和采取他母亲的态度之间的交替来刻画上面所描述的孩子的行为；相反，表征性的交流的典型特点就是，说话者在进行其言说行为时期待听者的回应。在1922年完成的一篇文章中，米德以下面的方式用观念论的夸张表述了这一点："表征之所以有意义，其根源在于人们成为他人并同时是其自身的那种能力。”[1]米德在第47页上谈到人们在这里应该如何理解：“在任何已知的社会行为或情境中，当一个个体用姿势向另一个个体指出这另一个个体要做什么时，第一个个体知道他自己的姿势的含义——或者他的姿势的含义在他的经验中出现——，只要他采取第二个个体对那个姿势的态度，并想以第二个个体明确地回应它的方式来含蓄地回应它。姿势成为有意义的表征，当它们在做出这些姿势的个体中含蓄地引起它们在其他个体——被传达的个体——中明确引起的或者应该引起的相同反应时。”

这是米德提供的最详尽的论述，而我们为了更确切地理解它，必须依赖更广的上下文。两个问题立即出现。第一，人们可能认为，米德因为诉诸含蓄的回应而脱离了行为主义的解释模式。但情况并非如此，如果一个含蓄的回应被理解为对相应的明确回应的倾向（Disposition）的话，而这显然就是米德所指的。因此第二个问题就变得更加迫切：我们必须如何设想说话者的含蓄回应？它是对哪种明确回应的倾向呢？在上述引文中（此外还经常在别处出现），米德想到了一个命令式的表达（姿势对另一个个体表示“他要做什么”）。看起来情况是，说话者的倾向在于，在给定情况下愿意自己完成其他人所要求的行动。米德偶尔会作出这种解释（第67页），但没有系统地阐发它。

这个观念首先是站不住脚的，其次它也不能符合米德所说的其他内容。首先，很显然，如果说话者在自身中产生的只是去 255
做听者应该要做的同样的事的倾向，那么他还是不会因此将自

① 参见米德（Mead）：《文选》（1964），第244页（我所加的强调）。

身与听者或者与被他所要求的行动相联系；我们还是不会超出同时性的自身刺激的结构。从这个事实——他们中的一个有做另一个人被刺激去做的同样事情的倾向——并不能得出，存在着双方都对之有所行事的同一的东西。而且，关于这种观念如何应用于非命令的表达，尤其是应用于断言式的（assertorisch）表达，就出现了困难；在许多上下文中都清楚的是，米德也想到了后者。这里，听者所做出的那种由说话者在其自身中含蓄地产生的回应会是什么？也许是关于“情况是如此”的信念（Meinung）？然而，信念不是回应；它本身是一个倾向。确实，说话者向自己指示他指示给听者的相同的东西，这是正确的；如果他没有撒谎的话，他就拥有相同的信念。但这是如何发生的，则应该是通过行为主义的模式来解释的东西，而且在这个语境下我们不能只偷偷带入信念的概念。

如果我们注意米德观念的两个方面，问题的解决就出现了：第一，听者的回应应该能够反作用于说话者的行动；一种**相互作用**（Interaktion）应该被涉及。这一点在“姿势对话”那里已经在一个较基本的层次上考虑到了，但它在目前对命令式表达的解释中没有被考虑到。第二个方面与此密切相关：表征式的相互作用应该是“可内在化的”（internalisierbar），而且正是在这个对他人之行事的行事的内在化过程中，“自身”、自身对自身之行事应当被构造出来。现在，米德无论何时论述这个内在化，他都清楚表明它涉及一种与自身交谈的形式：这个人“与自身交谈，并且和其他人回答他一样来作出回答”。因为“思考……只是这个个体与他自己的一种内在化的或含蓄的对

话”。（第47页）

现在这意味着：交流，即与他人谈话，具有对话的特点。对于我们有关听者的明确回应与说者的相应的含蓄的（有倾向的）回应的问题而言，由这一点*可以推出的是，它必须涉及一个表征式的回应。这个回应必须本身是言辞性的（verbal）。这对米德 256
所偏爱的命令的例子来说，恰恰可能不太好理解。但米德自己在第14—16段中所阐发的思考肯定了这个假设。这里对命令的理解是从听者的视角来论述的。“狗不能将其他人给它的刺激给予自己。……有意义的言说中人自己理解他被要求去做的是什么，并同意施行某事……听者不只是根据一个命令移动，而是正给予自身与其他人给他的一样的方向。”（第108—109页，我加的重点）因此，说者的言辞式的刺激并非直接与听者被要求的行动相关，而是通过听者的言辞式的回答来传递的。米德仅仅谈论同意，但同意只在有可能被拒绝的背景下才有意义。听者的回应——它被说者含蓄地期待——于是就是他的“是”或“否”的回答。米德并没有这样明确地表述它，但只有这样才能理解，米德［为何］在此语境中谈论“刺激和回应间的分离”（参见上文第252页）以及谈论“延迟的回应”（第98、117页）。这个刺激与回应间的裂缝（Hiat）不仅把命令式的交流，而且也把所有被表征式的思考所推动的行动，与“反射行为”和“习惯行为”区分开来，而这个裂缝具有“慎思”的特征（第98页）。慎思对米德而言也与选择相关（第117页），而且也总是与“可选

* 即“交流具有对话的特点”这一点。——译者

的诸种反应可能性”（alternative Reaktionsmöglichkeiten）相关（第98、117页）。慎思的人会按照是/否的立场之采取来与自己说话，就如同他会对他对之询问“该怎么做”的他人说话那样。就像我们已经看到的，这同一个是/否结构对在慎思中被考量的意向语句而言具有构成作用，而且也为自由的运作空间提供了基础——对于把命令作为命令而不是作为信号来使用和理解而言，这一自由运作空间是前提。当米德说，一个命令的接收者并不直接施行这一命令，而是必须首先将别人给他的指示（Anweisung）给予自己时，米德清楚地看到这个关联。

米德有关表征式的交流的思想仍然是大纲式的，他没有把
257 它们发展成真正的含义理论。这样，他既没有明确检验是或否的回应的特殊特点，也没有明确检验命令式表达和断言式表达之间的差异。按照他的思路，在此恰恰理应认为，如果表征式的语言的特征在于所描述的那种“刺激与回应间的分离”，那么这种语言与信号语言之间的区别便特别地在于，实践式的表达和断言式的表达是根本不同的。前表征的（vorsymbolisch）有机体直接回应环境中的一个所予（Gegebenheit），而表征地思考的有机体在断言语句中感知各种事态，然后在实践语句中慎思应该如何回应。一个前表征的交流既可以以断言的方式，也可以以命令的方式来描述，这取决于人们是否考虑说者或接收者的看法；例如，一个警告呼号（Warnruf）可以被看作敌人逼近的信息，或者作为逃跑的命令。它既不是这个，也不是那个，因为它根本还不具有一个对说者和接收者来说统一的含义。接收者是断言地还是实践地理解了这一表达，这只有在接收者可以对它采取

这样或那样的立场时才能呈现出来；根据米德，这种立场的采取被说者所期待。不过，理解并不限于对是/否的立场的采取，而是说者和听者对是/否的立场的采取本身指向行动规则，这些规则在一种情况下证明了被肯定的内容，在另一种情况下则使得这种内容得到执行。这样，含义理论的具体阐述便在于对这些规则的系统的行为主义的贯彻（Ausbuchstabierung）。

当然，是或否立场的采取不是唯一可能的对实践语句或断言语句的言辞式回应，而且米德也没有这样明确地描述它。因此我必须强调，这是我的一个解释的补充，它在我看来是不可缺少的；因为只有在此基础上，米德关于表征交流的本质特征的主张——即回应被表达句子的人所期待——才能被认可。表达它们的人在说出它们时，对来自接收者的"否"有所预期，并由此进入一个是/否对话，这是断言的和命令的句子的含义的一部分。这个是/否对话可以轻易地内在化，而且对被说的内容所采取的 258
所有进一步的立场（至少那些可内在化的假定）都预设了对是或否的立场的采取。也是在此基础上，说者和听者与某个同一的东西相关这一点也就变得可理解了，[因为]这个某物正是被肯定或被否定的东西。不过也不能说，被说出的内容的同一是在是/否立场的采取中被构造的；它是在这种立场之采取中被预设的。米德并没有指出这种同一如何被构造，而且这在我看来只能通过关注"是/否"本身所指涉的那些行动规则被指出。米德也没有考虑表征言说的另一个典型特征，即其基本表达——句子——包含着信号语言所不包含的表达成分（Teilausdrücke），即单称词项，而在我看来，正是在这些句子成分的使用规则中构造出了一种同一,它使得人们有可能也去谈论由整个句子所说出来的内容的同一[①]。

因此,米德并没有在他的意义上成功证明那些使表征语言成为可能的行为模式。他只是明确了一种表征语言的行为主义理论本该满足的标准;在这方面,他在我看来直到今天还是对含义理论具有指导意义。这些标准包括对听者和说者同一的含义,以及刺激和回应之间的分离——这个分离要在行为主义上以下面的方式被理解:一种特殊类型的回应处在刺激与回应之间,这便是一种言辞式的回应,它以产生一种本身可内在化的对话的方式起作用。

米德的含义理论的未付诸实行(Unausgeführtheit)在我们的语境中不是一个问题,因为对我们来说问题只是,在何种程度上,自身对自身之行事在被米德所描述的表征式的相互作用中被构造起来。米德的论点是:一旦某人"与自身交谈并像其他人回答他一样真正地回答自己,我们就有了个体借以成为他们自己的对象的那种行为"(第139页)。人们只能在与自身交谈时将对自身有所行事:"除了个体在其中是他自己的对象的语言的行为形式之外,我不知道任何其他的行为形式,而且就我所能看到的,除非个体是自身的对象,否则它就不是反思意义上的
259 自身。正是这个事实给予交流以关键的重要性,因为这是一种个体在其中这样回应他自身的行为类型。"(第142页)

人们可以从或近或远的各种立场出发来评价这个论点。只

① 参见我的《语言分析哲学导引讲座》(1976),尤其是第285及下页。

要人们从直觉式的读者（intuitiver Leser）的遥远视角来考虑，这看起来就是完全合理的：我们只能通过以某种方式走出自身来成为我们自己的客体，以及这可以恰恰通过把我自己放到使我成为他们客体的其他人的视角中来发生。

而如果我们通过语言分析的放大镜检验米德的论点，我们一定会认为，如果在这里呈现一种正确的洞见，那么米德是以一种结构上荒谬的方式来包装它的。首先，他从站不住脚的关于反思关系的传统观念开始，在这个观念中主体本身对它自身而言成为对象；第二，通过认为他可以通过刺激-回应模式为主-客体模式提供一个行为基础，他把糟糕的情况弄得更糟糕。一种回应客体的方式，无论多复杂，都还总是一个回应；而对对象的指涉只通过某种特殊的符号类型及其使用规则——即单称词项——而出现；而语词“我”的使用正是属于这一语境，它使得说者对他自己的指涉成为可能。这个指涉虽然在逻辑意义上是反思的，但它并不预设一个反思行为。

第三，现在让我们尝试退后一步，在考察米德的论点时，不去考虑传统的观念，也不去考虑他以之包装该论点的那种行为主义的观念，而只专注于表征式的相互作用的方面。于是这个论点是这样的：与自身的交谈中包含着一种自身对自身之行事，而我们可以补充道，这种自身对自身之行事属于不同的类型，不同于借助“我”来单纯地指涉自身的那种自身对自身之行事的类型。为了检验米德的论点，我们必须把实践上的内在对话放在一边，因为在后面这种情况下人们可以说，这种内在对话总是涉及本己的存在，并就此而言它是一种自身对自身之行事。问题在于，米德主张在内在对话本身的结构中已经包含一种特殊的自身对自身之行事，这是不是正确的。如果这个论点是正确的，260 它必须也适用于理论的内在对话，而且米德显然也想到这一点。因此让我们想象，我们必须解决某个理论问题。这样的对话看起来应该是如此的：“p；因为q，而q，因为r；或者，p为假？因为s和t；此外，u为真，这是确定的，但u和p是矛盾的。那么难道r不是必定为假的吗？或者也许p根本不是从r得出的？等等。”在这样的论证中，甚至在对先前的、直接的立场之采取的那种否定的或有疑问的立场之采取中，都完全不包含自身对自身之行事。在这样的思想过程中，我并不思及我自身。因此，通常情况下，连语词“**我**”都不会出现，而这个语词却是可以谈论自身对自身之行事的最小条件。如果它出现了，就像当我们说“我相信p”等时，它也并不具有任何延伸到认识性的自身意识之外的意义。

不过，一旦内在对话是一种实践的对话——即一种慎思——时，这样的意义就出现了。当我慎思我想做什么时，我慎思地将自身**与我的做事**（Tun）相联系。现在这是一种自身对**自身**的行事吗？它当然是，如果我们承认海德格尔的观念，即人们在对本己的行动可能性的所有行事中，也含蓄地把自身与其本己存在相联系。但人们不诉诸海德格尔的论点也可以肯定地回答这个问题。因为人们可以说，在人们对关于自己的活动采取立场时，人们总是由此与自身相联系，就如同在人们对关于另一个人的活动采取立场时，人们总是将自身与这个人相联系。

这里我们接触到一种结构，它也被吉尔伯特·赖尔在《心的概念》中，在与自身意识的关联中讨论。赖尔没有把自己限定在立场的采取上，甚至根本没有限定在语言行为上，而是从关于高级行为的一个普遍概念开始；这些行动是这样定义的：它们关涉其他行为，并且是以这样的方式来关涉，即“对前一些行为的实行（performance）暗含了对后一些行为的思想（thought）”（第191页）。在许多被赖尔引用的例子中有一些是回答、报复、嘲笑、购买、敲诈、贿赂、抵抗、报答、批评以及赞成。这个高级行为的概念比社会学的相互作用概念更大一些，因为它不预设这些行为是被两个个体彼此相互联系起来的（例如，人们可以在 261
某人背后嘲笑他的行为）。确实，这与赖尔概念中的模糊性有关。他没有意识到，一个行为与另一个行为的相关性不能在普遍层面上被理解为第一个行为比第二个更高级；因为在他自己明确指出的一些行为当中就存在某些行为，其概念中就包含了，这些行为与之相关的那些行为，在完全相同的意义上关联于这些行为，诸如购买的行为。对赖尔而言，关键是弄清楚，存在这种不仅有关其他人的行为的复杂行为；相反，人们也像孩子一样，在与自己行为相关的情况下，学习去实行这类行为（第193页）。不过赖尔这么说，就好像这种自身指涉对所有这个类型的行为都是可想象的，然而相当明显的是，人们不能，例如勒索自己或者卖东西给自己。也许赖尔对与人们自己行为有关的行为的兴趣也解释了他为什么能忽视相互的行为。就我所能看到的，与自己行为相关的行为总是更高层次的：人们不能与自己合作，与自己签契约等。如果我们说某人自言自语或者自娱自乐，这只意味着他在没有别人的情况下说话或玩，但不意味着他的说或玩与另一个说或玩相联系。但在我看来还有另一个限制是必要的。

赖尔强调，总是把更高次序的行为理解为语言行为，这是一种理智的偏见（第192页）。不过，就我所见，所有与人们自己的行为相联系的更高次序的行为都是语言的。

如果这是正确的，人们就应该在如下这一点上同意米德：在实践地与自己交谈时包含了自身对自身之行事，只不过这并不是因为（如他所主张的）它是一种与自己的交谈，人们像与别人交谈一样与自己交谈，而是因为，人们此时以慎思的方式并且以某种方式采取着立场来将自己与未来的行为可能性相联系（并且也对过去的行动有所评价）。就我们目前为止关于“自身”所听到的内容而言，米德的另一个论点——自身对自身之行事“本
262 质上”具有“社会结构”——不是特别有说服力。当然，与自己交谈——无论理论上的还是实践上的——从发生的观点来看是交流式的（kommunikativ）言谈的衍生物（Derivat），这是正确的，而且同样正确的是，一切与自己的交谈在任何时候都可以被扩大到与他人的交谈中。但是不清楚的是，在与自己的交谈中，究竟什么东西应该在结构上是交流式的。确实，人们不得不说，从结构上看，与自己交谈恰恰不是交流式的。虽然我们有时在与自己交谈时用“你”来称呼我们自己，但这里并没有两个拟-人（Quasi-Personen）在彼此交流。在独白中，什么都没有被告知（mitteilen），而且没有发生任何理解（Verständigung）；因此没有误解的可能性，而只有模糊不清的可能性。

人们必须彻底弄清楚，与自己的交谈就其本身而言（an und für sich）还不是一种自身对自身之行事，而且甚至那种在特定意义下可以被理解为自身对自身之形式的与自己的交谈——即

实践式的与自己交谈——还不是本质上交互作用的；只有这样，我们才能看到米德在接下来的章节中所阐述的那种结构的特殊之处。在这些章节中，他首先谈到“自身的起源”（§§19—20），接着（§22、25）阐释了他称为“宾我”和“主我”的东西，作为自身的两个结构方面。在我看来，米德在这里，在他的角色理论（Rollentheorie）中成功地表明，对自身的行事只有与对他人的行事一起（in eins mit）才被构造起来。但这个对自身的行事不是任何与自己的交谈，而是对本己存在的是/否立场的采取；而且这里涉及的并不是他人对任何某种立场的采取，而是涉及一些规范性的期待。米德由于没有把他的语言理论和角色理论清楚地分开——许多解释者把这看作他特殊的贡献——，而将这两种理论都变得不清晰。因此，在他对言谈的一般评论中，他是这么说的，好像通过预期他人对立场的采取，便也就一同实行了他人的角色。“采取他人的态度”这一不确定的说法产生了糟糕的结果。采取了立场，还不等于［扮演了］角色。

第十二讲　米德Ⅱ：自身

264 在讨论“自身的发生”（Genese des Selbst）的章节中（§19），米德这样引入问题，就仿佛这里所涉及的自身与那种据说在“与自己并与他人交谈”中被构造起来的自身是同一个自身。但在我看来，首先清楚的是，这里涉及的是一个更特殊的结构，关于它，米德可以正确地要求，这个结构只可以被设想为表征式的结构。但反之恰恰是不对的：与自身和与他人交谈本身并不具有这个结构。第二，我认为，只有对于这种自身对自身之行事，米德才能正确地要求它在结构上而不只是在发生上是相互作用的。第三，我认为，这里所指的是这样一种与自身的关系，它只在海德格尔的与其本己的去存在的关系这一概念的帮助下才被理解。因此，如果米德是正确的，这种与去存在的关系本身就必须被理解为通过相互作用被构造的东西。

在“自身的发生”中，米德区分了“两个一般阶段”（第158页）。他在两处不同的地方描述了这个区别。在第一个段落中，这个区别没有直接被阐述，而是依照在与各个阶段中典型的各种孩童游戏来阐述的（第150页及以下）。第一个阶段所特有的是，孩子玩的是成为某物（playing at being something），如一位母亲、一位老师或者一位警察。在这么做时，“他们扮演不同的角色”（第150页）。只有在第二阶段中，孩子们才学习米德称为比赛（games）（他提到棒球作为例子）的那种游戏。他把它们描述为“有组织的比赛”；它们本质上是若干人的比赛，每个个体在其中以一种他必须准备好扮演每一个其他人的角色的方式完成特定的角色。这个描述有些误导。人们必须真的准备好扮演其他人的角色，这一点并非根本的；而是，关键在于，每一个角色只能在其与其他角色的相互作用中被理解。这种比赛的典型特点是，它们通过规则来构成（第152页）；而规则规定了玩家相互的权利和义务。一个孩子只在他理解了在一 265
个由规则规定的共同活动中与他人相关联以及遵守这种规则来行动意味着什么时，才能进行这种比赛。米德的后继者也没有在他的语言理论和他的角色理论间作出明显区分的一个理由是，说话也是根据规则来完成的。但语言规则并不定义权利和义务；语言规则不是狭义上的规范（Normen），而是技术性的规则：不遵守它们并不导致惩罚（Sanktion），而是导致不理解（Nichtverständigung）。

在第二个文段中，米德直接描述了两个阶段，而不是拐弯抹角地指出它们所特有的各种游戏：“在这些阶段的第一阶段中，个体的自身（self）只通过其他个体对他自己或者对彼此的个别态度的组织（organisation of the particular attitudes）来构成……。但在第二个阶段上，在个体的自身的充分发展中，那个自身不仅由这些个别的个体态度的组织构成，而且由一般化的他人或者他所属的作为整体的社会群体的社会态度的组织（organisation of the social attitudes）构成。”（第158页）

这些描述引起许多问题,而它们中的一些可以在米德进一步的解释基础上被回答。我发现,把米德在两处对第一阶段的论述放到一起是非常困难的;相应地,形成对他关于第一阶段的观念的清楚画面也是困难的。第一个描画指出,在第一阶段,角色只能被扮演,而不能被感知(wahrnehmen),因为关于对那些角色而言其构成作用的权利和责任的那种理解[在那里]还不存在。而另一处则指出,米德也关心他在此后的角色理论中集中地讨论的那种区别,即感知一个个别角色的能力与在不同社会关联中(就像通常所说的)不丧失其同一性地感知不同角色的能力之间的区别。米德认为,这个同一性是在人们称为"性格"(character)的东西的发展中被保证的(第162及下页),并且他认为这种"人格的组织"(organisation of personality)会作为一种"个体的反射"(individual reflection, individuelle Rückstrahlung)从个体在第二阶段
266 与之相关的那种群体的组织中产生(第158页及以下)。这个论点不是特别有说服力,而且似乎更合理的是,把从角色同一性向性格同一性的过渡看作第二阶段内的进一步的分段。我稍后会回到这上面。

关于米德想如何准确地理解他的第一阶段的问题,在这里不是那么重要,因为我们主要关心的不是发生问题,而是结构问题。而这些首先有关第二阶段;只有在第二阶段,"充分意义上的自身意识"才应该被获得(第152页)。不难看到米德在两处为第二阶段所提供的描述是如何彼此相符的:在第一个描画中描述的比赛结构与第二个描画中描述的真实社会生活的

结构相一致。在这两处，米德的主要术语都是“一般化的他人”（generalised other）。这个术语表示“有组织的共同体或社会群体”（第154页）。一个有组织的共同体是处于“合作”关系中的个体的总体（第155页）。亚里士多德已经这样定义术语koinonia［共同体］，它后来被翻译成拉丁文societas[①]。一个共同体是诸个体为他们福利的相互提升而进行的自由联结（freie Verbindung）。亚里士多德称之为koinonia politike［政治共同体］的东西是区别于纯粹的契约性共同体的（例如比赛中的群体）；它是这样的一个共同体，没有它的话，它的成员也无法实存；换言之，它是这样的共同体，它的建立不是为了特殊的目的，而是为了存在（umwillen des Seins）。“自由的”这一规定既没有被亚里士多德使用，也没有被米德使用，但在我看来为了区别人类共同体与动物的共同体，这是必需的。而且，无论在亚里士多德那里还是在米德那里，这个规定都被包含在如下这一点中：这种共同体是通过专属于人类的语言来协调的。如果某人是一个“有组织的共同体”的成员，那么他有终止他的成员资格的自由，尽管这可能意味着他的死亡（这在奴隶的情况下是肯定的）。甚至在政治共同体这个基本的共同体中，合作也基于一个至少是隐含的“是”（Ja）。

由此便建立了在人类共同体中指导着合作的那些合法则性 267
（Gesetzmäßigkeiten）的特殊特征：这便是规范。米德没有使用这个概念，但这个概念在他那里是暗含了的。实际上，他使用了

① 亚里士多德：《政治学》，第1卷，第1—2章。

更一般的规则（Regel）概念*（第152页），而没有更明确地解释它。行动规则，以及特殊地说的规范的所指[①]，可以通过从两方面凸显它们来加以阐明；一个遵循规则的行为，一方面区别于那种基于因果要素而仅仅是合乎法则的行为，另一方面区别于命令。“命令”是一个个体的行动指引（Handlungsanweisung）；遵守规则的某人在特定条件下遵从某个一般的行动样本（Handlungsmuster）来行动。在这点上，合乎法则的行为具有共性，但由于规则就像命令一样“要求”一个行动，遵从规则的（Regel-befolgende）行为与合乎法则的行为是有区别的：在语言上，遵从规则的行为在语言上表达在一个应然语句中，并且在行为中表达为，行动者就像对待一个命令那样能够用“是”或“否”来作出回应。这意味着，行动者自由地遵守或不遵守规则。而且，行动者出于一些理由（aus Gründen）遵从或不遵从规则（就像他出于一些理由遵从或不遵从一个命令那样）。这一点表明，此处涉及的是适用于实践问题和慎思的领域的那种强烈意义上的自由。遵从规则的人可能只是有好的理由去遵从它——例如，为了避免更大的恶（如惩罚）——，但他也可以出于自愿（aus freien Stücken）来遵从它，这样他就不仅有好的理由去遵从它，而且认为该规则本身是被充分证明了的。人们区分遵从规则的行为和合乎法则的行为最通常的标准是，人们如何对例外情况作出反应：在合乎法则的行为那里，人们是这样来反应的，

* 在米德的英语表述中，与“规范”对应的是norm，与“规则”对应的是rule。——译者

① 参见哈特（H. L. A. Hart）：《法的概念》（1961），第54页及以下。

以至于人们会认为，被假定的那种合规则性只是以特定频率发生；而在遵从规则的行为那里，人们是这样来反应的，以至于人们会认为，规则是被“打破”了的，使得人们能够在这点上评判（kritisieren）该行为。但以表扬的语词或者以惩罚的方式进行的评判行为，在面对动物或小孩子的那些或多或少合乎法则的行为时也是可能的。对遵从规则的行为来说关键的是，行动者本人可以评判他的行为，而这预设了，他**承认**（anerkennen）规则——无论他是就规则本身还是着眼于他的其他目的来作出这种承认——，以至于可评判性的标准被建立在“规则代表了行动 268
的理由”这一标准之上。

规范是一种类型的规则。许多作者甚至在与“规则”这个术语相同的范围内使用“规范”这个术语。但似乎最自然的是，只把社会规则标示为规范。这些规则是在涉及他人时被遵从的，因此也通常在社会上以这种或那种方式被许可（sanktionieren），它们区别于例如技术规则或私人的行为准则。我们现在可以更充分地理解，当米德在谈论社会群体的“态度”时，他指的是什么。这指的是群体成员相互拥有的关于他们行为的规范上的期待。［在这里我应该在括号中提出，有一阵在社会学中习惯于将规范简单地定义为“对期待的期待”。但这个表达只能意味着，行动者期待（而这意味着他**知道**）他人对他的特定行动所有期待（这意味着有所**需要**）。因此在这个公式中，“期待”这个表达在前一位置中和后一位置中具有不同的含义。由于在第二位置中“期待”这个表达表示的是自身已经是规范性的那种期待，所以这个公式无法对规范概念作出解释，因为它反而预设了规范的概念。]

在各种规范当中,那些支配着合作的规范形成一个突出的核心领域;它们之所以突出,是因为只有在它们的基础上,一个共同体才被构造出来。而且,只有在支配着合作的那些规范那里,对于一个个体的每一种义务而言其他个体都具有相应的权利这一点才似乎是不言而喻的。此外,合作的概念不应该误导人们认为合作必须是平等的(koordinativ),因此所有成员拥有相等的权利;毋宁说,合作也可以在一个随意的某个广泛的范围内是从属性的(subordinativ),最极端的情况就是没有权利只有义务的奴隶。现在米德把有组织的社会合作的节点(Knotenpunkte)称为角色。具有一个特定角色的某人——例如,一位母亲、老师或者警察(回到米德对孩子的角色扮演游戏所用的例子)——拥有特定的合作性的义务和权利;换言之,
269 角色之为角色不在于别的,而在于合作性的权利和义务的集合(Bündel)中。

我们现在可以理解米德用"一般化的他者"及其"态度"指的是什么。米德谈到"一般化的他者",不只是因为涉及的是"社会群体"的态度,而且因为这些态度是规范性的期待;而这意味着它们是一般化了的要求(Forderungen)。这些期待不只产生于群体中的所有个体,而且它们被奠基于社会合作的组织中。它们并不指向作为个体的个体,而是指向作为特定角色的承担者的个体,指向"共同社会活动的不同阶段或方面"(第155页)。在这方面,"共同体的反应"具有"我们称为体制形式"(institutional form)的东西(第167页)。

米德所发展的结构现在被充分澄清，因此我们可以提出下面的问题：在什么程度上他可以宣称，一个个体仅仅在这个结构的基础上——即只通过承担角色并因此以这种或那种方式使自己处于一个社会的合作行动的总体中——达到他所谓的“自身意识”或者我们所说的“在这个词的完全意义上”的自身关系（第152页）？这里指的显然是一种自身对自身之行事，它不只存在于人们对自己活动可能性的立场之采取中，就像在任何实践性的与自身交谈中的情况一样。在当前考虑的自身对自身之行事中，个体将自己与之相关的那个东西不再只是个别的行为；或者更确切地说，因为他总是把自身与个别的行为可能性相联系，所以他是根据这些可能性与他想如何理解**自身**（或者把**自身**理解为什么）相匹配的程度来将自身与这些可能性相联系的。在采取一个角色时，我把**自己**理解为某某；而因为我在角色的多样性中培养出特定的性格（参见上文第265页），所以具有更重要意义的问题成为我想成为谁（哪种人），即我如何理解**自身**。在这个“我自身”（mich）或“某人自身”（sich）中包括什么？米德并没有再提出这个问题，因为他认为他已经通过与自身交谈的结构解释了这个反身代词的含义。这个信念的错误特征也可以从这个事实中看到：当米德自身的发生中将第二阶段标示为“充分发展了的自身”和标示为“这个术语的充分意义上的自身意识”时（第152页），他并不想将这个自身意识与那个“自 270
身”区别开来——后者据说被包含在与自身交谈的形式结构中；而是，他是要将自身意识与角色行为的第一阶段（其更明确的结构当然还是不清楚的）区别开来。但这意味着，在**以下**意义上——人们正是在这种意义上在角色行为那里谈论“自身”和与自身的关系——，在“与自身交谈”本身中（即使它是实践性的），并不存在“自身”，不存在与自身的关系。

我们已经在海德格尔那里接触到把自身理解为某某的这个结构，在那里看起来很清楚的是，这个结构只能在与去存在的关联中被理解。我把自身理解为某某，意味着我的去存在、我的生命对我来说具有这个意义。为了理解米德的论点——与自身的关系在角色行为中被构成——，我们必须回到这个去存在结构吗？你们会说，把自身理解为某某，仅仅意味着去确定如此这般的角色谓语适用于某人自身，如成为一个母亲或老师。但有其他适用于我的谓语，对它们来说，说“我把自身理解为……”——例如，“我将自身理解为黑头发的或者现在正在做讲座”——显然是不适合的。不过，甚至连角色谓语也可以适用于某人，而不需要人们准备好说“我将自身理解为某某”。例如，可以设想，某人可以说“事实上我是一个老师（或一个母亲），但我不把自身理解为一个老师（或一个母亲）”。这里的含义是一个人占据这个角色，但不将自身与之“同一”。这意味着什么？这显然意味着，通过这个角色给出的合作行动没有“满足”我，即我生活的意志；换言之，它们没有构成或一同构成我生命的意义。

以下结果可以从这些思考中被得出：首先，在对角色的接受中包含着一种与自身（即与某人的去存在）的关系，因为作为合作式活动的角色是产生着意义的（Sinn-stiftend）。第二，角色只是提供了意义，而我是否将之赋予我自己，则依赖于我。因此，我们在这里也遇到采取是/否立场的现象，稍后我们将会看到角色行为的这个方面对米德自己是关键的。在自身（Selbst）中的那个被米德标示为“自我”的因素中包含着同一化和距离化（Distanzierung）之间的张力。但对角色采取一个立场之所以是一种与自身的关系，并不是因为是一种“对某某采取立场”（Stellungnehmen-zu），而是因为它是对理解我自身的可能性采 271
取立场；这里“我自身”意味着我的生命。即使在人们感到某个他处的角色对他自身来说——对他的生命来说——不是很有意义时，人们也还是以这种方式将自身与自身——与其生命以及其潜在意义——相联系。

因此我们认为，我们能够理解米德的论点——即在通过角色而预先被给定的合作式活动的实行过程中包含着一种自身关系——的方式是，我们讲海德格尔的自身对自身之行事的概念归给这一论点。但米德主张，不仅与自身的关系被包含在角色行为中，而且与自身的关系只在角色行为中被构成：“人们必须成为一个共同体的成员，才能成为一个自身（self）。”（第162页及各处）或者，如果我们想按照刚刚概述的视角表述这一点，那么他在主张的不仅是，由角色所预先标示出的合作式的行动可能性是提供含义的，而且是唯一可能的含义提供者。这个论点不能简单地通过指出，在很大程度上我们不能将自身与我们的角色相同一，以及如此多的在社会上已有的合作式活动几乎只可以被经验为“异化劳动”，而被反驳。毋宁说，合作活动的已有形式被经验为无意义的情况只能同样被看作标志着：合作式活动总是已经涉及“产生意义”这一要求，而它们只有出于这一原因才可以被经验为无意义的。于是——这无论如何是米德的看法——,要对社会上已有的合作式活动作出意义上的批判,只能是出于对更好社会的筹划,而不是出于某种与社会无关的活动的视角;后者根本不是意义的可能来源。

米德只将这个立场作为一个论点提出,这或许缘于他的一个错误信念:自身对自身之行事在本质上所具有的社会性特征已经通过"与自身交谈"的那种所谓的交流结构而被确立了。在我看来,米德在他对承认和自身尊重(Selbstachtung)之间关系的反思那里最为接近对他的论点的真正证明(§26)。我们会再次在黑格尔那里在此发现这个观点:自身意识只在被承
272 认的过程中才被构成。这里我们最后遇到了日常语言意义上的"自身意识",它意味着像自身价值感(Selbstwertgefühl)的东西。这个自身意识与理论的自身意识无关,而是自身与其自己的去存在的关系的一种样态:这是对自己的生命是有价值而不是无价值的意识。这看起来是人们能够在愿意继续生活的意义上肯定(bejahen)自己的生活的条件所在。为了能够肯定我们自身,我们显然必须把我们自身经验为值得肯定的。而且,只有当他人肯定了我们——即爱上或者承认了我们——时,我们才至少在发生上(genetisch)把自身经验为值得肯定的,而只有在我们认为他人可以肯定我们时,我们才也在结构上把自身经验为值得肯定的。

这里我必须再次引出别的东西。我们已经在对海德格尔的解释中着眼于亚里士多德而看到(第178页),人类意愿的典型特点是它不仅仅通过愉快和痛苦的感受(像动物的意志一样)间接地与其自己生命的保存(Erhaltung)相关。因此,人类这

种生物不仅仅朝向他的需要的满足，而且作为语言式的生物，人具有对他生命的意识，因此他不再盲目地由他的感觉指导着去做对他生命的保存有利的事，而是他自己可以慎思什么对他是好的，什么是坏的。因为人类具有与其生命的直接的、意志的关系——即将自身与自身相联系，而这依赖于他能够肯定他的生命，给他的生命以“含义”并想要过好的生活。

最后提到的表达——“肯定某人的生命”“给它含义”“想过好的生活”（ein gutes Leben leben wollen）——不是等义的。亚里士多德只集中于这三个表达中的最后一个，而在海德格尔那里恰恰缺少这个表达或等义的表达，这并不是偶然的。

为了正确地看到相互关联，我们首先必须清除一个含混，它在这些表达中的第一个那里会导致困惑。我们显然在这里只是在处理实践性的肯定。但这些肯定就其自身而言是有差别的。在有意愿继续生活的意义上的对某人自己生命的“是”（Ja）具有意向语句（Absichtssatz）的意义：它表达一个意愿。另一方面，当我们说一个人肯定另一个人时，“肯定”总是意味着某种 273
像“重视”（Schätzen）这样的东西；而“重视”意味着认为某物是好的，它包含一个价值判断。如果只要我们认为我们的生命有“价值”（即它值得肯定，这意味着值得重视），则我们可以在想要继续生活的意义上肯定我们的生命，这是正确的，那么“肯定”的第一个意义上的自身肯定（Selbstbejahung）就预设或要求第二个、评价意义上的自身肯定。而这第二个意义本质上是一个交互主体的意义。

可以说，生命具有“意义”的要求处于“肯定”的这两个含义之间。这个要求比第二个含义更形式化，并且只意味着有这样的东西，人们可以按照它在其生活意志中理解自身。现在如果米德与海德格尔谈过话，他就应该提出下面的论点：(a) 我们只在我们可以与他人一道视为值得重视的生命形式中发现意义，并且与之相关；(b) 这里涉及的是那些我们不仅为了自身而且同时为了他人并与他人一起参与的活动，即合作式的活动。

在海德格尔那里有支持这个论点的后半部分的思路，因为对他来说人之存在本质上也是共在（Mitsein），一个与他人一起并赞成或者反对他人的存在（《存在与时间》，§26）。但这个方面在他的著作中还是相当苍白和不完善的。另一方面，这个论点的第一部分——即意志只有在那种"好"的东西中得到实现（这里的"好"是在它强烈要求交互主体的承认的意义上说的）——在海德格尔那里找不到对应。他只在讨论被他标示为"庸庸碌碌"（Abständigkeit）的那种形式——这种形式无疑是流行的、非本真的，并且对于海德格尔来说也属于非本真的实存——时略微触及这个思想（《存在与时间》，第126页）："操心于与他人的差异。"此时关心的仅仅是"优越于他人"，而且某人只想要么"奋起直追"，要么"压制"他人。相反，米德指出，就"断言特征的［这种］令人不快的类型"（disagreeable type of assertive character）（第205页）而言，人们不可忽视"优越感"（sense of superiority）（第208页）在效用上的可能性；尤其不可忽视的是：不考虑一切道德评价，这里涉及的是一个"似乎本质上属于自身意识"的结构。米德在这里所说的东西，我也可以这样来
274 表述：日常语言意义上的自身意识一词似乎本质上属于自身对

自身之行事。

海德格尔忽视了这个结构对于"对自身对自身之行事"的构成性意义，这源自于他对"好"这个概念缺乏思考。而这种缺乏本身与这一情况相关：海德格尔从自身对自身之行事中去除了理性——即客观证明——的方面（参见上文第240页）。某物被称为好的——或者，更确切地说，更好的——，如果它在客观理由上是更可取的，而由此出发，我能够在那个对本真实存具有构成性意义的实践问题的关联中添加关于"好"的某些方面（第237及下页）。尽管如此，慎思的最终关联点还是某人自己的福利。另一方面，我们现在遇到了语词"好"的一种用法，它甚至无法以补充的方式在对海德格尔的解释中产生效果，因为其关联点不是某人自己的福利，尽管这种用法一旦开始起作用，它就变得对"什么对我最好"的问题有关。

人类能力的一般特点是，它们可以以更好或更坏的方式被培养；它们处于偏好性的尺度上。无论某人"能够"做什么，人们都可以做得更好或更坏，而这也意味着比他人更好或更坏，比如唱歌、游泳、烹调或修车。根据一种特殊能力对我们有多重要，或者我们多么喜欢练习它，我们会想要尽可能好地练习它。亚里士多德想把这个意义上的"好"理解为对与活动相关的每一项作品之完成（Zustandebringen）的适合性（Tauglichkeit）[①]。但这个论述不能被普遍认可[②]。首先，因为有像游泳和唱歌这样

---

① 《尼各马可伦理学》，第1卷，第6章。

② 参见怀特：《多样的善》（1963），第2章，在此他将这种意义上的"善"放在技术之善的标题下来处理。

的活动，它们不（像修车一样）朝向某物的完成；第二，因为有像烹调这样的活动，它们朝向某物的成果，但产生出来的作品没有（像在被修好的车的情况中那样）为它们的“好”提供绝对的标准。另一方面，显然我对“好”的形式定义在这里也有效。x可以比y更好地唱歌、游泳、烹调、修车，如果那些正确理解了所
275 讨论的事情的人更喜欢x的成果多于y的成果。于是在这里一个主观因素进入了：虽然偏好不只是主观的、任意的，而是也在客观上被证明的，然而这个对客观证明的要求的标准仅仅在于，正确理解了这件事的那些人决定什么要被偏好。我在你们中的一些人的脸上看到怀疑的表情，但我必须让这作为一个论点存在。因此，我也只想给与之相关的下一个问题一个同样是论断式的回答，即关于如果没有客观标准，如何决定哪些人正确地理解了这件事的问题。回答是这样的：是那些在所讨论的事情上最有经验的人；一个人x在某事上比y更有经验，如果有一个从y到x的经验道路，其结果是y分享x的价值判断，但没有从x到y的经验道路。因此，在这个意义上好或更好是可以作为这样的东西被所有人承认的东西（只要他们具有必要的经验）：（以刚刚提到的方式被限定的）一致意见（Konsens）不是客观标准的结果，而是本身就是唯一的标准。海德格尔对“好”的这个含义的完全忽视似乎在于：它不仅仅像对“好”的所有谈论一样诉诸客观证明，毋宁说，这个证明形式包括一个不可消解的社会的、交互主体的方面，以至于如果这个意义上的“好”也要对本真性样态中的自身对自身之行事有意义，那么自身规定就不再可设想为：人们只为自身而偏好于自身规定，而无需考虑他人的（即使只是潜

在的）同意。

但你们会提出以下问题：在何种程度上，对某些能力中的优越性的争取应当对自身对自身之行事有意义，更遑论是对在本真性样态中的自身对自身之行事？在我看来，我们可以在结构的和发生的意义上区分三个层次，即使在它们之间没有明显的界线。当然，我们在我们的生命之初经验到的构成我们自身价感的基础的那种肯定还不能与角色联系起来。但在一个相当早的阶段，这种肯定确实包括重视的成分，它们指涉各种能力（Können），指涉至少在广义上具有社会意义的能力的发展。

现在米德的论点是，只有在能力被扩展为角色时，个体在其 276
中将自身与自身相联系的维度才被打开。这涉及两个方面。第一，角色也是用来培养能力的道路；而这意味着，角色的培养处在一个由“更好”到“更坏”组成的刻度上，这里这些语词具有与它们在有关能力时一般所具有的相同含义。第二，只有当不仅仅那些个别的、在社会中得到承认的行为被或多或少好地实行，而且个体以一个长期合作任务而为他自己——即为他的生活——获得特定的社会位置时，他才能——就如一个一般而言的与**自身**的关系那样——培养出一种真正意义上的自身价值感。

第三个层次——米德只通过指涉“性格”的培养暗示了这个层次——则产生自如下原因：角色训练虽然对于自身对自身之行事的发展培养来说是构成性的，但并不是充分的。例如，我们说“作为老师他是优秀的，但作为一个人我不能赞同他”；显然关于我自身的问题“我想成为谁？”并未由诸如“一个好老师”“一个好母亲”这样的回答而得到详细说明，而是它总是具有“我想成为哪种人”这样更为广泛的意义。我没有一种关于这个问题要如何更确切地被理解的理论。因此我会将自己限制在对海德格尔和米德论述它的方式作批判性评论之上；在两种情况中我都会回到亚里士多德。

作为对海德格尔的批判：亚里士多德把他的伦理学建基于这个思想之上——一般适用于人类能力和活动的关于“好”和“坏”的同一种使用方式，也适用于人类生活本身的活动，以至于既然每个人都关心他的存在，那么他必定关心以最好的可能方式实现它[1]。在这个上下文中，关于哪种生活是好的生活的问题再次被那些最高程度地理解了这件事——即那些拥有最伟大生活智慧（Lebensweisheit）的人——所决定[2]。我认为这并不是亚里士多德的理论伎俩，而是与我们的日常理解相一致的。这种理解虽然不会在关于“好人”的说法中被找到（这里的“好人”
277 这个语词在现代语言中采用的是更专门的内涵），但它在许多其他的表达中出现；例如当我们说“我对作为人的他表示钦佩或者评价很高”“他是一个出色的、模范的人”，或者“我认为这种生活方式是对的”等等。在这类价值判断的形式中包含了如下这一点：这些价值判断提出要成为客观上可证明的陈述的要求，它们要么必须能够被证明是错误的或片面的，要么我们必须能够使他人信服它们。这既不意味着关于人类实存只有**唯一**的理想的可能性，也不意味着某人可以将某种理想观念简单地套到

① 《尼各马可伦理学》，第1卷，第6章。

② 同上书，第3卷，第6章。

自己身上，而且也不意味着需要否认（我们在对海德格尔的解释中所确立的）在选择自身时不可取消的个体化成分和不可取消的意愿性成分。自身发现和自身规定的每条道路都必定是个体性的道路，这一点并不排除，而是包含了：这条道路的正确性标准是，它必须得到“对这件事有所理解”的那些人的赞同。我们之前看到，在人们要么略过了意愿层面，要么略过了理性层面的程度上，人们是不能谈自身规定的（第242页）。现在我们可以看到，只要人们放弃了在本己的决定上向他人学习或能够使他人确信这些决定，那么理性的层面就会被略过。海德格尔认为自己犯了以下错误，即在关于“我自身”的说法中的“自身”只能从与他人的比较出发来理解。在现实中，关于我自己做出的决定的谈论，同样也是从与关于某种决定——这种决定不是由我，而是由我之中的某种东西做出的——的谈论的对比出发来理解的，而当那些理性的层面——如我们现在看到，它们同时也是交互主体的层面——失效时，就会出现这种情况。

作为对米德的批判：看起来，关于超出个体角色的问题，米德所想到的唯一视角就是融合不同角色的视角。但人们很容易会问，“同一性问题”是否应该被如此排他地朝向角色概念，尤其当这个问题的含义是我想成为哪种人时。应该指出，我想成为哪种人的问题始终意味着如下内容：在与我的伙伴的关系中我想成为哪种人？但恰恰是在这一点上，人们必须问，把人们 278
之间的关系排他地理解为规范关系（就像在社会学中已经成为惯例的那样），这是不是合法的。虽然从社会的制度组织视角来看，规范关系是有效的关系，但从个体的视角来看，这并不适用。在这里至少具有基础意义的是情感的（affektive）关系，而且在这个上下文中值得去回忆一下：对亚里士多德而言，成为优秀的人意味着什么的问题完全集中于这个方面。因为在情感关系中我在我与他人的关系中将自身与自身相联系，所以这里的关键是，在这些情感关系中找到某个最佳（Optimum），即一种正确的方式[①]；而且人们一定会在下面这一点上同意亚里士多德：被称为性格的东西乃是一个人的情感性的行为倾向（Verhaltensdisposition）。关于一个人存在的正确方式的问题之所以已经不能依赖于不同角色的融合，是因为，首先这个问题对于我在我的自由的范围内为自己选择哪种角色这一点来说可以起规定作用；而更重要的是因为，这个问题在训练一个单一角色的语境中就已经是重要的。于是，例如，一个邮局职员可以以他完成其工作的方式给我留下印象，不是在其角色中（作为一个好的邮局职员），而是在其人性（Menschlichkeit）中。如果他在自身中，在他的情感性格中发现了这样的标准，自然就会得出，他在另一个角色中也还是会"一样"。

通过这个难题——即关于某人想成为什么样的人的问题——我们达到了米德的那个与海德格尔的"本真性"相对应的层面了吗？不，并不是这样。因为即使人们明确地提出这个问题，它也并非一定是独立地被提出的；它可以被排他地朝向那种被"人们"(man)视为适合的东西。值得注意的是，在米德对"宾我"（me）和"主我"（I）的区别中（§§22、25），米德面对一

① 《尼各马可伦理学》，第2卷，第4—5章。

个区分，它类似于海德格尔通过他的“常人”和“本真实存”概念所做的区分。

米德把“宾我”定义为“某人自己假定的他人态度的一个有组织的集合……关于所有那些有组织的态度集合的谈论将他的‘宾我’给予他”（第175页）。因此，宾我包含了他人关于 279
我所拥有的规范性的期待图景。它是从社会发散到我之上的期待的投射（Erwartungsprojektion）。米德显然是因为他想由此指涉我一定程度上作为社会期待的客体是什么而选择了这个表达；或者更简单地说，他想指涉的是，从社会的出发点看，我在我的角色中和在我的其他行为中应该如何是（sein soll）。海德格尔对“常人”的描述非常接近于米德，当米德说：“‘宾我’是一个习俗的、习惯的个体。它总是在那里。它必定拥有所有人都拥有的那些习惯、那些反应。”（第197页）

相反，“主我”是“个体对他人对其的态度做出的回答……‘主我’给出了自由的意义”（第177页）。这个概念比自身规定概念更广泛。它在一般意义上代表个体对指向他的期待的回应——“是”或“否”（接受或拒绝，194）。因此，米德把概念边界设定在与海德格尔不同的地方，但这个差别是相对不重要的；它可以被以这种或那种方式完成。对海德格尔而言，“常人”是自身存在（Selbstsein）的一种方式——因此，他谈到“常人-自身”——，即使自身适应被视为正确的东西的方式。在米德的概念框架中，这是“主我”对“宾我”的一个可能回应。对米德而言，对社会期待的可能回应的整个带宽（Bandbreite）都属于“主我”。一个人，无论他如何回应，无论他如何完成那个被他所期待的角色,他都在以其自己独特的方式行动。因此,“主我”中无论如何都包含一个革新的方面(第177、203页)。但关键的选择就是在“是”与“否”之间、在“献身”(devotion)与“自身主张”(self-assertion)之间的选择(第192页),*而这意味着在“调整某人的自身”(adjusting one’s self)或“抗争到底”(fighting it out)之间的选择(第193页)①。

重要的是正确地理解这个“自身主张”的概念。首先,在这个概念和**优越感**概念之间没有关联(参见上文第273页)。毋宁说,将自身与他人相区别的需要是在被普遍承认之物(das allgemein Anerkannte)的道路上运作的。相反,通过“自身维护”的概念,米德考虑给被普遍承认之物以回绝(Absage)的
280 可能性。第二,必须被提到的是,对米德而言,这样一个回绝不可能由一个简单的转身不顾(Abkehr)——它通过个体的自行其是而出现——所构成;而它只能由一个新的普遍构想所构成,后者所依赖的是:对抗他人来得到实施。因此,这个“自身主张”是一个“抗争到底”。“如果某人提出他自己的意见,对抗于他人来主张自身的权利”,那么这意味着他“坚持他们对他自身采取不同的态度”。米德继续说:“于是某些重要的事情发生,它们之前没有在经验中出现。”(第196页)真实意义上的革新——它们导致社会发展起来而不是停滞不前——就奠基在这种在某些

---

* 这里指的是在“献身于(忠于)共同体”和“主张自身的权利”之间的选择。——译者

① 这里可能有记录上的错误。可能米德说的只是“调整自身”(adjusting oneself)。

情况下具有集体性的自身维护的行为。

现在我们达到这一点，在这里与海德格尔观念的实质对立变得明显，因为米德的自身主张概念就是他的自身规定概念。尽管米德很少阐述这个自我主张的概念，但它在其起点上就包含了自身规定的本质标志，即个体自身选择他想成为谁（如何存在），而且由此不使自身依赖于任何传统的或惯例的观点。米德没有将此描述为自身规定，而是描述为自身主张，因为个体以这种他由此将自身与他人——他们将他们自身与他相联系——相联系的方式将自身与自身相联系；因此他根本不能在不同时以别的方式理解社会关系的情况下，以新的方式理解自身。因此，个体所依赖的是：对抗于他人来主张和实施他关于人之存在——社会存在——的新观点。如果在海德格尔这里看起来好像本真实存是一种对“常人”的转身不顾，那么人们一定会问：它能转向哪里？确实，对“常人”的弃之不顾在如下意义上，而且只能在如下意义上被要求：现存的各种规范观念不再只因为人们接受它们而被接受，而是，这只会通过人们恰恰与这些规范观念进行争论而发生；当人们尝试不理睬它们时，人们在现实中还是与它们密切相联。在海德格尔这里，“常人”除了构成我们日常实存的实际结构外没有积极的意义，而对于米德来说，“宾我”是具有积极的含义的：规范观念必须首先以习俗的形态而 281
现成存在，借此，一个社会以及自身对自身之行事才归根结底得以被构成。而且，即使对于一个自立的自身行事而言，习俗上先行被给出的东西也是它劳神处理（sich abarbeiten）的唯一质料，而这个工作的结果只能是改善了的习俗观念。

应该如何具体地理解米德所想的自身主张？“要求的是摆脱习俗、摆脱既定法则的自由。当然，只有在个体脱离一个可以说是狭隘有限的共同体而求助于一个更大的、即逻辑意义上更大的、具有不那么有限的权利的共同体时，这种情境才可能发生。”（第199页）“一个人必须保持他的自尊，而且他可能必须与整个社会相对抗以维护这种自尊。但是他是从一个他认为比现存社会更高更好的社会的观点出发才这样做的。”（第389页）米德把这样一个更高的社会设想为一个在其中更多“民主”——在更多“手足之情”（Brüderlichkeit）意义上——被实现的社会，即在这样的社会中，“每个个体与所有其他人处于同一水平上”（第286页），因而社会合作的隶属（subordinativ）结构被拆除了。

“我们可以用来与整个共同体的非难相抗衡的唯一方法是建立一个更高级的共同体，它在某种意义上通过投票而取代了（out-vote）我们所处的共同体。某人可能得出与周围整个世界相反的观点……但是这样做时，他必须用理性的声音对自己说话。他必须理解过去与未来的各种声音。这是自身能够获得一种超出该共同体声音的声音的唯一方法，而且这是它“可以改变共同体的态度”的唯一方法（第167及下页）。

米德的构想依然还是一个方案，尽管在这种构想中，自身规定的那些不可取消的个体性的和意愿性的层面——我们可以从海德格尔的构想中提取并想要保留这些层面——是缺乏的。但
282 我们现在看到，米德的观点纠正了海德格尔的观念，不仅就其社会性方面的缺陷，而且就其理性方面的缺陷而言。对米德而

言，这两方面本质上是彼此共属的。在实践之物上呼吁理性，就等于在呼吁一种一致意见（Konsens），这种一致意见在达到一种“普遍话语”（universal discourse）——即一切理性存在物的话语——的情况下，是必定会产生的（第157及下页，第195页）。当一个个体达到了一种与别人所认为的不同的、关于如何实存为好（wie es gut ist zu existieren）的构想的时候，这样一种［对一致意见的］呼吁是必然的。我们之前看到，“好”是某种基于客观理由而被偏好的东西，而我们对此没有内容上的标准，而由更有经验的人在这上面做决定。当我这么说时，你们可能担忧：关于好的决定由此而被转交给了习俗。但在那些更有经验的人和那些被认为是更有经验的人之间是有差异的。因此一个个体可以断言与现存观点背道而驰的另一个观点是更为正确的，但他在这么做时不能只诉诸他的直观或者他的本真性；而是他必须意识到，他的观点正确性的标准在于最终使他人信服的可能性。

这是一个在细节上有些麻烦的事情。因此让我们在它至少抽象上听起来不错这个事实中找到一些慰藉：现在我们有了一个反思的自身关系概念，在这里，人们会以慎思的方式——慎思在这里指提出关于什么是现实的、可能的和更好的东西的问题——对个体的和社会的观点采取立场，而这些观点被暗含在人们本己的和社会的行为中，被暗含在制度中，特别地被暗含在本己的和社会的关于正确生活——也就是正确的共同生活（Zusammenleben）——的观念之中；这种“与自身交谈”同时在趋势上就是与一切理性存在物的交谈。

附录：社会心理学中的同一性概念

我承诺过，在对米德的解释之后接着要检验术语"同一性"，它在当今社会心理学中被广泛使用。这个术语的使用根本上源于艾里克森（E. H. Erikson），他在论文《自我同一性问题》中
283 写道："我只能通过从不同的角度进行阐明，而试着把同一性的问题弄清楚……有时它涉及的似乎是对个体同一性的有意识的感受，有时它涉及的似乎是对人格特征的连续性的无意识的追求（Streben）；有时同一性显现为自我综合的沉默行为的标准，而后又显现为去维持一种与群体的理想和同一性*的内在团结……这样，在我们研究的最后，这个概念本身似乎总是还保留着一些模糊性。"[①]我首先引用这一段，首先是因为它指出，至少艾里克森自己意识到他使用语词"同一性"时所带有的不确定性；其次是因为，它表达了在这个术语之下所处理的问题的复杂性。特别是，它提到属于发展心理学的自身对自身之行事的发生方面；这些方面超出了这些讲座中讨论的内容，并且需要专门对之作详细的概念阐释。因为我不能在这里完成这项工作，所以我必须将自己限制在一个外在批判上，而在这里我将只处理唯一的一位作者。我选择了哈贝马斯的同一性理论，因为它在概念上轮廓清楚，而且因为哈贝马斯（即使在他自己的自我理解中）与

---

* 这里"同一性"亦可译为"身份"。——译者

① 艾里克森（Erikson）：《统一性与生命周期》（1973），第124及下页。

米德很接近。

哈贝马斯的同一性理论在特性上也是发展的。他区分了三个阶段。让我们大段地引用和来描画它们：

“当儿童学会把自身同（他的）……环境加以区别时，他就获得一种如我们所说的‘自然的’同一性，而这种同一性要归因于保持着界限的（grenzerhaltend）有机物的那种不受时间限制的特征。植物和动物是一个环境中的不同系统，因此它们不仅‘对我们’(这些进行着同一化的观察者）来说具有一种同一性，而且从某种意义上说，‘对它们自己’来说也具有一种同一性。但是，儿童首先是随着他在自己的社会生活世界中学会确定自己的地位才成为人的。当儿童掌握了他的家庭环境的少数基本角色的符号普通性，以及后来掌握了大型群体的行为时，儿童的依附于有机物的自然同一性将由依赖符号的角色同一性所 284
代替。同时，产生连续性的角色同一性的特征建立在行为期待的稳定性上；行为期待借助于自我的理想（Ich-Ideal）牢牢地确立于人自身上……这种传统的同一性一般说来会在青春期阶段破裂。在这个时期内，青年人掌握了规范与……诸原理之间的重要区别。这些原理可以作为批判从前的规范和为这些规范进行辩护的尺度……由此（自我）必须想到，习惯了传统的生活方式被证明是局部的（partikular）和非理性的；因此，自我在某种程度上可以说必须把自己的同一性放置在所有特殊的角色和规范的界线后面，并且只能借助在任何情况下都表现为这样一种人的抽象能力来稳定自己的同一性，这种人即使就不相容的角色期待（Rollenerwartung）而言，也能使对稳定性的需求得到满足。成年人的自我同一性证明自己有能力去建立新的同一性，同时将之整合到被克服的同一性中，从而在一种不可变更的生活史中组织自身和自身的相互作用。这样一种自我同一性使得那种在角色同一性的阶段就存在于自我结构中的自主化（Autonomisierung）和个体化成为可能。”①

在深入探讨关于同一性这个“三阶段构想”之前，我想提醒你们，我们先前曾看到（第234页），“我想成为谁？”的问题不是指号数上的同一化（numerische Identifizierung），而是指质的同一化（qualitative Identifizierung）。这应该是没有争议的，因为我的号数上的同一性是固定的，而不是任由我的意志所决定的东西。我可以想成为与我所是的不同的人，但我也可以——也就是按照逻辑的理由——不成为与我所是的不同的人。而且无论如何清楚的是，在“我把自己理解为某某”的表述中涉及的是一种质的同一化。这显然也在对米德的解释中得到验证，在这种解释中，当人们将自身理解为一个母亲、一个警察等时，这些都不言而喻的是角色谓语（Rolle-Prädikate），即普遍的规定；而在对米德的解释中，这多次给我机会，不言而喻般地使用同一

① 哈贝马斯（Habermas）：《复合的社会能够建立一个理性的同一性吗？》（Können komplexe Gesellschaften eine vernünftige Identität ausbilden），收于《重建历史唯物主义》（1976），第94及下页。（此处译文参考了郭官义的中译本，中国社会科学文献出版社，2000年，第87—89页。——译者）哈贝马斯在《道德发展与自我同一性》（Moralentwicklung und Ichidentität）（收于《重建历史唯物主义》，第79及下页）中对三个阶段的描述与此类似并且部分相同，此外在他与多贝特和努勒-温克勒一起主编的《自我的发展》（1977）文集的导论（第10及下页）中所说的内容也类似。

性的术语。最后，同样清楚的是，我想成为哪种人，或者我想具 285
有哪种性格的问题是一个谓述式的问题，尽管它显然不能只用单一的谓语来回答。

如果我们现在从这个背景考虑哈贝马斯的三阶段图式，一个令人困惑的印象出现了。显然在第二个阶段，即“角色同一”阶段涉及的是质的同一性。另一方面，哈贝马斯对第一和第三阶段的描画表明，它们涉及个体性，即号数上的同一性。然后不清楚的是，这里涉及的实际上究竟是**什么东西**的发展。我们被告知，涉及的是人格的**同一性**的发展；但“同一性”只是一个语词，而且如我们刚刚看到的，它完全是一个模棱两可的语词。你们会这样回答：嗯，同一性刚好有两个方面，号数的方面和质的方面，为什么不能理解为，开始是第一个方面被发展，之后是第二个方面，然后又是更高阶段上的第一个方面？我很难遵从这样的论证；因为如果你们主张同一性有两个方面，我不理解那个据称具有两个方面的第三个东西是什么。如果有人认为，谈论包括了谓述同一性和号数同一性的统一概念是有意义的，那么他首先必须向我们解释，这应该意味着什么。直到此时，我们别无选择，只有坚持认为，这里涉及的是一个具有两种含义的语词。

尽管如此，哈贝马斯的理论的优点在于，这两种含义可以相对容易地被认出——而这是因为哈贝马斯明确强调了其中一个方面，即号数同一性的方面。据我所知，两个含义在相关的文献中经常不加辨别地以一种对于按逻辑思考的读者来说极其混乱的方式混合在一起。我只把刚刚引过艾里克森的段落作为进一步的例子提出：一方面，他谈到“个体同一性的感受”；另一方面谈到“维持一种与群体的理想和同一性的内在团结”。利维塔（Levita）的书就是谈**同一性的概念**的，它意图通过长篇的哲学史导引来说清这个问题，但不是依循弗雷格，而是依循一本关于“洛采（Lotze）之后的德国逻辑学科中的同一性学说”的书，［因
286 而］使混乱变得更为彻底。最近，亨利希正确地发现：“不管多少个体都可以恰恰以相同的方式是自立的（selbständig）。如果是这样，那么他们作为个体就不能通过他们的‘同一性’而得到区分。如果不考虑这一差别，那么在‘同一性’论题下的讨论就会遭遇真的无可救药的混淆。”①

根据这样的情况，要做什么？也许对于讨论中的问题来说，这两种含义都是重要的；但如果人们想和哈贝马斯一样，谈同一性的发展，他们必须试着从两个含义中辨别出对这个问题不相关的或次要的一个。亨利希的观点是，这种模糊性必须以有利于质的同一性的方式来解决；而我在有关“我想成为谁？”的问题时提及的慎思显然也指向同一个方向。因为语词“同一性”——与“同一化”和“将自身同一于［某某］”（它也被忽视了）相比——在日常用法中首先指的是号数同一性，因此可以假定，一旦这个语词被引入，它就会误导对它背后的号数同一性的研究，即使这种同一性事实上并未给出；而相反的情况则更难以设想。

不过，哈贝马斯想在其他方向上解释这个模糊性，即以有益于号数同一性的方式。虽然我引用的文本给人的印象是，哈贝马斯从一个含义摇摆到另一个，但他在之前的文本中试图确立

① 迪特·亨利希：《同一性》（1979），第136页。

第二阶段的同一性也是号数上的；在这个情况下，我至今所作的形式上的批判［据说］就会具有误导性。哈贝马斯显然认为，“同一性”只能指号数的同一性，而不是别的，而这也似乎也是亨利希所持的观点，只不过亨利希由此总结出，这个语词在社会心理学上的使用是不严格的，而哈贝马斯则把这种社会心理学上的使用看作把所有阶段上同一性都视作号数同一性的一个理由。在他的《关于角色权能概念的笔记1972》（Notizen zum Begriff der Rollenkompetenz 1972）中，他试图通过把“性别和年龄的原生角色（Primärrollen）”标示为“进行同一化的特征”（identifizierende Merkmale），而为第二阶段实现这一点[①]；从这个上下文来看，很清楚，“进行同一化”在那里指的是“进 287
行号数上的同一化”意义上的。但这在许多方面看起来都是做作的（künstlich）。首先，如果说孩子在恋母（ödipal）阶段学习的主要角色是性别和辈分（Generation）这一点是正确的，那么辈分却并不是与年龄一样的东西。年龄不是一个角色。通过性别和辈分，孩子尚未相对于其家庭而在号数上被同一。第二，如果这个观念完全有效，那么它只能对原生角色有效。最后，第三点，在同一性发展的每一个阶段上，被讨论的同一性都应该代表某个要被解决的问题；因而，哈贝马斯是想要认真地主张：对于在这一阶段中的孩子而言，出现了在家庭内部进行号数同一化的问题吗？

现在让我们检验一下哈贝马斯在所引述的那个段落中对同

① 哈贝马斯：《文化与批判》（1973），第226、228页。

一性发展的那些阶段的描述——对于这些阶段，他认为它们涉及号数同一性这一点是不言而喻的。首先，他对第一个阶段主张，“植物和动物已经”不仅具有“为我们”（für uns）的同一，而且具有“为其自身”（für sich）的同一。人们可能会认为，这里有一种出于礼貌的对黑格尔的致敬，因为哈贝马斯是在他获授黑格尔奖（Hegel-Preis）的情况下做这个讲座的；但同样的表述也出现在其他作品中。哈贝马斯所想到的事态是，当一个有机体的进程（它可以被总述为生命进程）不再进行时，这个有机体就毁灭了；而当一个造物毁灭时，其同一性显然也消失了。如果人们以目的论的方式，并就此而言以拟人的方式来描述这一点，即有机体为了保存其生命而实行这些进程，那么这种说法也还可以。但既不能由此得出这个实存（生命）是“为它的”，也不能得出其同一性是“为它的”。有机体根本不具有“为其自身”的同一性，而且我不能想象，在不能在语言上同一化任何东西的存在者这里，一种“为其自身”的同一性的标准可能会是什么。相反，孩子们显然有一种如下意义上的为他们自身的同一性，即在他们可以用他们同一化其他人和对象的同样方式在号数上同一化他们自身；而这个能力正是在他们学习将单称词项运用于他们自身和他人的时候获得的。哈贝马斯为什么偏偏忽
288 视这个语言的同一化呢？这是唯一可以无疑问地确认的、人们可以借之获得“为自身”的号数同一性的东西。我猜测这是因为，这种理论上的自身同一化形式对他来说是不充分的。从我的观点来看，它也是不充分的。但问题在于，对于仍然缺少的东西来说，这种与作为个体的某人自身的这种语言上的关涉，难道

不是必要条件吗？而仍然缺少的是什么？在我看来它是与某人自身的那种意愿的-情感的关系。根据海德格尔，这被证明为是一种与我的去存在的关系；而且因为涉及的是**我的**去存在，所以在此会预设一种以语言的方式构造起来的号数同一性；而现在要补充的是该个体的关切，即事情对他（这个个体）来说如此这般地进行，例如，他是积极的，而不是消极的，并由此获得独立性，或者他可以有自信他被爱或者被承认。但这意味着，号数的同一性并不是额外的意愿的-情感的问题。意愿的-情感的问题在于，个体（其个体性被确立）如何为其自身或为他的存在获得特定的定性（Qualifikationen）（事情对他来说如此这般地进行，他以如此这般的方式表现）。在发展心理学上我是初学者，因此我不能空想，那些甚至先于语言阶段的自身对自身之行事的初级阶段是什么。但在哈贝马斯这里，非语言的同一性的预先占领（Präokkupation）促使他诉诸假定的有机体的自身同一化；因此他不仅忽视在语言中事实上发生的自身同一化，而且甚至根本没有提出关于意愿的-情感的自身对自身之行事的初级阶段的问题。相反，当我们在艾里克森那里发现早期阶段的标题——如“原始信任”“自律”和“主动”（Initiative）——时（第150页），很清楚这涉及的是这种初级阶段，即使此处概念上的关联比在哈贝马斯那里更不确定，且更不清楚。

哈贝马斯通过三个规定来描述他的第三个同一性阶段：（1）在不同的，甚至矛盾的角色体系中保持自身一致的能力；（2）准备着去置疑现存规范（“自律化”）；（3）“把自身有机地整合到一个不可变更的生命历史中”并因此在与所有他人的差

289 异中，即在其同一性中，展现自身（“个体化”）的能力[1]。哈贝马斯这样来描述第三阶段，仿佛在三种规定之间存在着一个分析性的关联；而如同他对同一性概念的理解那样，第三个规定对于他而言当然是最关键的一个[2]。这些规定中的第一个对应于我按照米德在“性格同一性”标题下分析的内容。第二个规定对应于我讨论海德格尔与米德时在“自身规定”和“反思的自身关系”标题下分析的内容。而在我们之前的分析中，我们还没有发现任何能对应于第三种规定的东西。如果我在这方面的论证是正确的，那么前两个规定之间的关联就不应该被理解得像哈贝马斯所说的那么密切：在相互矛盾的角色体系中的性格同一性或者一致性也可以在习俗的框架之内达到。这涉及的是自立性递增的两个阶段，而哈贝马斯在以下情况下是正确的：通过相互矛盾的角色体系提出的一致性问题可以在反思的自身关系的阶段上被更充分地解决。

但现在，在什么意义上特殊的个体化问题（或者解决这个问题的特殊能力）应该属于真正自立的、反思的自身关系？由于个体的号数同一性是确定的，而且它最终依赖于时空规定，因此，如果在号数同一性上依然还存在“问题”[3]，那么问题只能在于：个体可以说是通过诸种质的规定的独特性而获得了这一时

---

① 关于这一表述，也可参见哈贝马斯：《文化与批判》（1973），第230页。

② 在这个文本中，上述这一点没有《关于角色权能的笔记》中那么清楚，参见哈贝马斯：《文化与批判》，第226、229及下页。

③ 参见哈贝马斯：《文化与批判》（1973），第229页，“自我同一化的问题……应该如何解决？”

空同一性——在这些质的规定性中，个体理解自身并呈现自身，以使得自己在此意义上“不可变更”，即独一无二。这将意味着，当“我是谁以及我想成为谁？”的问题以自立的方式被提出时，它被某人对自己之为独一无二的操心所规定，而且它要被理解为关于某人如何“维持他相对于他人的同一性”的问题。[①]我认为这个观念是不合理的，并认为它只不过是因被误解的号数同一性观念所导致的。那些自立地提出质的同一性问题“我是哪种人，我想成为哪种人？”的人，事实上会达到一些让他显得独一无二的结果；但任何把其独一无二变成问题并以之为目标的人，都会将一个与实事不相关的因素带到真理问题之中：现在不 290
是要把问题导向事情实际上是怎样以及对我的实存和他人的实存来说什么是最好的，而是我如何把我自己与他人区别开，即对一种“庸庸碌碌”（Abständigkeit）的操心——海德格尔正确地（在我看来）把它归于非本真性（参见上文第273页）。[②]

因此，在我看来似乎已经表明了，同一性问题不可以在号数的同一性的意义上被理解。这对哈贝马斯正确强调的自身对自身之行事的一个方面——即本己的生命历史中的持续性方面——最后也是对的（我在对海德格尔的解释中简要地触及这一点，但在极大程度上我忽略了它）。我完全没有处理自身对自身之行事中的过去（Vergangenheit）的维度，而且我想在这里明确地承认这一个同样也涉及我对认识的自身意识的论述的缺

① 哈贝马斯：《文化与批判》，第230页（我所作的强调）。

② 在此我需要感谢布洛伊尔（Karl-Heinz Breuer）。

陷。但本己的持续性的问题也是质的同一性的问题。当然,存在着一些丧失了对自己的号数同一性意识的病理学例子;而且,同一性概念一开始就缺乏澄清所导致的进一步结果是,这个问题在某些文献中被混杂在普通的同一性问题之中[①]。在通常情况下,在持续性问题中不言而喻地预设了号数的同一性,而现在问题在于,各种改变[而改变从定义上来说就是质的(qualitativ)]是否被奠基在我如何理解自身的方式之中,或者更一般地说奠基在我的信念和意图中。只有当我对于"我为何以如此这般的方式改变"给出了理由(Gründe)而不只是起因(Ursachen)时,我才能将自己展现为在这些改变中保持自立和负有责任的人格。这就如同,只有当我以慎思的方式,也就是从被证明的选择出发来行动时,我才是在我每一次来临着的生活中以自立的方式来行为的。

在"同一性"的说法中产生的一部分混淆有可能要由以下这一点来理解:人们不具有概念去理解什么叫自身对自身行事。如同海德格尔那里所理解的那样,在自身对自身之行事当中从
291 一开始就包含了一个本质上的个别化过程(Vereinzelung);因为人们面对其本己的、无法被代替的实存["向来我属"(Jemeinigkeit)]。我对于自己而言作为一个个别物被给予,这一点是奠基在单称词项的使用之上的;但我面对作为个体的我自身以及所关涉的是作为个体的我自身,这一点则奠基于:在对单称词项"我"的使用上关联着的是"我不得不去存在"这一

① 例如参见利维塔(Levita,1971),第56页及以下。

命题。现在同一性问题在我看来在两个方面被涉及。第一，只有当我将自身理解为如此这般的人，也就是只有当我获得某种同一性，我才将我自身与自身相联系；这里“同一性”这个语词具有一个完全日常的用法，而且是一个质方面的用法。第二，当宣称同一性概念是“自我-概念的等价物”时[①]，所说的就是，我不能让别人从我这里夺去对同一性的选择，选择我自身，而这意味着我获得了自立性样态的同一性。我不能把真理问题委托给他人（delegieren）；我只能要么逃避它，要么自己提出它，而对慎思和选择来说也是这样的。在慎思和选择时，每个人都被抛回到他自身，而这甚至在他与他人协同着来慎思时也适用。这里面包含着自立的实存特有的个别化，但这种个别化并不意味着独一无二。这个被抛回自身的状态也不意味着被抛回一个自我或一个自身；而是意味着（如我们已经见到的）一种去存在的方式，也就是一种对自身行事的方式。

① 参见多贝特、哈贝马斯、努勒-温克勒共同主编的文集《自我的发展》（1977），第9页。

第十三讲　以黑格尔结束 I

293　我在学期开始时指出，在脱离了主客体模式的现代的自身意识和自身对自身之行事的观念中，只有在米德那里我们能达到一个可以与黑格尔的自身意识概念相比的立场。在黑格尔这里，我们有一个依赖于主客体模式的传统自身意识理论，但它区别于传统的自身意识理论，因为它虽然一并考虑到了认识的自身意识，并且（就像费希特已经做的）将这种自身意识同时理解为一种实践性的自身对自身之行事，但尤其也是因为，对黑格尔而言（与对米德一样），自身关系是社会地或交互主体地被构成的。

自身对自身之行事在海德格尔和米德那里已经出现，当我在结束之际想要将之与黑格尔的自身意识相比照时，这有双重的意义。第一，由此我们可以深化关于传统自身意识问题定向于主-客体模式这一做法的批判，我已经在学期开始时在有关费希特和海德堡学派时论述过这一点。第二，我也有兴趣从它们各自的内容，而不管形式结构的方面，来比较在海德格尔和米德那里出现的概念和黑格尔的概念。这样，我就可以回答在第一讲开始时提出的问题：自身意识的话题对我们而言是否还可以具有对理性时间的重要性，就如对费希特和黑格尔而言一样。这个“是否”（Ob）已经不再是问题。更为重要的是弄清楚，海德格尔和米德给我们指出的那种概念与黑格尔的概念是根本不同的，尽管所用到的语词是一样的。我们已经看到，就如同术语自由和真理对反思的自身关系概念——尽管这个概念并非确切地等同于海德格尔或米德的论述，但它来自于对他们二者的解释——是构成性的，黑格尔在解释自身意识与精神的时候——对黑格尔 294
来说，只有精神才是现实的自身意识——也聚焦于自由和真理概念，而且他所做的比海德格尔或米德明确得多。这在他对自身意识和精神的阐明中很明显——而且，只有在精神中，自身意识才被现实化。于是对于这里所讨论的实质问题我们有了一个公分母（gemeinsamer Nenner）：自由和真理概念对理解自身对自身之行事是根本的，尤其是对于理解高层级的自身对自身之行事而言——对海德格尔和米德来说这是反思的自身关系，而对黑格尔来说它是精神。将会清楚的是，这些术语在这两种情况下有着完全不同的意义。

让我先总结我关于有关海德格尔和米德的这个问题的观点。我要从自由开始。自由被海德格尔和米德在两个层面上理解。第一个层面一定程度上展示的是形式的自由概念。在我之前提出的对黑格尔自身规定概念的初步论述中，我们已经看到黑格尔也区分了两个层面的自由，并明确地把第一个层面称为“形式的”（参见上文第152页）。对海德格尔来说，自由的形式结构在于，人总是在将他自身与他的存在相联系时将他自身与行动的可能性相联系；而对米德来说，这种结构在本质上就在于，作为“我”的人可以以如此这般的方式回应那些在他身上提出的规范性期待,以及那些向他提供的合作(Kooperationsangebote)。通过解释,我试着从实践语句的是/否两极出发,让这两种观点(它们可以很容易地被结合起来思考)变得可理解。

在第二个层面上,人们不是将是或否的决定让予任何外部的或内部的力量,而是像海德格尔所说的,人们选择了自身,也就是自身规定意义上的自由,或者像米德所看到的,人们让自己被理性所规定,而这里的“理性的”意味着可以被论证;而我们已经看到,在实践领域中的可论证性是具有一个不可还原的交互主体的成分的。海德格尔和米德的自由概念在这第二个层面上并不一致,而在我看来它们都是片面的。然而,如果它们二者能按照我称为反思的自身关系的内容被理解的话,它们就不再
295 片面,而且可以积极地互为补充;这意味着它们必须基于慎思概念。这个概念与我称为实践问题的东西直接相关,而我们已经看到这个问题基于实践语句的是/否两极。因此,根据我们目前的总结性的界定,我们在自身规定的意义上是自由的,如果我们在一个明确或不明确的慎思——在其中实践问题在先前所刻画的意义上(参见第193—194页)被提出——基础上行动。这样,米德所强调的理性要素就被包括进来,因为慎思概念包含了对好的或最好的——即一个客观上被证明的偏好的——指向。另一方面,我们已经看到,慎思概念同样包含了:对于慎思而言,当要涉及的是生命的决定时,理由就会结束,以至于这个决定保留着不可还原的意志的或主体的要素(第238页)。这个自由概念与可以在狭义上被标示为责任(Verantwortlichkeit)的东西相

一致,就此而言,如果某人可以提供对他行动的最终的说明,也就是就其可证明的最大范围内作出证明,然后自己承担剩余的东西,那么人们就说,他有责任地行动或生活。相反,如果某人放弃可证明性,或者因为他不能把证明活动进行到底而放弃了行动,那么某人就是不负责任的或不负责任地行动。更宽泛的责任概念必须被区别于这个狭义概念;更宽泛的概念大致等同于规则的能力,也就是(第220页)意味着人们只具有慎思的能力。

至于真理概念,只要我们只注意在海德格尔和米德的文本中可以读到的东西,那么情况最先就会显得混乱。在米德那里,语词"真理"根本没有出现,而在海德格尔那里,我们看到在本真自由(自身规定)的样态中的实存虽然直接被刻画为"真理中的"存在(《存在与时间》,第221页),但海德格尔是在"展开性"的意义上重新解释语词"真理"的,以至于其他东西取代了真理问题,因此反而让提出真理问题完全变成了多余的(参见上文第239页)。我们会看到在黑格尔这里也发生了类似的情况。另一方面,米德那里的真理问题事实上被包括在理性问题中,而后者与真理问题的联系在分析上来自我刚刚所说的有关自由的 296
内容。慎思本质上在三重意义上与真理有关:人们提出(a)什么是真实的(个体的和社会的自身知识),(b)什么是可能的(关于行动处境的知识),(c)在行动处境中被给出的可能性中什么是最好的。真理问题就其在实践上的重要性而言所具有的广泛意义很容易被忽视,因为通常认为真理只有关涉事实。然而,实际上,真理问题的意义与断言语句的使用的范围是一致的。无论何时某物被断言它是不是如此这般,是不是可能的,是不是好的或最好的，它是不是应该被做等，提出以下问题都是有意义的：被断言或相信的是不是只是表面上的情况，抑或真的或事实上是这样？而后者总是意味着它可以客观上被证明吗？真理问题等同于理性问题。现在如果我之前的论点是正确的，即海德格尔的自身规定概念允许甚至需要慎思和理性概念的补充（第241页），那么就可以做出以下断言（不是直接针对海德格尔，而是针对那些来自对海德格尔和米德的解释的概念）：在（刚刚提到的）较窄的责任概念的意义上的自由通过慎思概念而以分析的方式包含了以上提到的三重意义上的真理问题在自身之中。因此，自由和真理的联系（或者更确切地说，自由与真理问题的联系）来自"自身规定"和"反思的自身关系"这两个概念的联系。当然在这种情况下，（就像被指出的）较窄的责任概念在多大程度上没有融入本己行动的可证明性概念中，自由的领域就在多大程度上延伸到了真理问题的领域之外。这个关于自由和真理问题的联系的说明构成了满足较窄的责任概念的那种自身对自身之行事。借助这一联系，在第一讲开始时提出的问题——即从理性出发的实践没有它的话似乎就不可想象的那种自身意识概念，今天是否还存在——也得到了回答。我们必须要把这个
297 从自由与真理的视角被理解的自身对自身之行事的概念与黑格尔的那种同样以自由与真理为定向的自身意识概念相比较。

黑格尔在其著作中在两处论述了自身意识问题及其辩证法——当然，黑格尔思考的每个论题都在其辩证法背景中被论述，否则它就不值得哲学的承认。它被论及的第一处是在《精神现象学》著名的第二部分中；第二处则是以一种极端压缩的版

本在《哲学全书》论精神的那一部分中（§§424—437）。这个两次出现的对自身意识的讨论对我们很重要，因为在《精神现象学》中，黑格尔主要侧重真理概念，而在《哲学全书》中他主要关注自由概念（参见§§424，430，436）。自由概念在《哲学全书》中的中心地位基于这一情况：在《哲学全书》中，关于精神的整个讨论正好是在这个标题下进行的，因为精神在这里按照其与自然的对比来理解（参见§382）。对于自身意识与自由间的这个联系，我将会在之后以补充的方式依据《哲学全书》以及同属一个语境的《法哲学原理》导言加以深入。

让我们先转向主文本！在《精神现象学》中，黑格尔将自身意识说成一种特定的知识形式，但这并没有阻止他同时在实践意义上理解它。而对黑格尔而言，每一种知识形式或确定性形式都包含了一个特定的真理概念。论自身意识的章节被命名为“自身确定性的真理”。尽管朝向知识（确定性）和真理的概念对子的这种做法对黑格尔而言具有更普遍的体系意义，但它恰恰在《精神现象学》中具有被特别声明的重要性。因此，对这个著作的论题和结构我必须做一些一般的评论。在黑格尔的著作中讨论任何现象所用的方式和方法绝不是单纯描述的，而是总是建构性的；而这意味着如果不考虑关于这个现象的讨论在各个著作中所具有的地位，不考虑著作总体上的方法和目标，这些方式和方法就根本不能被理解。《精神现象学》的导言为我们提供了关于 298
这本著作的中心要点的说明，也指出了在其中要遵循的方法。

《现象学》的标题页上写着“科学的体系……第一部分，精神现象学”。这本著作总体上具有为系统提供导引的意义。需要这样一个导引的问题在于，根据黑格尔，在哲学体系之内，必须遵循一种特定的认识方式、知识的一种特定的方式；而这意味着必须预设一种特定的真理概念。也就是说，这里涉及的是一种专门的哲学知识，即对黑格尔来说的思辨的知识；后者根本上不同于人类共同知性关于知识和真理所具有的观念。因此，在直接从哲学体系开始之前，就提出了关于知识和真理的哲学概念——它对立于我们日常的知识和真理观念，也就是黑格尔所说的“自然意识”的知识和真理观念——的证成问题。因此我们（作为自然意识）显然可以在黑格尔的第一个体系步骤这里深深地、安心地松一口气。黑格尔通常总是贸然地在必要的准备之前就开始了；因此，一开始他就让我们在体系本身中面对像存在和虚无这样的概念，我们不得不把它们看作完全不可理解的，如果我们不自欺的话。但这里，在整个探究的一开始，黑格尔已经决定向我们，即向自然意识屈尊，手把手地教我们，一步步地带领我们，从我们对知识和真理的日常理解开始引向如下知识：这种日常理解是不真实的和片面的，而最终我们要得到一个不再片面的、真正的真理概念。因此，黑格尔的想法是，甚至自然意识，或者也如黑格尔所说，显现意识（erscheinendes Bewußtsein）（即如其最先存在和显现的意识）实际上就具有各种不同的知识和真理观念。因此，黑格尔想一步步指导我们的方法所采用的形式是，带领我们从一个“意识之形态”（《精神现象学》，第75页）[①]到下一个；这是以

① 我对《精神现象学》和黑格尔《逻辑学》的引用依据的是“哲学丛书”（迈纳出版社）的版本，而《法哲学原理》的引用如果涉及页码的话，则以《全集》（格洛克纳所编）的第7卷为依据。

这种方式完成的：人们每一次都可以看到下一个形态比前一个有更真实的知识和真理概念，直到人们最后达到哲学的或绝对的知 299 识的位置。因为这本书代表了显现意识走向真正的真理概念的道路，所以它被称为"精神现象学"。在这里"精神"是广义的，就代表意识（参见《逻辑学》Ⅱ，第436及下页）。其主题是前进性的（progressiv）意识经验，即每一个真理概念都是片面的，而每一个片面的情况都包含对另一个较不片面的真理概念的指涉。因此，黑格尔也把这部著作命名为"意识经验的科学"（《精神现象学》，第61页）。诸形态构成这么一个比较系列，在其中后续的形式总是比它之前的那个"更真"，而这个过程有一个绝对的终点——这些［说法］都不是自明的，而是就像他在导言中承认的那样（第74页及以下），这已经是其哲学的真理概念的一个后果。

现在自身意识被认为是这些意识的形态之一。如果人们用无偏见的方法接近问题，这一定有些令人惊奇。而我必须要求你们之中已经熟悉黑格尔（当然比我更熟悉他）的那些人努力把你们自己放回到一个无偏见的立场中，这是理解一个作者的必要条件。理解某个东西并非意味着强调或者重述它；毋宁说，只有当我们真的热衷于这位作者，但同时在每一步中保留提出有关他立场的真理的问题所必要的自由时，我们才真正参与到他［的思想］之中。我以此指两件事，即［我们必须问］，其一，他事实上所意指的是什么？其二，他所意指的东西是真的吗？在我看来，为了这个目的，语言分析的解释方法是必需的。这个论点只能通过真正地执行它才能有效，即通过提供对黑格尔的辩证方法的语言分析的解释，它同时会是对黑格尔对知性的思辨批判的语言分析的元批判。但首先这本身需要一个讲座课程,其次在黑格尔那里,我并不完全精通于此。尽管如此,我还是决心用对黑格尔的解释和对黑格尔的批判评价来总结这个讲座课程,因为在我看来他的立场在我们的上下文中十分重要,不容忽视;而且我也相信至少我批判的方向是正确的。

300 我曾说过:自身意识被认为是意识的这些形态之一这个情况最初一定是令人惊奇的。因为似乎更可信的是认为“自身意识”是一种特定现象或一种结构。但现在它是被认为代表一种特定的、片面的真理概念吗?我们不得不问,对“自身意识”的话题而言这个想法的结果是什么,以及这种想法预设了哪种真理概念?

第一个问题可以用一种临时的方法迅速被回答。黑格尔也想到了自身意识的形式结构,但他同样专注于特定的自身对自身之行事的概念,在这里,后者相比于自身与其他某物或他人的关系而言有着特殊的重要性。实际上,自身意识的某个方面适用于从感性确定性到绝对知识的一切意识的形态。

现在为了能够从根本上理解黑格尔在阐明他在“自身意识”一节中所思考的现象的视角,必须要澄清他关于意识诸形态的这个比较序列的观点,也就是他关于每一个后续形式都比前一个形式“更真”的想法。因此,对于黑格尔如何理解“真理”,我们必须取得一致,而这必须从两个方面来寻求。第一,关于自然意识(现在我不是指意识的一种特定形态,而是指像黑格尔在《精神现象学》导言中一般描述的自然意识)对真理的理解,黑格尔给出了什么说明?第二,对黑格尔而言,什么是真正的、思辨的真理概念?

在《精神现象学》导言的第二段,黑格尔立即指出,对知识和真理的自然理解所特有的是一种信念:真理站在一边而知识站在另一边。他后来在第十段更确切地解释了他是如何理解这一点的。这个稍后我会考察。一开始他把这个特点当作一个衬托,为了提出它来尖锐地对立于他自己的真正的真理概念。这出现在第三段,黑格尔在这里说"只有绝对者本身是真的,或者只有真者(das Wahre)本身是绝对的"(《精神现象学》,第65页)。

因此,真者被认为是绝对者。这该怎么理解?当人们听到绝对者时很容易变得眩晕,但在黑格尔这里,这个词有一个被完 301
全改写了的意义。"绝对"就意味着"无条件"。康德已经把无条件的东西的概念标示为理性概念(Vernunftbegriffe),随后标示为理念(Ideen)[1],并由此给予了理性(Vernunft)这一说法以一种对德国观念论很关键的意义。据此,理性这个词不是像西欧传统那样代表论证,因而完全代表知性(Verstand)的一个方面,而是代表无条件者。与之相同,黑格尔也把无条件者的概念,也就是无条件的概念(unbedingter Begriff)标示为理念。也是因为此,黑格尔在其《逻辑学》论及理念的那一节中阐发了他的真正的真理概念,后者被认为与绝对者,也就是无条件者相一致。

在这一节的开始,黑格尔说,"理念是充足的(adäquat)概念,它是客观上真的或真本身。假如某物具有真理,它便是由于

① 参见《纯粹理性批判》,第2版,第382页以下。

它的理念而具有真理的，或者说，某物只有在它是理念的情况下，才具有真理”(《逻辑学》Ⅱ，第407页)。第二句话只是重复了我们在刚刚引自《精神现象学》导言的那句话里已经表达的对总体性的要求。在描述上，相关的陈述被包含在前半句话中，它将理念和真者刻画为“充足的概念”。这意味着什么？一个概念是“充足的”，如果它与实在（Realität）一致的话（参见《逻辑学》Ⅱ，第254页）。于是，理念就是“概念和客观性的统一”（第408页）。黑格尔进一步解释，“存在”——这里你必须记住“存在”是《逻辑学》由之开始的概念，而且它构成所有后来的、更丰富的概念的基础——“已经获得了真理的意义，因为理念是概念和实在的统一”（第409页）。“然而，观念不仅仅具有真实存在的、概念和现实统一这一更一般的意义，而且具有主观概念和客观性的统一这一更专门的意义”（第410页）。然后他说“这个同一性因此有理由被规定为主体-客体”（第411页）。根据黑格尔，真正的真理概念意味着主体和客体的统一，而这个统一同时被理解为“同一性”。只要主观方面也被认为是知识，或者像黑格尔在《精神现象学》中所说的，被认为是确定性，我们在这里讨论的就是真理，只是真理［此时］就不再对立于知识——就
302 像在自然的真理理解中所包含的那样。毋宁说，知识作为一个要素被并入真理。这对应于黑格尔在《精神现象学》中所提供的对绝对知识的刻画：“真理不仅本身自在地完全等同于确定性，而且它具有自身确定性的形态。”（第556页）这种知识是绝对的，这种概念是无条件的，是因为“只有这样的东西才在本质上具有与一个客观性相关的条件，但这一客观性并不是由那个无

条件的东西本身所规定,而恰恰相反,是一个还在漠不相关和外在的形式中那样的客观性"。(《逻辑学》Ⅱ,第408页)

主体和客体、认识者和被认识者的同一,这听起来像是在谈论自身意识,具体说是费希特的自身意识观念。根据这个观念,自身意识被想象为关于一个把它自己作为其客体的主体的知识;于是,在这个情况下(像我们之前听到的),认识者和被认识者被认为是同一的(参见第54及下页)。黑格尔确实与之相关联;因此在《精神现象学》中关于自身意识的讨论开始时他可以说:"现在到了自身意识这里,我们便因此进入了真理自家的王国了。"(第134页)自身意识已经属于"真理自家的王国",因为这里主-客体的统一第一次被给出,但它还是一个抽象的统一,它在其自身之外具有实在性。而我们刚刚听到,作为理念的真正的真理不是概念或主体与某个客体(它自己所是的客体)的统一,而是与**实在性**(Realität)的统一。因此,黑格尔通过真理概念设想的同一不是主体与它自己所是的那个特殊客体的同一;毋宁说,它应该是这个在自身中反思的主体——即自为存在——与那个与之相对的实在性的自在存在之间的同一。它应该是这么一种同一,在其中差异性和对立都一并被接纳,并且在黑格尔的著名的意义上被"扬弃"(参见《逻辑学》Ⅰ,第94页;Ⅱ,第498页及以下)。

因此,黑格尔的真理概念的第一个构成性特点就是,它被理解为主体与客体的一致(Übereinstimmung);第二是,这个一致借助同一以及同一的否定的概念被理解。稍后我会回到第一点。第二点预设了同一与否定的概念,它们不依赖于包含在我 303

们语言的相应语词用法中的对同一与否定的日常理解。毋宁说，这些概念本身来自主-客体模式。以下观点源于费希特：一方面是自我与自身的关系，即同一性；另一方面是我和其他事物的关系，即否定；二者互相解释。同一与否定根本不能独立于主体-主体以及主体-客体关系来理解。之前我们遭遇了费希特的令人困惑的且最终不可理解的想法：自身意识在于设定自身同一于自身（参见上文第62及下页）；与之相应的还有一个想法：主-客体关系在于自我以自我与非我之间存在对立的方式来设定非我[1]。在考虑到同一与否定的概念是，这个想法是成问题的，就像与对（自身意识的）主体-主体关系和主-客体关系的说明一样成问题。我们已经在主体-主体关系上看到了这一点。关于否定和主-客体关系，费希特犯了一个错误，这是他那个时代逻辑教育的不足的结果：他不仅把主-客体关系，还把否定理解为两个对象之间的关系，因此忽视了客体和否定的命题特征。因此，过分简单的主-客体模式对逻辑关系有糟糕的影响。关于"非我"的说法是荒谬的，因为正如亚里士多德已经指出的，单称词项不能被否定[2]。只有谓语可以被否定，而这本身回溯到对句子的否定。费希特的程序模式导致了，人们能够谈论两个存在体之间的对立甚至矛盾。而这个想法移植到在主-客体关系上时产生了一个奇特的观点：主体在将自己与某物，也就是与它物相联系时，便将自己和一个与它相对立的东西相联系。最终，在我看

① 参见《全部知识学的基础》，第2节。

② 《范畴篇》，3b 24。更详细的论述参见斯特劳森：《逻辑-语言学论文集》（1971），第96及下页。

起来完全不合理的是一个连黑格尔也接受的观点：人们可以通过与未澄清的设定概念紧密联系的这些抽象的逻辑-存在论范畴来说明，与某物具有一种有意识的（意向的）关系指的是什么意思。

黑格尔接受了否定或者否定之物的非命题的理解（参见， 304
例如，《逻辑学》Ⅱ，第494页及以下，第496页及以下）。对他来说，差异、对立和矛盾概念都是在此基础上密切联系的；它们都被理解为同一概念的否定（参见《逻辑学》Ⅱ，第23页及以下）。另外，黑格尔接受了被包含在费希特的设定概念中的同一和否定的动态化（Dynamisierung）。这个动态化不是在主体概念这里才适用的，而是普遍地适用于同一和否定概念。例如，"某物"（das Etwas）是"与它自身的简单的、存在着的关系"（《逻辑学》Ⅰ，第102页，我作的强调），而同一则是"自身与自身的简单关联着的否定"（《逻辑学》Ⅱ，第27页）。

如果人们从一开始就把同一理解为与自身的关系，并把差异性理解为与他物的关系，那么黑格尔所采用的下一步看起来就不再牵强。他强调，首先，甚至是在抽象的同一中，尤其是在自身意识的同一中，已经包含了一个否定；第二，只有"正在重建其自身的同等性或在异在（Andcrssein）中的自身反思"是真正的同一，因而是——基于黑格尔的真理概念——"真者"（《精神现象学》，第20页）。

这表明同一和差异本质上相互共属。这句话的意义在黑格尔那里模糊不清。一方面，它具有一种无害的、自明的意义，即（从语言分析的视角来表达的话）"a=b"（"a=a"显然只是"a=b"

的一个无关紧要的特殊情况）只在“非（a=b）”的背景下具有意义，反之亦然（参见《逻辑学》Ⅱ，第28—30页）。但另一方面，由于黑格尔的传统的、对象性的思维方式，这个句子也首先具有另一个意义，即与自身同一的东西也在同一个方面与自身相异，反之亦然。只有按照第二个方面，这个句子才标示黑格尔想要的那种结构，也只有在此基础上它才获得了黑格尔想要的那种矛盾特征。

因此，你们可以看到，从分析的立场来看，黑格尔的构想的祸根（Skandalon）并不那么在于那个关于现实矛盾的论点以及那种由之产生的“辩证法”，而在于同一、否定等概念一开始描述地（deskriptiv）被讨论的那种方式。当然，我在这里只能指
305 出批判的方向；对黑格尔同一和差异概念彻底的批判论述需要对“本质逻辑”中的整个相关章节的分析解释（《逻辑学》Ⅱ，第23页及以下）。无论如何，对黑格尔的通常的批判开始得过于高级了。让语言分析家吃惊的是依循一些原始模型［而产生］的无动于衷。正因为这种无动于衷，在德国观念论中，逻辑范畴被描述地处理，并且总是被那些在这种特殊的德国传统中做哲学的人以这样的方式处理。在某种意义上，这代表回退柏拉图和亚里士多德之前的、在爱利亚学派和随后的智者学派那里出现的逻辑教育水平。在这个时期，当人们首先对像存在、变化、同一和述谓（Prädikation）这样的概念进行反思时，语言学反思的缺乏——这种缺乏表现在，对那些实际上是语言的规定进行了对象性的解释，并忽视了［哲学规定的］多义性——导致了悖论。同样的悖论（当然它们现在因为那种朝向主体性问题的

做法而有所深化了,并似乎也因此得到支持)在德国观念论中重现,只是现在它们被赞同,被客观化并且体系化了。对一个哲学体系的理念——即这样一个体系,它通过从一个统一原则而统一地演绎出所有逻辑-存在论范畴的想法而刻画出来——的狂热必定会进一步强化那种在描述性路径中的素朴性(Naivität),因为对这些范畴的描述意义的每一次不偏不倚的考察都会对它们归摄在体系原则之下的可能性提出质疑。黑格尔将他对概念的"思辨的"("合理的")理解区别于"知性",即自然意识的理解。但他正确地看到,他的思辨理解只不过是将在自然意识的概念中——**如他**所理解的那样——已经隐含地("自在地")具有的那种矛盾性明确地呈现("设定")出来而已。从一个语言分析的观点来看,这意味着:对逻辑-存在论范畴的思辨的、辩证的理解,只是对这些范畴的一种(产生于一个素朴的哲学传统的)对象指向性的理解的一个变种,是强化了这种对象指向性理解的一个系统性的上层建筑;它只是使其潜在的悖论变得明显并将它们作为真理来祝贺(als Wahrheit feiert)。

刚刚所描述的黑格尔对同一和差异概念的说明的那个方面 306
也可以通过他自己的表达而标示为"同一和非同一之间的同一"(《逻辑学》I,第59页)。但这还不是最终结果。下一步(对黑格尔来说决定性的一步)在于,不仅同一和非同一这些基础概念每一个都自为地被动态化,而且特别的是这些概念之间的关系——也就是这些概念之间的同一——被黑格尔动态化了。换言之,这种关系不仅仅是一种活动(Tätigkeit),而且是一种"运动"(《逻辑学》II,第486、496页),在这种运动中,两方面的同一才首次被确立。只有在这一点上我们才来到“辩证法”面前（第491页）。因此应该有一种运动，它开始于“与自身的抽象关系——这种关系就是存在”（第488页），过渡到差异，作为对这种“直接之物”的“否定之物”（第494页），最终在“对差异的扬弃中……通过异在而实在化自身，并且由于对这个实在的扬弃而恢复了它的单纯的自身关系”（第498及下页）。因为这个通过对差异的接受和扬弃被实在化的同一就是那种（如我们之前所见）被黑格尔标示为“真理”的结构，所以他直接在上一处被引用的地方继续说：“因此这个结果就是真理。”（第837页）但如果这个同一在本质上就是一个运动的结果，那么有效的就是（像黑格尔在《精神现象学》的序言中所说的，参见第21页），真理不能被理解为除了结果以外的任何别的东西。既然结果本质上是这个运动的结果且不能脱离它来理解，那么真理确实就是“这整个运动”（第39及下页）。

同一与非同一之间的同一，因此还有真理本身要被理解为这样一种运动的论点当然是一个卓越的想法。但一个想法的卓越并不是其真理的标尺。这里我显然不是在黑格尔的意义上使用“真理”，因为这会把我们带进循环。毋宁说，我正在一个直接的意义上使用它，它暗含着如下问题：是否被断言的就是正确的（可以被证明）。就我所能见，黑格尔并未在任何地方证明这个对他而言具有核心意义的想法，而且他从未澄清这个所谓的运动的更确切的意义。这个运动似乎充其量只能与逻辑推论的必
307 然性相比，在那里人们可以说：如果这个命题是真的，那么另一个也必然是真的。但与逻辑演绎相反，辩证运动不仅是分析的，

而且同时是综合的(《逻辑学》Ⅱ,第491页),而与之相关的是黑格尔的诉求:在形式逻辑推论中与前提同样真的结论[在辩证推论中则]比前提更真。但接着问题出现了:那种综合性的附加因素究竟产生于何处。当然,人们仍然可以借助黑格尔来回到问题。黑格尔的论点是:每一个在先的阶段已经包括了下一阶段中的附加要素,但它还是在一种未发展的形式中,或者像他说的,它还是"自在的",还不是"被设定的"。对各个概念的哲学展开表明,概念不只是它直接看起来之所是,而且在同等程度上"自在地"包含着后续要素,虽然也只不过是"自在地"。这个哲学的展开还不是向下一阶段的过渡(Übergang),因为在那一阶段上另一个概念出现了,前一个概念只是自在地包含的东西在新的概念中被设定。因为前一个概念总是保留为它所是的概念,所以还不清楚一个阶段"过渡"到另一个阶段应该意味着什么。在我看来唯一只剩下以下的解释:各个下一阶段的结构都比前一个的结构更真;在这个背景下这个比较级——"更真"一词——特别地意指:那种被黑格尔标示为真理的结构,即"理念"的结构,被更充分地实现。但如果这个解释是正确的,那么所谓的辩证法实际上就根本不涉及一种运动,而纯粹是以这个比较级为尺度的一个排序(Anreihung)。

我要把这一点留在这个不令人满意的解释中,希望你们之中的黑格尔专家能在讲座后的讨论中提供帮助。现在我开始这里很重要的最后一步。我们已经看到否定和同一的辩证法不仅适用于这些概念本身,而且以一种特别的方式适用于主体与实在的关系。我们所关心的最后一步存在于进一步的论点中:

这种辩证法要适用于**所有**的逻辑-存在论范畴，并最终适用于自然以及精神的所有概念关系。这意味着它们在结构上都只
308 不过是那个结构——那个被黑格尔标示为真理的结构——的或多或少的完全实现。因此，之前提到的运动不仅是同一与非同一之间的运动，而且（就它是这个而言）是**概念**的**唯一**运动（《逻辑学》Ⅱ，第486页），这意味着把一切内容带到概念的统一的方法，而这些内容——由于它们只是这个唯一的辩证运动的节点（Knotepunkte）——构成一个系统。抽象地评论这个论点是没有意义的。稍后我们会在与我们主要话题——即自身意识的关系——中做些尝试，让来自于这一不同凡响的简单化（Simplifikation）的那种结构上的匮乏变得明显。这里我所关心的，只是去确认真理概念会从这一步骤中得出什么结论。现在我们了解为什么黑格尔在描述理念时能够说："某物只有就它是理念而言拥有真理。"（《逻辑学》Ⅱ，第407页）他后来对此补充说："绝对的理念……都是真理。"（第484页）另外，现在从真理本质上是"结果"以及它是"这整个运动"的规定得出"真理……只有作为体系才是现实的"(《精神现象学》，第24页)。"真理实存于其中的那种真的形态只能是这种真理的科学体系。"(《精神现象学》，第12页)"真者就是整体。但整体只是通过其发展而成就自身的本质。"(《精神现象学》，第21页)

真理的所有这些额外特征——它是结果，它是整个运动，它只能被理解为体系或整体——都只是真理作为理念，即作为主体与实在的统一的这一规定的结果，而如果同一（a）被设想为运动，并且如果这个运动（b）是包括一切（allumfassend）的话，

则这些结果是必定会产生的。但现在关于这个真理概念与我们对真理的日常理解有什么关系的问题甚至变得更迫切。在什么意义上可以指出，当主体将自身同一于实在时，这个且只有这个配得上真理的称号？你们会在这里批评我，因为我一再地强调争论语词是无意义的。因此我们在这里应该只考虑黑格尔怎么理解“真理”，完全不考虑这与我们的对这个词的日常理解有何关系。你们是对的。最终我们将不得不恰恰这么做。但由于我 309
们的目标是，将黑格尔把自身意识以及其更根本的形态——精神——与真理相联系的方法和我们从海德格尔及米德的解释中为自身对自身之行事所得出的对真理的指涉（Wahrheitsbezug）相比较，因此对我们而言，建立黑格尔用“真理”所指的意思与人们日常怎么理解这个词之间的关系是具有关键重要性的事情。虽然黑格尔承认他对“真理”的理解完全不同于自然意识对“真理”的理解，但他在《精神现象学》中提出一个要求：他对“真理”的理解可以表明，自然意识是如何一步步地经验到其自己的真理概念是片面的，并因而对自然意识本身而言思辨的真理概念被证明为真的、不再片面的真理概念。因此，现在我在提供了关于《精神现象学》发展目标的想法之后，来到了关于其出发点的问题上。黑格尔是如何讨论自然意识及其知识与真理概念的？他在导言的第十段（《精神现象学》，第70页及以下）详细说明了这一点，现在我要详细引用它：

我们必须“首先注意一下在意识里知识和真理的抽象规定是什么”。“因为，意识是把自己跟某物区别开来而同时又与它相关联着的。或者用流行的话说，这就是，有某种为意识的东西；而这种关联或某种东西的为一个意识的存在,这个特定的方面,就是知识。但是我们把自在的存在跟这种为一个他物的存在区别开来;同样地,与知识发生了关联的存在也跟它区别开来,并且被设定为也是存在于这种关联之外的;这个自在的存在的这一方面,就叫作真理。”黑格尔补充道:“至于这些规定究竟是什么意思,这里我们暂不去管。因为,既然我们的对象是一种正在显现着的知识,那么我们首先接受的就是它的那些直接呈现出来的规定,这些规定以怎样的方式呈现出来,它们就以怎样的方式被领会。”*

这正确吗?黑格尔的描述符合我们正常对知识和真理的理解吗?让我们先检验一下黑格尔是如何描述知识的。他说意识“把自己跟某物区别开来而同时又与它相关联着的”。那么
310 这描述的是什么现象?显然它根本不是知识的特殊意识关系,而是一般的意识关系,即胡塞尔称为意向意识的东西,即关于一个对象的意识。顺便应该注意到,这里黑格尔用来描述与一个对象的意识关系的概念术语是动态化的差异概念:意识“将自身区别于某物”。而下面的补充——即客体是“为了”意识的——显然想要再次强调这个关系不是任何已知类型的,而是一个意识关系。在下一句话中黑格尔断言,如此被刻画的关系就是自然意识所理解的知识。这个断言只能被看作闻所未闻的(Ungeheuerlichkeit),虽然它通常被充满同情的黑格尔解释者当作自明的而被忽视。这是一个具体例子,表明了德国观念论哲

* 这后面几行引文的中译文参考先刚译本,略有改动。——译者

学家们在描述地讨论那些他们后来为辩证的机器所投喂的概念时是如何轻率的（Sorglosigkeit）。

面对这种对知识的规定，让我们回忆一些简单的事实就够了:（1）不是每种与一个对象的意识关系都是一种知识。（2）我们所能知道的对象只有事态，即命题对象。（3）知识是被称为意指（Meinen）的那种意向关系的一个种，而意指不同于其他意向关系，是一种认之为真（Fürwahrhalten）。（4）我们说某人不仅相信而且知道某物是这样，如果他不仅认之为真，而且（1）它是真的，并且（2）他也可以证明它是真的。

这最后一个规定，这个构成了知识的种差（differentia specifica）的规定，最初由柏拉图在他的对话《泰阿泰德》（201c）中被阐述，从那时起它就没有被严肃地讨论过。按照柏拉图的说明，人们可以将黑格尔按照他自己的说明不正当地说出的东西以正当的方式说出来：这些规定以怎样的方式呈现出来，它们就以怎样的方式被领会。*我留给你们一个任务，就是在与我们对语词“知道”的实际使用的联系中弄清楚上面这句话的意思。只有少数几个哲学上的重要概念可以说是已经被单个哲学家一劳永逸地阐释了。之所以这在“知识”的情况中相对容易，是因为我们在这里有了意指的属概念，因此需要找到的就 311
只有合适的种差。意指概念本身不是那么容易澄清；确实，目前为止还没有人成功地澄清了这个概念或者这个词的用法。更令人吃惊的是，德国唯心论从未能够将之前的哲学努力所取得的正

* 此乃上面《精神现象学》导言长段引文的最后一句。——译者

确的、无争议的结论在其描述上的差异性中加以明确,因为如果说黑格尔已经用他的既贫乏又不准确的说明纠正了传统理解,那么这将是荒谬的;而且他也从未做出这样的要求。

当然,我不想断言黑格尔在这里仅仅是说废话。毋宁说,他指的是某种特定的东西——即主体与一个客体的意识关系,主-客体关系。但他以语词"知识"来验证这个他正面地考虑到的结构,并不是无意义的;因为这样他就用主-客体关系**取代了**知识的**位置**,并借此使得真实的知识现象消失无踪。首先,主-客体关系——不管它可疑地被动态化的差异概念所规定这一点——是未确定的(unterbestimmt),因为其命题结构被忽视。第二,如果所意向的(intendiert)是像知识这样的东西,那么知识与纯粹意见之间的张力——它刻画了与真理的关联的特征——就被忽视了;与之相关的是,知识的种差(它便是与论证的关系,这种关系对于真理关联而言是根本的)被忽视了。这是一个无法补救的遗漏。因为语词"知识"一开始就是这样来理解的,即它并不与论证相关,所以不能忽略的是,这一视角在接下来的辩证发展中如何还能被呈现出来(herausbringen)。而据我所知,对被认之为真的东西作出论证,以及对这一论证进行提问等现象,在黑格尔那里从未出现。**提问**的现象作为本质上属于论证以及与知识的关系的现象,根本就没有在黑格尔这里出现。而在此也已经可以搞清楚:刻画了意见与知识之间张力的这整个结构框架,也就是由贯穿这个张力区域的真理问题与这
312 个问题所意向的论证所构成的结构框架,是一个作为整体预设了命题结构的结构框架,它展现了黑格尔用他的逻辑-存在论模

式不能获得的描述层面的复杂性。你也许会笑，并说：黑格尔用他的辩证方法获得这种如此精微复杂的结构，却被认为不能将纯粹知性的这些原始结构补救到他的概念之中吗？是，我可能会出错，但我害怕情况确实会如此。黑格尔的“否定之否定”方法本质上是两极性的并因此类似于它由之开始的主-客体模式；你们不能仅仅通过重复这个结构来达到一个从一开始就具有多极性和多维度的描述性结构的现象。当然，黑格尔不能在结构上公正地对待这个现象的情况，不能证明它不能在他的著作中出现；确实，出现了许多更复杂的现象，他将它们塞进他方法的紧身衣（Korsett）之中。因此甚至更值得注意的是，真理问题还是没有在他的著作中出现。而这一点无论如何证明了，这一现象并没有在这个地方，在黑格尔的说明开始的地方出现。

根据前面所说的，已经让人觉得担忧的是，黑格尔在《精神现象学》导言第十段中关于自然意识的真理概念所说的东西，并不比他关于其知识概念所主张的东西要更好。“但我们将自在存在区别于这个他为的存在（für ein anderes）；与知识有关的东西也都区别于它，并被设定为也外在于这个关系而存在；这个自在存在的方面被称作真理。”因此，真理会被定义为一个对象独立于对它的意识关系的那种状态，也就是说，这个对象被认为是在意识关系中的独立对象。但我们所理解的“真理”并不存在于此。首先，很自然的是，真者（das Wahre）也是命题性的。我们不说，因为桌子、椅子独立于我们对它们的意识关系而实存，因此它们是真的。显然也不是每一个独立于一种意识关系而实存的命题对象性（Gegenständlichkeit）都是真的。这么说是相当有意义的：每一个事态——无论它是真或假——都是其所是，无论某人是否在意指它。

313 这里黑格尔标示为真理的东西，恰恰对应他关于知识所说的东西。正如知识对他确实意味着主体与一个客体的关系，真理只代表在面对与主体和客体之关系时保持独立的那个客体。因此，黑格尔称为知识和确定性的方面与真理方面之间的关系的内容，实际上代表的是所谓的主-客体关系一般。人们会引用黑格尔自己在这段话的结尾处所说的内容来质疑我对这段话的严厉解释："至于这些规定究竟是什么意思，这里我们暂不去管。"显然他把它们本身刻画为流俗的规定。但这并没有对如下情况造成改变：这是一些在他看来与自然意识的理解相一致的规定；而且事实上，它们是构成意识经验整个发展的基础的规定。在这里我并不仅仅想要批判，关键是要理解《精神现象学》中真正处理的是什么，也就是去理解意识的不同形态究竟是什么东西的形态。现在我们可以看到黑格尔关心的根本不是日常语词意义中的知识和真理，而是更一般得多的主-客体关系现象。

黑格尔自己确认了这个情况，他在《逻辑学》（I，第29页）中写道："在《精神现象学》中我已经展示了在意识如何从它与对象的第一个直接对立一直前进、运动到绝对知识。这条道路贯穿了意识与客体的关系的全部形式，并且以科学（Wissenschaft）的概念为其结果。"因此黑格尔可以轻易地用意识与客体关系的诸种形式的说法来代替知识（确定性）与真理关系的诸种形式的说法。而这些不同形式和形态根据如下方面来相互区分:(1)它们在何种程度上保留和深化客观方面独立性的程度;(2)它们在何种程度上也构成一种主观方面的独立性;最后(3)它们在何种程度上在保持这个关系两方面的独立性的同时达到两方面的统一(同一)。但在这里,意识诸形态的阶段次序似乎只是概念运动的一种特殊形式,我们之前在 314
思考黑格尔的思辨的真理概念时接触过这一点[1]。黑格尔自己在《逻辑学》(I,第7页)中似乎也肯定了这一点:“我在《精神现象学》中,曾试着用这种方式来展示**意识**。意识就是作为具体的而又被拘束于外在性的知识的那种精神;但这种对象的前进运动,就像所有自然的和精神的生命的发展一样,完全是以构成逻辑内容的**纯粹本质性**(reine Wahrheiten)的本性为基础的。”现在我们可以理解了,说这些形态构成一个系列,在其中每一个后继形式都可以标示为比前一个“更真”,这样的说法的根基何在。这个比较级——“更真”一词——根本不涉及日常意义上的真理,而是恰恰具有我们已经在概念运动的情况下接触的那种意义。它意味着每种情况下后继的形式都在思辨的意义上——即仍然是独立的那个主体与实在的同一——更充分地实现了真理的结构。

因此,黑格尔在《现象学》中要借助自然意识自己按照其“真理”意义而形成的诸种观念的发展而在自然意识面前证明上述这个思辨的真理概念的要求,被证明是无效的。黑格尔根本没有论述我们日常对“真理”的理解,而且他在《精神现象学》导

---

① 对此参见福达尔(H. F. Fulda)的《论1807年现象学中的逻辑学》(1966)。

言中作为自然意识就它与客体的关系方面而形成的诸种表象而讨论的东西，本身就已经是一个哲学构造了。那种被黑格尔表明为对自然意识而言的知识和真理的东西，与被证明是对绝对知识而言的知识和真理的东西，其形式上的基本结构是同一个；唯一的区别是，在自然意识中发生分裂的内容在绝对知识中完成了同一。

黑格尔希望通过《精神现象学》能为作为自然意识的我们［只要我们并非已经将我们自己理解为他的系统的一个构件（Konstrukt）］提供进入其系统的阶梯，而现在这个希望已被证明是靠不住的。因此，如何证明黑格尔推荐的哲学程序的问题再一次完全敞开，同样敞开的是如下问题：黑格尔是如何做到正是以他所做的方式来使用语词“真理”的。

315 至少第二个问题很容易回答。在回答它之前，必须注意到事实上这里有两种语词“真”的使用方式要被讨论。尽管黑格尔在《精神现象学》的导言中，作为自然意识关于它自身及其对象的各种观念与思辨立场的诸种观念是一致的，只要两种情况都涉及主-客体关系。但另一方面，黑格尔标示为自然意识的真理概念的内容不能被列入我们在《逻辑学》中已经发现的真理概念之中。在《逻辑学》中，语词“真理”是为主体与对象（实在）的统一而保留的，而在《精神现象学》导言中，它代表对象的独立性或者自在存在。没有道路从一种意义通向另一种意义。事实上，这个分歧不会在自然意识和绝对知识的基础上被解释，而是要根据《精神现象学》和《逻辑学》中语言的区别用法来解释。当黑格尔在《精神现象学》中达到绝对知识时，他说真理变得完全同一于确定性（第556页）。因此，他在《精神现象学》中坚持这一观点：语词“真理”代表实在的独立性，因此他谈到确定性与真理的同一；相反，他在《逻辑学》中谈到概念与实在的同一，并将这种同一标示为真理。实质上，两种观点等于同一件事，但这本身证明我们正在处理语词“真理”的两种使用方式。《精神现象学》版本表现出较少的困难：黑格尔在这里使用语词“真理”的方法表明（正如在对导言第10段的解释中表明的），它代表我们通常用这个词所指内容的抽象方面；同样，黑格尔标示为知识的内容代表我们通常用这个词所指内容的抽象方面，也就是说，知识事实上是一种意向关系，但这本身并不使它成为知识；真者事实上是独立于主体的某物，但这本身并不使它成为一个真者。

但对黑格尔最为关键的，即在《逻辑学》中被阐释的真理概念情况如何？在我看来，语词“真理”的这种使用方式只能在历史的眼光中被理解。在中世纪，一个定义开始流行，根 316
据它真理被认为存在于思想与事物的一致性中，即adaequatio intellectus et rei（理智与物的契合）。这个陈述可以被理解为包含了一个尽管初步但却是正确的关于语词“真”的定义。但是它同样很容易被这样来理解，即在这里［这个定义］是毫无意义的。它只能在如下情况下有意义：（1）假如两方面都以命题的方式来理解；（2）假如思想的方面也以对象性的方式而被解释为被思考、被认为或被断言之物。这样一来，这个公式就会具有以下意义：被认为的某物是真的，如果事实真的如它们被认为的那样。你会回忆起，以上提到的两个方面——命题性方面以及与意见相区别的方面——在黑格尔对知识的规定中是没有的；在德国观念论接受传统的一致性公式的方式中，这两个方面自然也是没有的。

作为一个例子，我要给你们读一读来自谢林的《先验唯心论体系》的开端性思考："一切知识都以客观东西和主观东西的一致为基础。因为人们认识的只是真的东西，而真理普遍认定是在于表象同其对象一致。我们的知识中所有单纯客观的东西的总体，我们可以称为自然；反之，所有主观的东西的总体则叫作自我或理智。这两个概念是互相对立的……但在任何知识中两者……都必然有某种彼此会合的活动；任务就在于说明这种会合。"[①]

这个对问题的阐述惊人地简单。谢林从费希特的对设（Entgegensetzung）的概念开始，并且构造了一个完全与客体无关的主体和一个还不是一个主体之客体的客体。现在"哲学的主要任务"[②]被认为是去解释主体和客体如何会合，而这意味着去解释作为主观之物与客观之物的一致的真理如何可能。黑格尔远远地离开这些幼稚行为（Kindereien）。他正确地从主体始终已经与一个客体相关这一点开始，对他来说问题并不是两个方面是否会合，而是它们被连接的方式在他的辩证的同一概念
317 的意义上是否是一个真正的统一。然而，谢林对问题的阐述对理解黑格尔提出问题的背景中的某些东西是有益的。他们都考虑

① 谢林（Schelling）：《著作集》（1927），第3卷，第339页。

② 同上书，第342页。

到主-客体关系,而且对两人来说,语词"真理"都代表主体与客体的统一。两种情况下,语词的这个用法都来自对传统的契合-公式的误解,而且两种情况下被标示为真理的东西都与"真理"的日常意义无关。

至少语词的问题现在得到澄清了。我之前说过,黑格尔给语词真理一个与它日常具有的意义不同的意义,这一点并不是不重要的;他(跟随康德)给语词"理性"一个不同的意义,这一点也不是不重要的(参见第301页)。之所以这不是不重要,是因为这样一来,别的东西——一种不同的关联方式(Verhaltensweise)——取代了真理问题和理性问题,而且是这样来取代的:因为语词被保留并且其意义似乎只是被深化了,那么看起来似乎没有什么损失。我们在海德格尔那里碰到一个结构上完全类似的现象(参见第239页)。但他那里的情况更加无害,因为他的作为"展开状态"的真理概念仅仅在更一般的展开状态现象与真理问题之间闪烁不定(schillern);因此与真理的关系可以仅仅通过补充和确切阐明而再次被确立[①]。在黑格尔这里充其量可以设想到某种与那个代表着对象之"独立性"的真理概念相类似的东西,因为这种真理概念——就它能够与海德格尔的展开状态概念抽象地进行比较而言——代表某种比起真理来说仅仅在类上更普遍的东西(generisch Allgemeineres),只不过在这里得做一些相当高程度的补充罢了。但是,同样的情况并不适用于黑格尔真正的、思辨的真理概念。黑格尔对真理关

① 参见拙著《胡塞尔和海德格尔那里的真理概念》(1967),第15节。

联的说明在这里似乎代表一种与实在性的**不同**关系，一种肯定地（positiv）排除了真理问题的关系。我暂时说“似乎”，因为我们必须要检查，看看情况是否真的是这样，而这一检查涉及的是，在黑格尔这里，精神如何与真理相关，也就是如何必须被理解为真理。

之前我承认，每个哲学家显然都有自由，以不同于一个语词日常被理解的方式去定义该语词。但这只有在他提供了对这个318 新意义如何区别于通常意义的说明时才是合法的。黑格尔和海德格尔都忽视了这一点，而在这两种情况中都被指出的困难只能在此基础上产生。任何人都可以用他喜欢的方式定义一个词的特许显然处在进一步的限制下：他有权这么做，如果他给予这个词一个清楚的、可证明的意义。单单是一个定义被提出的那种情形——诸如真理存在于主体与实在性的同一中——本身不意味任何东西，只要我们不能把一个清楚的意义与进行定义的表达结合起来。而且，当一个哲学家不仅不能给予一个词一个清楚的意义（就像在我这里语词“意识”这样的情况，参见第26页），而且在他所提供的解释当中各语词还以荒谬的方式连结起来，那么事情甚至会变得更成问题。关于黑格尔所定义的语词“真理”是否具有一个清楚的意义或者究竟是否具有意义的问题，显然等同于关于黑格尔用这个词所意指的现象或者结构是否存在的问题。当然，在这个特殊的情况下，黑格尔的方法和体系的意义与这个问题是生死与共的（stehen und fallen）。

当然，我现在只能按照之前（第304页及以下）指出的限制来做出评说。然而，我必须做出评说，否则我们就不能继续前进：

黑格尔想用语词“真理”标示的结构并不存在；黑格尔所意向的同一与非同一的统一是荒谬的。这种统一既违背否定的意义，也违背了同一的意义（参见上文第302页及以下）。如果黑格尔以一种独立于它们日常意义的新方式引入这些语词的话，那么这个批判就是轻率的。但黑格尔并没有以一种新方式引入它们（而且人们显然可以怀疑，拥有如此根本重要性的语词究竟是否能以一种新的方式来引入）。他依赖于我们对这些语词的前理解（Vorverständnis），但他接着却以不恰当的方式来使用它们。

但即使黑格尔想要描述的**结构**不可能存在，还是不会得出结论说，不存在黑格尔所想的那种**现象**；只不过这种现象还需要以一种结构上不同的方法被描述。我可以将我的意思阐明如下：

黑格尔在《精神现象学》中以这句话开始“精神”一节：
“理性成为精神，当确定性……意识到它自身是它自己的世界， 319
并意识到世界就是它自身时”（第313页）。借此就达到了在黑格尔思辨的意义上的真理的结构。现在我主张，说主体同一于实在性，或者确定性同一于其世界，是荒谬的。人们可以回应说，只有人们在其严格意义上理解“**同一的**”一词时，它才在逻辑上是荒谬的。但黑格尔就是在其严格意义上意向着这个词的。人们可能重新回应我，说黑格尔通过刚刚被引用的句子所意味的，就是个体处在与他的社会的-规范化的周围世界的肯定（affirmativ）关系中，而且恰恰只有在这个与他的社会世界的肯定关系中才能获得与他自己的关系。是的，这个人可以理解**这一点**；只不过在刚提供的解释中语词“同一”没有再出现了。但人们也可以这样来表达：个体只能在将他自己与他的社会性-规范性世界相同一的情况下才能获得他自己的同一。这样一来，我们突然就和米德的立场非常接近了。在最后一句话中，语词“同一”再一次被使用，但现在它是在其社会心理的使用方式中被使用的。我们已经看到这个用法不涉及数目上的同一，而且当然［也］不是黑格尔使用的方式。而如果黑格尔在他谈论同一与非同一的同一时真正想到的现象大致就在这个方向上，那么就会得出：黑格尔的《逻辑学》只不过是一个浮夸的自身误解。没有与黑格尔用语词“真理”描述的东西一致的结构，但这并不意味着没有他所考虑到的现象。尽管如此，后者只能从关于自身意识和精神的具体说明中被推论，而这也要求人们为这些说明剥去其思辨的外衣。当然，黑格尔所意向的现象——当它被从思辨的概念框架上松开时——以及上述那种观念——即仅当个体知道自己处在一个与他的共同体的肯定关系中时，这个个体才真正将自身与自身相联系——是否能创造性地贡献于那个问题，即那个关于自身对自身以及对他者的理性的、被自身规定了的（selbstbestimmt）行事的问题，我们还必须去考察。

第十四讲　以黑格尔结束Ⅱ

在上一讲之后的讨论中有人反对说，在我对《精神现象学》 321
导言中的知识和真理概念的说明中，我唯独关注它们在第10段中的引入，而没有考虑它们在第12—15段（《精神现象学》，第71—74段）中更复杂的阐述。事实上，导言的结尾段落中的附加讨论对理解《精神现象学》的方法是根本的，而且它们使得有必要对我上次提出的两个主张进行限制。因为第一，日常真理概念在这里确实有作用，至少是对《精神现象学》的方法而言；第二，这意味着《精神现象学》的方法不能像我提出的那样被轻易地归入《逻辑学》的方法之下。尽管如此，我并不遗憾于在一开始那么片面地展示这些，因为日常的［“真实的”（echt）］真理概念*——就它在这里开始起作用而言——仍然从属于思辨的（“不真的”）真理概念。这对《精神现象学》方法与《逻辑学》的方法相比而具有的那种特殊特征而言同样有效。

我在上一讲中忽视的问题是《精神现象学》的基本问题——即黑格尔让意识在每一个阶段经历都形成一个“经验”。我曾否

---

* 需要注意的是，本书作者将日常的真理概念成为“真实的”（echt）真理概念，与黑格尔将思辨的真理概念称为“真正的”（eigentlich）真理概念的做法，是相反的。——译者

认并继续否认这个经验与我们对真理的日常理解意义上的真理概念有关。毋宁说,它涉及的是意识在每种情况下形成的关于它和对象(实在性)之间的关系的构想。但这意味着它涉及的是某种结构的不完全的实在化(Realisierung)——这一结构如果完全地实在化了,便会与黑格尔思辨的真理概念相一致。或者,换一种方式说,当这些概念在导言第10段中被使用时,上述构想关涉的是知识与真理的关系。

关于《逻辑学》的抽象的(或者在我看来,纯粹的)辩证法,现在我们已经看到,在概念发展的每一个阶段中,与下一个阶段
322 有关的要素总是已经隐含地存在着了(参见上文第307页);就此而言,每一个层面都在某种意义上总是已经(隐含地)多于它之(明确的)所是。在纯粹的概念辩证法层面,这个事况导致了似是而非的表达方式,诸如一个概念"自在地"已经是某个还没有在它之中"被设定"的东西等等。但一旦概念的辩证法在**意识**的中介中发生,那么这个事况便获得一个相当自然的意义,它不需要这种似是而非的表达方式;之所以这样,是因为在意识的每一种形态中不仅可以有意义地说,意识通过与其对象的特定关系**被**刻画,而且意识**拥有关于**它自己(关于知识)与其对象(与真理)的这个关系的一种特定的**构想**(Konzeption),这个构想可以是不充分的,并且在此情况下并没有按照这个关系现实地、真正地(in Wahrheit)(这里"真"具有其日常意义)所是来理解这个关系。关于意识,现在也可以有意义地说:意识可以形成**经验**;它关于这个关系所形成的构想是不正确的,甚至在某些情况下是矛盾的。

黑格尔在导言中提供的抽象规定并没有澄清一个“经验”必须如何被表象。毋宁说，这只能从这个经验在《精神现象学》的具体实行过程中每一次是如何被描述的那种方式来理解。首先应该清楚的是，为什么意识每一次都有一个不正确的或无论如何都不充分的关于自身的构想（从现在开始，这总意味着关于它自身和对象的构想，特别是关于二者关系的构想）的客观原因是，它总是涉及思辨意义上的真理的不完全的实在化。这就是说这个客观原因在于，意识总是自在地隐含着某些还不是“为它”（für es）的要素，也就是说这些要素在意识关于它自身的构想中还是不明确的。不同于在一个概念那里的情况，在我们关于我们与世界关系而形成的构想那里，完全可以有意义地说，这个构想隐含了一些在它之中并未明确的要素。

现在，人们可能会把一种经验——在其中意识关于它自身所具有的构想被证明为不正确的（片面的或矛盾的）——看作对包含在这个构想中的诸概念的哲学反思，而对这个构想的不 323
正确的、片面的、矛盾的特征的经验可以在某种程度上与苏格拉底的对话者在柏拉图对话中所具有的经验相比。[①]黑格尔自己指出，关于这种**可能性**的观念在这里并不是不适当的，因为在每种形态的开始，在展开关于该形态的这样一种“经验”之前，他都从一个哲学立足点发展出这个形态的概念，而此时他便总是已经提前揭示出其构想的片面性和矛盾性。

① 参见泰勒（Taylor）：《黑格尔》（1975），第133页及以下。此外，我也受益于泰勒在其书中第4章对《精神现象学》方法的非常规解读。

不过，意识借助自身——借助其构想——而形成的经验在黑格尔那里所意指的并不是这么一种明确的哲学上的澄清过程。毋宁说，现在要注意的是，意识的每一种形态，作为意识自身与其自身以及与世界的一种关系，存在于一个具体的实践（Praxis）之中，这种实践要么是一种认知实践，当涉及的是理论的意识时（就像在A部分中[*]），要么是一种狭义上的生活实践，当涉及的是实践性的自身对自身或对世界之行事时（如在自身意识那里）。这种实践总是由意识所具有的关于它自身以及关于实在性的构想所指导。黑格尔的论点是，意识在这个实践中具有这样的经验：它所发展的关于自身以及关于实在性的构想是不充分的。当意识具体地在各个实践中寻求实现其理论的或实践的构想时，这个构想的非明确要素就会变得明显，而借此，意识经验了其原初构想的不真（Unwahrheit）——这里的“不真”一词具有其日常意义。

既然我把事态澄清到了这一步，那么我可以试着把该事态放回黑格尔在导言结尾段落中所提供的（相当不充分的）描述的术语体系中去。直到现在我有意使用了黑格尔自己没有用的一个语词——“构想”（Konzeption）。意识形成了这样的经验：它关于它自身及其对象——这意味着（根据第10段），关于对它来说是知识和真者的东西——所具有的构想是不正确的。现在
324 这可以轻易地用黑格尔在第12段所用的语词来包装：意识形成

---

* “A部分”（Abschnitt A）指的可能是《精神现象学》的第一部分“意识”（从“感性确定性”到“力与知性”的部分）。——译者

了其概念与对象不一致的经验（《精神现象学》，第71页）。我对这个表述没有任何异议。那么我为什么没有直接用黑格尔的话来表达这一点呢？这是因为黑格尔的做法就仿佛是，借助“概念”和“客体”等表达，他在这个地方仅仅是在接受“知识”和“真者”等表达，就如他在第10段中引入它们时那样。他写道：“如果我们将**知识**称为**概念**……但却把**真者**称为存在者或**对象**，那么所作的检验就在于，去看概念是否与对象一致。”（第71页）然而，以知识和真理在第10段中被引入的方式来看，完全不能理解任何一个如何能根据另一个来得到检验；因为，正如黑格尔自己在第13段中提到的，“被呈现的知识本质上是关于对象的知识”（第72页）。黑格尔虽然在第13段考虑了这个异议，但在我看来他是以一种完全没有说服力的方式来回答它的。

不过，关键的异议是另一个。它并非产生于对导言的内在解释，而是来自对《精神现象学》中真正实际所发生的东西的考虑。如果人们想要在第10段所刻画的知识和真理的意义上——这将意味着在主体和客体意义上——理解（黑格尔所指的）“概念”和“对象”，那么这将表示，主体将总是以某种方式根据客体来衡量。这个困难不能被黑格尔的如下解释——它的引入本身就是没有可靠论证的——所克服：意识所形成的经验在于，“之前被认为是自在的东西”被证明为“只是对它而言的自在”（第72页），而这个东西，即“第一个自在的为意识的存在”（Für-das-Bewußtsein des ersten Ansich）是下一个阶段的对象（第73页及以下）。如果“自在”和“为它”的表达在第10段的意义上被理解，那么这个解释最多适用于从意识阶段到自身意识阶段的过渡,而绝不适合于所有的过渡。

但恰恰是在向自身意识的过渡时,我们在文本自身中发现了关于如何理解按照对象来检验概念这一说法的另外一个、在我看来也是唯一一个恰当的解释。黑格尔在这里写道:"关于它
325 (对象)的概念在现实对象之上(an)扬弃自身,或者[这便是]经验中的第一个直接表象(Vorstellung)。"(第133页,重点是我加的)我认为,这个解说与我之前提供的描述完全一致:概念代表意识发展的"第一个表象",这便是我所称的意识所形成的"构想";而这个表象在其上扬弃自身的那个"现实对象"则不是客体,而是意识凭借这个表象而具有的经验。

在黑格尔总结"意识"部分的这个地方——在这里,对意识来说根本性的东西仍然只有对象——,将概念标示为关于它,也就是关于对象的概念,便已经足够了。但是,要合适地刻画所有阶段(尤其是自身意识的那些我们感兴趣的阶段)的话,则我之前使用的更复杂的表述是完全必要的。于是,在完全适应于黑格尔的术语体系的情况下,出现了如下命题:意识关于其自身(确定性)及其对象(自在)而形成的概念,在"现实对象"之上,也就是在意识依据自身及其对象而形成的经验之上,扬弃了自己。这个表述不可还原地包含四个概念:第一,我们有概念(第一表象)和现实对象(经验)之间的张力;第二,这个概念对子的每个成员都与确定性(主体)和实在性(客体)的概念,也就是与它们的关联有关。一个概念对子到另一对子的还原——借此,人们可以在知识和对象这两个概念的基础上展开整个问题,就像黑格尔在导言中想要尝试的那样——就被排除了。

现在也应该清楚的是，那些反对我的异议——全部都是这种形式的异议：我本应该根据接下来的段落解释第10段中的知识和真理概念——是不合理的。实际情况与之相反：只有在知识和真理概念以它们在第10段中被引入的方式被把握时，接下来的段落中所意味的内容才能被理解，就如刚刚提出的用两个概念对子所做的表述所指出的那样。而且，这对整个著作都是有效的：无论确定性和真理的概念对子在哪里被使用，它都保留了主体和客体在第10段中被意向的那种意义（参见，例如，第133、175、255、313、556页）。主体与客体在它们的独立性中 326
的统一（这意味着思辨真理或多或少的完全实在化）连贯地规定了那个话题，着眼于它，意识形成了其经验；这个话题确立了［意识的］每个形态都在其中出场的那个布景（Szenerie），也确立了意识关于其自身所形成的那种构想，因为这种构想在本质上每一次都是意识在其与实在性的关系中具有的构想。现在，因为意识每一次都借此构想而形成一种经验，在此经验中该构想被证明是不正确的，所以在这个被思辨的真理概念先行标画的布景的基础上，就展开了一段运动（ein Stück Bewegung），这段运动被日常的（真实的）真理概念所规定。之所以说这里涉及的是日常意义上的真理，是因为可以看出，人们可以自然而然地（尽管黑格尔从未这么做）将那种被我成为构想的东西标示为意见（而显然不能像黑格尔在导言的结尾段落中所说的那样标示为知识）。

在这里，为了将已经复杂化的东西进一步复杂化，我必须补充道：即使在《逻辑学》的纯粹辩证法中，真实的真理概念的一个**方面**也在被思辨的（不真实的）真理概念所先行标画的布景的基础上起作用，也就是这个方面，按照它，我们可以把关于一个事物的片面观点称为不真的（参见上文第142页）；而真实的真理概念的这个方面也被黑格尔反复地明确说出，当他宣称一个更高阶段代表前一个阶段的“真理”，例如“存在的真理是本质”（《逻辑学》Ⅱ，第3页）时。然而，这种真实的说话方式在这里也总是寄生于思辨的说话方式，就像在《精神现象学》中那样；因为较少片面性的阶段显然是一个更广泛地满足真理的思辨结构的阶段。尽管如此，如果人们想在黑格尔对语词“真理”的使用中理解令人困惑的多样性，那么这个用法必须被承认是一个独特的用法，因为即使在语法上，它也不能被还原到思辨用法上。但与《精神现象学》中的用法相反，对于这种在《逻辑学》中典型的使用方式（它明显在所有著作中反复出现）来说，人们只能说它包含了真实的真理概念的一个**方面**。因为就人们实际
327 上只能着眼于那样一种片面性来说，它是不真的，这种片面性**要求**（beanspruchen）整体地把握事物——也就是只着眼于意识的片面性，或更确切地说是意见的片面性。

因此，涉及黑格尔的日常真理概念时，我们面对一个复杂的状况。黑格尔在至少两个体系性关联中求助于语词“真理”的日常用法，不过这是处在下述诸种限制之中的：第一，这个对真理的指涉（Wahrheitsbezug）对意识的任何形态的内在结构而言都是不相关的。意识每一次所形成“经验”都是意识所遇到的东西，意识不会自己提出真理问题。因此我的断言，即提出［真理］问题的现象在黑格尔那里没有出现，依然是有效的（参见

上文第317页)。可以说,对真理的指涉没有进入黑格尔的任务形象中。第二,《逻辑学》中的那个局部真实的真理概念在黑格尔的体系内仍然寄生于他的思辨的真理概念;在《精神现象学》中出现的现实的对真理的指涉则仍然寄生于《逻辑学》的局部真实的真理概念。第三,黑格尔只不过是在事实上(de facto)诉诸语词"真理"的日常用法,而他从未深入这个用法的结构性前提之中。在我看来,这不是偶然,而是与黑格尔的体系思路相关联的。因此,这里也应该包含为什么黑格尔在导言中出现了**内在的**概念疏忽(对他来说这一般而言不是典型的)的更深层的原因。

现在我可以回到我在今天这一讲开始时提出的断言,即《精神现象学》的辩证法之所以不能简单地被归于《逻辑学》的辩证法之下,因为真正的真理概念部分地进入了前者。之前关于《逻辑学》的方法我提到,我看不到人们在这里如何能够谈论一种运动;关于运动的说法似乎只是对某种按照特定视角来安排的系列的一个比喻(第307页)。但一旦这个系列在意识的中介中,或者更确切地说,在一个经验——在其中,意识关于它自身以及其世界所具有的构想对意识而言发生了变化——的中介中出现,那么我们要处理的就是一个现实的,而不仅仅是比喻的运动,即意识的改变。

因此,关于由内部结果(Konsequenz)引起的意识的改变 328
的一个重要观点产生了。确实,这种内部结果被黑格尔限制在《逻辑学》中预先给定的概念关联之中。此外,人们在《精神现象学》的辩证法中能够谈论一个现实运动——意识的运动——

的范围是非常有限的。对于黑格尔来说,只能在［意识的］每一个形态内部谈论意识的经验;向下一个形态的过渡是"我们的添补(Zutat)"(《精神现象学》,第74页),即一个思辨性的介入(Eingriff)。就此而言,诸形态的次序(Folge)与《逻辑学》中诸概念的次序只是原则上是同一种意义上的"运动"。

为什么黑格尔如此彻底地限制"经验"的范围?我可以看到两个原因。第一,在《精神现象学》处理不同维度的自身行事的那些重要转折(Einschnitt)之处,例如在从意识过渡到自身意识的地方,谈论相应的意识经验和意识变化［在黑格尔看来］是荒谬的,而这些过渡无论如何是足够造作的(künstlich)。第二,黑格尔想把各个经验看作被限制在其否定方面的:在每个阶段的经验中,意识仅仅经验到其直到此阶段为止的(bisherig)构想的矛盾特征。我们已经看到,这个经验是通过意识对这个构想之前未被注意的方面的发现而发生的。然而,如黑格尔所展示的,意识想坚持在其"第一个原初表象"之上,因此它仅仅陷入一个矛盾之中,而把那些从意识的视角来看只是否定地发挥作用的方面综合到该构想之中,并且把该构想转变为一个新的、更真的构想,才是"我们的添补"。这是黑格尔自己明确指出的关于为什么经验不能延伸到一个形态的边界之外的理由(《精神现象学》,第74页),但他给这个理由提供了哪种理由,则并非显而易见。怀疑地看待一个纯粹概念的辩证法的某人会说,一个构想在于另一个构想的内部结果的这一点,归根结底只能这样来呈现,即意识形成了后一种经验,也就是意识自己可以认识到后一种经验是更真的。但在这里,语词"真"具有其日常意义，而因为黑格尔不可能允许日常真理具有对于思辨真理的独立性，所以这可能就是他只把运动的否定方面让与自然意识 329 的理由所在。

在关于自身意识的章节中——现在我要转向它——，我们发现两种类型的辩证法的例子。其一是在这一章的导言中（在自身意识概念在其中展开）的一个人为构造的辩证法；对于那些对辩证法没有执念的人来说，这种辩证法很容易显得就像是低级娱乐（Tingeltangel）；其二是在A和B两个部分中的一些讨论，它们所涉及的是，从关于自身的一个特定的构想出发的自身对自身之行事是如何凭借其内部结果而发生改变的。对一个公平的解释来说，在导言部分除了辩证方法以外，还会提到某种作为额外阻碍的东西，这便是黑格尔如何在与主-客体模式的紧密关联中描述地刻画自身意识现象的那种荒谬的方式。尽管如此，我们不能简单地忽视这一节，因为它从体系的角度来看是构成出发点的，而且也因为，人们不可能把黑格尔借以包装其真正重要的东西的那种不适宜的形式与这种形式分离开来。确实，黑格尔的主要关切之一是形式和内容构成一个统一。尽管如此，一旦我们达到更实质的内容，我将试着指出它如何能与主-客体结构分离开来。只有这样，与依循海德格尔和米德而得出的构想的对质（Konfrontation）才能变得有意义。

在前一节“意识”的最后，黑格尔达到了意识对象的一种结构，他将该结构描述如下：“它是一种自身一致的东西，而后者又是一个自在的差别。……因此，这个自身一致的本质仅仅与自身相关联。［既然是］与自身相关联，那么这个自身也是一个他者，须得加以关联，所以**与自身相关联**毋宁意味着**分裂**，或者说那种自身一致性恰恰是一个内在的差别。”（第142及下页）由此而达到了一个结构，它首先出现在“生命”标题下，但它真正说来——在其“真理”中（第127页）——是自身意识的结构。我不准备深入追问这个结构在意识的辩证法中所谓的起源，也
330 不追问这种结构在生命概念中所谓的暂时的实在化，因为这只能把我们引入歧途，因为对黑格尔而言，毋宁说是自身意识展示了一个范例（Kronzeugenbeispiel），借助这个范例，任何质疑这个奇妙结构的意义的人（只要这种结构是为了生命而得到断言的）都会马上坚信，这种结构是实在的。“它［意识］是自为的，是对未区别之物的区别，或者说自身意识。”请考虑一下这个非凡的断言：当未区别之物彼此区别时（假定这是可设想的），这**意味着**它是“自为”的，而**这意味着**自身意识。黑格尔继续说：“我把我与我自己区分开，我在这个过程中立即［发现］这个被区分开的东西并没有被区分开。我，作为同名者，把我排除到我自己之外，但这个被区分开、被设定为不一致的东西，当它被区分开时，直接对我而言又不是一个差别。”（第128页）这里我们有一个关于动态化的区分概念的极好的例子：我将自己区别于自己，也就是说“我把我排除到我之外”。黑格尔把自我标示为同名者，这是在影射费希特的“自我=自我”。

因此，黑格尔不假思索地把费希特的自身意识概念接受下来。虽然这对黑格尔来说只是第一步，但在他看来是必然的第一步。当然，我之前列出的对亨利希的问题阐述的所有异议（参见第57页）也适用于反驳这个思路，在这里就不必重复了。

对黑格尔来说，这个第一步包括确定性和真理的同一的初次实在化，尽管它还是抽象的。在这一章的开头他写道："从现在开始，在这些早前的关系中没有产生的东西出现了，这便是一种与其真理相等同的确定性；因为确定性本身就是它自己的客体，而意识本身就是真者。"（第133页）我对导言第10段的解释借此而回溯地被确证了。黑格尔明确地将语词"确定性"和"意识"等同地来适用。而与客观之物的一致不是被意指之物与现实之物的同一，就像日常真理概念所要求的那样；毋宁说，它是主体与客体的同一："意识本身就是真者。"

但这个同一还是抽象的："但既然它*仅仅把它自己与它自己区分开，那么对它而言，差别就直接作为一个异在而被扬弃了。331
差别并不存在，它仅仅是这样一个静态的同语反复，即'我是我'。"（第134页）黑格尔的"差别并不存在"指的是：只有在差异具有其自己的存在或独立性，而且仍然——尽管不是以一种直接的方式——被扬弃时，一个真正的同一才会达到。

现在，不应该简单地将真正的同一作为所需之物（Desiderat）而对立于抽象的同一。毋宁说，辩证方法要求抽象的同一已经在自身中包括了最终必定导向真正同一的那种因素。这以下面的方式被实现：所有的自身意识事实上也都是关于其他对象的意识。黑格尔在这之中看到了一个"对立"，甚至是——正如他在《哲学全书》的相应位置中所表述的——一个"矛盾"："抽象的自身意识是……作为自身意识的它自身与作为意识的它自身的

* 即自我意识。——译者

矛盾。”(《哲学全书》, § 425）这里存在对立或矛盾,这一点是没有被证明的。它又是完全从费希特那里接受来的（参见上文第303页）。

因此,自身意识的辩证法中的第二步和第一步一样造作且（如果人们准确地理解的话）荒谬。但这让黑格尔有可能确立自身意识中的自身关系与它和客观之物的关系之间的关系。我们必须允许给黑格尔机会,让他通过借助额外的荒谬而把自己从他最初的方法荒谬中弹射出来（herauskatapultieren）; 大致是根据这个公式: 荒谬乘以荒谬得出意义。如果某人从错误的前提开始并通过错误的思辨得出一个他在描述的明察基础上现实地获得的正确结论,那么我们只能通过把我们的兴趣限制在分析他不完善的逻辑学上来剥夺我们可以从他那里学到的东西,而不是直接断言说,某人在这里是处在一种具有强迫性的观念之下,即以一种半演绎的方式展现他的思想。当然,因为结论有趣便将程序解释为是有意义的,这种做法将会更加荒谬。

“从现在起,意识作为自我意识具有了双重的对象: 首先是一个直接的对象,即感性确定性和知觉活动所认识的对象……;
332 其次就是自我意识**本身**,这个对象……一开始只是在与前一个对象的对立中才存在着。在这种情况下,自我意识呈现为一个运动,它在这个运动中扬弃了上述对立,并发现自己达到了自身一致。”（第305页）这最后一句话具有深远的意义,因为它不仅定义了“自身意识”这一章之内进一步的发展,而且定义了自身意识朝向精神的发展和整个《精神现象学》的进一步发展。它包括全部剩余的规划：关键是自身意识必须把与它相对的实在的那种独立的差异融入与其自身的最初同一之中，即作为理念的真理。

为了理解这个运动是如何被发动的，必须注意到在黑格尔看来对立的两方面——意识和自身意识——并不平衡。因为自身意识的真理是它本身，而这恰恰是因为它是确定性和对象的同一，是真理，它本身现在是自在（Ansich），是独立之物（第134页及以下）；当它还不知道自己是自身意识时，对象对它来说是自在，而后者也总是意味着独立之物和本质之物；它自己对它来说曾是非本质之物（参见第80及下页，第93页）。因为自身意识现在对它自己而言本身是本质性的东西，所以客体对它而言就是非本质之物，一个纯粹的显像（Erscheinung）（第135页），一个"虚无之物"（Nichtiges）（第139页）。

即使假定这是显而易见的，但对作为普通人的我们来说，一个运动是如何借此而开始的，还是不清楚。但对黑格尔来说这是清楚的，这是因为自身意识不能满足于［仅仅］知道它是本质之物；毋宁说，对它而言这个确定性*必须成为真理（第139页）；但这意味着对自身意识而言这种确定性必须在某种程度上被对象——"以对象的方式"（第139页）——所反射（zurückstrahlen）。现在请你们不要那么固执地说：不过客体显得（sich zeigen）更加非本质。不，这是不够的；毋宁说，自身

* 这里的"确定性"（Gewissheit）呼应前一句的"知道"（wissen），这种构词上的衍生关系不能体现在对Gewissheit一词的通行翻译上。或许也可以将Gewissheit译为"确知性"。——译者

意识必须通过**在实践上否定**和“毁灭”（vernichten）（第139页）这个对象来证明该对象的非独立性。

让我们在这里暂停，不去管这个辩证法的内在说服力问题，而是关注黑格尔在其自身意识的辩证法的这第一部分实际上已
333 经得到的东西。他借此完成了从理论的自身意识向实践的自身对自身之行事的转变。在这个语境中，“本质之物”的说法就已经闪烁不定。正如黑格尔最初介绍的，它具有纯粹的理论意义。但黑格尔借助这个说法想要强调的是自身对自身之行事的某个方面，也就是当我们说“我对我自己很重要，我关心我自己”（es geht mir um mich）时所表达的那个方面。因为我们总是在一个他人对我们也会很重要或者我们也会关心其他东西的世界中这么说，所以人们可以第一次如此凸显这个方面，以至于人们可以让自身对自身之形式这么说：“我只关心我自己，对我来说只有我是重要的，其他人在我看来都不是本质性的，都是虚无。”如果人们这样来表述黑格尔刚刚达到的关键点，那么首先我们正涉及自身对自身之行事的现实可能性；第二，在其中（“我关心我自己”）被谈及的结构是这样的结构，它不再被捆绑在主-客体模式那里；第三，在“我只关心我自己”的句子中表达了一个**构想**，一个自身对自身之行事关于在世界中它凭着自己想要什么而形成的构想——对于这个构想可以预见的是，一个经验可以在这里产生，它会迫使自身对自身之行事出于内部结果而改变它的构想；这便是一种在之前（第328页）被区别的无问题的意义上的辩证法。

确实，黑格尔要求从理论的自身意识中产生这个实践的、意

愿的自身对自身之行事是无根据的。但我觉得相比于与之相关的情况而言,这并不会更值得谴责;这种情况便是:黑格尔并没有追问一般而言的意志性自身关系和特殊而言的意愿性自身对自身之行事的描述结构。就像费希特那里已经出现的那样,黑格尔并没有把意愿的以及理论的行为方式还原到行动的描述结构之上,而是还原到主-客体模式之上:当主体被客体所规定时,主体便是在理论上行事,当它反过来规定客体时,它便是在实践上行事。所有意愿行为的命题特征始终都按这个图式(不管它[内部]会有多少差别)而被忽视了;而无论如何一直都难以理解的是,一个主体如何能以意愿的方式使自身与自身相关。我之前已经指出,主-客体模式必定会阻碍对那种由亚里士多德所凸显的结构的关注——按照这个结构,存在着一种与本已存在的 334
意愿关系——,因为在这个模式中这种结构是没有位置的。正是海德格尔再次发现了亚里士多德揭示的结构,这并非偶然;因为他脱离了对主-客体模式的依赖。但是,与分析哲学相比,他没有放弃德国唯心论提出的关于自身对自身之行事的问题。

让我们回到黑格尔的思考过程中。我们已经看到(第151页),自亚里士多德以来的整个传统都区别了感性的和理性的(慎思的)意愿行为。只有后者,即“高级欲求能力”,被标示为意志,其区别性特征在于,它是自由的;而另一方面,感性欲求被标示为欲望(Begierde)。人们必须看到这一点,以便理解黑格尔为什么把实践性的自身对自身之行事的第一个阶段命名为“欲望”。感性与知性之间的那种传统的、也为黑格尔所接受的区别标准是:感性行为是(a)被动的,是非主动的,(b)每一次都与个别物相关，而与普遍的东西无关，因此是（c）不稳定的。这些特点对黑格尔的理论意识的第一阶段——“感觉确定性”——的描述而言已经是关键的，而且它们也同样对意愿性意识的第一个、感觉的阶段是关键的。我明确指出的第一个标准——被动的和非主动的——当然看起来不适合黑格尔把欲望刻画为通过“毁灭”对象而达到的“满足”。尽管如此，一般意义上的意愿性意识行为的本身，以及无论如何还有一切依赖于主-客体模式的意愿行为（作为对对象的一个规定活动），都包含了如下这一点，即它**就此而言**（insoweit）必定是主动的。对黑格尔来说，与欲望中对对象的否定相对的，是在劳作中的那种塑造对象的否定（第148及下页），如同之后会呈现的那样；不同于在塑造活动中那种积极的自身对事物之行事，欲望中对事物的纯粹毁灭和获取是被动的。

我们不应该企图从实践性的自身对自身之行事的第一个阶
335 段中了解得太多，而且我们当然不能把它与克尔凯郭尔的《非此即彼》意义上的“审美存在”的辩证法联系起来；对黑格尔来说，这属于精神发展的更高阶段（参见《精神现象学》，第262及下页）。仍然特别不清楚的是，在欲望中，与**自身**的关系是什么——黑格尔谈到一种“自身感受”（Selbstgefühl）（《精神现象学》，第148及下页；《哲学全书》，§429）——，而在这里的这种不清晰似乎是黑格尔自己有意为之的。因为对黑格尔来说，普遍性和自由的特点本质上属于自身意识，所以他似乎根本不想将欲望与自身意识的一种形态联系在一起，虽然他允许欲望形成一种“经验”（第139页）。支持这种理解的是，他在这一章的导言中还论及欲望,并且在这个导言的最后把它标示为“自身意识概念”中的三个“要素”中的第二个(第139及下页)。第一个因素是“纯粹的、无区别的自我”,即“确定性”,它仅仅在欲望中才变为真理;但第三个因素本身作为“后者的真理”(即欲望的真理),是“自身意识的双重化(Verdopplung)”(第140页)。这应该意味着自身意识的对象不是任何对象,而是另一个自身意识。因此,自身意识**概念**应该包含的是,自身意识的对立物(Gegenüber)是另一个自身意识,自身意识本质上是交互主体的。于是黑格尔似乎并不太想把欲望作为自身意识的一种形态形式,但在完整的自身意识概念的初步建构的两个步骤上需要它:它首先在将理论的自身意识扬弃到实践性的自身对自身之行事时充当结论项(terminus ad quem),而后在将实践性的自身对自身之行事理解为自身与另一个自身意识的关系时充当起始项(terminus a quo)。

这种驱使欲望超出自身的辩证法是如何起作用的?在这里我仅限于将黑格尔在第139页那里所论述的那种欲望经验带到一个决定性的要点之上。我们看到(第332页),自身意识毁灭对象,以便它的那种对成为本质之物的确定性对它而言“以对象的方式”[出现],即变成真理。也就是说,以便这种确定性对它而言被对象所反射。但这是一个本身就矛盾的“构想”。因为,如果自身意识毁灭对象,那么对它的本质性的那种确定性对它而言便不再可能在对象身上得到确证了。借此,引导着接下来的 336
A部分的整个辩证法的那种基本思想就被表达出来了:自身意识想知道自己是本质性的,但它只能在它的对立物向它作出确认的范围内做到这一点；自身意识的对立物应该要确认自身意识的本质性，并且确认对立物自身的非本质性；但这是一个在自身之中就矛盾的目标设定，因为在自身意识把其对立物看作非本质的范围内，这个对立物能够为自身意识所提供的确认也变得非本质；因此它会逐步形成这个经验，即它必须改变其构想，并且只有在自身意识能够将其对立物承认为本质性的范围内，自身意识才能在其对象身上将自己经验为本质性的。

现在，这个方向上的第一步在于：自身意识不能满足于，它在其对立面之上向它自己确认其本质性。毋宁说，这个对立面自己也必须向自身意识确认其本质性。然而，这预设了对立物与自身意识本身一样独立，而这意味着它也必须是一个自身意识："自身意识只在另一个自身意识中获得其满足。"（第139页）对于自身意识来说，对成为本质之物的那种确定性只有现在才能通过被他者所承认而真正变成真理。现在在这里当然也就清楚了，自身意识会有这样的经验：在承认中有一种辩证法，后者要到其目标，就只能在如下情况中，即自身意识以它愿意被他者承认的方式来承认他者，并达到某种状态——黑格尔这样来描述这种状态："当它们相互承认对方，它们承认了自己。"（第143页）然而借助这个结构，"精神概念已经出现在我们眼前"（第140页）。

在这个位置上让我再暂停一下，因为我们已经达到了一个关键点，在这里我们可以把黑格尔的自身意识概念与那种通过我们对米德的分析而得出的自身对自身之行事的构想关联起来。这里关涉的暂时还不是高层次的自身对自身之行事，像"责任”或“精神”的自身对自身之行事,而是一般的讨论自身对自身之行事的方式。我之前指出,米德和黑格尔的立场是可比较的,因为在他们这里不仅自身意识被理解为实践的,而且自身对自身之行事也被认为是交互主体地被构成的。但现在我们看 337
到,由于在米德那里承认也占据一个中心位置(参见第271及下页),因此这个联系要密切得多。在这一点上我们还不关心更高的可能性,而只是关心出发点,所以似乎有可能,并且更有成果的,不是让这些立场对立起来,而是去看看两个立场在何种程度上相互补充。在黑格尔那里少了什么呢,另一方面他肯定地带来了什么呢?两方面——肯定的和否定的——都基于他的独特思路。

我们必须将对所断言的那个结构的证明和描述性把握记入(verbuchen)对黑格尔来说否定的那个方面之中。如果要被承认的愿望(Anerkanntwerdenwollen)——即对“自身意识”的需求在“自身意识”这个词在日常语言中拥有的意义上——本质上属于自身对自身之行事,那么,正是因为这涉及的是一个现象上的事实,而且仅仅因为我们能够把黑格尔所假定的演绎(Deduktion)的结论与这个演绎分离开来并将之放回到现象上的被给予性之中,我们能够将这个结论看作已证明的和重要的。这之所以从根本上可能,是因为黑格尔在处理承认话题时求助于一个日常语言的语词(这不同于他在处理他由之开始的那个自身意识结构时的情况),因而也求助于一个现象;虽然这个现象也可以被抽象地列入他的概念框架中——彼此承认是一个交互的主-客体关系——,但这个现象的确切描述意义绝不能从这个概念框架中提取。毋宁说,要被承认的愿望首先预设了一个结构,即一个人关心其自己,也就是关心其本己存在;其次,在承认中包含了一种赏识,一种认之为善(Fürguthalten)(参见上文第273页)。因此,这里涉及的是一个多阶的命题结构。借助他的模糊不清的说法——即自身意识对其自身来说是“本质之物”——,黑格尔只是偷运了实践性的对自身之行事以及对价值的指涉(Wertbezug),而免去了自己去检验这个结构的描述特性和预设的麻烦。

在之前的分析中,我们只内在地批判了思辨的真理概念,但现在我们也可以根据一个主张来检验它。这个主张是,存在一些
338 现象,它们只能在思辨的真理概念帮助下才能被理解。黑格尔把相互的承认看作这样一种现象:在它之中,自身意识“在其异在中”形成了“与自身的统一”(Einheit),“我即我们,我们即我”(第140页)。黑格尔想说的是,只有当自身意识如同他人承认自己那样承认他人时,它才能成为它自己。“只有当……时它才能成为它自己”的短语听起来像是说,它只能当……时才获得其同一(Identität)。但首先清楚的是,不同的主体还是不同的;关于同一的说法只不过隐藏了它们对彼此的行为的那种肯定性的描述意义。第二,“只有当……时它才能成为它自己”的表达——我承认它也在日常语言中被使用——并不是一个真正的表达:它的意义并不是说,如果条件不满足,我就不与我自己同一,而是说,只有当我以如此这般的方式使我自己与他者相联系时,我才获得我为我自己想要的东西,我的行动和我的存在才会被满足。

无论如何:尽管黑格尔所声称的结构没有真正切中它所指

涉的现象，他还是成功地、决定性地说明了自身对自身之行事以交互性（Wechselseitigkeit）为旨归的特性，而他可以完成这一点，正是因为他想到了一个合乎本质的交互性的结构。尽管如此，我相信这里的关联必定也可以相反地被看待。将人理解为本质上在世界之中并特别地在一个社会世界之中存在着的，认为人的存在只能在交互性中得到实现，被人与这个世界的实际疏离所涉及（Betroffenheit），将这种疏离重新引回和谐之上的理念，这［些］便是黑格尔思想的那个部分是现象性的、部分是规范性的出发点（参见上文第42页）。由于黑格尔身处在一个糟糕的哲学传统之中，因而只能在事后将此出发点带到同一与非同一之间的同一的这一悖谬结构之中。此出发点无疑形成了黑格尔悖谬的真理概念的完全不悖谬的核心。

在提到黑格尔在阐述（这在米德那里还是不明确的）承认的交互性时的贡献时，我已经过渡到了结论（Bilanz）当中的那个对黑格尔来说肯定的方面了。在我看来，在这个方面有另外两点特别值得注意，它们出现在“自身意识”这一章的接下来的A 339
部分中。

第一点在于，对黑格尔来说，承认既不与任意某种成就（Leistung）相关，也不与某种特征相关，而是与证明自身是自由（sich als frei zu erweisen）的这一某种程度上凸显出来的成就相关。黑格尔的承认概念因此展示了与康德的敬重（Achtung）概念的密切关系。[①]这个意义上的承认与作为人的人（Person

① 参见《道德形而上学奠基》，《康德著作集》，第4卷，第435页以下。

als Person）有关，与作为一个理性的、自由的存在物的人有关。将自由看作一种成就，这可能看起来令人惊奇。自由不只是一种属性吗？但我们之前看到，自由是一种渐变式的现象。这已经在不同方面变得明显（参见第145、193、218页），尽管我确实忽略了让这些方面形成系统联系。现在我只回顾在这里相关的方面：我们已经看到，人们可以在不同的宽狭程度上就其行动而言提出实践问题。如果人们问其生活得如何，这便是在最根本程度上提出实践问题；而提出“是否去生活”（das Ob des Lebens）的问题的决心（Bereitschaft）也属于此。黑格尔以同样的方式对待这个问题。对他来说，自由在其首要的、“形式的”方面就在于从所有规定中，这意味着也从其本己生活中“抽离出来”（abstrahieren）的能力（《哲学全书》，§ 382）。因此，黑格尔承认的辩证法开始于“生与死的斗争”（《精神现象学》，第144页）。一方面，自身意识在这场斗争中想要毁灭其对立面——这里还显示出与欲望的连续性——，而另一方面，自身意识只有在“冒生命的危险”（Dransetzen des Lebens）时才被其对立面承认是自由的。

但什么迫使黑格尔马上把承认与自由联系起来？其原因在于，如我们之前已经看到的，对黑格尔来说作为对所有规定的抽象的“自我在自身中的反思”构成了自由的形式本质（参见上文第152页）。在《哲学全书》中，黑格尔以“自身意识的表达是我=我：**抽象的自由**……”（§ 424）的陈述开始对自身意识的说明。在《精神现象学》中，自由并没有在引入“我=我”时被提及，这一点与欲望的特殊的中间位置（Zwischenstadium）有
340 关。欲望是感性的意愿行为。只有意志才具有自由这一规定。

尽管黑格尔在自身意识一章的导言最后以及在A部分中更多地是暗中引入了自由，而直到在B部分那里，这个概念才具有引导作用。但毫无疑问的是，黑格尔的意图是要通过完全的自身意识概念来一起思考交互主体性和自由。因为，对［自身意识的］对立面不再被认为是一个物，而是另一个自身意识这一点，黑格尔是这样解释的：对象必须自己"自在地实行这个自身否定"。"由于对象是一个自在存在着的否定，而与此同时它又是独立的，所以它也是一个意识"——不过恰恰因此，根据黑格尔的规定，对象也是自由的（第139页）。当然，现在完全一致的是，一个自身意识可以在另一个自身意识身上承认的只能是其自由，因为这只是它到目前为止唯一具有的规定；而在承认另一个自身意识是自由的时，它承认它［自己］是自身意识。

现在，黑格尔的观点——自由被基于或者甚至就在于"我=我"——显然是一个错误，因为这种所谓的自我对自身的反思，或自我在自身之中的反思，是不存在的。在这里再次揭示出，黑格尔与德国观念论传统的其他人共有的描述上的漠不关心到达了何种令人惊异的程度。只有当人们在慎思的意义上——即慎思自己的行事——理解"反思"时，"自由基于反思"的这一主张才有一个清楚的意义。黑格尔看到了自由、抽象、概念以及自我之间的直接关联。关于这个结合的几乎一切都是错误的。自我在某种程度上应是原概念（Urbegriff）的这一论点，是德国唯心论从康德那里继承来的。[1]对黑格尔来说，"自我……是纯

① 《纯粹理性批判》，第2版，第133页注释。

粹概念本身”，因为它是“将自身与自身相联系的那个统一”。“因此它是普遍性……是抽象……。”（《逻辑学》Ⅱ，第220页）不只是概念与我的关联是错误的；关于“概念基于抽象”的传统理论也是无效的。另外，尽管从较特殊的概念中抽象出普遍概念的现象当然是存在的，但这并不是人们在谈论自由时可以万不得已地赋予“抽象”的那种意义。对于无论是理论领域还是实践领域中的自由、理性的行为，人们可以以形象的方式直观化为从被给定的东西（Vorgegebene）那里退后一步（Zurücktreten）
341 和与之保持距离（Distanzgewinnen）。但这个“反思”并不意味着一个概念从一个材料中被抽象出来，因为被给定的东西总是命题性的；而从这里退后一步来进行抽象［的说法］便具有了一种确切的意义，即人们去问，（在理论上慎思时）情况是否不会是另外的样子，和（在实践上慎思时）是否不能以别的方式来行动。黑格尔正确地看到这个抽象是一个“否定的行事”（同上），而这实际上本应该使他注意到句子或命题结构。相反，他犯了一个错误，把否定再次错置在一个存在体——即自我——之上，作为在这个同一中臆指的差异；现在看上去，从其规定退后了一步的东西似乎便是自我。这就是黑格尔的伟大之处，他尽管在思路上有这种结构上的错误，但他总是一再突破到描述性的明察之中。因此，他在结论上完全正确：一个个体的自由存在显现在［他］“能够从其此在（Dasein）中抽象”（《哲学全书》，§382）。但这不是基于“我=我”，即我在自身中的反思，而是基于个体可以对他自己采取一个立场。这就意味着，他对他的“去存在”采取立场，对一个命题“它将来也将会存在”采取立场，而这个命题（区别于所谓的自我）是真正能被否定的东西。

在我看来，相比于米德关于承认所展示的内容而言，承认与自由的关系是黑格尔的第二个积极贡献。首要的和真正核心的贡献是对交互性的强调。第三个贡献是第一个贡献的直接结果，即因为想要被承认的愿望在分析上包含了交互性，因此在承认被片面理解的所有情况下，都会发现一种辩证法。在这种辩证法中，意识具有这个经验：其构想是矛盾的，而如果它想达到其目标的话，它就必须改变其构想。这里我们在其合法意义上论述"辩证法"，它不与荒谬的思辨结构相关。米德在自身对他者之行事中只区别了自身对自身之行事的各个发生阶段，而黑格尔则向我们指出，这里涉及的是一个分析上的复杂结构，在这个结构中，从动机方面来看很明显，一个个体在一开始是以一种片面的方式获得这个结构的（例如想要被承认，却不想去承认［他人］），而后在分析上会预见到，要么他会在他的幸福观念中受挫，要么他会放弃他的构想的片面性。黑格尔在接下来的A部分——这是《精神现象学》中最著名的、自马克思以来最经常被解释的部分——中考虑了两个这样的片面的情况。确实，"生与死的斗争"和"主人和奴隶"对黑格尔不仅仅是片面承认的例子，而且是精神的单一发展中的必要阶段。在"自身意识"一章总结性的B部分中，自身对自身之行事中的另一个复杂结构的辩证法（或者无论如何，这个辩证法的开端）被详细说明了，这是一个不再涉及承认方面，而是涉及自由方面的辩证法。对黑格尔来说，形式的自由概念本质上已经包含不确定性和确定性（参见上文第152页）、抽象和具体的两个要素，或者我会这么表达，有质疑（Infragestellen）和决定这两个因素。这个结构再次使特有的片面性得以可能,要么个体忽视对不确定性的方面,因此他根本不作选择而只是让自己被规定（因此他放弃其自由）。要么个体认为自己通过不做决定便能保持自己和他的自由;用黑格尔的话来说,他不敢走出来,进入具体的无限之中,而是依附于他的自为存在的绝对无限性（参见《法哲学原理》,第13节增补）。片面性的这两种形式也都独立于黑格尔的思辨结构,我们之前已经在对海德格尔的解释（第243页）和对责任概念的规定（第295页）中接触它们。但这里黑格尔的本质贡献在于证明了片面性的第二种形式中包含的构想是矛盾的,它甚至不能获得它想要获得的——因为那些想要保卫其抽象的自由的人还是别无选择,只能具体地实存（《精神现象学》,第157页）——,以及只有当这种构想放弃其片面性时,他才能获得他想要的。

由于《精神现象学》内部所有进一步的发展可以在某种意义上被看作自身意识——即在把自身对他物和他人之行事中的自身对自身之行事——的进一步发展,因此,进一步的任务就在于,将黑格尔所展示的其他在现象上可证明的辩证的经验结构
343 从思辨的辩证法的荒谬结构中释放出来,并使它们有益于理解实事本身。在我看来这个有益性在于,如果可以表明,对善的特定的构想出于分析的理由而指向别的更善的东西,那么“如何实存才更好”的问题就会变得简单——这是就论证价值命题的困难而言的。如果这成功了,也就是说,如果意识并不必定依赖于对“它应当是什么”的一种或多或少被充分证明了的明察,而仅仅形成那种有时可能会痛苦的经验,即它（这意味着它关于善

的构想）之所是（was es ist）指向了自身之外的东西，那么在此范围内，“是”和“应当”之间的空隙是可以克服的，而且所谓的“伦理自然主义”（ethischer Naturalismus）也获得了它自己的领域。黑格尔的观点——对应当的朝向整个都是多余的，并且本身只是一种片面的态度——在这里有其根源，虽然只是其中一个根源。现在，在面对这个观点和面对《精神现象学》中对片面性的说明时，关键在于，认识到这个观点和这种说明的片面性。我于是达到了整个反思的目标，即对黑格尔的自身意识观念和精神观念的实质核心的批判，以及用依循海德格尔和米德而获得的那种构想来与之作实质性的对抗。

这个对抗不应该关联于自身对自身之行事的一般结构（我们已经处理了这个问题的关键方面）。毋宁说，它关联于自身对自身之行事的更高层次的可能性，对于这种可能性，我［曾经］能够为那种依循海德格尔和米德而得出的构想而在“狭义的责任概念”中作出总结（第295页）。在黑格尔那里，我们只能在从自身意识到精神的过渡中寻找可与这个更高层次的可能性相比的东西。在《精神现象学》中，从自身意识阶段到精神阶段的直接过渡没有被找到——尽管正如我们刚刚看到的，这个过渡在“自身意识”一章的导言的最后被预期。另一方面，这种过渡确实在《哲学全书》中自身意识的辩证法的最后，在“普遍的自身意识”（§436）标题下发生了。

黑格尔在这里写道：“普遍的自我意识是在别的自身中对自己本身的肯定的知识（das affirmative Wissen），其中每一个作 344
为自由的个别性都有绝对的独立性，但……都不把自己与他者区分开,都是普遍的自我意识和客观的,并且都有作为交互性的实在的普遍性,因为它知道自己在自由的他者中被承认,而他知道这点,因为他承认他者并知道它是自由的。”这一段看起来几乎没揭示什么新的、超出作为承认的辩证法的目标而被预期的东西。黑格尔用以包装其实质思想的这个结构上独特的陈述,例如“自身通过承认其他的自身而‘不’将自身与后者‘区别开来’[这样的表述]”,应该不再使我们烦恼。不过,关键短语“肯定的知识”是重要的。因为关于“肯定”的说法可以从承认意义上的一个个体对另一个的肯定关系延伸到每个个体与共同体——个体就作为这个共同体的部分——的肯定关系。无论如何,这个过渡对黑格尔来说非常容易完成,因为他可以将他关于差异中的同一的说法应用于这两种形式,而如果人们想以结构上充分的方式理解现在所意指的是什么,那么这个肯定(Bejahung)必须被理解为对被包含在共同体的“法则和制度”中的普遍命令或规范的赞同(Zustimmung)(《法哲学原理》,§144)。黑格尔想要在《哲学全书》的这个地方以这样一个宽泛的方式让关于“肯定”的说法被理解,即该说法与所谓的“客观精神”(所谓的精神性“实体”)相关联,这一点在紧接着的下一个句子里直接显露出来:“自我意识的这种普遍的再显现,即在其客观性中知道自己是与自己同一的主观性并因而知道自己是普遍的这个概念,是对每种本质的精神性(Geistigkeit)之实体的意识的形式,即对家庭、祖国、国家。”

我们已经发现了一个与米德那里相当类似的结构。根据米德,个体只能由通过角色选取将他的共同体的规范的期待融入他自己来获得与他自身的关系。但对米德来说这只是一个方面，即“宾格我”(Mich，me)的方面。另一方面，即“主格我”(Ich，I)的方面，涉及那种能够以某方式回应准则的自由；而且这包括能够以一个更好的社会的名义采取反对现存规范的合理立场的可能性。当然，这个可能性不是别的，就是狭义上的责任的立场。 345

在黑格尔这里这是怎么被处理的？难道这种可能性不是通过认为个体与客观精神的关系是肯定的而被排除了吗？在这个情况下，黑格尔甚至不能达到被我称作在自身对他人之行事中的高阶的自身对自身之行事。但在刚刚被引用过的§436中，黑格尔不仅强调肯定关系，而且强调自由以及在这个肯定关系中的个体的“绝对独立”。如果黑格尔——再次以黑格尔自己的术语来表达——以这种方式思考那种在精神中被实在化的思辨的真理概念，或者说个体与客观精神的实在性的同一，即在这个同一中，为个体采取自己负责的立场敞开了一个空间，甚至是要求一个空间，那么我们只能在他的自由概念中发现这种可能性。因此我们必须寻找在海德格尔和米德所特有的、高阶的自身对自身之行事的构想与黑格尔的庶几可比较的立场之间的、在自由概念语境中的对抗。而由于如我们之前提到的(参见第153页)，黑格尔自己在自由概念中区别了两个层次，因而上述做法就变得越发切近了。

对一般自由概念最详细的讨论出现在《法哲学原理》的导言中，我之前也已经提到了。对一般的规定的类似的更简要的论述出现在《哲学全书》第469—482节中。整个《法哲学》本身，以及《哲学全书》中“客观精神”的整个部分代表了这个概念进一步的发展，而在两者中，“伦理性”（Sittlichkeit）一节具有关键意义。

两个自由概念的比较通过如下情况而变得简单：黑格尔那里的第一个层次被米德和海德格尔以类似的方式所规定，即规定为意抉（《法哲学原理》，§17）。根据黑格尔，这个意志只是形式上自由的（§§14,21），因为它虽然作出决定（§12）和选择（§14），但只在外在地（或内在地）被给予它的内容之间决定和选择——“它们是冲动、欲望和倾向，通过它们意志发现自
346 己被自然所规定”（§11）——，它在它自身之内并不具有决定的标准（§17）。但这意味着它确实依赖于其内容（§15），因此它不是真正的，而只是形式的自由。

广义上的责任概念在黑格尔这里对应这个形式的意志概念。某人已经在这个意义上自由行动了，如果人们可以说（a）他做了，因为他想做，以及（b）他是可以被归责的（即能慎思的）（参见上文第220页）。他这么行动的主管因素（Instanz）就是“他想这么做”这一纯粹的事实。

如果两种情况中的形式的自由概念都通过意抉，即通过标准的缺乏来刻画，那么两个高层次自由的构想就必须在它们如何规定标准的基础上被区别（如果它们要被区别的话）。黑格尔说：形式的意志还是有依赖性的。由此他接受了康德的他律概念。因此，高层次的自由被理解为自律；标准是自身规定（Selbstbestimmung）、自律。不过在这里也还不能区分这两种构想。但现在问题出现了：自身规定意味着什么？

对于在狭义上的责任概念中被总合起来的那种构想，我们

已经看到（第295页及以下）：自律在于一种特定的选择方式，它并没有被转化为反思的自身关系，但本质上是由反思的自身关系所规定的，也就是通过在关于（人们自己的社会性存在的）现实性、可能性和最善者的问题的这三重意义上的真理问题所规定。因此，标准主要在于这个真理问题。谁想以这个方式行动，谁便是在自律地行动。他不允许自己被规定，而是依照他自己采取慎思立场的这一标准来行动。

我们已经看到（第311页），真理问题的现象在黑格尔这里根本没有出现。在这之后便清楚了，他对什么是自身规定的问题的回答一定会以别的方式出现。他的回答分两步展开。第一步中，首先是真正的自由意志的——自身规定的——“抽象概念”被明确指出：它是“那种想要自由意志的自由意志”（《法哲学原理》，§27）。因此，黑格尔以字面方式对待自身规定概念：规定它自身的那种意志不是被任意的内容，而正是被它自己所规定的。如果人们可以通过这个来想象任何东西，那么下面的补充 347
陈述也似乎是合理的：“唯有在这种自由中，意志才全然坚守在它自身，因为除了与它自身相关它外，它不与任何东西相关，从而对某个他物的依赖关系都被取消了。”（§23）

但通过一个只“想要自由意志”的自由意志，人们应该具体地会表象些什么呢？黑格尔在第21段中提供了第一个回答：它“是自身规定着的普遍性”。这个陈述强有力地让人回想起康德。根据康德，一个意志是自由的，当且仅当它唯独与某种它同时可以意欲成为一个普遍法则的准则一致时。对黑格尔来说，康德的自由构想——道德性的构想——是一个在其边界中合法的自由意志的构想,虽然它是片面的,并且就此而言是不真实的。它是不真实的,首先是因为,在黑格尔看来康德的原则代表一种完全的同语反复,一种“无内容的同一”;这种普遍性据说是一种抽象的普遍性,从中可以导出一切,也可以什么也导不出来(《法哲学原理》,§135);其次是因为,康德的原则是一个关于事物**应当**如何存在的原则。对于黑格尔,应当是本质上主观的东西,它与实在性相反对,而且因为它知道自己与实在性并不同一,因而它不具有真理(《哲学全书》,§§60,第511页及以下)。道德性的局部“真理”是,在它之中意志并不在其纯粹特殊性中使自身反对现实性。毋宁说,它已经是“普遍的、自在自为地存在着的意志”的一种形式(《哲学全书》,§507),因为它认为自己知道什么是“自在自为的善”(同上),却将之作为**应然**之物(gesolltes)来与实在性相反对。而恰恰是构成道德性的这种局部“真理”的东西,构成了这个构想的特别深不可测(abgründig)的不真实。在应当中,反思“吹嘘”(aufblähen)自己是反对现实性的(《哲学全书》,§38),而在主体性假定这个形式的情况下,主体性从黑格尔那里刻板地获得了“自夸”(Eitelkeit)资质,而这是基于它对“更好地知道”这一诉求而发生的(例如,《哲学全书》,§512;《法哲学原理》,第33页)。

因此,这不是当黑格尔谈论“自身规定着的普遍性”时所指的。这个表述的真正意义显然来源于黑格尔思辨的概念框架。普遍性本身是抽象的同一或主体性。如果它规定自身,而不是像形式性的意志那样在自身之内采用不同内容,那么这意味着
348 它把自在存在的差异接受到自身之中。而只有当自在存在(它

现在被理解为精神的）获得一个精神实体的，即客观精神的独立性，而且这个主观意志知道自己与如此被规定的对立面相一致时，这个结构才能获得其真理。因此“想要自由意志的那种自由意志”是在自身这里的（bei sich），而且不依赖任何别的东西，这不是因为它不与任何其他东西相关，而是因为它知道自己与那些与它相关的东西相同一。因此它是“真的，或者毋宁说就是真理本身，因为它的规定在于它的此在中（即作为跟自己对立的东西），也就是在其概念所是的东西中”（《法哲学原理》，§ 23）。

现在你们可以看到，对黑格尔来说，真正自身规定意义上的自由只是思辨的真理概念结构的实现。自身意识达到其充实，或者用黑格尔的话来说，达到其真理，作为自在自为地存在着的自由；而这是自在自为地存在着的真理。我们到目前为止只从其理论方面接触这个思辨的真理概念。当它在实践意义上，即作为自由被理解时，要如何理解它呢？我们可以在《法哲学》和《哲学全书》关于“伦理性”的章节中找到对它的回答。

在《哲学全书》这一章的开头我们读到以下描述（§ 514）：“自由地自知着的实体，在它里面绝对的应当同样程度上是存在，它作为一个民族的精神而有现实性。……但是，个人（Person）作为思维着的理智知道那个实体是他自己的本质……；这样，个人就无需选择性的反思而完成着他的义务——作为他自己的东西和作为存在着的东西，并在这种必然性里有他自己本身和他的现实的自由。”

让我们简短地通贯一下这一段的基本陈述！黑格尔说，应当“同等程度上是存在”：应然之物（das Gesolltes）不再被主体性设为反对客体性，像在道德性中发生的那样。毋宁说，就像黑格尔在《法哲学原理》中解释的（§144），它具有存在，它是在现存共同体的“自在自为存在的法则和机制”，是“无限地比自然的存在更牢固的、绝对的权威和权力”（§146）。就像黑格尔在《哲学全书》我们［提到］的部分中进一步阐明的，这些法律和机制对于个体来说是“义务”，而且是这样的义务：个体“在缺乏选择性的反思的情况下”，也就是在没有主观的、选择性的反思的意义上的自由的情况下来完成这种义务；因为，就像我从《法哲学原理》中引用的补充（§148），义务是“对他的
349 意志具有约束力（bindend）”。“一个人必须做些什么，应该履行什么义务，以便成为有德行的人，这在伦理共同体中是容易说出的——这不牵涉他任何别的事情，而仅仅涉及他的关系中预先向他显示出来的、说出来的和熟悉的事情。”（《法哲学原理》，§150）现在，代替“选择性的反思”的（如黑格尔在《哲学全书》§515中所解释的）是“**信任**（Vertrauen）——真正的、伦理的意向”。“伦理的实体性以这种方式达到了它的法，后者也达到了它的实效。这就是说，在伦理的实体性中，单个人的私己意志（Eigenwilligkeit）和他自己的良心消失了。”（《法哲学原理》，§152）

有人猜测，也许黑格尔在《哲学全书》中从自身意识到精神的过渡中给出的关于个体与客观精神关系是一种肯定关系的规定，需要一个限制，因为个体被认为是独立的和自由的。然而，这个猜测是有欺骗性的。与共同体或国家的一种自负其责的、批判的关系的可能性没有被黑格尔所允许。毋宁说，我们听到

以下一系列主张：现存法则拥有绝对权威；个体必须做的事情在共同体中被牢固确立；个体私人的良心必须消失，信任取代反思。这就是黑格尔所指的将道德性扬弃到伦理性之中。

但是，究竟在什么意义上，黑格尔还可以在这里谈论自由呢？我由之开始的《哲学全书》§ 514的最后一句话给出了回答："现实的自由"被理解为"必然性"，或者如在 § 484被更明确地表达的那样："自由在塑造成为一个世界的现实时就获得了**必然性的形式**，这必然性的实体性联系是诸自由规定的系统，而其显现着的联系则是作为**权力**、即**被承认的存在**（Anerkanntsein），就是说这必然性在意识里赢得威信。"自由反转为通常被认为是其对立面的东西，意味着个体正是通过履行产生于现存物之权力的那些义务来感到自由的；这来自 § 484的以及特别来自刚刚被引用的 § 514的语境。随着这个反转，达到了甚至黑格尔也从不能超越的颠倒（Perversion）的顶峰，一个当然不再仅仅是概念性的，而且也是道德性的颠倒，以至于人们连从其概念方面来思 350
考它都很费劲。按照这个概念的方面，这个颠倒之所以可能，是因为黑格尔将真正的自由——自身规定——规定为在自身这里存在（Beisichselbstsein），并根据他的思辨的真理概念对后者作出了阐释。这使黑格尔有可能在 § 484这同一段中说，由于意志肯定地将自身与社会世界、与共同体相联系，意志"在这个世界中就是在自己本身这里，与自己本身结合在一起"，并且他补充说："概念因而完成为理念。"

现在我可以将在与黑格尔和米德的关联中发展起来的真正的自身对自身之行事的构想与黑格尔的相应构想相比较了。两种情况下都涉及在将自身与他人以及与共同体的联系时的自身对自身之行事（如果我们暂时不考虑海德格尔的话）。两种情况下，自身对自身之行事都在自身规定的模式中通过自由来规定，并且都与真理有关。但虽然对于作为狭义上的责任的自身规定的理解来说，自由在于被慎思地指向真理，但对于黑格尔来说，自由还是“真理本身”（《法哲学原理》，§23）[1]。当然，这只能是这样，因为黑格尔在使用术语“真理”时根本不是指真理，而是指完全不同的东西，即主体和实在性的统一。现在我们可以看到，这具体指的是个体与他们的共同体的肯定关系。黑格尔通过改造语词“自由”的意义——虽然他是以不同于在语词“真理”那里的做法——而达到了一个论点：这种肯定关系正是自由的真正意义。当黑格尔从开始就以不同于语词“真理”的日常理解的方式来讨论“真理”时，他却大致就像语词“自由”的日常理解那样来讨论“自由”，只不过他后来又引入了一种转变，而这种转变的结果是，这个词代表的恰恰是它的对立面。真理意义的颠倒和自由意义的倒置的结果是，似乎不再有提出真理问题和自由的必要了。因为只要我们还在黑格尔的术语中运作，我们就

---

① 类似的说法也可以在海德格尔那里找到：对海德格尔来说，展开性（自由）也是真理（参见上文第239页），而这一点对海德格尔来说根源也在于，他偏离地理解真理的意义，而对海德格尔来说，这同样也导致遮蔽了朝向真理（提出真理问题）的可能性。由于我总是谈及一种“依循海德格尔和米德而获得的构想”，可能一般来说会导致一种错误的、对海德格尔过于有利的印象。不过我已经指出，海德格尔的立场至少对于真理问题的可能性而言是开放的，而黑格尔则正面地阻绝了这种可能性（参见第317页）。与此在本质上相关的是，黑格尔也在自身中颠倒了自由概念，并因此而排除了个体与其对立面之间的一种“开放的”并非已经是肯定的关系的可能性。

完全不会知道,提出真理问题会意味着什么。而对自由的要求也不会出现,这首先是因为,每个要求都表示一种向主体性的自夸的回退(Rückfall)。其次是因为,既然不自由被标示为自由,那 351
么自由似乎无论如何都已经在非自由状态下圆满实现了,因此也就再没什么必要要求什么了。

因此我得到以下结论:黑格尔为一种不同类型的自身对自身之行事的构想而使用了与他为关于责任的构想所使用的相同的表达,即自由和真理,这不是偶然的。在倒转这些语词的意义时,他不仅提出了不同的构想,而且提出了恰恰**相反**的构想。他的构想的意义在于对责任的理念进行压制(verdrängen);(正是因为这个原因,他不能公然地去做,而只能用相同的语词,)而这使黑格尔的构想*与关于责任的构想本身一样有现实意义(aktuell)。黑格尔哲学自觉地、明确地是对现成物进行证成(Rechtfertigung des Bestehenden)的哲学(参见《法哲学原理》,第23—25,32—35页),完全无关于这个现成物可能是怎样的。也因为这个原因,当今那些仍然追求同样目的的德国哲学家们仍然带着特别的偏爱而诉诸黑格尔的政治哲学。不过,对现成物的证成正是实践的真理问题的对立面。

我的解释的这一结论一定看起来让人不快(fatal),所以我想简要地考虑一下某些异议。首先,我可能因为以一种太隐晦的方式解释黑格尔的伦理性构想而被质疑。第二,出现了以下问题,即在什么程度上这个构想必然来自黑格尔的基本构

---

* 指的应是他关于"自身对自身之行事"的构想。——译者

想？——按照这种基本构想，在某些情况下必须在他对重建和谐（Wiederherstellung der Harmonie）的原初直观和他的结构性思路之间，即在主-客体模式和那个由此产生的思辨辩证法之间，做一个区分。

首先，我是以一种太隐晦的方式来解释黑格尔的伦理性构想吗？在我看来，引用过的文本会为自己说话。但我可能因为忽视了这一情况而被批判：在《哲学全书》和《法哲学原理》中（在那里伦理生命作为比道德性更高的阶段出现），所涉及的不是伦理性的更简单（einfacher）的形式，就如在《精神现象学》的相应部分中所处理的那样——更简单指的是，比那个早于道德性的阶段更简单，在这个阶段中，个体还没有发展出它们自己的独立性，因此黑格尔在这里把共同体看作一个古代的共同体。但另一方面，在《哲学全书》和《法哲学原理》中，当黑格尔把伦
352 理性看作比道德性更高的阶段时，（人们可能认为）与国家有关的道德批判态度必定会在伦理性中在积极的意义上被扬弃。然而，必须注意的是，黑格尔根本未能恰当地理解道德性与应当的结构，就如他同样不能恰当地理解真理问题的结构那样（参见上文第311页及以下）。他的主-客体模式对两种结构来说都太简单了。因此他看不到，当应然之物被对立于实在性时——“它如何会更好”——，前者本身揭开了一个**客观的**维度。只要人们追问，那种被认为是更好的东西是否实际上也更好，它能否被证明为是更好的东西，那么这个客观维度本身便恰恰与事实真理（Tatsachenwahrheit）的维度一样可以被区分为不同层次。因为黑格尔不再能够把这些关联融入他的图式之中，因此他采取

了这个观点，即应然之物是主观的东西，因为它被主体认为是与现存之物相反对的东西。在把所有行为方式生搬硬套到他的主-客体关系中时（在这种主-客体关系中，唯一的差异就是双方各自较多或较少独立性的差异，或者双方之间或多或少的统一性），黑格尔根本不能把握批判结构，无论是理论的还是道德的。因为对他来说，道德只能意味一种坚持其独立性的主体性形式，所以它不能被**作为道德本身**而融入伦理性或国家之中。

因此，不奇怪的是，当人们看到个体的独立性是如何在《法哲学原理》中被看待的，人们只发现以下解释："国家是具体自由的现实，但具体的自由在于，个人的单一性及其特殊关切获得了完整的发展和对它的权力的自为的承认（如在家庭和市民社会的系统中那样）。这时他们一方面通过自己本身过渡到对普遍之物的关切，一方面以知识和意志来承认这一普遍之物，也就是将之作为他们自己的实体性精神来加以承认，并且为了这个普遍之物（作为他们的终极目的）而活动。"（§260）

你们可能会反对说，黑格尔当然不会主张，义务、信任等的那种关系以及对反思和良心的消除是针对任意国家而被命令 353
的；毋宁说，它们只是为了一个国家——用《法哲学原理》的话来说（§258），"自在自为的理性之物"——而被命令。第一，我没有在《法哲学原理》中发现黑格尔曾对个体应该如何针对一个别样性质的国家来行事这一点作出任何的解释，而黑格尔本来也不会提供这么一个解释，因为这样一种针对现存之物的应当只会再次退回到主体性的"自夸"之中。第二，黑格尔在第258这同一段中解释道："对每个国家，人们都可以根据他们所拥有的原则说明它是个坏东西，在它身上人们都可以找到这种或那种缺陷。但是国家，尤其是现代的发达国家，总是在自身中含有它实存的本质要素。……尽管有缺陷，肯定的东西，即生命，依然保持着，而这个肯定的东西就是这里所谈的东西。”第三，在黑格尔看来什么构成了国家的合理性？我不想赘述这一点，因为甚至黑格尔政治哲学最热诚的辩护者也不想把他们自己与他具体的国家构想同一起来。但是，这不是这里的问题，因此我也没必要检验这个构想。让我们假定黑格尔已经发展了一个人们所能想象的善的和公正的国家构想，那么要求对国家无条件的忠诚以及要求放弃公民的本己责任就会是公正的吗？这个思想让我们回忆起如今经常在德意志联邦共和国听到的论证：对国家的批判在别处完全可以是公正的，而在我们这里，在这个人们能设想的最为自由的国家这里，确实不是。无论这里还是那里，都忽视了这一情况：如果一个国家向其市民要求无条件的肯定关系，那么它就不能是善的或合理的，更不用说是自由的。从对责任的构想得出的是相反的东西，即只有当一个共同体的最高目的恰恰是所有市民在与该共同体的关系中的本己责任时，这个共同体才应被标示为合理的。

在什么程度上，这个作为自身意识的真理的黑格尔式的伦理性构想是他最初思路的必然结果？在回答这个问题时，至少
354 要区分两个层次。那个某种程度上主要是浮在表面的层次是对现存关系的肯定。只有人们将实在性，即“现实之物”，与**当下之物**等同起来时，才能从黑格尔的作为概念与实在性统一的真理的基本构想中得出上述这个方面。黑格尔自己明确地这么做了

(《法哲学原理》,第32页),而且是那个恶名昭彰的句子“凡合理的就是现实的,凡现实的就是合理的”所在的地方。因此,如果人们一再通过说在黑格尔那里“现实之物”不仅仅代表事实之物(Tatsächliches)(就像黑格尔自己已经做的那样,《哲学全书》,§6)而让这个句子变得无害,那么这是荒谬的。在这个句子出现的上下文中,“现实之物”确实代表当前现存的东西,而这是这里唯一关键的地方。

在马克思主义中变得清楚的是,黑格尔关于主体和实在性之间异化的扬弃的构想,可以同实在性与当前现存之物之间的等同分离开来。但这里马上呈现了黑格尔为什么必须把他的构想看作一个在当下被实现的构想的更深层理由。因为如果人们把这个构想预见为一个为了未来的实践理念,那么它似乎就代表应然之物;而我们已经看到黑格尔把应当错解为主观的东西并抛弃了它。这样一个实践理念也本该要求对一种特殊的实践证成的诉诸,也就是要求对实践命题的证成,[但]黑格尔不承认这种证成,而在他的体系框架内这种证成本该是难以获得的。无论如何,费希特表明这种证成在德国观念论的基础上是可能的。另一方面,马克思和马克思主义从黑格尔那里继承了对应当的恐惧以及对实践命题之证成的独立性的不理解。因此,马克思主义也会采取这个命题:只有现实的是合理的,只不过现实的东西还是在发展着的。以他自己的方式,黑格尔为对奇迹的信念准备好了基础:真实的历史过程会自己导向善,即导向对异化的扬弃。这个信念使得有可能一方面向将来筹划理念,另一方面却打消了对该理念作实践证成的念头。然而近来,自从关于“历史并

非如此神奇”的经验变得不容拒绝之后，人们似乎意识到，甚至
355 在马克思主义各处，规范性的东西也是不可还原的，而实践命题论证相比于理论命题的论证也是有其独立性的。

更深层的问题是，从黑格尔的出发点看，是否还有可能把个体的自由和本己责任融入他关于善的社会的构想之中，而不管这个构想是被看作当前的实在性还是实践的理念。

黑格尔的客观精神哲学具有如此强的极权主义特征，这到底是黑格尔思路中必然包含的吗？抑或，这只是他个人的意识形态意向以及他的权力崇拜（Machtidolatrie）的一个结果？这些麻烦（Malheur）可以在黑格尔的思路内部被纠正吗？我一再地在黑格尔的框架内，在（1）他的特殊的哲学的或概念-结构的方法——这要在他的在作为理念的真理中达到顶峰的辩证法中被理解——与（2）他由之开始的原初直观之间作区分。但这个区分在我们当前的思考阶段中没有起任何作用。我们究竟是坚持黑格尔的明确的概念术语，并谈及个体与他的对立的同一，还是较少悖谬地只谈一种和谐，二者没有任何区别；每种情况都意味着，对黑格尔来说，否定性必定总是在肯定之物中被扬弃。相反，如果我们认为一个共同体中的个体是有责任的，即认为他们对他们自己、彼此相互地以及对他们的共同体提出疑问，那么他们虽然必定相互承认彼此，而且他们彼此指向一种作为调节性理念（regulative Idee）的和谐，就如同他们一般而言彼此指向一种作为调节性理念的真理那样，但是他们并没有身处在和谐中，更不用说身处在同一中了。黑格尔所拥有的是一个本质上封闭的模式，而责任的理念需要一个本质上开放的模式。

在他早于1800年的著作中,黑格尔也许是从某种比如兄弟关系(Brüderlichkeit)的理念这样的东西开始的。这个理念当然没有在他后来关于客观精神的构想中实现,而且他也不再有这个意向。但我现在想考虑这个思想,因为它是我本人可以从本身模糊的和谐理念中引出的最好的东西,而且因为我只能通过使黑格尔的出发点变得在我看来尽可能强有力地来澄清责任理 356
念的特别意义,而我在何种程度上切中真实的黑格尔,在这里是不重要的。对我目前的目的来说,也无须更确切地定义兄弟关系。我可以从这一点开始:我们都有一个关于这个思想意味着什么的大致想法。米德也以这个理念为定向(参见上文第281页),而它对他来说是个调节性理念,现存的社会可以按照这个理念而被批判或改进。兄弟关系概念代表关于善的生活的特定理念——也许是我们拥有的最好的理念。黑格尔在他关于客观精神的学说中发展的伦理性理念也是关于善的生活的一个特定的(而且在他看来是实现了的)理念。相反,责任的理念在先前所界定的狭义上并不直接是善的生活的理念。毋宁说,它代表的是被人们视为善的生活的无论什么东西是如何习得的(Wie der Aneignung),即人们在其真理问题和自身规定的模式中习得它。人们可能会问:人们如何能证明在自身规定模式中习得善的生活的思想而不是直接地习得它是更好的?但人们同样也可以提出下面的问题:人们如何能证明一个善的生活的理念——例如兄弟关系的理念——比另一个更好?不过现在很清楚,通过着手证明一个善的生活的理念,人们就已经提出了实践的真理问题,人们就已经在反思的自身关系模式中把自身与自身联系起来了。因此,责任理念是与自身、与他者、与社会的理性关系的可能性条件,不管这个关系如何被进一步规定。而现在,因为责任理念是我们在内容上为之努力的东西的合理性和自律的形式条件,所以它也一定始终包含在,并且首要地包含在关于善的个人生活和社会生活的理念之中,而不管这种生活——恰恰是在责任的模式中——会如何被进一步规定。不对人们自己的责任和每个人的责任首先作出考虑的一切关于个人生活和社会生活的构想都是不合理的。

大多数过去的时代都认为它们知道什么是善的,而在它们
357 之中出现的哲学体系都认为它们可以直接地指出真正善的生活的理念是哪种。对黑格尔也还是一样。今天我们已经丧失了这种确定性。但塞翁失马焉知非福(Aber der Verlust kann auch ein Gewinn sein)。因为我们不再相信我们拥有真理,我们可以更新苏格拉底的经验:我们可以在对[我们的]无知的知识中获得对善的展望(Ausblick),在被抛回我们自身的这个过程中,我们可以学习尊重这个事实:我们可以提出什么是真正的善的问题。

参考文献

Aiston, W. P.: »Expressing«, in M. Black (Hrsg.), *Philosophy in America,* London 1965, S. 15–34.

Anscombe, G. E. M.: »The First Person«, in: S. D. Guttenplan (Hrsg.), *Mind and Language,* Oxford 1975, S. 45–65.

Aristoteles: *Werke* (zitiert nach der Standard-Paginierung der Ausgabe der Preuss. Akademie).

Austin, J. L.: *Philosophical Papers,* Oxford 1961.

Ayers, R. M.: *The Refutation of Determinism,* London 1968.

Bartels, M.: *Selbstbewußtsein und Unbewußtes; Studien zu Freud und Heidegger,* Berlin 1976.

Brentano, F.: *Psychologie vom empirischen Standpunkt* (1874). Hrsg. von O. Kraus, Leipzig 1924/25.

Castañeda, H. N.: »Indicators and Quasi-Indicators«, *Americ. Philos. Quarterly 4* (1967), S. 85–100.

Cramer, K.: »Erlebnis«, in: H. G. Gadamer (Hrsg.), *Stuttgarter Hegel-Tage* 1970, Bonn 1974.

Döbert, R., Habermas, J., Nunner-Winkler, G. (Hrsg.): *Entwicklung des Ichs,* Köln 1977.

Erikson, E. H.: *Identität und Lebenszyklus,* Frankfurt 1973.

Fichte, J. G.: *Grundlage der gesamten Wissenschafts lehre,* Jena und Leipzig 1794.

—*Nachgelassene Schriften,* hrsg. von H. Jacob, Berlin 1937.

Freud, S.: *Gesammelte Werke,* London und Frankfurt 1940 ff.

—*Aus den Anfängen der Psychoanalyse,* Frankfurt 1962.

Fulda, H. F.: »Zur Logik der Phänomenologie von 1807«, in: *Hegel-Studien,* Beiheft 3, Bonn 1966, S. 75 ff.

Greenier, D. L.: *Meaning and Being in Heidegger's Sein und Zeit.* Diss. Heidelberg 1975.

Habermas, J.: *Kultur und Kritik,* Frankfurt 1973.

—*Zur Rekonstruktion des Historischen Materialismus,* Frankfurt 1976. Hacker, P. M. S.: *Insight and Illusion; Wittgenstein on Philosophy and the Metaphysics of Experience,* Oxford 1972 (dt. Übers. Frankfurt 1978). Hampshire, St.: *Thought and Action,* London 1959.

—*Freedom of Mind,* Oxford 1972.

Hacker, P.: *Insight and Illusion: Wittgenstein on Philosophy and the Metaphysics of Experience.* Oxford 1972.

Hart, H. L. A.: *The Concept of Law,* Oxford 1961.

Hartmann, H.: *Essays on Ego Psychology,* London 1964.

Hegel, G. W. F.: *Sämtliche Werke,* hrsg. von H. Glöckner, Stuttgart 1956.

—*Phänomenologie des Geistes,* hrsg. von J. Hoffmeister, Leipzig 1949.

—*Logik,* 2 Bde., hrsg. von G. Lasson, Leipzig 1948.

Heidegger, M.: *Sein und Zeit,* Halle 1927.

—»Anmerkungen zu Karl Jaspers >Psychologie der Weltanschauungen<« (1919/21), in: H. Saner (Hrsg.), *Karl Jaspers in der Diskussion,* München 1973, S. 70–99.

—*Vom Wesen des Grundes,* 3. Aufl., Frankfurt 1949.

—*Was ist Metaphysik?* Bonn 1929.

Henrich, D.: *Fichtes ursprüngliche Einsicht,* Frankfurt a. M. 1967.

—»Selbstbewußtsein: kritische Einleitung in eine Theorie«, in: R.

Bubner et al. (Hrsg.), *Hermeneutik und Dialektik,* I, Tübingen 1970, S. 257–284.

—»Identität«, in: O. Marquard und K. Stierle, *Poetik und Hermeneutik* VIII, München 1979.

Husserl, E.: Logische Untersuchungen, Halle 1900/01.

Kant, I.: *Werke,* hrsg. von der Preuss. Akademie der Wissenschaften, Berlin 1902 ff.

Kenny, A.: *Action, Emotion and Will,* London 1963.

—»The Verification Principle and the Private Language Argument«, in: O. R. Jones (Hrsg.), *The Private Language Argument,* London 1971, S. 204–228.

—*Will, Freedom and Power,* Oxford 1975.

—*Wittgenstein,* London 1973 (dt. Übers. Frankfurt 1974).

Kierkegaard, S.: *Die Krankheit zum Tode* und anderes, hrsg. von H. Diem und W. Rest, Köln und Olten 1956,

Krüger, G.: »Die Herkunft des philosophischen Selbstbewußtseins«, in: G. Krüger, *Freiheit und Weltverwaltung,* Freiburg und München 1958, S. 11–69.

Laplanche, J., Pontalis, J. B.: *Das Vokabular der Psychoanalyse,* Frankfurt 1973.

Levita, D. J. de: *Der Begriff der Identität,* Frankfurt 1971.

Loevinger, J.: *Ego Development,* San Francisco 1976.

Maclntyre, A. C.: *The Unconscious,* London 1958.

Malcolm, N.: »Wittgenstein's Philosophical Investigations«, *Philos. Review* 63 (1954), S. 530–559.

Mead, G. H.: *Mind, Self and Society,* Chicago 1934 (dt. Übersetz. *Geist, Identität und Gesellschaft,* Frankfurt 1968).

—*Selected Writings,* Hrsg. A. J. Reck, New York 1964.

Nowell-Smith, P. H.: »Ifs and Cans«, *Theoria* 1960.

Platon, *Werke* (zitiert nach der Standard-Paginierung der Stephanus-Ausgabe).

Pothast, U.: *Über einige Fragen der Selbstbeziehung,* Frankfurt a. M. 1971. Quine, W. V. O.: *From a Logical Point of View,* Cambridge (Mass.) 1953.

—*Ontological Relativity and other Essays,* New York 1969.

Ricken, F.; *Der Lustbegriff in der Nikomachischen Ethik des Aristoteles,* Göttingen 1976.

Ryle, G.: *The Concept of Mind,* London 1948.

Schelling, F. W. S.: *Werke,* hrsg. von M. Schröter, München 1927. Schneeberger, G.; *Nachlese zu Heidegger,* Bern 1962.

Shoemaker, S.: *Self-Knowledge and Self-Identity,* Ithaka, N. Y., 1963.

Specht, E. K.: *Sprache und Sein,* Berlin 1967.

Strawson, P. F.: *Individuals,* London 1959.

—*Logico-Linguistic Papers,* London 1971.

Taylor, Ch.: *Hegel,* Cambridge 1975.

Tugendhat, E.: *Der Wahrheitsbegriff bei Husserl und Heidegger,* Berlin 1967,

—»Die sprachanalytische Kritik der Ontologie«, in: H. G. Gadamer (Hrsg.), *Das Problem der Sprache,* München 1967, S. 483–493.

—»Existence in Space and Time«, *Neue Hefte f Philos*. 8 (1975), S. 14–33.

—*Vorlesungen zur Einführung in die sprachanaly tische Philosophie,* Frankfurt 1976.

Wittgenstein, L.: *Philosophische Untersuchungen,* in: *Schriften,* Bd. 1.

—*The Blue and Brown Books,* Oxford 1964 (dt. Übersetz, in: *Schriften,* Bd. 5).

—*Zettel,* in: *Schriften,* Bd. 5.

—»Wittgenstein's Notes for Lectures on >Private Experience< and >Sense Data<, hrsg. von R. Rhees, *Philos. Review* 77 (1968), S. 271–320.

Wolf, U,: *Möglichkeit und Notwendigkeit bei Aristoteles und heute,* München 1979.

Wright, G. H. von: *The Varieties of Goodness,* London 1963.

—*Norm and Action,* London 1963.

人名索引

（索引中的页码为原书页码，即本书边码）

Alston, W. P. W. P. 阿尔斯通 127—130

Anscombe, G. E. M. G. E. M. 安斯康姆 132

Aristoteles 亚里士多德 178—180,188,200 bis 202,211及下页,223,235,266,272,274,276—278,303,305,333及下页

Austin, J. L. J. L.奥斯丁 223

Ayers, R. M. R. M.艾耶尔 215

Bartels, M. M. M. 巴尔特斯 144,162

Bergson, H. H.柏格森 188

Brentano, F. F.布伦塔诺 15,19及下页,53,134

Breuer, K. H. K. H. 布洛伊尔 292

Castañeda, H. N. H. N.卡斯塔尼达 73,75

Cramer, K. K.克拉默 10,61,67

Descartes, R. R.笛卡尔 9,44—47,51

Döbert, R. R.多贝特 162,292

Erikson, E. H. E. H.艾里克森 282及下页,285,288

Fichte, J. G. J. G.费希特 9—11,22,44,53,55,58,61—65,145—147,149—152,154,240,249,293,302—304,330及下页,333,354

Frege, G. G.弗雷格 72,76,80,285

Freud, S. S.弗洛伊德 13,22,25及下页,140及下页,143 bis 145,147—150,219

Fulda, H. F. H. F.福达尔 320

Greenier, D. L.　D. L.格里尔　191

Habermas, J.　J.哈贝马斯　162, 283—291
Hacker, P. M. S.　P. M. S.哈克尔　91,113,126,136
Hampshire, St.　St. 汉普舍尔　141, 145,221及下页,224
Hart, H. L. A.　H. L. A哈特　291
Hartmann, H.　H. 哈特曼　147,162
Hegel, G. W. F.　G. W. F. 黑格尔　9及下页,40—44,47,150—155, 158,190,212,240,271,287, 293—357
Heidegger, M.　M.海德格尔　11, 29,35—38,40及下页,43及下页,46及下页,146,161,164—214,221—246,260,270—281,288—290,293—296, 309,317及下页,329,334,343, 345,350,357
Henrich, D.　D. 亨利希　10及下页,53—71,79,81,83,286, 330
Herbart, J. F.　J. F.赫尔巴特　147
Hitler, A.　A.希特勒　243
Hume, D.　D.休谟　34,51
Husserl, E.　E.胡塞尔　13,15—19,21及下页,25及下页,34及下页,40,52,67,165,171,310

James, W.　W.詹姆斯　34
Jaspers, K.　K.雅斯贝尔斯　36

Kant, I.　I.康德　15,44—46,52, 63,74,151,301,340,347
Kenny, A.　A.肯尼　104,107,200, 205及下页,215,217—219,223
Kierkegaard, S.　S.克尔凯郭尔　149及下页,158—161,179及下页,189,335
Krüger, G.　G.克吕格　47

Laplanche, J.　J.拉普朗舍　162
Levita, D. J. de　D. J. de利维塔　285,292
Loevinger, J.　J.路文格尔　162

MacIntyre, A. C.　A. C.麦金太尔　162
Malcolm, N.　N.马尔科姆　136
Marx, K.　K.马克思　42,212, 342,354
Mead, G. H.　G. H.米德　11,29,35, 40及下页,43及下页,47及下页, 146,164,245—273,276 bis 283,

289,293—296,309,319,329,336,338,341,343—345,350,357
Morris, Ch. Ch.莫里斯 246

Natorp, P. P.那托普 67
Nowell-Smith, P. H. P. H.诺维尔-史密斯 223
Nunner-Winkler, G. G.努勒-温克勒 162,292 361

Parmenides 巴门尼德 17
Platon 柏拉图 149,167,305,310,323
Pontalis, J. B. J. B. 帕塔里斯 162
Pothast, U. U.帕塔斯特 10,53,55,64—67,70及下页,73,75,79—81,90

Quine, W. V. O. W. V. O.蒯因 72,113,191

Ricken, F. F.里肯 191
Ryle, G. G.赖尔 228,245,260
及下页

Schelling, F. W. S. F. W. S.谢林 316
Schneeberger, G. G.施尼贝格 244
Shoemaker, S. S.舒梅克 90,135及下页
Sokrates 苏格拉底 39,323,357
Specht, E. K. E. K.施佩希特 191
Spinoza, B. B.斯宾诺莎 203
Strawson, P. F. P. F.斯特劳森 76,90,320

Taylor, Ch. Ch.泰勒 224,357

Wittgenstein, L. L.维特根斯坦 11,16,23,35及下页,38—41,44,50,64,90—138,200,205,223,248
Wolf, U. U.沃尔弗 215,217及下页,223
Wright, G. H. v. G. H. v.怀特 223,244

术语索引

（索引中的页码为原书页码，即本书边码）

Absichtssatz 意向语句 32,182及下页

Äußerung (eines Bewußtseinszustandes) 外现（一个意识状态的） 99,117,123,125,127

Affekt 情感 200—206,237及下页,278

Anderer, generalisierter 一般化的他人 266,269

Anerkennung 承认 271及下页,336—342

Angenehm/Unangenehm 愉快/不愉快 150及下页,178,237

Asymmetrie, epistemische 认知上的不对称 89

Ausdruck (eines Bewußtseinszustandes) 表达（关于一个意识状态的）；参见 Äußerung

Ausruf 呼叫 99,127—132

Autonomie 自律 152,346,356；也参见Selbstbestimmung

Bejahen 肯定 272及下页；也参见Ja/Nein

Beobachtung, innere 内在的观察 87,124及下页,133—135

Bewußtsein 意识 13,25及下页；intentionales B. 意向~观察 14—21; propositionales B. 命题~ 19—21

Charakter, Charakteridentität 性格，性格的同一性 265,276,278,289

Dasein (bei Heidegger) 此在（海德格尔） 171及下页,233

Definition, hinweisende 指物的定义 104及下页,109及下页

deiktisch 指示性的 71—74

Dialektik 辩证法 306及下页，321—323,327 bis 329,341—342,345—350
Diskurs, universaler 普遍的话语 281及下页

Eigentlichkeit 本真性 195,232
Einzigartigkeit 独一无二 289及下页
Entfremdung 异化 42,212,271,338,354
Entwurf 筹划 228
Erlebnis 体验 13; intentionales E.意向~ 15—21
Erschlossenheit 展开性、展开状态 171及下页
Existenz 实存 169,173—176
expressiv: e. Satz 表述性的：表述性的语句 123—136

Fähigkeit 能力 215,274
Faktizität (bei Heidegger) 实际性（海德格尔） 179,189及下页,200,204,208及下页
Frage, praktische 实践的问题 177,183,193 bis 196,238
Freiheit 自由 145,183,216—220,266及下页,294—296; bei Hegel 黑格尔的~ 150—153,339—342,345—350

Gegenstand 对象 72及下页
Geist 精神 318及下页,336,343—345
Gewissen 良知 31,149
gut/schlecht 好/坏 151,178,202及下页,207及下页,237—239,274—277,343

Handlung 行为、行动 183,211及下页; H. höherer 高级~
Ordnung 秩序 260及下页
Handlungssituation 行动处境 179,213

ich 我 23及下页,70及下页,73—75,79—81,83—87,94,130—132
Ich 自我、主我（在与“宾我”相对比时）23及下页,52,55,147—149,216,219; bei Mead ~在米德那里 279及下页
Ichpsychologie 自我心理学 30,147
Ichstärke 自我之力 148
Idee (bei Hegel) 理念（在黑格尔那里） 301
Identifizieren 同一化、同一、确认

76及下页,81—84; qualitatives vs. numerisches I. 质的~与号数的~ 234,284
Identität 同一性 282—291; bei Hegel 黑格尔的~ 302 bis 306,318及下页,338
In-der-Welt-Sein 在世界之中存在 197—199
Intentionalität 意向性 15—21
Interaktion, interaktiv 相互作用(的) 254—258,264

Ja/Nein 是/否 30,37,161,170,182及下页,213,246,256—258
Jemeinigkeit 向来我属 177,290及下页

Kennzeichnung 描述("限定摹状"的同义词) 76
Kommunikation, symbolische 表征性的交流 254—258
Kontinuität 连续性 235及下页,290
Kooperation, kooperative Tätigkeit 合作,合作式的活动 266—268,271,273
Kriterium 标准 114—117

Leben 生活、生命 175,235; gutes L. 好的~ 178,207,272,356及下页
Lebenswille 生活意志 208及下页
Lüge 谎言、撒谎 117及下页,130

Mich (bei Mead) 宾我(米德) 278及下页
Mitsichreden 与自身交谈 258,261及下页
Möglichkeit, praktische 实践的可能性 179,189及下页,212—223

Norm 规范 267及下页
Notwendigkeit, praktische 实践的必然性 179,189及下页,204,209

Privatsprache 私人语言 95; Unmög-lichkeit einer P. ~的不可能性 102—113
Proposition 命题 19—21

Reflexion 反思 31,62,147,153—155,157及下页,236及下页,340及下页

Regel 规则 264及下页,267及下页
Rolle 角色 229,264,268—271,276—278,284

Satz, praktischer 实践的语句 184
Schätzen 重视 273
Sein: bei Heidegger 存在（海德格尔） 166—170; veritatives S. 真理意义上的~ 169,181,183及下页
Seinkönnen能在；参见Möglichkeit
Selbst 自身 233; bei Kierkegaard 克尔凯郭尔的~ 158及下页; bei Mead 米德的~ 248及下页,258,269及下页
Selbstachtung 自身尊重 271及下页,281
Selbständigkeit 自立性 148,234及下页,289,291
Selbstbehauptung 自身主张 279—281
Selbstbekümmerung 自身关切 36
Selbstbestimmung 自身规定 29及下页,146,196,232—234,241—243,277,280,295及下页,346—350
Selbstbewußtsein (umgangssprachlich) 自身意识（日常语言中的） 12,29,272—274,337; (philosophisch)（哲学上的）~ 12,14,21及下页,26; bei Hegel 黑格尔的~329—342; epistemisches S. 认知性~27; unmittelbares und mittelbares epistemisches S. 直接的和间接的认知性~27及下页; praktisches S. 实践的~; 参见Sichzusichverhalten
Selbstbewußtseinstheorie, traditionelle 传统的自身意识理论 34,51—54
Selbstsein 自身存在 191,233
Selbsttäuschung 自身欺骗 142
Selbstverhältnis, reflektiertes 反思性的自身关系 31,236及下页,282,296
Selbstwahl 自身选择 196及下页,232及下页,241及下页
Selbstwertgefühl 自身价值感 272,276
Setzen 设定 63
Sichsetzen 自身设定 62及下页
Sich-vorweg-Sein 先行于自身存在 221及下页
Sichzusichverhalten 自身对自身

之行事 28—33,145及下页,156,158,160,188—190,209及下页,245,259—262,269—271
Sinn 意义 168; S. des Lebens 生命的~168,207及下页,228,270—273; S. von Sein (bei Heidegger) 存在~(海德格尔)166—170; praktischer vs. theoretischer S. von Sein 存在的实践~和理论~180及下页,183—186
Sittlichkeit (bei Hegel) 感性(黑格尔) 349,351及下页
Solipsismus 唯我论 92—94
Sollen 应该 343,347及下页,352,354
Sorge 操心 46,180,194,199
Sprachanalyse 语言分析 7,39及下页,56,164
Stellungnahme 态度之采取 30及下页;也参见Ja/Nein
Stimmung 情调 204—209,237及下页
Subjekt-Objekt-Beziehung 主-客体模式 16,33及下页,38,74,303,313,352
Symmetrie, veritative 真理意义上的对称 89
Tätigkeit 活动 211及下页
Täuschung (über Bewußtseinszustände) 欺骗(关于意识状态的) 137—144
Terminus, singulärer 单称的词项 24,71及下页,76及下页
Tod 死 235,242
Tun 做,做事 211

Überlegung 慎思 178,193,218—220,230,237,241,256,296
Unaussprechbares 不可说者 96及下页
unbewußt 无意识的 13,140—145
Unwahrhaftigkeit 不真实的 141及下页

Verantwortlichkeit 责任 295及下页,351,355及下页
Vernunft 理性 240及下页,277,281及下页,296,301,356
Verstehen 理解 168,226—230,270
Verstellung 伪装 117及下页
Vorhandenheit 现成状态 180及下页

Wahl 选择 219及下页,231—

233,241及下页
Wahrheit: bei Heidegger 真理（海德格尔的） 239及下页; bei Hegel黑格尔的~ 298—318,321,326及下页,348
Wahrheitsfrage, praktische 实践的真理问题 43,240,295及下页,327
Wahrnehmung, innere感知（内在的）; 参见Beobachtung
Welt 世界 171,786,197—199
Werturteil 价值判断 273,275
Wille 意志 150及下页,178, 208,216,219,238,242
Wissen 知道,知识 310; bei Hegel 黑格尔的~ 298,309 bis 311, 314; unmittelbares W. 直接~ 13,132—134,137及下页,140
Worumwillen 为何之故 210及下页

Zuhandenheit 上手状态 187及下页
Zurechnungsfähigkeit 负有责任 218—220,295
Zu-Sein 去存在 36及下页,177

译后记

还是在读研究生的时候，业师倪梁康教授有天晚上给我打电话，说庞学铨教授和应奇教授主编了一套丛书（“哲学的转向：语言与实践”译丛，上海译文出版社），计划纳入读者眼前的这本书，问我有没有兴趣翻译。因为此前已经在南京大学听过倪老师的“自识与反思”讲座，对于图根特哈特不仅不陌生，甚至对其学问也有一点点了解。所以我在电话中说，打算找书来看一下，看自己能否胜任。印象中应该也是认真翻读了该书几天的，觉得尽管非常有意思，但是涉及面太广，对于当时的我来说，很多都是门槛。当我回复倪老师我做不了时，他告诉我已经和庞老师说好了，书交给我译了。接下来，对于我，当然没有什么退路，只得硬着头皮做了。

很快，我拿到了欧盟Erasmus Mundus的奖学金项目，去欧洲读书。在此期间，一边读书一边翻译，大致在德国乌珀塔尔（Wuppertal）居住期间，就已经完成本书的初译稿，但还很粗糙。翻译的过程，对于当时沉浸在现象学中的我来说，实在算不上愉悦，总是一边译着，一边在心里争辩着。这大概也是我没有能够一鼓作气做完全书校订的原因之一。

另一方面的原因主要还是精力和学识。Erasmus Mundus项目的课业压力还是比较重的，两年内要修习多门课程，两年三校要不停搬家，最后还要完成一篇硕士论文。在此之后，我又开始了博士论文的写作，然后答辩、毕业，并开始“青椒”的工作生活。校订的工作总是时断时续。当然还常常停下校订，对本书涉及的几位主要思想家阅读、学习和补课。在此期间，我也曾在中山大学哲学系开设过三个学期的研究生讨论课，主题分别是当代欧陆的“自身意识”理论、图根特哈特思想研究（主要是精读其《自我中心性与神秘主义》一书，兼及他的其他作品），以及眼前这本书的研读课。这些课程推动着我更加深入地理解了图根特哈特的思想、当代自身意识理论，这对于本书的定稿无疑是有助益的。

因为我的拖延，我错过了本书的第一个版权期，彼时我正忙于硕士论文的写作。为此我要向给予我信任和宽容的庞学铨老师、应奇老师和上海译文出版社的戴红老师致以深深的歉意。据庞学铨老师的说法，此书后来又经浙江大学出版社购买版权，不过我并不知晓，或许也是王俊兄信息传递不明确。此后，本书又在庞老师的信任和支持下纳入他主持的国家社科基金重大项目“当代德语哲学译介与研究”（项目编号：13&ZD069）计划中。我尽可能利用日益碎片化的时间，结合课程的教学，校订了书稿。为了尽可能保质保量地完成本书最后的定稿，我邀请谢裕伟博士对照原书和我的译稿逐字逐句地修订了译文。裕伟博士非常细致认真，纠正了原译稿中的不少误译，同时也补充了部分的疏漏，使得译稿更为完善。我将本书稿署名为我们合译，这是恰如其分的。

以上当算作我对自己过去十余年与本书翻译相关瓜葛的一次“清算”。

不过,任何学术上的相遇其实都是有回响的。翻译本书不仅刺激了我博士论文的写作(特别是下篇),而且直接影响了我博士后报告的选题。在该报告的后记中我曾写道:“这只是笔者近年来一个较大研究计划的‘引论’。那个计划的总标题应该是‘自身意识与自身思意——一项现象学的研究’。从这个标题来看,该研究主要包括两个大的部分,即专题讨论‘自身意识’的部分和专题讨论‘自身思意’的部分。这里大致完成的只是前半部分,而且只是集中在胡塞尔现象学的部分。这个标题的正副标题加起来也可以看作对德国当代思想家恩斯特·图根特哈特的代表作《自身意识与自身规定——语言分析的解释》的一个现象学式的回应。这一思考源于笔者近年来在阅读、翻译这部著作时的那些难以抹去且实在难言愉快轻松的心情体会,这里不提也罢。”当然,那个更大的研究计划时至今日仍没有全部完成,但是“自身意识”问题确实也构成了我过去十余年的学术兴趣之一。为了更整全地理解图根特哈特的思想语境,我还编译了《自身意识:从欧陆的视角看》文选集,即将纳入商务印书馆的“中大谦之论丛”。

照例我还得为作者和本书说几句更学术一点的话。

恩斯特·图根特哈特是德国当代最著名的哲学家之一。他是海德格尔、欧根·芬克(Eugen Fink)、斯基拉奇(Wilhelm Szilasi)、乌尔默等人的学生,早年以对亚里士多德的研究(*Tí kata tinós. Eine Untersuchung zu Struktur und Ursprung aristotelischer Grundbegriffe*, Freiburg i. Br. / München: Alber, 1958, 5. Auflage mit neuem Nachwort und Anhang 2003）于1956年在弗莱堡大学获得博士学位。之后专攻现象学，于1966年在图宾根大学获得教授资格，他的教授资格论文《胡塞尔和海德格尔的真理概念》（*Der Wahrheitsbegriff bei Husserl und Heidegger*, Berlin: de Gruyter, 1967）至今都是现象学研究的经典著作。其后，他先后任教于或任职于海德堡大学、马克斯-普朗克研究所、柏林自由大学。1999年他获聘为图宾根大学荣誉教授。2005年荣获埃克哈特奖（Meister-Eckhart-Preis）。

在获得教授资格以后，图根特哈特转向语言分析哲学的研究，并于1976年出版了《语言分析哲学导引讲座》一书。该书一举奠定了他在语言分析哲学上的地位。他因此被视为"当代德国最重要的分析哲学家"。

图根特哈特在现象学和分析哲学这两个现代欧美最重要的哲学流派上都有深入的涉猎，这使得他在处理传统哲学问题上表现出独特的广度和深度。这在他1979年出版的最重要的代表作《自身意识与自身规定——语言分析的解释》中展露无遗。

图根特哈特还特别关注伦理学问题，这在某种意义上当然可以被视为对《自身意识与自身规定》论题的延伸。他至今出版了五本伦理学专论，即《伦理学问题》（*Probleme der Ethik*, Stuttgart: Reclam, 1984）、《伦理学与政治学》（*Ethik und Politik*, Frankfurt/Main: Suhrkamp, 1992）、《伦理学讲座》（*Vorlesungen über Ethik*, Frankfurt/Main: Suhrkamp, 1993）、《在莱蒂西亚的对

话》(*Dialog in Leticia*, Frankfurt/Main: Suhrkamp, 1997)、《我们应当如何行动?》(*Wie sollen wir handeln? Schülergespräche über Moral*, Stuttgart: Reclam, 2000)等,另外在其两本论文集(*Philosophische Aufsätze*, Frankfurt/Main: Suhrkamp, 1992; *Aufsätze 1992—2000*, Frankfurt/Main: Suhrkamp, 2001)中也有相当多的有关伦理学方面的研究。借此,他又被看作当代德国最为重要的伦理学家之一,现在德国和美国已经有多本专著专门讨论他的伦理思想。

图根特哈特近年来转向形而上学和人类学研究,其晚近主要著作有《自我中心性与神秘主义——一项人类学研究》(*Egozentrizität und Mystik. Eine anthropologische Studie*, München: C. H. Beck, 2003; 中译本:郑辟瑞译,上海译文出版社,2007年)、《论死亡》(*Über den Tod*, Frankfurt/Main: Suhrkamp, 2006)以及《人类学,而非形而上学》(*Anthropologie statt Metaphysik*, München: C. H. Beck, 2007)等。

迄今为止,图根特哈特共出版著作近二十部,其中多本著作有多种语言的译本。他在德国权威哲学杂志评选的在世德国思想家排名中连续多年与哈贝马斯、迪特·亨利希一起位列前三名,毫不夸张地说,他是当代德国最有创造力、也最有影响力的哲学家之一。

《自身意识与自身规定》一书是图根特哈特的重要代表作。该书也是当代哲学中“自身意识理论复兴”运动中的重要组成部分。该书以讲座稿的形式成书,共有十四讲,可以分为四大部分:第一、二讲是全书的导论,作者对全书要处理的问题背景做了清晰的说明；第三讲到第六讲主要涉及自身意识的问题，作者先清理了海德堡学派的相关讨论，并指出其困难，进而借助维特根斯坦提出走出传统理论困局的新方案；第七讲至第十二讲主要探讨自身规定的问题，作者先借弗洛伊德、黑格尔和克尔凯郭尔引出问题，继而细致讨论了海德格尔和米德的相关思想，为后面的总结奠定基础；第十三讲和十四讲中，作者再次回到黑格尔的思想，并借助黑格尔的相关思想为全书做总结。

总的来说，作者通过诉诸海德堡学派、维特根斯坦、克尔凯郭尔、海德格尔、米德和黑格尔等思想资源，借助语言分析的方法，全面审理了传统自身意识理论的问题及其困境，这在一方面使得这一近代以来欧陆哲学最基本问题的框架、讨论核心得以清晰地展现，另一方面也使得一种全然不同于传统的方案得到清晰地表达。不仅如此，图根特哈特在该书第二部分涉及的"自身规定"，无疑可以被看作他在发展实践层面的"自身意识"理论方面所做出的极具原创性和突破性的贡献，这对于当代的伦理思考具有极为重要的意义。

实在说来，图根特哈特语义学的激进路线对当代"自身意识"理论贡献甚为显著。其借此展开的自身规定理论对于当代的道德论证亦有很好的发挥。背靠着古希腊哲学、现象学和语言分析哲学，这让图根特哈特的思想具有非常独特的价值和意义。

事实上，哈贝马斯在其《交往行为理论》等著作中深受图根特哈特的影响，他对亨利希的批判基本上也得益于图根特哈特的工作。在某种意义上的确可以说，这三位思想家及其相互之间的争执构成了当代德国哲学界最绚丽的风景。

需特别说明的是，本书在翻译图根特哈特所引用的其他哲学家的文字时，多次参考了汉语学界已有的翻译成果（尤其是康德、费希特、黑格尔、海德格尔、维特根斯坦、米德等人的著作的通行译本），难以在文中逐一标明，在此谨向诸位译界前辈表达衷心的感谢与敬意。

或许翻译这本书的回响在我这里也还会继续，但翻译总算是做了个小结。再次感谢业师倪梁康教授、庞学铨教授、应奇教授多年来的信任、鼓励和支持，感谢我的合作者谢裕伟博士的辛劳，感谢曾经参与过相关讨论课的同学们，感谢商务印书馆学术编辑中心以及可能相遇的读者朋友们！

张任之

2021年4月4日

图书在版编目（CIP）数据

自身意识与自身规定：语言分析的解释 /（德）恩斯特·图根特哈特著；张任之，谢裕伟译 . -- 北京：商务印书馆，2025. --（汉译世界学术名著丛书）.
ISBN 978-7-100-25426-7

Ⅰ. B844

中国国家版本馆 CIP 数据核字第 2025F5A311号

汉译世界学术名著丛书

自身意识与自身规定

——语言分析的解释

〔德〕恩斯特·图根特哈特 著

张任之 谢裕伟 译

商 务 印 书 馆 出 版

（北京王府井大街36号 邮政编码100710）

商 务 印 书 馆 发 行

北京新华印刷有限公司印刷

ISBN 978 - 7 - 100 - 25426 - 7

2025年8月第1版 开本 850×1168 1/32

2025年8月北京第1次印刷 印张 14

定价：68.00 元